近代日本の万能人
榎本武揚
1836–1908

榎本隆充・高成田享＝編

加藤寛 山本明夫 速水融 佐藤優 童門冬二
臼井隆一郎 下斗米伸夫 木村汎 山本厚子 松田藤四郎
中山昇一 稲木静恵 吉岡学 小美濃清明 佐藤智雄 森山行輝
中村喜和 岩下哲典 近江幸雄 田口英爾 進藤咲子 栗田尚弥 小泉仰
芝哲夫 酒井シヅ 福本龍 寺崎修 関口昭平 合田一道 釣洋一

藤原書店

近代日本の万能人・榎本武揚

1836-1908

目次

序――榎本武揚没百年を記念して 008

I 今、なぜ榎本武揚か――その全体像 011

座談会 今、なぜ榎本武揚か

問題提起
「痩我慢の説」の誤解 …… 加藤 寛 014
一徹な技術者魂の快男児 …… 山本明夫 018
知性と地政を押さえる …… 速水 融 022
空理空論を好まないプラグマティズム …… 佐藤 優 026

コメンテーター 臼井隆一郎／中山昇一／榎本隆充／司会・高成田享

討論
■榎本武揚の外交とは■
大陸侵略ではない南方への物の見方／交渉の感覚を瞬時につかむ／交渉術以前の人間的な魅力
■殖民論■
北進の時代に環太平洋を意識／イデオロギーという壁にぶつかる
■経済思想■
理想を持った現実主義者／殖産興業の芽を残す
■人物論■
自分の能力は国のために尽くす／シャイだが頼りになる江戸っ子気質／目的のないことはしない／生き方、考え方が一つの教科書

特別講演
グローカリズムの実践者――三六〇度方位に対応できる存在 …… 童門冬二 062

「瘠我慢の説」に対する反論——権謀術策を用いず自ら信ずる処を行く……稲木静恵 076

コラム
高成田享 江戸っ子たちのヒーロー——新聞が報じた榎本武揚 089

II 外交 095

地球一丸化時代に生きる——開国と国際法……臼井隆一郎 097

初めて日本を「対等な交渉者」に——樺太・千島交換条約の舞台裏……下斗米伸夫 116

「恐露病」の克服——『シベリア日記』の目的と評価……木村 汎 128

太平洋を越えた情熱——メキシコに日系移住の道を拓く……山本厚子 144

コラム
吉岡 学 オランダ留学時代——軍事科学と殖産興業 110
吉岡 学 蘭学から洋学へ——イギリス旅行が示す学問基盤の変容 113
小美濃清明 英語・英学事始め——大鳥圭介との出会いより 141

III 内政 159

東京農大の産みの親――農業観と農業教育……松田藤四郎 161
世界レベルの仕事をしたエンジニア――殖産興業・産業立国構想…中山昇一 173
雄弁に、そして寡黙にした北の大地――箱館戦争と開拓使時代……佐藤智雄 197
日本地質学界の先達――学理と技芸の狭間で……吉岡 学 215

コラム
中山昇一 共感・支持者がつないだ学びの場――電気学会榎本図書館 194
森山行輝 石巻決戦の回避――豪商・毛利屋利兵衛の活躍 212
吉岡 学 隕石研究への貢献――「流星刀記事」より 234

IV 榎本武揚をめぐる人々 237

プチャーチン(1803-1883)とポシエット(1819-1899)――卓越した外交手腕支えた知日派…中村喜和 239
カッテンディーケ(1816-1866)――優れた品性と絶大な熱心さを評価……岩下哲典 244
堀 利煕(1818-1860)――蝦夷地との縁結ぶ……近江幸雄 247
清水次郎長(1820-1893)――咎めを恐れず部下を弔った恩人……田口英爾 250

勝海舟（1823-1899）――胸襟開いて語り合った仲も維新後は疎遠に……進藤咲子 253
李鴻章（1823-1901）――「瀬戸際外交」を展開した好敵手……栗田尚弥 256
中浜万次郎（1827-1898）――中浜塾が生涯の友と出会う場に……小美濃清明 261
西　周（1829-1897）――近くにいるものの活躍の場異なる……小泉　仰 264
ポンペ（1829-1908）――化学の魅力教えた恩師……芝　哲夫 267
松本良順（1832-1908）――武揚の妻多津の叔父で、西欧式衛生の先駆者……酒井シヅ 272
大鳥圭介（1833-1911）――徒に死ぬのはよそう、と降伏を主張……福本　龍 275
福沢諭吉（1835-1901）――同時代を生き、それぞれの道で活躍……寺崎　修 278
ブリュネ（1838-1911）――蝦夷共和国を支援し共に戦う……関口昭平 281
黒田清隆（1840-1900）――榎本を救い、榎本に支えられた男……合田一道 284
安藤太郎（1846-1924）――箱館で共に戦い、明治政府でも活躍……釣　洋一 287
林　董（1850-1913）――五稜郭で仲間を見捨てなかった……酒井シヅ 291

〔附〕榎本武揚小伝 296
榎本武揚年譜（一八三六―一九一二） 317
榎本家系図／佐藤家系図 331
榎本公使帰国の旅要図 333
榎本武揚関連文献一覧 336

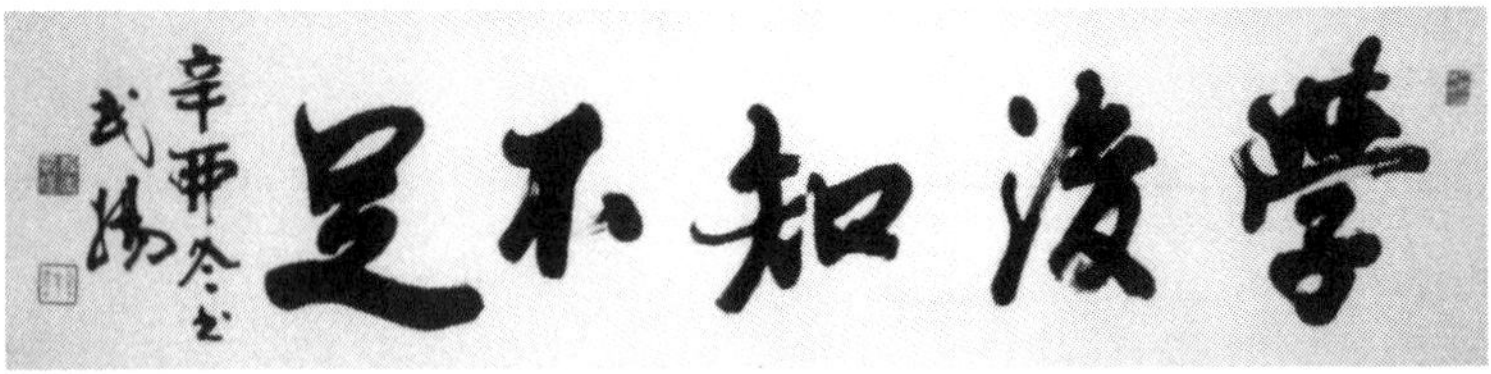

学びて後足らざるを知る

近代日本の万能人・榎本武揚

1836-1908

序――榎本武揚没百年を記念して

幕末から明治にかけて幅広い分野で活躍した榎本武揚（一八三六―一九〇八）が没してから二〇〇八年で百年になる。

御家人の子として江戸に生まれ育った榎本は、昌平坂学問所（昌平黌）を卒業したのち、幕府が長崎に設けた海軍伝習所に入った。当時の最新の知識や技術を身につけた榎本は、その後のオランダ留学で知識ばかりでなく西欧の考え方を体験した。

帰国した榎本を待っていたのは「大政奉還」「王政復古」という体制転換であり、幕臣榎本は、戊辰戦争の最後の戦いになった箱館戦争で、「蝦夷共和国」の総裁として五稜郭にこもった。しかし、明治政府に対抗する政府をつくり、旧幕臣の生計を確保するための譲歩を引き出そうとした企ては失敗した。降伏、幽閉という失意の時代を経て出獄した榎本は、北海道開拓使として明治政府に入り、一八七四（明治七）年には、初代の駐露公使としてサンクトペテルブルグに赴き、外交官として樺太（サハリン）・千島交換条約の締結に尽力した。

伊藤博文が最初の内閣を組閣すると、旧幕臣ながら逓信大臣として入閣、これ以降、文部、外務、農商務大臣などの要職を歴任する。また、日本化学会、電気学会、気象学会、家禽協会などの設立にかかわり、初代の会長として、日本の殖産興業を支える役回りを積極的に引き受けた。

あらためて榎本のこうした業績を振り返ってみると、幕末から明治にかけての変革の時代が生んだ万能人とも称されるべき人物は、日本の近代史のなかで必ずしも正当な評価を得ているとはいえない。

その理由を考えると、箱館戦争で土方歳三のように華々しく戦死せず降伏したことによって、日本的な美意識から離れた地点に立ったことがある。しかも明治政府の要職に就いたことで、福沢諭吉が「瘠せ我慢の説」で、勝海舟とともに榎本を二君に仕え、出世までしたと批判したように、業績以前の非難に耐えなければならなかった。このためか、明治政府に任官して以降の榎本は極力、政治家であることを捨て、西欧の知識や外交に通じたテクノクラートとして振る舞った。世に問うような著作も伝記も出していない。

幕臣から明治政府の要人として生きた榎本を貫いたのは、血眼になって領土の獲得にしのぎをけずる西欧列強のありように触発された強烈な「国益意識」であったろう。一八八七年（明治二〇年）に首相官邸で開かれた仮装舞踏会に、榎本は徳川慶喜から拝領した袴を着て臨んだという。国益意識の故に西欧に同化できない国際人榎本の本質を仮装でかいま見せたというべきだろう。

その榎本のパースペクティブは、南洋諸島への殖民やメキシコへの移民を発想させていく。西欧列強と同じようになりたいという野望から朝鮮半島や中国大陸への「北進」論が芽生えるなかで、榎本は西欧列強と正面から対峙することなく、軍事ではなく交易によって資源を確保していく「南進」の発想を示した。同時代の国権論者の水準を超えた榎本の発想の延長上には、第二次大戦に至る日本の道行きとは異なる生き方の可能性があった。

榎本の卓抜した発想を支えたのは、事実を積み上げていく実証主義である。伊能忠敬の内弟子として測量を学んだ父榎本武規の影響もあるだろうし、昌平坂学問所を卒業した時期に、堀利熙の小姓として蝦夷・樺太探検に加わった体験もある。ロシア公使から帰任するときにシベリアを四十五日間かけて横断し、軍事、経済、民族などの情報（インテリジェンス）を書き付けた「西比利亜（シベリア）日記」を残している。その具体的な記述には実証主義者としての榎本の姿がよく表われている。

明治天皇が頻繁に榎本の意見を求めたというのも、日本を相対化するリアリズムと、そのなかで生き抜くためのプラグマティズムを榎本に見出したからだろう。一八九一（明治二四）年、訪日したロシアの皇太子ニコライが警備の巡査に斬りつけられた「大津事件」の処理をめぐっては、榎本が急遽外務大臣に指名されロシアとの関係修復を委ねられる。薩長政治のなかで、榎本が時代の転轍手となる政治力は発揮できなかったが、新興国である日本のプランAが危うくなったときのプランBは、榎本のポケットのなかに入っていたのかもしれない。

没後一世紀たったいま、箱館戦争の散華物語に引きずり込もうとする土方歳三と、二君に仕えず瘠せ我慢させようとする福沢諭吉のくびきから榎本を解き放し、あらためて榎本の業績を捉え直す試みが必要だろう。その結果、榎本が投げかけてくるものは、国際社会の現実を冷静に見るリアリズムと事実に即したプラグマティズムを基にした日本の戦略的な生き方への豊かなる示唆となるはずだ。

I 今、なぜ榎本武揚か——その全体像

「翁（榎本）はいかなる場合といえども
権謀術策を用いず、自ら信ずる処を飽く迄実行し……」

（一戸隆次郎『榎本武揚子』より）

〈座談会〉

今、なぜ榎本武揚か

（パネラー）加藤寛＋山本明夫＋速水融＋佐藤優
（コメンテーター）臼井隆一郎＋中山昇一＋榎本隆充
司会・高成田享

〈問題提起〉

■「瘠我慢の説」の誤解――加藤寛
批判ではなく独特のユーモア
誤解される理由――イデオロギーの欠如

■一徹な技術者魂の快男児――山本明夫
科学知識で国の役に立つ
五稜郭以後の貢献を評価すべき

■知性と地政を押さえる――速水融
日本の領土が不確定な時代
父子で北方にかかわる

■空理空論を好まないプラグマティズム――佐藤優
『シベリア日記』は外交官の必読書
ロシア語ができないロシア通
親ロでも反ロでもないバランス感覚

〈討　論〉

■榎本武揚の外交とは
大陸侵略ではない南方への物の見方
交渉の感覚を瞬時につかむ
交渉術以前の人間的な魅力

■経済思想
理想を持った現実主義者
殖産興業の芽を残す

■殖民論
北進の時代に環太平洋を意識
イデオロギーという壁にぶつかる

■人物論
自分の能力は国のために尽くす
シャイだが頼りになる江戸っ子気質
目的のないことはしない
生き方、考え方が一つの教科書

問題提起

「瘠我慢の説」の誤解

加藤寛

批判ではなく独特のユーモア

加藤　私は榎本武揚というのは「瘠我慢の説」でしか知らなかったものですから福沢諭吉的な見方が中心でした。しかし実際にはどうも私は理解が不十分だったようで「瘠我慢の説」でどうして福沢諭吉があんなに厳しく言ったのかというのが、前からよくわからなかったんです。これは福沢諭吉の文章の読み方が浅かったからだということを後になって痛切に感じております。

それはなぜかと申しますと、福沢諭吉はあの「瘠我慢の説」で勝海舟に対してはかなり厳しく言っていますけれども、榎本武揚に対してはむしろ心情的には理解できるような発言をかなりしているんですね。特に有名なのは福沢諭吉が「二君に仕えず」ということを主張したことです。これは『福翁自伝』のどこかに出てきましたが、ちょうど箱館に向かって出兵するときに嵐になって、船が幾つか沈没してしまうんですね。そのときに彼がそれを悼んで書いた文章の中に榎本武揚という大きく名前を入れて、それで「二君に仕えず」と言っている。これを何で守らんかと非常に立腹したというんです。

けれども、今度読み直してみて初めて、ああ、そうかと思ったんですが、福沢諭吉は批判をしているのではなくて、むしろ非常に彼のことを褒めているんですね。私が福沢諭吉の榎本武揚論を理解していなかったことがはっきりしてくるのは、彼は箱館戦争に最後まで参加した榎本武揚を実に見事な武将であったと言って評価している。しかし、次に彼が軍門に下ったときには、何かいかにも腰砕けになって、もうかなわんから負けちゃえという感じになって降伏したと言うんです。ですが、これはやはり大きな間違いでして、そのとき榎本武揚は全員の命を助けるために、自分が切腹をしておわびをして、軍門に下ることを決心しているんです。そのことはいろいろな話に出てくるんですが、福沢諭吉はどういうわけかそんな榎本武揚の心がけがまだぴんとこなかった。というよりは、ぴんときていたけれどもそれだけでは罪滅ぼしにはならんよということをあえて言いたかった。これは恐らく福沢諭吉と榎本武揚が、義理の義理ですけれども、親戚関係にあったということが大きな一つの原因なのではないかと思います。

　ですから、榎本のことを褒める一方で最後の降伏が簡単過ぎたんじゃないかといって非常に憤慨しているんですが、その憤慨をわざわざ獄中の榎本武揚に送って、返答をしろと迫ったというエピソードがあります。福沢諭吉はそういうどちらかというと非常にユーモアのある人ですから、そのユーモアのあるところをむしろ獄中の彼に伝えたかったのではないかと私は思っています。

　そういう意味で私は、榎本武揚という人が何で箱館に行ったのかが一つ気がかりになるんです。榎本は北海道に非常に心を砕いていた。これはいろいろな文献から出てくるわけですが、彼の北海道に関する分析は、恐らく宮沢賢治が東北の片いなかを一生懸命に論じたと同じぐらいに緻密なものだったと私は思います。例の千葉県の有名な伊能忠敬に師事しただけあって非常に緻密な研究ですね。私はクラークが北海道大学をつくったときの、あの「青年よ、大志を抱け」といった言葉よりももっと彼は北海道を愛していたのではないかという気がしますね。

加藤寛（かとう・ひろし）
1926年生。嘉悦大学学長、慶應義塾大学名誉教授、千葉商科大学名誉学長。66年慶応義塾大学経済学部教授、90年同総合政策学部教授・学部長、95年千葉商科大学学長。『亡国の法則』（ＰＨＰ研究所）『官の発想が国を滅ぼす』（実業之日本社）『気概ある日本人、無気力な日本人』（ＰＨＰ研究所）『座して死を待つのか日本経済』（ビジネス社）など著書多数。

何で北海道にそんなにあこがれたのか、これはやはり彼の自然に対するあこがれが強烈であったのではないかという気がしています。そのことが後の『シベリア日記』の中にも現れてきますし、彼がオランダ留学をしたときのいろいろな勉強の仕方にも現れてきます。もし彼が言うように、日本がそのころ北海道の開発を懸命にやっていたら、恐らく満州国という考え方が日本の中で大きな流れになったことに対してあまり大きな力にはならなかっただろう。つまり私から言わせると、日本が満州国というものを考えるあの行き方は、恐らく榎本武揚からすれば自分の思うところではなかったという気がいたします。つまり北海道を開発することによって、もし彼にとって満州国が大きな意味を持たなかったとすれば、恐らく日本のあの満州国成立、そしてその後次第に軍事国家に入っていく方向を彼はとらなかったのではないかと思うんです。

そのことを明確にしているのはやはり彼のメキシコ論と、さらには太平洋の小さな国々を集めて一大帝国をつくってはどうかという、今で言うと大連立帝国という考え方です。恐らく私は、これが彼の考えていた方向ではないかと思うんですね。だから彼は北海道を中心としたから北進論ではあるけれども、しかし彼の描いていた世界論はむしろ南進論ではなかったかと。というのも、小さな国々を集めて一つの大きな貿易大国をつくろうという考え方は、その当時明治維新のときには、全くなかった考え方ではないかと思うんです。これを彼がすぱっと出してきたのは、彼がいま後期に誤解をされるに至った理由だと思います。

誤解される理由――イデオロギーの欠如

そしてつけ加えれば、彼はそういう意味では誤解される理由があった。それは、彼はいわゆるイデオロギーを持っていないということですね。私は、彼にはどうもイデオロギーはなかったように思うんです。シベリアに行ったときの日記でもそれが大きな主題にはなっていない。むしろシベリアの自然開発、科学開発をいかにやっているかの方に彼の大きな重きが置かれている。そういうことを見ますと、やはり榎本武揚はその意味で貿易を世界全体に広げなければいかんと考えた人ではないかと、これは単なる推測ですけれどもそういうふうに思ってしまう。日本がもし北海道をそのような意味で開拓する場所として描いていたとすれば、私は日本のその後の方向はむしろ植民地論ではなくて――そのころまだ帝国主義ですから植民地が重要な意味を持っていたわけですが

――どちらかというと国内の開発よりは南進論といいますか、貿易立国論を彼が頭に思い描いていたように思うんです。

そういう意味では、福沢諭吉と同じですね。福沢諭吉も農業をむしろ極端に嫌いまして、農業をつぶしてもいいから日本は早く工業立国で行くべきであるということを何度も繰り返していますけれども、恐らくその点では福沢諭吉と榎本武揚は同じ方向であったのではないだろうかと私は理解しています。

そう考えますと、榎本武揚は、どうも福沢諭吉が「瘠我慢の説」を書いたために誤解を受けたのではないかという気がします。そのときの榎本武揚はほとんど本を表に出さないでそれを内に潜んでやっていた研究家ですから、「瘠我慢の説」ばかりが有名になってしまった。私は「瘠我慢の説」が随分榎本武揚を誤解させる根源になってしまったと言わざるを得ないと思っています。

その後榎本武揚がオランダの留学やあるいはそのほかのいろいろな海外との交渉を通じて、特に樺太・千島交換条約の交渉で非常に大きな功績があったと思っています。これを私は第二次世界大戦でなくしてしまったことが大変残念な気がしますが、しかしその意味では樺太、サハリンと千島の交換条約の交渉は日本の外交を世界に広めたのではないか。だから外交手腕から言ったら、恐らく当時の外務大臣よりももっと優れた外交政策を彼は頭に描いていたのではないか。彼がもし長く生きておったら、恐らく南進論を進めながら世界の国々をどうやってつなげていくかを考えたに違いない。

例えば彼の言っていることで驚いてしまうのは、ウラジオストクにロシアが進出することになるのは何とか、港を求めてロシアがどんどん日本海に進出しようとしていることに気づいて、そしてそれをロシアに追及するわけです。ロシアは結局困って、サホトカに代えてウラジオストクを作ったのですね。東方を支配するという意味です。こういった先の見通しというのはものすごく大きな力を持っていたと私は思いますね。彼はイデオロギーを持たないと私は言いましたけれども、実は彼自身はロシアの本質を見抜いていたのではないだろうかという気がします。彼は征韓論にかなり激しく参画してしまうんですが、この征韓論は戦争をしたいという意味ではなくて、むしろロシアを進出させてはならないという気持ちが先に立っていたのではないかと私は勝手に思っているわけです。

私のこの説明はかなり乱暴なものでしょうし、専門の方から見るとそれは無理だということもたくさんあり得ると思いますけれども、私は榎本武揚がこんなにすごい人なのかと、本当に、こんな人が日本の明治維新にいたのかということがむしろ驚きですね。この人を生かした黒田清隆もすばらしい人だったと思います。福沢諭吉は榎本武揚が簡単に明治の新政府の中に入ったように言っていますれども、何度も断わって、たしか二年ぐらい断わっているんですね。断わって断わって、断わったんだけれども、黒田がどうしても来てくれと。そういう意味では、黒田がよく榎本武揚のことを知っていたと言ってもいいでしょうね。面白いのは、福沢諭吉が『海律全書』を黒田から翻訳しろと言われたときに、わずか表のところを訳しておいて、そしてこんなすごい本を訳せるのは榎本武揚しかないと、獄中にいた榎本武揚にわざわざやらせたらいいということを黒田に進言したという。これは、いかに福沢も榎本武揚の学力に感服していたかがわかります。榎本武揚が福沢諭吉のことを「まことに浅はかなる学者である」と書いたことがあったと思いましたけれども、そんなことを言われても平気でいるぐらい、福沢諭吉はそれだけ立派だったと言ってもいいのかもしれませんが、榎本武揚も福沢と並んで名を残す人ではなかったかと、私はつくづく感じております。

一徹な技術者魂の快男児

山本明夫

科学知識で国の役に立つ

山本 私は榎本武揚の生涯のうち、特に五稜郭で降伏してからの彼の生き方に非常に興味を持っています。私がそういうことに興味を持つようになりましたのは、日本化学会という化学系で一番大きな日本の学会の歴史を調べておりまして。日本化学会というのは割合古く、明治十一(一八七八)年の設立で、アメリカ化学会の二年後にできたものです。東京大学の学生二〇数人が集まってセミナー的なものからスタートしたわけです。それが少しずつ大きくなって、そこを出た卒業生なんかもふえてきて会社に行く人もふえて、そこで理学系の化学だけではなくて工学寄りのことをもう少しやる学会をつくろうということで工業化学会ができたわけです。それが一八九八年になります。それで工業化学会の初代会長に榎本がなっているわけですが、なぜあの五稜郭の榎本武揚が工業化学会の会長になっていたのかに興味をそそられて少し調べていきますと、非常に立派な人物であることがだんだんにわかってきました。

　いろいろな榎本関係の伝記がございますけれども大体は五稜郭までということでそれから後のところはよく扱っていないんです。一種のアフタークライマックスみたいなもので五稜郭以後のところはそれほど一般的には面白くないのかもしれません。私が読みましたのは、主に加茂儀一の『榎本武揚』ですけれども、これを読んだだけでもなかなかの快男児ではないかという感じがしました。

山本明夫（やまもと・あきお）
1930年生。東京工業大学名誉教授・元日本化学会長。専門は有機金属化学、化学史にも関心をもつ。71年東京工業大学資源化学研究所教授、88年同所長、90年早稲田大学大学院理工学研究科客員教授、2000年早稲田大学理工学総合研究センター顧問研究員。95年紫綬褒章受章。『有機金属化学――基礎と応用』（裳華房）“Organotransition Metal Chemistry”（Wiley）など。

　工業化学会の会長になぜ榎本がなったのかというのははっきりした理由はよくわからないんですけれども、あのころの考え方としてやはり政治家を頭に持ってきた方がいいということがあったようです。それで榎本が初代で、その後彼は一〜二年おいて五回工業化学会の会長をやっております。それからもう一人、五稜郭で一緒に戦った大鳥圭介も間をおいて工業化学会の会長を三年やっております。この工業化学会と日本化学会というのは終戦後一緒になりまして、名前は日本化学会の方をとって実際上は工業化学会に吸収合併されたような形ですけれども、日本化学会ということで基礎と応用の両方にまたがった学会がそこでできたわけです。

　そのころ榎本は電気学会などほかの学会の会長もやっていたようです。彼は非常に几帳面で、どの学会にもよく顔を出してその責任を果たしているようです。この加茂儀一さんの本などを読んでみますと、榎本がオランダに留学してその間に随分広く勉強したわけですけれども、化学に関してもかなり勉強していたようです。スチュルテルハイムという先生についていたようですが、日本に帰ったら化学の知識を伝えてその応用を図って日本のために役立てたいと、それと同時に先生の名前も日本に知られるようにしたい、というようなことを書いた手紙を送っている。そういう気持ちで帰ってきたんだと思いますけれども、徳川幕府に対する朝廷側の扱いが非常によくないということで腹を立てて皆さん御存知のように五稜郭に行ったわけです。

そこで結局降伏して二年半、辰の口の牢で過ごしたわけですが、その間の榎本の生き方は、普通だったらこの先もう首を切られてしまうかどうなるかわからないと。それは非常に条件の悪い、しょっちゅう腰をかがめていなければいけないようなところにいるわけですが、そういう狭い、暗い牢屋の中で過ごしながら、非常に前向きに将来日本の産業を興すということを一生懸命考えていたと思います。

それで、牢の中に洋書を差し入れてもらって、それを読んで『開成雑俎』という著作も著していますし、また兄の勇之助という人に、生計の足しにするようにと油だとか石けんだとかロウソク、焼酎の製法などを教える。それから将来の日本の産業を興すような形のことを考えて、こよりなんかを使って模型まで制作しているというのは非常に驚くべきことではないかと思います。獄中から彼の出した手紙に、もしも放免されたら「日本中に種々の製造場をつくりたきこと、山のようにこれあり候」と、技術者としての抱負を語っております。日本の将来のために自分の持っている科学知識をぜひ役立てたいという彼の熱意には、驚くべきものがあったのではないかと思います。日本に英雄豪傑はいろいろいますが、このように科学知識で国の役に立ちたいと願い、それをまたその後実践したというような人物はほとんどいないのではないでしょうか。

ただ、榎本と一緒に戦った大鳥圭介も非常に優れた科学知識を持った人でして、辰の口の牢屋から釈放された後、工部大学校の校長を務めるなどいろいろ貢献しています。それから先ほど申しましたように、三回にわたって工業化学会の会長などもしております。五稜郭で戦った仲間の中で二人もこういう人物が出たということは、非常に面白いことではないかと思っています。

一般的に言って、科学知識を集めて蓄積し体系化するためには、科学的な態度で情報を収集する必要があるわけですが、榎本は科学者の一人としてそういう科学的な情報を収集することの重要性を理解して、記録を残しております。文献調査の方法なども、かなり綿密であったように思います。後でお話が出てくるかもしれませんが隕石、実際には隕鉄というのが正確かもしれませんが、隕鉄を分析して、それから刀をつくらせたりというようなことなども科学者としての彼の態度を反映しているように思います。一方、軍事に関しての情報収集の重要性も理解していて、シベリア鉄道開通前の大変な時期のシベリア横断を敢行してロシアに関する直接の情報収集に努力している。

五稜郭以後の貢献を評価すべき

そのほか榎本はいろいろな学科の勉強をしています。その中で国際法を学んで万国公法の本を持ち帰って、これを黒田清隆に、降伏する前になくならないようにと渡して深い印象を与えたという話もあります。いろいろな意味で国際法まで目配りがきくような人は日本にはその時期ほとんどいなかった中で、彼の存在は際立っているのではないかと思います。

それから加藤先生からもお話がありましたけれども、北海道開拓を非常に熱心にやっていますね。それで牢を出るとじきに北海道に行って石油、石炭等の資源探査を熱心に行いまして、幌内炭鉱を発見してその調査結果に関する詳細な記録を残しています。また北海道の物産であるタラ肝油の製造とか、そういう物産の調査、それから北海道で日本最初の気象観測所の設立など、実に多方面にわたって北海道の産業を興すための調査を一生懸命している。これはまさに工学者としての榎本の面目を示すものではないか。彼は北海道発展の恩人と考えてしかるべき人ではないかと思います。

あと一つちょっと私がよくわからないところがあるんですが、いろいろな意味で、万能人というにふさわしい人だと思いますけれども、足尾銅山の公害問題の処理のときに農商務大臣として農民にも会って現地にも視察に行って公害解決のための調査委員会の会長になっています。ところがなった途端にやめてしまっているんですね。どういうことだったのかちょっとよくわかりません。テクノクラートとしては非常に優秀な人でしたけれども、政治家として清濁あわせのむには、その辺にちょっと榎本武揚の限界があったのだろうかということを想像しております。

先ほど加藤先生から「瘠我慢の説」に関するお話がありましたけれども、榎本武揚が牢屋に入れられたときに福沢諭吉に非常に世話になっております。お母さんが会えるように福沢が母名義の偽手紙まで書いています。非常に長文の、なかなか行き届いた感じの、母親の立場に立った文章を書いておりまして、その功もあって榎本は赦免されたわけです。榎本の方は、牢の中に福沢に頼んで差し入れてもらった化学の本がどうもあまり大したことはない。それで、福沢という人ももう少しよくわかっている人かと思っていたけれども、彼の化学知識はこんなものかと言っています。それで、ちょっといわゆるケミストリーが合わなかったのかなという感じがします。勝海舟との間にしても、福沢諭吉とかその辺の非常に鼻っ柱の強い弁の立つ人に対しては、ちょっとこんちきしょうと思うところがあったのかもしれません。

全体的に申しますと、榎本武揚に関しては、朝廷軍に歯向かった敗戦の将の面からだけではなくて、彼の技術者としての貢献も含めて全体的に評価をするべきではないかと思います。私の読んだ伝記から判断する限りでは榎本武揚は一徹な技術者魂を持った快男児で、高度の科学知識を持っていて、しかも外交感覚を発揮して日本のために尽くした稀有な存在ではないかと。ですからアフタークライマックスになりますけれども、五稜郭以後の榎本の貢献を高く評価すべきではないかと考えております。

知性と地政を押さえる

速水融

日本の領土が不確定な時代

速水 私は、榎本の生きた時代の日本の国際環境というあたりから始めたいと思います。前に佐藤先生が座られてちょっと話しにくいですけれども。

幕末明治期の日本の地図を思い浮かべますと、日本の領土だというのは本州、四国、九州だけかといいますと実はそうではなく、その属島、そのほかに北海道に関しては松前藩というのがあります。北海道のちょうどカレイの頭――カレイのようなかたちをしていますからそのカレイの頭、函館付近は日本の領土だと言ってもいいかもしれません。しかし北海道の残りの部分、それから千島・樺太――西蝦夷地といわれていましたけれども――それから琉球、小笠原ですね。これらは潜在的には日本の主権はあったけれども、領土とは言いがたい。琉球が日本に編入されたのはたしか明治十二(一八七九)年、琉球処分を経て琉球王が日本の華族になった時です。それまで琉球は清国と日本に両属の国ですね。両方の国に貢物を出していたのが、もう清国との縁を切って日本一国になった。清がよくそのときに日本に戦争を仕掛けなかったと思うんですけれども、とにかくそうなったんですね。

それから北海道の方は先住民であるアイヌが国家形成能力を持っていなかったということが挙げられます。それで日本人の植民といいますか移民が海岸沿いにずっと集落をつくっていって、そして魚を獲る、特にタラあるいは昆布とかそういう海産物をとって、昆布なんかは徳川時代に密貿易で大量に中国へ流れていっているわけです。これは最近の研究でわかったんですが昆布を積んだ船が日本海と長崎沖を通って中国の南の方へ行って、中国料理になくてはならない成分としてのヨードを供給している、ヨード貿易とでも言うべきものがあったことがわかってきました。その密貿易が、新潟の沖で船が難破して、それで幕府に見つかって新潟が幕府の直轄地になってしまう。開港したときに、新潟が開港地になりますね。それは幕府の直轄地だったからなのです。

それから小笠原島は徳川時代の初めのころに幕府が探検船を出して、ここは日本の領土だと宣言します。先にここがおれの領土だと言えばそれで自分の領土になるのか、国際法上のことはよくわかりませんけれども。これも実はその後日本はほったらかしていたわけですね。ほったらかして、その間に英国人やポルトガル人が住むようになります。けれども幕末期に咸臨丸、まさに榎本が艦長になって行った咸臨丸が江戸に帰ってきてから次に行ったところは小笠原で、ここは日本の領土だと主張した。これもまた日本人が住んでいるわ

速水融(はやみ・あきら)
1929年生。慶応義塾大学名誉教授。歴史人口学、日本経済史専攻。66年慶應義塾大学教授。国際日本文化研究センター教授、麗澤大学教授を歴任。94年紫綬褒章、2000年文化功労者、2001年日本学士院会員、勲二等旭日重光章。『歴史人口学で見た日本』(文藝春秋)『日本を襲ったスペイン・インフルエンザ――人類とウイルスの第一次世界戦争』(藤原書店)など。

けではないんですけれども、明治九（一八七六）年に国際的に小笠原島が日本の領土であることが認められるわけですね。なぜ認められたのか、その辺のことは私にはわかりません。

それから今まさに問題になっていますす北方四島の一番北、択捉島の一番北に棒杭一本立ててここは日本の領土の北限ということを言ったのが、近藤重蔵という探検家ですね。これは幕府の命令で北方探検をした。ですから日本固有の領土といえば択捉島まで入るというのが、日本の論理としていまだにあるわけです。

父子で北方にかかわる

榎本は、その北方にどうもかかわりがあるんですね。先ほど加藤さんは南進論と言われましたけれども、南進論もあったかもしれないけれども、実際に榎本の父親、まだ榎本姓になる前の箱田という姓のころに箱田は北方の探検、測量に行っています。そこまではわかっていませんけれども間宮海峡を発見した間宮林蔵とか、盛んに北方探検が行われた。これは、もちろんロシアを意識しているんですね。ロシアはもうシベリアをどんどん東へ来て、そして先ほども出たウラジオストク、それからひょっとしたら北海道に来ていたかもしれない。けれども幸か不幸かロシアはもう少し北の方を通って、ベーリング海峡を渡ってアラスカに行ってカリフォルニアのサンフランシスコ近くまで行ったわけです。ところが、今では信じがたいことですけれども、そのアラスカの地をアメリカに売ってしまい、今日のような世界地図、ベーリング海峡でアメリカとロシアが分かれているということになります。

そういう状況ですから、私はどうも榎本は父親からも聞いていたし、当時の日本人が持っていたロシアに対する一つの認識があって、ロシアというのはどうも怖い存在ではなかったのだろうかと思います。実際レザノフや、さらにその後もロシア人がやってきましたし、一時日本と韓国の間の対馬へロシア軍が上陸して英国艦隊に追い出してもらうという事件すら起きているわけです。

北海道を何とか日本の領土にするためには、まず北海道の測量をきちんとやる。あるいは領土である証拠として日本人をたくさん入植させて、農業だけではなくて鉱山業も含めて内地同様の扱いをするということが必要になる。明治政府がまず行ったことは、開拓使という名前ですね。北方開拓をやらないと、うかうかすると北海道はロシアのものになってしまうと考えたのではないでしょうか。これははっきり史料を出せと言われても私はいま出すことはできませんが、彼らの心の中にはどうもあって、当時のだれかの日記なんかにそういうことが出てくるかもしれないと思っています。

そこで榎本になりますけれども、徳川幕府が幾つかの学校をつくっていますね。幕府の学校というと、第一に昌平黌というのがあります。けれども昌平黌は儒学を教えるところであって、洋学ではない。幕末になってできた二つの学校が大事だと思います。蕃書取調所、後に洋書取調所ですね。それから、これは後で神戸に移りますけれども長崎の海軍伝習所。こういった洋式の学問技術を習う場所というのは、幕府のこの二つとそれから大阪の適塾ぐらいしかないわけです。ですからこうした学校を出た人たちがやはり明治期の日本の富国強兵政策、あるいは近代化政策にとって非常に大事な人材になっていくわけです。

榎本をそういうバックグラウンドの中の一人として位置づけますと実は非常に活躍した人物の一人で、ほかにもぜひとり上げるべき人材としては統計家の杉亨二という人がいます。この人なんかも福沢の二年ぐらい後に適塾に入り、蕃書取調所に入り、徳川幕府の幕臣になったんですね。ところが徳川幕府が大政奉還して、さらには新政府になったときに徳川宗家は静岡藩という七〇万石ぐらいの藩になってしまうんです。そこにその杉が行くわけです。箱館でまさに榎本が戦争をしている最中に杉はどうしたかというと、自分が蕃書取調所時代に読んだ統計学の本にあった、当時ドイツバイエルンの国勢調査の本、これをやらなければだめだという考えで国勢調査を静岡、いま残っているのは沼津と隣の原、この二つの町でやったんですね。それから明治十二（一八七九）年には甲斐の国、山梨県の調査もしています。杉は榎本と同じく全く薩長とは縁のないところで、しかも非常に大事なことをやった一人で幕府の学校を出て、この人は先ほどの大阪の適塾とそれから蕃書取調所と両方出ているわけです。

維新の背景として、最初に私は日本の地政学のことを申しましたけれどもそれと同時にもう一つの知性、地政と知性、両方を押さえる必要があるのではないかと常々思っています。榎本は、親子で考えると両方にかかわっているわけですね。父親は北方の探検をやって地図をつくった。あるいは間宮海峡を発見したあのグループの一人だったかもしれない、これはまだはっきりわかっていませんが、少なくとも榎本は父親からそういうことを聞いていると思います。それから同時に榎本は、今度は新しい学問を打ち立て、日本の学会に寄与した。そういうことを考えますと、一体全体明治維新とは何だったんだと、明治維新自体も考え直す必要があるのではないでしょうか。

空理空論を好まないプラグマティズム
佐藤優

『シベリア日記』は外交官の必読書

佐藤 モスクワの、移転する前の日本大使館の長い廊下に、歴代大使の写真が並んでいるわけですが、その一番端が榎本武揚です。だから我々は榎本武揚を、日本の外交官としてここに勤めている者の一番の先輩だという感覚ではいました。五稜郭の話も知っていますがそれ以上のものを読んだのは私も今回が初めてで、読んでみて非常に驚きました。まず榎本の目は基本的に、万能人であることは間違いないですけれども、同時に文化人類学者の目ではないかなと思いました。榎本がとっているのは参与観察の手法です。それと同時に、考察があまり深くない。あえて深くしていないのだと思います。つまり哲学や形而上学、宗教に関する関心がほとんどない。これは、彼が万能人であって官僚として優れていたということと恐らくどこかで関係するのではないかと思います。

他方、宗教音痴ではないんです。なぜならば、私はこの『シベリア日記』の中でブリヤートのところが一番重要だと思うんです。榎本がブリヤートに行って、どうもブリヤート人というのがいて、耳学問で、これはモンゴル人と同じらしいと聞いた。しかしロシアとの関係はどうなっているんだろうと疑問に思い、寺院まで行ってみようという好奇心が湧いた。それは、ロシアと日本と中国を考えた間にロシアと中国の領域にまたがってモンゴル人たちがいる、この人々がどういう機能を果たしているのだろうという一種の地政学的な関心に基づくものだと思うんですよ。

それで彼自身若いころに受けた教育を見てみたいなと思ったんです。恐らくこれは学校で受けた教育だけでなくて彼の元々の性格と関係していると思うんですが、宇宙論とか存在論、認識論に関する関心が非常に希薄である。ですから南都仏教が持つような、例えば法相宗なんかのアビダルマ論だとか、それから唯識、当時の知識人は儒学をやっている連中も隣接した知的な流れとして仏教教学に関心を持つわけですね。しかし榎本は、そういうところにはほとんど関心を持たない。こういう、空理空論を好まないというところが変革の時代にとって非常に重要だった。佐幕派であったにもかかわらず明治政府が登用していくというのは、榎本のそういった一種のプラグマティズムにあると思います。これは本当に使えると明治維新政府の連中も思ったのではないかと思うんです。

それから、原点はやはり北方との交渉だと思います。それで加茂儀一『榎本武揚』を読んでみますと、日本側は線としての国境を要求しているんですね。それに対してロシアは、国境を面として考えているんです。その違いが非常にこの中ではよく出ています。それでその交渉を通じて、榎本はロシアの内在的な論理をうまくつかんだんだと思います。その論理とは、ロシアは、サハリンは流刑地として必要なんだと何度も強調する。この点に関して一般の日本人は、それはロシア人の方便でうそ話ではないか、本当は侵略ではないかと思ったと思うんですけれども、榎本はある時期からそれが額面どおりだと受け取った。ロシア人の国境観は必ずバッファー、緩衝地帯を必要とする。日本との間の緩衝地帯としてのサハリンという位置づけをしたので、本国の訓令である樺太・千島交換条約を締結することは日本の安全保障にとって必ずしもマイナスではないと榎本は考えた。

それで逆にアレクサンドル二世の方も、榎本は我々の内在的な論理をよくわかっているから、こういう人間がスパイ活動でシベリアに行くことはよくわかっているわけですが、あえてそれを認めた。ロシアの内在的論理をわかっている人間がシベリアを見るならば、ロシアが拡張主義を考えているのでないことがわかるから、ありのままの姿

佐藤優（さとう・まさる）
1960年生。起訴休職外務事務次官、作家。外務省入省後88年〜95年在露日本大使館書記官。95年から外務本省国際情報局分析第一課に勤務。2002年5月背任容疑で逮捕され、現在最高裁に上告中。1審判決後、事件の内幕や背景などをつづった『国家の罠』を出版、ベストセラーとなった。

を見せておいた方がいいと考えた。ロシアを守るためには何段階かのバッファーが要るんだというロシア人の発想を日本人に理解させれば、日本は遠いので必ずしも脅威にはならないということも日本人には理解できるはずだ。このロシアのシグナルを、榎本はうまく読みとれたのではないかと思います。もっとも日本の指導部はこのようなロシアの安全保障観がわからなかった。それだから結局、日露は戦うことになりました。

ロシア語ができないロシア通

それから、榎本はとても耳がいい。ただし、ロシア語の文法を全く勉強していない。というのは、ここに出てくる言葉は全部ロシア語の音としては非常に近いんです。ところがロシアの格変化をしていないので、文法的にはめちゃくちゃです。ただ、これでいいんです。当時の交渉は基本的にはフランス語で全部できましたし、それからいなかの視察に行くときには、いなかはドイツ人が地主をやっているんでドイツ語を理解する人との意思疎通はそれほど難しくありません。オランダ語がしゃべれれば、ドイツ語と通じますから。特にロシアに来ているドイツ人は、十九世紀のドイツ統一前のドイツ語、オランダ語に近いような低地ドイツ語をしゃべるんですよ。ですから、オランダ語の知識があったら十分に通じたと思うんです。

それでさらに榎本の耳がよかったというところを具体的に見ますと、とにかくモンゴルに対する関心は尋常ではないですね。この『シベリア日記』で見ると、最初異常なまでの砂金へのこだわりが目につきます。なぜこんなに砂金に関心があるのか。だれかが、ロシアの人にとって砂金が非常に重要なんだと耳打ちしたんでしょうね。それで関心を持って、常に砂金を調査している。ところがこのバイカル湖あたりに来てモンゴル系の、ブリヤート人に関する話を聞いた。ブリヤート人とモンゴル人は同じだという話を聞いた途端に、どうも榎本のスイッチが入っているようだ。そしてここの一六〇〜一六一ページに、聞きとりをしているわけですね。「コノ河」と言ったら「イネイ　オホン」であるとか、それから「東道主人」だったらハジャン。これはハジャインだからロシア語と多分近づいているところですが、例えば「肉」が「ミャハ」なんていうのは「ミャーサ」というロシア語と近いですからね。ブリヤートあたりだったらロシア語とブリヤート語が混合している、そういう言葉を一生懸命拾っている。なぜこれだけモンゴルに関心を持つのかというと、やはりモンゴルはその後非常に重要なロシアと日本の関係を考えるのだったら一つのバッファーになると考えたからでしょう。そうすると、これは想像力を働かせ過ぎかもしれませんけれども、その後一九三〇年代になったところで日本が内蒙古対策を非常に戦略的に強くやっていく土壌は、彼のこのバッファー感覚の中にあったのかなと思うんです。

ただ、今一つここのところでわからないのは、なぜロシアに当時行っていたにもかかわらず革命派の政治思想に榎本が関心を示さなかったのか。特にアレクサンドル二世のころは、農地解放が起きて、それから「人民の中へ（ナロードニキ）」運動がそろそろ起き始めているような、思想の時代であった。そうすると中江兆民みたいな形で人民主権や民主主義への関心が若干でもないのかなと思って榎本の日記を二回ほど読み返してみたんですが、社会運動とか異議申立運動とか、そういうことに対する関心はほとんどない。ですからそれ自身が体制を脅かすという感覚もないですけれども、逆に体制として社会政策をやらなければいけないという発想もない。榎本の視界に社会問題が入ってこないんですね。何で視界に入ってこないのか、行政官だったらむしろ視界に入ってくると思うんですね。何か榎本の心の中で、そのようなことに対して関心を持つことを抑圧しているような要素があるのではないかと思います。深読みをすると、もう政治は結構と。だから政治にかかわるようなところはスイッチを切って、徹底的に自己を行政官それから科学者として限定すると同時に、参与観察をして相手の内在的な論理をとらえていくが、その対象はあくまでも政治に触らない世界だと、そういう感じの人なのかなという印象を私は強く受けました。

いずれにせよこの本は、外交官に読ませないといけないです。特にロシアを対象とする外交官に読ませないといけない。ロシアと日本の関係においては、常に問題があるわけですね。それは何かといいますと、日本人のロシア観は二つしかないんです。そして分裂している。

親ロでも反ロでもないバランス感覚

一つは先生としてのロシアという感覚。これはロシア文学を先生とするものでもいいですし、バレエを先生とするものでもいいですし、あるいは当時あったソ連型の共産主義を先生とするものでもいい。「教えてください、先生の言うこと何でも聞きます」という態度なんです。

それからもう一つは敵としてのロシアです。そういう敵としてのロシアだという陣営の人と、先生としてのロシアだという陣営の人が日本の中にいて、交わらない。こういう理由で、個々の研究においては国際的に高い水準の研究をしていますが、実際にロシアとどうつき合うかとなるとダイナミックな発想が出てこない。そしてかつてエリツィン時代に北方領土だけでなく経済を絡め、総合的に関係を発展させるべきだと加藤寛先生が提言をされると、外務省が全員後ろ向きの姿勢を示してしまうようなことになってしまったということだと思うんです。

それからあともう一つ気をつけなければいけないのは、これは冷戦後のロシア外交でよくあることですが、戦後の支那通と言われた人と一緒だと思うんですが、言葉はできる、人脈も持っている。そして何かの工作をやってうまく行っているときは相手と無二の親友みたくなるんですね。ところが工作に失敗するとその全責任を相手側にかぶせて、「ロスケはけしからん」と非難する。それと同じ傾向がいま日本の外務省の、ロシア専門家の間に明らかに出てきています。ロシアと何かのオペレーションをやるというときに、うまく行っているときというのはそれこそ肝胆相照らし、ネクタイ外してウオッカを飲んで。ところがそれがうまく行かなくなるとすると、全責任をロシア側にかぶせる。その親ロと反ロの間のぶれが大きいわけです。こういうことが国益を毀損すると思うんですが、榎本に立ち返ってみると過度の思い入れをロシアに対して持たない。しかし、ロシアの内在的論理はわかる。そして一番のポイントであるところの、皇帝から「こいつは頭のいいやつだ」という認識を持たれている。そうなると、ロシア人の場合は全部見せてしまった方がいいと考える。そうすれば、この頭のいい男だったらロシアと日本の関係で連立方程式を組むことができると。そういうふうに皇帝が思っているということが、もう如実にこの『シベリア日記』の環境の中で許されているわけですね。だからこういう人間をやはりロシアの公使、現在の大使に据えるということなら、これは実際の問題として北方領土も非常によく動くのではないかなと。だから榎本から学んでいくことはとても多いし、重要と思いました。

討論

榎本武揚の外交とは

大陸侵略ではない南方への物の見方

司会（高成田） ありがとうございます。二〇〇八年が幕末から明治にかけて活躍した榎本武揚の没百年ということで、その業績を改めて検証しながら榎本の再評価をしてみたいというのがこの座談会のテーマです。再評価というのは、世間一般の認識が五稜郭での箱館戦争の領袖というところで終わっているからです。その後明治政府の閣僚としてあるいは殖産興業のプロモーターとして榎本が活躍するわけですが、晩年に福沢諭吉の「瘠我慢の説」というのが出て、徳川と明治の二君に仕えることへの批判もあって、榎本の全体的な業績、持っている視野の広さへの評価は低いのではないかと思うのです。そこで、より正当な評価をすべきだと考えたわけです。

それでは最初に、北進論と南進論から外交論に入っていきたいんですけれども。加藤先生の方からは、北海道開拓をもっと真剣に日本が行っていたならば、満州に向けてのその後の日本の野望は変わっていったのではないかと。そこの萌芽を榎本の中に見ているということがあります。それでその大陸侵略、あるいは満州経営ではないものの見方というところで、榎本の中には南の方へのメキシコ、あるいは南洋諸島への見方があったというような問題提起があったと思います。まずこのあたりから、まさにその日本のその後の経営につながっていく一つの流れということで、臼井さんの見方は。

臼井 まず、北海道、蝦夷地のことですが、先ほどアイヌ民族の話が出てきて、国家形成能力がないという話でした。この西欧的な国家形成能力がなかったというのは、台湾もそうでしょうし、ある意味では日本もそうだった。幕末・明治維新という時代は日本なり中国なり朝鮮なり、東アジアのアジア的国家生活を営む地域に西欧諸国が進出して来て、それぞれの国が国家を、西欧国家の意味合いで形成していかなければならなったということだと思うのです。つまり西側からくる国家群に対して、いやおうなしに自分たちの側も国民国家という形を整えていかなければならないという、そういう時代だったと。そういう時代の発端に榎本武揚のような人間がいた、ということが僕には驚きでした。

国家に国境はつきものであったとしても、近代的な領土国家としての国境問題が喫緊の問題となる時代に榎本的な人間が出てきたということに驚きもすれば納得するところがあるのです。ドイツ辺りに出かけると、よく大東亜共栄圏とかアジアモンロー主義とか、ああいったものは一体どうなっているのだといった質問をされることがあります。僕の榎本に対する思い込みたいなものですが、日本が北進し、日露戦争を終えて満州に向かう時代、つまりヨーロッパでは第一次世界大戦が終わり、ヴェルサイユ条約が結ばれる頃になると、日本には榎本のような外交官がいなくなっている。そんな感じを抱くのです。榎本には最初から何か異常な形ででてくるし、それが一体なんなのだろうというのが僕の疑問の始まりだったものですから、今日の先生方のお話しにはとても勉強させていただきました。

司会 征韓論の考え方ですけれども、榎本を見るときに大陸への経営、侵略でもいいですけれども、そこに興味がなかったとすると、先ほどお話があったように榎本が征韓論にはコミットしているのは佐藤さんのおっしゃるように口シアとのバッファーという見方で一つの方程式が解けるのか。韓国あるいは朝鮮半島についてはある種の植民地的な、あるいは帝国主義的な願望というものがあったとか。このあたりは速水さん、いかがですか。

速水 明治十（一八七七）年代の日本で、そこまで考えられたのか。榎本は考えたかもしれないけれども、つまりその考えをいわば国論といいますか、国家の政策として認めさせるのはかなり難しいのではないかと。その前に、これは明治政府ができてすぐのことですが、台湾の問題で、そのとき殺された琉球人を日本の軍隊が行って助けたというので琉球を日本の領土にするという、そういう仕組みのためにはそれはよかったかもしれない。よかったというか、日本はそれを利用したわけですけれども。韓国に関しては、そういう問題は別にないわけですよね。

先ほど私がちょっと言いましたけれども、実は徳川時代から日本が主張する領土の中に竹島があるわけです。竹島問題というのは今に始まったものでも明治に始まったものでもない。徳川時代に始まっているんですね。ですから、それが理由になって征韓論が出てきたわけでもない。だから征韓論をロシアと結びつけて考えるのか、あるいは中国、当時の清ですね、清と日本の間の問題として見るのか、私には判断できません。

加藤　私は佐藤さんのお話を伺って目からうろこが落ちたと言ったら言い過ぎですけれども、しかし、ああ、そうか、『シベリア日記』というのはそういう意味があったのかというのを感じました。

それから、ロシア人はやはり北を征服しようという気持ちはなかったですよね。ただ、その北を何か、とにかく海のない国として、ヨーロッパの方にはあるわけだけれども本当にはないというときに、やはりシベリアを横断したところにアジアの拠点とする場所を求めていたということは事実だと思う。だからウラジオストクというのはロシア語では……。

佐藤　「ウラジー（取れ）・ヴォストーク（東方を）」、「東方を支配せよ」という意味です。

加藤　東方支配ですからね。つまり東方というのは、ある意味でやはり日本のことも頭にあったと思いますよね。それから中国のことも頭にあったと思う。その考え方が基本にあってウラジオストクができているわけですから。そうするとウラジオストクをつくろうというロシアの意図は、やはり拠点は手放したくない、したがって必ずしも彼らが征服的な意欲を持たなかったとは言えないのではないかと。これはちょっと、あまりよくないように見ているからそういうふうに見てしまうのかもしれないけれども、そんな意識がないわけではないと思っているんですよ。

それからもう一つはやはり韓国というか、朝鮮といいますか、その韓国が大きく出てきているということ、これはアジア全体がロシアに対する恐怖感をある程度持っていたという意味では、バッファーがロシアにも必要だったけれども、アジアにも必要だったという見方ができると思います。

高成田享（たかなりた・とおる）

1948年生。ジャーナリスト。71年東京大学経済学部卒。朝日新聞経済部員、アメリカ総局員、ウィークエンド経済副編集長、経済部次長を経て、論説委員。96～97年テレビ朝日ニュースステーション・キャスターを兼任。98～02年アメリカ総局長（ワシントン）。帰国後は論説委員としてアメリカ、国際経済を担当した。現在は石巻支局長。

だから榎本武揚が北海道開拓に非常に強く出ていったというのは、そういうアジアの中の混とんとした状況を何とか日本に入れないようにしようとする、そういう盾となるような意識があったのではないかという気がしますね。だから北海道を開拓することが、日本にとってはこれからの大きな仕事なんだと。それをやらなければ、新政府は生きられないぞと。

それから、何で榎本武揚があまり政治に関心がないかということですけれども、これは私が思うに、彼は政治に非常に翻弄されましたよね。もう大事になるたびにいろいろな人が出てきて、それで彼を引っ張り出す。そういう意味では、本来ならばあまりやりたくなかったことをやらなければならないからという気持ちでやっていたと私は思います。これは、福沢諭吉と同じです。福沢諭吉も、同じように政治に対して非常に嫌悪感がありました。そういう意味で私はこの福沢諭吉と榎本武揚は似ているところがあるという感じがしていますが、同じ方向に行っているようだけれども実は違う方向も見ていたということになるのでしょうね。

榎本武揚が非常に特色があるなと思うのは、地にものを置いていつも考えていくという彼の考え方ですね。これは科学者でなければわからないことですよね。我々文科系の学者はどうしても表（おもて）を見るけれども、そしてまた一つの角度から物事を考える傾向があるけれども、実は榎本武揚みたいな地道な考え方というのは自然科学の見方がなければやらないですね。これだけまた地道に、伊能忠敬みたいに地図をつくろうなんていうのでじっと見詰めて地べたをはっていくなんてことは、とても我々にはまねできない優れた才能だと思うんですよ。そういう意味で私は、榎本武揚は本質的に政治の世界に入りたくない人だったと思いますね。その割に例の千島・樺太問題にはあれだけの外交手腕を使ってやるというのは、私はすごい人だと思いますよ。だから本当にやらせたら、この人は日本の総理になってもおかしくない人だと思いますね。

交渉の感覚を瞬時につかむ

司会　樺太・千島交換条約について言うと、日本は訓令で早くから樺太をあきらめて千島を全部とるという方針があって、榎本はそれを隠しながら交渉していくというスタイルをとりました。当時の日本政府がとったこの樺太・千島交換の戦略ですが、これの当時の国際情勢における妥当性と、それから榎本の交渉術について佐藤さんはどんなふうにお考えになりますか。

佐藤　私は妥当だったと思います。というのは、まず当時、北樺太に石油や天然ガスが豊富にあるという知識が皆無だった。また石油の時代はまだ先ですけれど、もし仮にその知識があれば、もう全然絵は違っています。今はそれがあるから何てばかなことをしたんだろうというふうに見えると思いますが、当時ロシアは、チェーホフの『サハリン島』なんかを見てもわかるように流刑地として使っていた。それに対してロシア側はウルップぐらいまでしか渡そうとしないわけですよ。ところがシュムシュ、パラムシルまでとるということならば、そこのシーレーンは日本が確保するわけですよね。そうすると、太平洋の安全保障ということを考えた場合には日本が圧倒的に優位に立つ。ロシアとしてはウラジオストクと旅順、ここには出てこられるけれども、日本が千島列島をとっているから、カムチャツカのペトロパブロフスクを持っていても大きな意味がない。その意味では、世界地図を見た上ではなかなか大したものだと思うんですよ。

司会 それは榎本の交渉術以前に、日本政府の戦略としてもかなりこれは的を射ているということですか。

佐藤 そういうことです。それにある意味ではいま日本の歴史からは隠されていることですけれども、パラムシル島には実はアイヌが住んでいたわけですよ。ただ、このアイヌというのは全然系統が違うアイヌなんです。このパラムシル島のアイヌの人たちを、樺太・千島交換条約が起きた途端に、「自発的な意志」で軍艦で、わずか二日間で色丹島に移します。それで、ほとんど定住ができなくて亡くなってしまうわけです。このときに警戒したのは、パラムシルのアイヌたちが諜報目的でロシアに協力する危険性がある、と当時の日本政府は考えたのです。ということはやはり、日本はこの千島列島の安全保障上の意味を、よく考えていたと思います。事実一九四五年の敗戦のときにもカムチャツカからシュムシュ島に攻めてきて、シュムシュ島で大変な戦闘があるわけです

臼井隆一郎（うすい・りゅういちろう）
1946年生。東京大学大学院総合文化研究科言語情報科学教授。専門は言語記号分析、象徴・神話論、言語態分析。新潟大学教養部を経て現職。『コーヒーが廻り世界史が廻る』のほか、『パンとワインが巡り神話が巡る』（共に中公新書）『榎本武揚から世界史が見える』（PHP新書）。

ね。そういったことを考えた場合には樺太・千島交換条約というのは、安全保障に加え、経済においても漁業利権を考えるとこれは千島の方を取るというのは順当な選択です。繰り返しますが、安全保障上も、流刑地であるサハリンを持っているよりもきちんとした形でのシーレーンを確保した方がいいということなので、外交戦略、安全保障戦略としては非常に正しい戦略だったと思います。

―― **司会** もう一つの外交術としていかがですか。途中でロシア側に軍艦をよこせとか、いろいろ面白い交渉も出てきますけれども。

佐藤 うまいと思います。というのは、ロシアもシーレーンを渡したくないんですよ。だからシュムシュ島とパラムシル島は渡したくないんです。シュムシュ、パラムシルを渡さないで、いわゆる中千島までで話をつけたいというところを北千島まで伸ばすためには、軍艦をよこせとか保証金が必要だとかというような駆け引きは非常に重要だと思います。だからロシアと交渉するときにはまずハードルを上げて、ある時期をみてそのハードルを少し下ろさないといけないという交渉術の定石に榎本は忠実です。それからロシア人との交渉というのは、こちらにスキがあれば、それに突け込むのが向こうの仕事ですからね。だから最後の一瞬のところで交渉がまとまる。この辺の感覚を彼が瞬時にしてとらえたということは、ロシアを担当する外交官として非常に優れていると思います。

加藤 だから榎本武揚というのはその政治的なことが嫌いなのではなくて、やらせればものすごくうまい。しかし表には出したくなかったという、そんな感じですかね。

佐藤 そんな感じがしますね。それで自分のそういう能力を知っているから、実はかつて五稜郭まで行かざるを得なくなったのも自分の能力のゆえだということを知っている。こういう能力は一回目は運よく首から胴体が離れないで済んだけれども、二回目にしくじったときは確実に首が胴体から離れると。これぐらいの感覚を持っていたのではないですか。

交渉術以前の人間的な魅力

榎本 個々のお話はいろいろ出てくると思うんですけれども、元々政治家という資質ではないと思うんですね。同じ幕臣として勝海舟はどちらかというと政治家としての能力の高い人だと思います。ただ、先ほど外交官としては優れていたというお話も出てきましたが、政治家と外交官は別ではないかと。テクノクラートという言い方もありますけれども外交官は別種の能力であって、確かに元々政治家として売ってもいないし、なろうとも思ってもいなかったという感じはしますね。

ロシアとの交渉術でも、相手を見ながら上げたり下げたりしながらうまくやるという、そういう能力が元々あったのではないでしょうか。それとよくお話しするのは、アレクサンドル二世や後の清国公使時代の李鴻章に対してもそうですが、相手の気持ちを自分の方に引き寄せてしまうという交渉術以前の人間的な能力というか、魅力というか、それが外交官に向いていたのではないかなという気はしますね。

加藤 外交官も、日本の場合どちらかというと政治家としては有能な人が多いですね。吉田茂や白洲次郎とか、政治家でありながら結構外交的なことがうまい人が多かった。ただ、肝心なことは、最近、外務省の中心になる人がみんな政治家ではないんですよね。つまり、人を褒めたりおだてたりするやり方をしないんですよ。今の日本の外交官は、ほとんど権力主義者です。こんなことを言うと怒られてしまうけれども、しかしそんな感じがするんです。特に守屋元防衛事務次官じゃないけれども、そういう手腕にかけては日本の外務省は国民からずれていますね。

佐藤 おっしゃるとおりですよ。冗談半分で、ロシア人のこういった小話レポートがあるんです。何で日本の某大使は全然頭を下げないんだ。日本人はあいさつで頭を下げると聞いたんだけど、日本人同士で話しているときに後ろの方でふんぞり返っているぞと。そうすると横にいたロシア人が「いや、最近の日本人は後ろに頭を下げるんだ」。そうからかわれていますからね。

それから権力志向だということは、私はいま吉野文六さん、かつての外務省のアメリカ局長をつとめ、沖縄返還の際に密約を結んだ、あの人からずっと聞きとりをしているんですね。それと同時に西山太吉さんと何回か会ってお話をしたんですけれども、西山太吉さんはこう言ったんですよ。外務省は、非常に政治的な役所である。それで政治家とのブリッジをかけるのが非常にうまいと。それで、一見政治音痴のような顔をしてものすごく政治を使う。そのかわり、何かまずくなると必ずそのブリッジを爆破すると。その話を吉野さんにしましたら、「確かにそのようなことがあるが、最近はその政治に橋をかける必要も感じなくなってきている。自分で自分のことを全部やろうとしているのではないか。そうすると、だんだん自家中毒みたくなってきますね」なんて言って、吉野さんは笑っていましたけれどね。

加藤 賛成ですね。

佐藤 それと同時に語学力が恐ろしく落ちています。今、キャリアがＴＯＥＦＬで平均六百点とれないんですから。アイビーリーグに留学できないんです。現役時代私は若手外交官の教育係をやっていたんですが、私が面倒をみたちゃんとした大学の大学院を出た連中が、モスクワ国立大学とか高等経済大学なんかへ送っても学業不振で退学になるんです。ロシア語ができないということではないんですね。私が親しくするロシアの副首相なんかが幹部をつとめている大学なので、私はモスクワまで行って話を聞いたんです。そうしたら、三つのことがだめだと。まず一番目は、経済学部の大学院を卒業しているといっているのに基本的な線形代数がわかっていない。産業連関表を読めないと。

加藤　マルキストにそういうことを言われたら困ってしまうね。

佐藤　旧ソ連においては社会主義経済学と資本主義経済学があって、資本主義経済学は資本主義の崩壊を論証するマル経なんですね。社会主義経済学は近経なんですよ。だからやつらは近経の基礎教育を受けています。何で数学を迂回して、日本では大学院まで卒業できてしまうんだとロシア人に指摘される。だから、まず数学でついていけない。二番目は、哲学なんです。思考のいろいろな鋳型についてのことがわかっていない。三番目は論理学。要するに同一律、矛盾律、排中律、背理法が何であるかそもそもわかっていない。ディベートをするときになぜ自分の議論が崩れているか、人の議論が崩れているかということを論理の言葉で説明できない。だからレベルが低いとか何とかということではなくて、日本の外交官は非常に異質な知的環境で勉強しているのではないかと、ロシア人に言われるんですよ。

いま日本の外務省の中でもどうして語学ができなくなるかというと、仕事で語学を使わないんです。語学ができると通訳で借り出されますよね。万一誤訳したら、それは通訳の責任になる。しかも記録をつくらないといけないので、仕事がふえる。語学ができなくても、行政官としての事務処理能力があれば出世もします。外務省全体が語学から逃げてしまう。そうなると、人の気持ちを理解する以前の問題で、語学ができないから新聞も読めない。実はこういう大変な状態に十数年ぐらい前からなり始めていたんですが、外には見えなかったのがいま外に見えるようになった。そうなると、今度自分の能力が低いことがわからなくなってしまうというスパイラルになるんですね。

司会　語学という問題だけでなく、今の日本の置かれている状況を見ながら、どういう日本の戦略を立てていくかという、そういう中長期的なパースペクティブがなかなか官僚レベルの中で出てきていないのではないか。つまり目先のところで何とか交渉をうまくやればいい、何とか交渉をうまくやればいいという。

佐藤 具体的な話をすると、小泉純一郎元総理がドイツに行きましたね。ドイツに行ったときの文化プログラムで、小泉さんが好きだからといってワーグナーのオペラを見せに行った。それで文化行事をやったと言っているわけですよね。これは驚くべきことなんですよ。しかもドイツの首相と一緒に行くわけですから。それはナチズムとの関係で大変なインプリケーションを持ってしまうわけですね。ところがもっと驚くべきことは、それがニュースにならないということなんです。もしアメリカの大統領がそれをやった場合、フランスの首相がワーグナーをドイツの首相と聞きに行った場合はイスラエルの国会からすぐに決議が出て、イスラエル大使が本国召還になりますよね。日本の場合は、プレイヤーの外になってしまっているんですよ。外務官僚自体が、そのどこに問題があるか気がつかない。こういう状態に、もう数年前からなっているんですよね。

中山昇一（なかやま・しょういち）
1953生。第一級有線テレビジョン放送技術者。84年古河電気工業（株）入社、CATVを利用した交換網とコンピューターネットワークの開発、知的財産戦略活動と教育に従事。90年〜93年（株）CATV基盤技術研究所にて、統合デジタル通信網とインターネットアクセス系の研究と実証実験。IEEE会員、科学史学会員、幕末史研究会会員、電子情報通信学会員。

経済思想

理想を持った現実主義者

司会 この外交論をやると尽きないですが、もう一つの視点である殖産興業というあたりで、どういうふうに榎本がかかわってどういう芽をうまく残していったか、中山さん、ちょっと補足するところがあれば。

中山 小さい補足から行きますと福沢諭吉が差し入れた化学の本がちょっとレベルが低いねという話、山本先生の「福沢先生とはケミストリーが合わなかった」という話がありますけれども、山本先生の本を読むとわかりますがケミストリーは物質と物質の相性なんです。そういう意味で、山本先生は榎本と福沢の相性が合わなかったと言われたのです。

次に工業化学会の方の初代の会長は、政治家で子爵だったからなったと思われがちですけれども、その後何回か選挙で会長になっているんですね。ですから、当時の工業化学会の人から随分尊敬されていたのではないかと思います。それから電気学会の方は初代会長で、最後亡くなるまでずっと会長を務めました。それで亡くなった後募金を募って、電気学会の建物の中に榎本図書館というのをつくるわけですね。当時最高の文献を応用中心に集めまして、それで大正十（一九二一）年にやっと完成して十一（一九二二）年から運用が始まるんですが、十二（一九二三）年の関東大震災で、貴重な文献も全部、燃えてしまうんです。

それを英国の電気学会、国内の人が知ってたくさんの文献を日本の電気学会に送ってくれて再興を果たして、一九七〇年代までその図書館は続くわけです。そういうことで学会の会長として、政治家だ、子爵だということ以外でも、専門家として随分慕われていたのではないかなと。それから世界的な人脈があり、名前も知られていますので、いろいろ協力も得られたのではないかと思います。

司会　榎本の最後の公的な仕事は足尾銅山の問題で、そこで仕事を辞めるということですね。そこは限界であったのか、このあたりはいかがですか。

中山　榎本武揚のやったことは、非常に工学屋（エンジニア）だなと感じることがいっぱいあるんですね。その理由の一番大きいところは、工学屋というのは科学と技術の両方、サイエンティストでもありテクノロジストでもあります。両方を統合してある価値観のもとに目的を達成するというのが工学屋なんですけれども、そのときに理想と現実をきちんと分けるんですね。理想はわかっているんだけれども、今なし得ることは何か、何をすれば一歩進むのかと考え、妥協をしながらも必ず前に進むのが工学屋の態度なんです。

榎本は農商務大臣になったときに足尾の件は以前の大臣から引き継いでいった事項がうまく行くはずだったのが、実は明治二十九（一八九六）年の大変な豪雨の中ですべてが失敗してしまうんですね。それで、また鉱毒事件が起きる。そこであまりにも騒ぎが大きくなってきた。いわゆる鉱業と農業の衝突を予防しなければならなくなった。彼は、それまでは政府要人のだれも現地に行かなかったが私的ながら農商務大臣として初めて現地へ行くわけですね。かつての農商務大臣の中で初めて省内に調査委員会をつくって、それでもまだ足りないと政府横断組織で国家全体の優秀な人材を集めて対応する。つまり公害運動の原点が田中正造側にあれば、榎本武揚は、公害へ国家が科学技術者中心のプロジェクトで対応しなければいけないものだという原点をつくり上げた側なんです。

　当時官制の八幡製鉄所をつくらなければいけなくてやっと軌道に乗って動き始めたとか、外務省でやろうとしたことが外務大臣が外れたために殖民協会でメキシコ殖民を自分でやることになったとか、ものすごくいっぱい仕事を抱えていたわけですね。それで、福沢諭吉が当時『時事新報』に農商務省をつぶせという記事を書いたとか、勝海舟が榎本は足尾の責任をとってやめろとかという新聞記事が出たりするんですけれども、足尾だけでやめたとは思えないぐらいに仕事が過密だった。よく会社をやめるときに「一身上の都合で」と書くのと同じように、彼の辞表は「脳病につき激務に耐えず」という言葉を書いて辞表を松方首相に出すんです。これは一身上の都合に相当するばかりではなくて、やはり半分は本当に激務だったのではないかなと思うんですね。

榎本隆充（えのもと・たかみつ）
1935年生。東京農業大学客員教授、武蔵野大学特別講師、梁川会会長、開陽丸子孫の会会長、株式会社榎本光学研究所代表取締役。榎本武揚曾孫。編著『榎本武揚未公開書簡集』『北海道の不思議事典』『榎本武揚の妻榎本多津』（新人物往来社）他著書多数。

殖産興業の芽を残す

司会　先ほど加藤さんは、榎本は福沢と同じ意味で農業があまり好きではなかったと。あるいはあまり農業に力を入れるということではない一つの産業国家論を思い浮かべていたというんですけれども、一方で農業大学の創始者の一人でもあります。榎本さん、農大をつくる思想というか農業意識というのはどうですか。

榎本　最初に幕臣の子弟に奨学金を与えるための徳川育英会をつくり、その後育英黌農学部が農大になっていったわけです。まずつくった一番のもとはやはり幕臣の子弟を助けたかったというのが出発点だと思うんですね。もちろん農政の問題も出てくると思いますが、僕は専門家ではないのでその点はよくわかりませんが。

加藤 そうですね。彼は貧しい人を自立させようという気持ちが非常に強かったという印象が、私にはあります。だから農業関係だと、最初は三つの学校をつくっているんですね。ところがいわゆる工業に関するものは、伸びない。まだまだ需要がないものですから、伸びなかった。そこで農業だけが唯一の伸びる産業だったというのでそちらに移ったという経緯が、東京農業大学にあったのではないかと思っていますけれどね。

司会 いま八幡製鉄の話がありましたけれども、たまたま二〇〇七年一二月一日が日本の製鉄一五〇周年の記念日だったんです。山本先生、この日本の産業勃興期あたりの榎本の貢献で、印象に残るところはどこでしょうか。

山本 榎本の動きを読んでいますとある意味で工学的というか、科学者的というか、そういう感じはしますね。日清、日露にしてもとにかく軍艦はみんな注文してつくっているわけですからそれに対して彼が関心を持っていたことは多分確かだと思います。八幡製鉄と直接どういう関係を持っていたか私は存じませんけれども、その前に大島高任が釜石で製鉄所をつくっていますね。いろいろな意味から言ってやはり鉄の文化といいますか、武器にもなるし、いろいろな意味で鉄が大事だということは、当然彼は工学者的なセンスを持つ人としては知っていただろうと思います。ですが実際につくるところでどんなふうに関与したのかは、ちょっと私自身はよくは存じません。

司会 北海道開拓で、石炭などの資源は随分見ていますね。これは鉄とも絡んでいるんですか。石炭そのものですか。

榎本 先ほどの獄中の話も出ましたけれども、もし自分が生き延びることができるのならば鉱山の開発を含めた北海道開発をやりたいと、そこが結果的に石炭につながってきます。もう一つ製鉄ということで言うと、例えば流星刀をつくることも、やはり製鉄と関連があると思うんですね。隕石に興味があったということと同時に、それもやはり製鉄に絡んできますから。当時はやはり、日本の将来に製鉄は非常に大切だという感覚をずっと持っていたのではないかと思います。

たまたま今日「流星刀記事」というのを持ってきたんです。これは隕石に関しては一番最初の科学的論文ではないかと言われています。隕石の定量分析なんかを正確にやっていますので、これは多分あまり表に出てこないものかと思いますが。

山本　ちょっと隕石のこともありましたけれども私は前に「化学、隕石、北海道」という題のエッセイを書いたんですが、北海道で関係がある人というと榎本武揚とそれからクラークですね。隕石で関係があるというのは、榎本武揚は隕鉄の分析をしていますし、それを刀にして流星刀と名づけ、皇室に献上しています。それからクラークの方は、若い頃にゲッティンゲンのヴェーラーですね、尿素を一番最初に合成した人ですが、そこに留学をして隕石の研究をしているんですよ。ケミストリーでPhDをとってアメリカに帰ってきて、それでマサチューセッツに行って、それから日本に来るわけですね。そんなところでちょっと三題話的にくっつけた話をしているんですけれども、両方ともやはり科学者としてのバックグラウンドがあって、そしていろいろな意味で北海道のために尽くしたという一つの接点があるんです。二人はその間会ってはいませんけれども、日本のその当時の若者に非常に大きな影響を与えたクラークと、それからその後の日本にとって五稜郭から後のいろいろな意味の榎本の貢献というのはもうちょっと評価されてもいいのではないかという感じがしました。

殖民論

北進の時代に環太平洋を意識

司会　別の分野でメキシコへの植民の問題、あるいは南方への植民の問題を討議したいと思います。当時こういうメキシコあるいは南方への植民という考え方を持ったという発想、これはどんなふうに考えたらいいのでしょうか。

速水　日本人が初めて海外へ出稼ぎに出たのは維新直後ですが、本格的に移民をやるようになったのは、明治十（一八七七）年代の末あたりからですね。それで二十（一八八七）年代から三十（一八九七）年代は盛んにアメリカ移民をする。三十年代になるとかなりそれに対する反発が出てくる。つまり日本人はアメリカ、カリフォルニアに行って働き過ぎるわけです。そうすると、日本人ばかり雇うからアメリカ人の方が失業してしまって非常に困ると。ところが日本は、私は歴史人口学ということをやっているので申しますと、大体一八四〇年ぐらいですね、一八三〇年代に日本に多分コレラかペストだと思いますが大流行病がはやって人口がどすんと落ちるんですが、その回復過程がそのままずっと続きまして年一%ぐらいの増加で幕末、明治期を過ぎる。北海道開拓で圧力が多少は低くなるんですけれども、なお人口圧というのを持っているわけです。

そうすると、国内で養い切れないから国外へ。その行き先として例えばオーストラリアやアメリカ、ハワイですね、最初はハワイです。それからアメリカのカリフォルニア。けれどもここらで問題になってくるので、行き先としてメキシコが考えられてくる。ですから、海外移民として太平洋の向こう側に行くことはある意味では当然だと思うんです。ただ、その中でなぜメキシコで、ブラジルやアルゼンチンではないのか。それはやはりアルゼンチン、ブラジルはその時期には遠過ぎるわけですね。もうちょっと後になります。メキシコはカリフォルニアからすぐそこですから、国内の人口圧を解決するのに客観的に見れば最適なところということになります。

ただ、結局これはうまくいかないわけですね。逆にいま日本が移民を受け入れなければならないかもしれない。一つの労働力不足の解決方法として、やがて世界じゅうがそうなると思うんですよ。そういうときに我々がどう対処するか。つまり受け入れ側の問題もありますから、そう簡単にはいかない。

臼井 なぜメキシコなんだというのが、僕が榎本に対して持った興味のきっかけでした。当時としては。ともかく奇妙な動きだなというのが一つ言えると思います。ただ、イギリスは勿論、オランダやドイツなどにも植民局があり、国民が国外に出ることを積極的に支援している時代です。大きな希望を抱いて海外雄飛を夢見て、あるいは自分の国に愛想をつかして、国を出る人々を支援することが将来の海外貿易に利するところが大きいと考えるのが、ヨーロッパの諸々の国民国家の常識だったと思うのです。

そういう時代であるわけですから、ドイツからもメキシコに植民を送り込んでいます。ちょうど榎本がメキシコ殖民を行った場所です。チアパスという場所です。ドイツの植民は大成功で、この成功を支えているのがコーヒー生産です。歴史的にはもちろんいろいろな問題が重なってきますから、現在ではチアパス問題で知られている土地です。簡単に言えば、原住民問題です。榎本殖民が失敗したことはその意味ではよかったと僕などには思えますが。

ただ、あの時代にああいうことを考え、しかもそれが全然理解されなかった。あの時代というのは要するに日本が北進に向かう時代です。ちょうど日清戦争が終わって、台湾領有を起点に日本の朝鮮、満州の方向に向かおうとする時代に、孤立無援の形で太平洋を越えて向こう側に、そういう意味での南進ですが、環太平洋な経済政策をやろうといったこと自体、じつに麗しい感じが僕はするのです。ただ、あの時点では全く孤立無援になってしまったという感じが確かにしていて。

殖民協会を一番最初につくったときには、どことは具体的にいいませんがやはりお金、つまり資本家の協力が必要であり、しかもかなり見込めたのでしょうけれども、植民事業が実際に動き出したときにはもう日本の重点目標は朝鮮半島に移っており、メキシコ植民に対する援助はほとんど期待できない時代になっていた。そういう意味ではこの植民事業は非常に特徴的な時代に行われており、ともかく榎本武揚は彼らしくやるべきことを最後までやっていたという感じもするのです。

司会 何でコーヒーなんですか。

臼井 それはコーヒー生産の世界情勢から見れば絶対そうなんですよ。セイロンのコーヒーが全滅して、コーヒーの世界市場に供給不足が生じ、そのためにブラジルがそれまでの砂糖生産をコーヒーに切り替えて、コーヒー市場に参入してくるという、まさに転換点に当たる時代です。ですから当時、コーヒーなどほとんど生産していなかったメキシコでもコーヒーを生産しなければいけないと考えるのが、まず当然メキシコの政治家であったとしても、榎本たちはこの世界情勢に対応している。そのシナリオ自体はすばらしいですよ。今メキシコは世界で三位のコーヒー生産国になっているわけですからね。それで先ほど言ったドイツ人たちも大成功し、大富豪になっているわけです。その線に目をつけたことは、すばらしい慧眼なんです。

イデオロギーという壁にぶつかる

司会 移民でうまくいかなかったというとドミニカだとか、キューバなんかも革命後は棄民されたように思っているんですけれども。そういう中で榎本武揚のメキシコ移民はかなり非難をされているんですか。

臼井 どうでしょう。僕がたまたま読んだ本に拠っているだけで偏った印象なのかもしれませんけど、行った人は榎本に惹かれて行っている人が多いんですね。ですから実際彼らが失望しているのは、彼らが行ったあとに榎本自身が来てくれないとか、日本からの金銭的援助が潤沢でないとか、そういうことで恨みはあるだろうとは思うのですが、榎本に対する崇拝の念、要するに箱館戦争の榎本武揚に対する崇敬の念ですね、つまりなにかやろうとしていることに対して共鳴して行っている人が多いという感じです。ですから、確かに失敗はしているわけですから残念な気持ちはもちろんあるでしょうけれども、それほど強い、棄民されたといった恨み言というのは残っているわけではないような気がするんですが。

榎本 行った人たちのなかでは、現在でもかなりメキシコで成功している人たちもいるんですね。だから、単に批判されるだけではなくて、先鞭をつけたという事はそれなりの意味もあったと、言えると思います。

―― **司会** 佐藤さん、外務省における南への植民の系譜というのはあるんですか。

佐藤 あります。ただし外務省はその種の話はすべて後手後手で、外務省で言うところの筋悪案件といって、だれも拾いたがらないです。ですから一昔前領事移住部と言っていたんですけれども、移住を担当するというのはみんなやりたがらなかったですね。

私の意見では、移民は移民後の共同体のイデオロギーがないとできないと思うんですよ。榎本の場合はやはりイデオロギー的なこと、思想的なことにあまり関心がないことと、うまくいかなかったことが関係しているのではないかと思います。例えばイスラエルのキブツなんて、ユダヤ人が土地に定住して、農業をするなんていうことはあり得ないということで、だれもそんなものはできるはずないと思っていた。しかしそれができたのは、シオニズムというイデオロギーがあったからですね。

それから例えばアーミッシュの人たち。この人たちがアメリカで共同体をつくっているというのも、ああいう宗教があるからです。

ロシアでも、実はロシアのドイツ人共同体は今でも強いんですよね。またカザフスタンに強制移住になってもドイツ語を維持して残っているくらいです。それはほとんどメノナイトかバプテストの信者なんですよ。

だからそういう、何らかの自分たちの共同体を維持するようなイデオロギーをかっちりと構築しないと移民はうまくいかないのだと思います。特に第一期は非常に文化的な摩擦が大きい。単に環境が厳しい、マラリアがあるということだけではなくて文化環境の違いが厳しい。そこが榎本の場合は、やはり精神力については比較的薄いところで、宗教や世界観みたいなところまで踏み込まないで移民が実現できると考えていたのではないでしょうか。一種の構築主義だったのではないか。それが榎本の移民政策の限界だったのではないかなという感じがするんです。ですから逆に例外で、どんな逆境にも強かったのは沖縄移民ですよ。沖縄移民はどうして強いかというとトートーメー（祖先崇拝）という形での、自分たちの共同体信仰は絶対に捨てない。それによって頑張った。だから逆にメキシコなんかでは戦争が終わった後の「勝ち組」現象ができてしまうわけです。だからその辺のところで考えると、宗教性とか世界観に関する榎本の基本認識にある欠陥が、移民がうまくいかなかった一つの理由かなという感じが私はします。

司会　そういう意味では、日系社会というのは早くから同化をすることが多いですね。例えば日本語が残っているのは、南米のボリビアとかには日本語社会が残っていますけれども、アメリカ、ハワイも含めてあまり日本語が残っていない。二世、三世になるとほとんど残っていないですね。言語だけが文化とは言えないかもしれませんけれども。

佐藤　そうですね。食事もアイデンティティを形成する上で大きな要因と思います。しかし、言語は民族アイデンティティを形成する上で重要です。ブラジルでも日系社会の強いところでは日本語がカタコトでも使われています。

司会　日本人のある種の特性かもしれませんね。まさに榎本武揚がぶつかった壁というのはそういうところにあったかもしれない。

人物論

自分の能力は国のために尽くす

司会　少しその人間論ということで、榎本さん、今日のいろいろなお話の中でいろいろな榎本像が出てきますけれども、人間的にはこうだよというお話は何かありますか。

榎本　ちょっと観点がはずれるかもしれないですが、今日は加藤さん、速水さんがいらっしゃるので福沢諭吉から始まってきついというか厳しい榎本論が出るかなと思ったんですけれども。実際には、曾孫としてはやはり悪く言われるのはあまりうれしくないわけですが。佐藤さんの方からも外交官としてちょっとここのところはいかがなものかなという話も出るかなと思ったりもしたんですが、いろいろ評価していただいていると感じます。

　やはり榎本論で一番出てくるのは「瘠我慢の説」だと思うんですね。それで私が考えるのは、獄中の明治五（一八七二）年、ここまでが武揚にとってはまだ幕臣時代だと思うんですね。それで明治五年以降結局明治政府に入っていくわけですけれどもその中間地点の獄中時代その二年半の間に武揚の人間性というか、どういうふうに考えていたかというのが一番出てくると思うんですね。

　家族宛の手紙でもわかりますが、懐にいつも入れていて気のついた事を書きとめておいた獄中詩というものがあります。その中の漢詩の一つに、武揚がなぜ幕臣でありながら明治政府に入っていったかという心情が表れているのがあるので読み上げてみます。これは先ほど、福沢諭吉が武揚の母親が牢に訪ねていくときに嘆願書を書いてくれたということがありましたが、その母親が来てくれたときの詩なんですね。年代が書いてないですけれども多分明治二（一八六九）年だと思います。「七十老親鬢似銀荊妻臥病守清貧君恩（国為）未報逢今日孤負忠孝両全人」と。ここに「君恩いまだ報いず」というのがあります。これはオランダ留学時は幕府のいわば官費で行っているんですが帰ってきてすぐに戊辰戦争になりますから、せっかくお金を出してもらって自分が培ってきた科学技術を徳川幕府のために何も恩を返していないと。その君恩の隣に、「国為」というルビが振ってあるんですが、君恩と同時にやはりもう既に武揚の心の中には国全体のためという意識があった。

　それでこれが後々、自分がどういう立場であっても、それは例えば民間にいようが政府の中に入ろうが、どういう立場であってもともかく自分の持っている学識や技術を国のために尽くさなければいけないという心境が、この詩の中に込められていると思うんですね。明治になってからあまり自分のことを本等で発表していませんが、いずれにしろ自分の持っている能力は国のために尽くさなければいけないというのが根源になっていると思うわけです。それも一つの人となりということも言えるかなと思うんですね。

司会　先ほどの佐藤さんからの問題提起の中に、例えば

『シベリア日記』でも実学的なことは出ているけれども、逆に言うと哲学、神学、宗教、そういうものに対するものがないと。これは、政治的なことに近づきたくないという、箱館戦争以後の自戒なんでしょうか、それとも、元々そういう資質もあるんですか。

榎本 獄中からの手紙を見ますと、本当はやはり民間で働きたかったと思うんですね。もし命が助かるならば。それはやはり黒田清隆の影響と思いますが、彼の勧誘には逆らえなかったということが実質的に明治政府に入っていく理由だと思います。人間の資質としてはやはり、政治の方向には向いていないということはあると思うんですね。

司会 たしかに当時の哲学は儒学ですが、それを学ぶ昌平黌の成績が丙で、著しく悪いですね。

榎本 それも実はいろいろな説があるんですよ。実際はよかったけれども、いい評価をしてもらえなかったとか。

中山 付け届けがなかったとか。

榎本 ええ、そういう説もあるんですね。

シャイだが頼りになる江戸っ子気質

加藤 彼が獄中にいるときに牢名主になってしまったものだから、すごく自堕落な生活をしたような印象があるんですよ。それはどうですか。

榎本 それは、手紙からはあまり感じられないですね。むしろ中が寺子屋のようになってしまってみんなを勉強させるというエピソードもありますし。一度、牢の中で大病をしていますけれども、結構規律正しく生きていたのではないでしょうか。

司会 あの辺を読んでいると、江戸っ子の気質みたいなものもありますよね。

榎本 新聞の死亡記事の中に出てくるんですが、牢屋の中でヤクザとかそういうのがたくさんいるわけですね。当時ヤクザという言葉は使わないかもしれないですが、ばくち打ちとか。そういう人たちに、例えば小唄とか端唄を習ったとかというのも出てきます。逓信大臣時代に江戸っ子の会というのをつくっているんですね。このときは余興で吉住小三郎一派が端唄をやるんですが、武揚も歌っている。それで、やんやの喝采を浴びたということもあるんです。

これは旦那芸程度なのかなと思っていたんですが、もう一つの記事に、明治になってからさる華族が蓄音機を買ったと。それで彼が菊五郎にセリフを吹き込んでもらいたいというので頼みに行ったら、菊五郎も初めての経験だったのでテスト版を聞かせたそうですが、そこに最初は謡曲の「竹生島」が入っていたというんですね。それが朗々たる声で非常によかったと。その後で粋な端唄も何番か入っていたと。あまりいい声なので菊五郎がびっくりして「これはだれだ」と言ったら「これは榎本子爵ですよ」と言ったというんですね。そういう話が残っているということは、単なる旦那芸でもなかったのかなという気もするんです。

ともかく生涯を通じて見てみると、いわば典型的な江戸っ子だったのではないかと。ちょっとシャイで人前にはあまりずかずか自分から出ていかないけれども、頼まれればやるとか。そういうような人柄でもあったのではないかと思っております。

加藤 そうすると、やはりその考え方からあまり文章を出さなかったんですか。

榎本 これは多分箱館戦争の影響もあると思いますけれどね。たくさん仲間なり部下なりが死んでいるわけですから、当然その責任者でもあるわけですし、その後多くは語らなくなった。

加藤 むしろ重要なことを残しているんですから発表してくれたらよかったのになという気がしますね。

榎本 『流星刀記事』もそうですけれども、『シベリア日記』も実は世に出していないんです。これはたまたま関東大震災のときに、当時の執事が瓦礫の中から見つけたんですね。それで昭和になってから発表されたわけです。先ほど佐藤さんの方から評価されることがありましたけれども、あのときは多分、一般的にはあまり評判がよくなかったわけですよ。

司会 樺太・千島交換条約自体ですね。

榎本 そうなんです。

佐藤 でも、世間の評判の悪い交渉が外交的にはいい交渉なわけで。

目的のないことはしない

司会 あの日記は当時の日本政府の、シベリアやロシアに興味を持っている人には出したんですか。一種の情報として。

榎本 それはよくわからないですね。シベリア横断自体は自分の興味と政府からの要請もあったと思うんですがよくわかりません。ただ、一般大衆は外交問題、新聞から得る知識でしょうけれども、何で樺太をやってしまって千島列島をとったんだという、軟弱外交的な見方をされたと思いますけれどね。

佐藤 ただ、この文体は役所の報告に酷似していますね。

常識的に考えると極秘の限定配付みたいな非常に高いレベルの秘密文書にして、日記という形ではなくてこのうちのエッセンスの部分、特に安全保障にかかわる部分は報告しているると見るのが普通だと思うんですよね。ロシアのような仮想敵国を相手にしていて、全く自分の興味だけでこれだけのものを書いて死蔵させていたということではないように思いますね。

司会 これは記録としては、いま外務省の中には存在していますか。

佐藤 私自身は調べたことがないですけれども、外交資料館で丹念に調べればあるいはどこかに潜っていて出てくるかもしれません。仮にこれが日露戦争前にあったとするならば、絶対に日露戦争時に相当数のコピーをつくっているはずですよ。シベリアに関する情勢は非常に重要なはずですから。

山本 今の話とあまり関係ないんですが、武揚は長崎海軍伝習所でポンペから化学を学んでいた。そして後にポンペをペテルブルグのロシア公使館に雇い入れているんですね。自分の先生を雇い入れるという、かなり大胆な形だと思いますが、彼が主にやったのは諜報活動だといわれていますがその辺のところは何か記録がありますか。

佐藤 榎本について私は具体的に調べたことはありません。ただし、一般に諜報活動は当時の常識では非常によく行われていたんですよね。そもそも日本語の「情報」という言葉自体が「敵情報告」の略語で明治以降の言葉ですから、情報という言葉の中にインテリジェンスの意味が日本語の場合は入っています。

榎本は目的のないことはしないタイプの人ですよね。単なる人情であるとか昔お世話になったからということではない。見ていて面白いなと思うのは、榎本は連立方程式を立てることがうまいんですよね。これはインテリジェンスの根本で、自分の利益と相手の利益、その折り合いのついたところだったらお互い何かできるのではないかという、ウイン・ウイン・ゲームをつくっていくという発想が常にある。恐らくその先生を雇ったのも破格の値段で雇うでしょうから、一種のウイン・ウイン・ゲームだったと思います。

司会 シベリア探査というと日本では有名な軍人がいましたね。

佐藤 ベルリン公使館付武官の福島安正・陸軍少佐です。

司会 そうですね、明治二十五（一八九二）年から二十六（一八九三）年にかけてで、『朝日新聞』がウラジオストクまで迎えに行って、独占で旅行記を報じるので、社史にも出てきます。

佐藤 「単騎遠征録」というやつですね。

――**司会** 榎本のシベリア横断は明治十一（一八七八）年ですから、年代から言っても大分後ですね。

佐藤 そうですね。福島のシベリア横断は、記録を見ると逆にロシアが自分たちの国力を見せつけている。だからちゃんとロシアの方はインテリジェンスで来ていることを前提とした上で、それで到底戦っても勝てないぞという印象を持たせるためにやっていますよね。

ただ、ロシアの中を見るという観点からすると、福島安正の方は要するにロシアの側として見せないといけない部分しか見ていないような気がするんですね。むしろ本当にどこでも入って見ていったという点で、榎本武揚の後継者はジャーナリストの大庭柯公みたいな人だと思うんですよ。大庭は明治、大正に朝日、毎日、読売の三紙で活躍した行動派ジャーナリストで、ロシアに深く食い込んでいた。ロシア革命後、シベリアに渡り、秘密警察によって殺されちゃいましたけれどね。だから福島の『シベリア単騎横断』というのは、多分に脚色され、過大評価されているところがあると思いますね。

――**司会** 新聞も加担していますからね。

山本 広瀬武夫もロシアに行っていて、その後シベリア横断していますね。

佐藤 広瀬武夫もインテリジェンスオフィサーとしてどれぐらいの力があったのか、よくわからないですね。明石元二郎、あれはその意味においては大物です。

山本 後方かく乱というか。

佐藤 ええ、あと文献をよく読んでいます。僕は実務の方から入って、慌ててインテリジェンスチームをつくれと小渕恵三元首相に言われ、外務省に言われてばたばたでやったときに、やはり頼るものが古いものしかないんですよ。それでいろいろな公開文献、外務省の外交資料館の資料や昔の電報を持ってくるんですけれども、これは使えるなという観点では広瀬武夫関係のものはあまり引っかからなかったですね。福島安正も引っかからないで、やはり引っかかったのは、中野学校関係のものを除けば大庭柯公とか、あるいは明石元二郎でした。

――**司会** ロシア情報史ということでは、この榎本はやはり面白かったですか。

佐藤 面白いです。この人はロシア語ができませんからロシアの文献を読んでいないんで、そこに限界がある。ただ、それは多分正しいと思います。ロシア語みたく小難しい言葉を覚えるためにエネルギーのほとんどをかけるよりは、

既にほかの言葉でコミュニケートできるわけですから、そこを使わないと。ですから、その文書諜報の部分が欠けているんですよ。もし彼にロシア語の力があればそれはもう本当にパーフェクトです。当時では世界の中の何本かの指に入る諜報マンになったと思いますよ。

司会 資質でしょうね、恐らく。

佐藤 そう。ただし、ロシア語をやらないというのが逆に資源の有効活用なんですよ。普通は任国に当時の時代行くと必死になってロシア語を勉強すると思うんですね。そういうことに関心をあまり持たないで自分のやるべきことは何なのかという、自分の能力を別のところに使っているというのはインテリジェンス能力の高さだと思います。

加藤 彼ほどの語学力のある人が、やはり意図があったんでしょうね。

佐藤 意図があったと思います。それから語学は僕も比較的好きで幾つかやりましたけれども、そうすると、ある語学を習得するのにどれぐらいかかるか時間がわかるんですよね。うんと時間のかかる語学があるんですよ。例えばサンスクリット語とか、ヨーロッパだとアルバニア語だとか。やりたいんだけれども、どれぐらいの時間がかかるということがわかるから手をつけない。ロシア語に関しても、これも結構時間がかかるんですよね。要するに、いいかげんに慌ててやると下品なロシア語になってしまうんです。常に女言葉でしゃべるとか、あと常に命令形しか使わないとか。上品なロシア語を勉強するのはどれぐらい大変かということを考えると、例えば外務省でもキャリアの英語の研修は二年ですけれども、ロシア語の研修は三年なんです。それで、英語の研修は直接外務本省に帰ることがあるんですが、ロシア語の研修は、三年研修した後も女性問題を起こさない限り二年間必ずモスクワにいるんです。五年間ロシア語に集中してようやく新聞が読めるレベルになるという、ちょっと面倒くさい語学なんです。ただし、きちんと新聞が読めるレベルになればその後は相当難しい学術書でも語学的には読めます。ラテン語なんかに近いかもしれない。だから、この本によるとラテン語の知識があったということですけれども、恐らく古典語の勉強をしていたからロシア語を見て、これは古典語一つマスターするのと同じぐらいの時間がかかるぞと。感覚からすると毎日五〜六時間集中して勉強して、二年ぐらいつき合わなければ修得できないと考えた。そうするとその時間は別のことに使えるなと合理的な計算をしたのではないのかなと想像します。

ただ、榎本の語学のセンスはすごくいいですよ。ブリヤートであれだけの音を聞き分けてこれを筆記しているというのは現地調査をする言語学者的な資質ですよね。普通は思いつかないですよ。各単語を系統的にとって、単語だけではなくてフレーズまで系統的にとってその音を筆記するという発想は文化人類学者の発想ですよね。

司会　李鴻章と話すのは、中国語ではないんですね。

榎本　もちろん当然当初は外交交渉ですから通訳が入ります。手紙によると、もう途中からは二人で英語で話していたそうです、その方が早いので。だから、英語の能力はかなり高度だったのではないかなと思うんですね。最初はオランダ語から入ったんでしょうけれども。ジョン万次郎にも習っていますが。それで、アレクサンドル二世とも、例のマリア・ルス号事件（本書一四六頁参照）の後日本に有利に解決したので、そのお礼の言葉というところで英語で話したと出てくるんですね。僕はフランス語かなと思っていたんだけれども、フランス語はそんな能力がなかったのかもしれないですが。だからロシアの上流社会というのはほぼフランス語で会話しているみたいなことは小説なんかにもよく出てきますが、皇帝は英語もそういうふうにしゃべれたのだなと逆にわかりましたけれどね。

司会　あれは国際裁判でかなり有利な裁定だったんですね。

榎本 あれは完全な勝訴ですから。勝ちか負けきりないですけれども。それも、ロシア公使で出るときに有利に展開するようにというのが訓令書に入っているわけですね。四八万円という、かなり高額な賠償金の要求でした。

生き方、考え方が一つの教科書

――**司会** まとめとして、これだけは言っておきたいというのを。

速水 繰り返しになりますが要するに幕府の幕臣であった者が明治政府の役人というか、公務員になるということに対してプライドをと。けれどもこれは考えてみれば、要するに国家が対象なわけですよね。江戸時代はよく幕藩体制といいますけれども幕府と藩がありますから、幕府の家臣は必ずしもイコール国の公務員ではない。けれども、日本を代表する政府、「大君」という言葉がよく使われますが、その真意ということになれば公務員の範疇に近いわけですね。ですからそのスイッチというのは、そんなに難しくなかったということが一つ。

それから特にこだわりますけれども、榎本の父親は福山かどこかの出身ですね。

榎本 そうです、福山です。

速水 そのときは、身分的には侍ではないわけですね。

榎本 郷士ですね。

速水 私は徳川時代の郷士クラスは非常に大事だと思うんですね。例えばどっぷり幕府の旗本でもうそういう関係しか知らないという者、これはなかなか徳川家の御恩というものを忘れられないと思います。ところがそういう父親の血を継いでいますから、どっぷり徳川家に忠誠を誓わなくても済んだという点があります。それは榎本だけではなくて、実際に明治維新になって榎本クラス、彼ほどではないにしてもいろいろなことをやった人はどっぷりその幕府の旗本だったという者ではなくてほかの藩から幕臣になったとか、あるいは幕臣でなくてもほかの藩の者とか、あるいは郷士クラスとかそういう者が多いので。そういう面から見ると明治維新はやはり社会移動といいますか、これを容易にしたということが言えて、榎本はそういう社会移動の最もいい手本だと思います。

山本 私は科学者として、彼の科学に対する知識とか工学的な知識とか、それをいかに生かしたかということが気になるわけですけれとも、その意味では五稜郭で終わりにならずに、自殺までしようとしたようですがそれが止められて、さらに牢屋の生活を経て黒田清隆その他のいろいろな助力があってその後明治政府のためにいろいろな形で貢献したというのは、日本のその後の発展のためにはかなりよかったことではないかと。彼もそうですし、それから大鳥圭介なんかもなかなか大した人物だと思います。そういう五稜郭以後の貢献を含めて、榎本はもう少し評価されてもいいのではないかと思います。

中山　榎本武揚が実務家として仕事をしたのは割と短くて、北海道に行って石炭だとか鉄だとかを探すのは開拓使の二年間だと思うんですね。その二年間のことをいろいろ読んでいますと、箱館に着いたその翌日からもう歩き回って、文化人類学ではないですけれども現場を見て歩くということで生き生きとしているんです。その後は長い間外交官をやって、政治家をやっていまして、流星刀になるとやはり意気揚々としているなということで、やはり彼はサイエンティストでありエンジニアの親分だったのではないかなと思うんですね。

彼のイデオロギーがないという点に、ちょっと近いかなと思うのが殖民協会と気象学会と電気学会で一度ずつ三回「国利民福」という言葉を出していることです。これのために我々は実務家として頑張ろう、応用していろいろな技術をつくって国利民福しようということを演説しています。富国強兵とちょっと違う響がありますので、何かもう少し彼は言いたいことがあったけれどもその程度におさめていたのかなとかということも感じられまして、そこをもう少し掘り起こせればいいなと思っています。

臼井　榎本の持っている近代性とか新しさ、そういうものを何か一つの言葉でまとめようとすると、要するに近代社会とか近代国家とかが体感的に分かっているということなのではないかと思います。榎本はなんだか、あれよあれよという間に、植民地独立戦争みたいなことを箱館でやってしまったわけです。だけど、それもよく考えてみると、人間が幸福を求めて植民地に渡り、独立を果たすというのはヨーロッパ近代社会の根底を形成する事件だったのではないか。アメリカ独立革命の幸福追求権がなければフランス大革命の人権宣言もないでしょう。近代の国際政治の大枠は、アメリカ植民地の独立という失敗を二度と繰り返すまいと決意したイギリスの世界支配にあると思うのですが、そうした過程をオランダで実際に見てきた人間が、どの程度まで自覚的であったかは分かりませんが、自分自身が植民地独立戦争めいたことをやらなくてはならない羽目になった。もしかしたらそこで榎本武揚は死んでいたかもしれない。それを生きながらえた榎本は、もぅ政治なんかいやだと思ったかもしれない。ただですね、一度、蝦夷島総裁として一個の国家を作り上げ、守る方策を具体的に考えた人間は、たとえ明治国家の中でも、国家とはそもそも何のためのものなのか、それを維持するには何が必要なのかを考え続けることができたと思うのです。そう思うと彼のやることは多面的にならざるをえないし、確かに個々の側面では自分自身はディレッタントであるかもしれないけど、信用できる人材を登用する能力は非常に優れていたと思えるのです。いろいろなことに目配りがきいていて人使いが非常にうまいですよね。

もう一つ、僕が自分なりに強調しておきたいと思うのは、明治維新以降の政治家の中で榎本武揚を評価する場合、富国強兵を国是とした国家の中での元勲というのとは別の尺度もありえるだろうと思うのです。現在はむしろポストナショナルというか、国家の終わりの時代というか、国家が世界史的に役割を果たしたとも、あるいはもしかしたら内部から毀れ始めているとも見える時代です。そういう時代に「第三の開国」が叫ばれ、幕末・明治維新が参照されていると思うのですが、現在、日本の置かれた国際環境や、それよりも深刻かもしれないと僕には思える様々な問題を国内的に抱えた日本という国家を考える場合にますます榎本という政治家の持っていた才能なり行動力なり国の内外を越えて多面的な人間関係を築く能力なりをきちんと識別して、これはいいねと称揚したい人だと思うのです。それが僕の印象です。

加藤　一つはこの榎本武揚が私の頭の中では「瘠我慢の説」でしかなかったものですから、だから、みんなあのころそういうことをやった人がいっぱいいたと思うんですけれども何で榎本武揚だけが批判されたのかなというのが、私は疑問だったんです。それを考えてみると、今の日本の中でもやはりどういうふうに生きていくのかを考えている人がたくさんいると思うんですね。政治はいま民主主義だからどんどん交代しますけれども、交代する中でもって何か一つのことを貫いてやっていこうとすることが、今あるのかというと若干はあったんですけれども、しかし榎本武揚ほどの実証的なやり方をした人はあまりいないのではないかという気がしますね。

つまり榎本武揚というのは、先ほど富国強兵という話がありましたが、彼は富国しか頭にない。強兵ということは、恐らくあったのかもしれないけれどもあまり表に出てきていないですね。どちらかというと富国、国富、いかにみんなが幸せになれるかということをいつも考えていたという印象が強い。私は榎本武揚の箱館における一戦から、そんな榎本武揚がいたのかということがむしろ驚きでして、そういう意味では榎本武揚を通してみると世界をどうやって幸せにするかということについて、力ではなくてどうやってやるのかを自分で進めようとした、そういう殖民政策が全体として浮かんでくるという特色があると思いますね。そういう意味で私は今こうやって皆さんのお話を聞いてみて、やはりそうか、私の今までの榎本武揚論はあまりにも福沢諭吉的であったということでちょっと反省をするぐらいでして、非常に優れた文献を残してくれた人であった。ただ、それが一般に流布されなかったことが大変残念だったという気がいたします。

佐藤 非常に複雑な感じですよね。というのはずっとこの話を聞きながら、榎本武揚と僕は新島襄を合わせてずっと考えていたんですね。なぜ二人の軌跡が違う方向に行ったのか。新島襄は明治政府には誘われた。しかしそこには行かなかった。彼は一種の瘠我慢をしたと。それでその実学を建学の精神に立てるのでもなく、在野精神を立てるのでもなく、良心ということを立てて同志社という学校をつくった。しかもミッションスクールということに非常に抵抗を持って、ミッションから金はもらうが言うことは聞かないとある意味乱暴なことをした。しかし常に国家であるとか政治から一定の距離を置いて、その辺のひねくれた感じが日本のキリスト教にはある。私は神学部に入って初めてわかったんですよ。日本のキリスト教がどちらかというと左の感じがしているのは左ではなく、佐幕派の伝統なんだと。佐幕派の伝統で、明治維新政府の中でキャリアを得られないような人たちが同志社に来たんだと。キリスト教か教育の場だったら、旧佐幕派でも日本国家の中で貢献できる場所があった。そういうふうに思ったんですが、榎本の軌跡を見るとそれと違う形で正面から明治国家に貢献している。

私の仮説というよりも、思いつきですけれども、僕は榎本というのは三つの意味で国家に接したと思います。

一つは社稷。社稷体統の社稷で例えば、権藤成卿の国家観です。要するに古代日本の共同体として国家という意味です。地に足がついている自分たちの仲間を大切にし、農学校をつくって入れてやろうとか、俸禄がなくなった連中を連れていって戦って、北海道で一つ新しい国をつくろうと。こういうふうに思うところの国家観は社稷国家だと思うんです。共同体に根差している。

それからあともう一つは、ネーションステート。これはオランダ留学のときに見たのだと思う。ネーションとステートが一致しなければいけないと。そしてその両方の国家を見る中で、時代は変わりつつあることを認識した。日本はネーションステートになっていくのかなと思いつつよく整理がつかないところで捕まって、偶然もう一回命が助かった。

今度はロシアに送られて帝国を見た。その帝国というのはネーションステート以前の帝国から急に帝国主義というものを経た形での、要するにオフィシャル（公定）ナショナリズムみたいな形で上から新しい資本主義帝国に変貌していると。帝国、国民国家、社稷、三つの形態の国家を見て、結局人間というのは国家から抜け出すことはできないんだという感覚をもっていたのではないか。

だから自分の能力とか自分の適正というのは最終的に国家のために使うということが国際スタンダードであり、なおかつ自分が最後に死ぬときにそういう生き方が満足できるのではないかと思った。そういう意味で、榎本は国家の多重性を見た人ではないかなと思うのです。そこに榎本の一本貫く倫理がある。それだから国家というものをとても大切にするから、国家以外のイデオロギーだとか、あるいは天皇に関する意識が非常に希薄なのだと思います。尊皇攘夷思想であるとか、尊皇という観点がほとんど出てこないですね。そういうところは、榎本はその意味において大変な国家主義者だったのではないかと思う。言葉ではうまく表せないけれども、これが本物の愛国者だとか国家主義者だから、この人間は使えると明治政府のエリートたちは思ったのではないか。

榎本 今日は曽祖父のことをいろいろお話しいただきましてありがとうございました。今いろいろお話しいただいたように幕末から明治にかけて活躍した人達は当時どういうことを考えていたのだろうかということを解明することによって、これからの日本の将来に対する一つの考え方、それに一石を投じることができれば大変幸せだなと思っています。

司会 私自身も榎本さんからお話を伺うようになってから榎本武揚に非常に興味を持つようになりました。私の興味の関心はやはり非常に発想がユニーク、大胆だということです。それは箱館戦争の蝦夷共和国も、メキシコ移民もシベリア横断もそうです。そういう発想のユニークさはいま日本に求められている資質だと思うんですね。求められている事柄だろうと思うんです。そういう意味では榎本のやったこと、書いたことをそのまま、これは重要だったということだけではなく、こういう発想、姿勢ということ、物事にとらわれない、既存の考え方にとらわれないという姿勢が大切だと思います。先ほど佐藤さんは、これは外交官の必読だとおっしゃいましたけれども、やはり現代のこれから日本はどうなっていくんだというときに、榎本の生き方、考え方は一つの教科書ではないかと、今日の座談会を伺いながら改めてその念を深くしました。どうもありがとうございました。

（二〇〇七年十二月四日／於・藤原書店別室「催合庵」）

朝暘艦爆沈之図（岩橋教章）

特別講演

グローカリズムの実践者

【三六〇度方位に対応できる存在】

童門冬二

グローバルに、ナショナルに、そしてローカルに

榎本武揚から学んだことといえば、元大分県知事の平松守彦さんの言葉に思い当たります。現代の人間にとってはこういう心構えが必要ではないだろうかというセンスを備えた人です。彼が何を言ったかというと、現代に生きる人間はどこで暮らすにしても「グローカリズム」という考えを持ってほしいということです。この言葉には三つの柱がありまして、グローバルな感覚（国際的な視点）を忘れずに、ナショナル（日本的）な問題意識を持ち、そしてローカル（地域）に生きていくということのようです。平松さんの場合は「一村一品運動」を提唱したとき、例えば豊後水道域のクルマエビ一匹育てるにしても、ある山村でシイタケを培養するにしても、この考えが必要だということです。同様に、今日ただいま置かれている国際情勢は一体どういうものか。そういう中で、日本にどういう問題が跳ね返ってきているのだろうか。今いる場所で、自分はどう生きていくのかということを身をもって行動したのが榎本武揚ではないかと思います。

このことは幕末の先覚的な思想家でありました、長野県、いま長野市に合併されましたが松代町の佐久間象山。現地では「ぞうざん」、我々は「しょうざん」と言っていますが、彼が象山神社の中で自分の言った言葉を刻みつけていまして、その一本に「私は二十歳のときに松代人であることを知った。三十歳のときに日本人であることを知った。

そして四十歳にして世界人、国際人であることを知った」と、こう言っております。平松さんの言葉と同じ意味ではないかと思います。佐久間象山の弟子であった吉田松陰が長州の萩で叔父の玉木文之進の後継者として松下村塾を開いたときに発表した「松下村塾記」の冒頭で、萩の一角にあるこの松下村塾から長州藩を改革しよう、長州藩の改革によって、日本を変えていこうと語りかけます。日本を変えることによって、世界を変えようと順に追っているのだと思います。

このローカルという概念は単なる地方、地域ではなくて、個人に当てはめてもいいと思います。個人がいま生きていく場合にはどのような世界観あるいは社会思想を持つことが必要かということです。私が榎本に学ぶのはまさにこれだろうと思います。これらを幕末から明治にかけて完璧に実行したのではないか、こういう感慨を持っています。今日は御専門の方がたくさん参席されていますから、あらためて伝記的なことを申しあげる気はありません。話題を絞って榎本武揚のいわゆる国際認識といいましょうか、世界の国々に対してどういう考えを持っていたのかということについて焦点を当ててみます。

童門冬二（どうもん・ふゆじ）
1927年生。日本文芸家協会、日本推理作家協会会員。平成十一年勲三等瑞宝章受賞。主著に『小説上杉鷹山』（集英社文庫）『田沼意次と松平定信』（時事通信社）『吉田松陰』（学陽書房）等。

和魂洋才の精神を貫く

さて、日本の維新はどこから始まったかはいろいろな論議がございますが、一番わかりやすいのはやはり安政六（一八五九）年、ペリーが四隻の黒船を率いてアメリカ大統領フィルモアの国書を持ってきたときから始まるのではないかと思います。ところが当時の幕府の法律では外交交渉は長崎奉行の所管ですから、当然江戸湾に入ってきた外国船は長崎に回ってほしいと要請しました。しかしながら、ペリーはその勧告を守りませんでした。逆にどんどん江戸湾の奥深くに入ってきてしまい、ついには大砲の筒先を江戸城に向けるとか、あるいは勝手に測量を始めるとか。こういう、早く言えば脅しというか恫喝というか、いわゆる砲艦外交を始めたのでした。

徳川幕府の時の老中筆頭、現在の総理大臣が阿部正弘という備後、広島の福山城主でした。しかし阿部正弘はそれに屈したわけではなくて、徳川幕府がもう一度ステータスを確立するためにはやはり鎖国ではなくて、国を開いて向こうの文明とか文化とかをとり入れて、日本も大きな船をつくって堂々と太平洋を乗り切って交流をすべきだろうと、こういう考え方を持っていました。

阿部正弘は、ペリーの持参したアメリカ大統領の親書を日本語に訳して、江戸城の武士だけではなくて全国の大名、その家臣、あるいは長屋の八っつぁん、熊さんにまで、一般にオピニオンリーダーと言われる学識経験者たちにも現代で言うと、ソ連の末期にゴルバチョフがやったペレストロイカ、あるいはグラスノスチと同じようなことです。情報公開と同時に、国政参加の道を開いた。それについて意見を言ってほしいということでした。

しかし、これに対してそんなばかなことを、つまり今までそんなことになれていない日本国民は逆に迷惑と感じてしまう。民というのは結局「寄らしむべし、知らしむべからず」。だから政治の場に立つ者はやはり護民官意識を強く持って、国民が余計な情報を受け入れなくても、またそんなものを必要としなくても毎日満ち足りた暮らしが送れるようにするのが政治家の役割ではないのかということです。この言葉は非民主的な言葉ではなくて、むしろ政治家の責任を問うているものだと。それは明らかだということです。

しかも、そのついでに起こってきた世論は、次の将軍をだれにするか。つまり今の一三代将軍家定が身体的に多少欠陥があって、国政を担えないとの世評がありました。この将軍は平成二十（二〇〇八）年のNHK大河ドラマ「篤姫」の亭主にあたる人ですが、しかし、だれを将軍にするかということは徳川家内部の問題です。阿部のとった行為に対して、そのために番頭がついているのだから、それを国民一般にいちいち、次はだれがいいですかなどと問うているようでは徳川幕府はつぶれてしまいますよと、井伊直弼はそう主張をしたのですが、これもまた一理あります。

案の定というか、井伊の予告どおりにやがて幕府は崩壊してしまいますが、榎本はその間も開国の精神に徹していた。その当時の阿部発言のように、やはり日本も海軍を持たなければだめだと。そして国を挙げて、その海軍の士官を養成する必要があると考えていました。しかしこれまでの二六〇年間の鎖国体制では、そういう指導者が日本にはなかなかいない。結局このときに日本が指導を仰いだのがオランダです。

オランダに礼節・誠意を尽くす

一六三九（寛永十六）年、幕府は九州で起こった天草、島原の乱によって、ポルトガル、スペインと断交し鎖国をしました。しかし、長崎港だけはあけておいて朝鮮、中国、そしてオランダとは交流を続けていました。したがって、当時の長崎港を通じてもたらされるヨーロッパ文化、あるいはいろいろな医術とか芸術とか、これらのほとんどはオランダを仲介して入ってきました。言い換えれば日本人の外国語あるいはいろいろな科学知識、こういうものの伝播あるいはその担い手はオランダだったともいえます。

オランダの力を借りて長崎に海軍伝習所ができます。榎本はその一期生として入学します。その前に榎本は蕃書調所、これは今の東大あるいは外務省にあたるのでしょうか。ここでアメリカに漂着して帰国したジョン・中濱万次郎が阿部によって招聘されて、蕃書調所の教授になっていました。私はこのとき榎本がジョン万次郎に習ったのは何だったろうかと考えました。ジョン万次郎は英語が堪能ですから、やはり英語を相当習っていたのではなかろうかと思います。榎本は、通説では六カ国語か七カ国語に通じていたといいます。モンゴル語まで通じていたという話です。けれどもそういうものを押さえて、彼はあえてオランダに行った。当時その伝習所を出た後、文久二（一八六二）年に、オランダに留学を命じられます。向こうに行っていろいろなことを学んで、慶応三（一八六七）年に戻ってきます。しかし当時の文久年間から慶応年間の日本の政情は激動期のまっただ中です。このときに私は、榎本自身はオランダに対する紳士的な、つまり礼節を貫いたのではなかろうかと思っています。

つまり榎本はものごとの先を見ることのできる人ですから、恐らく国際語がもうオランダ語でなくなってきている、要は英語の時代になってきている。これはジョン万次郎の情報その他によって学んでいたと思います。当時はイギリスの勢いが非常に強いですから、やはり英語国が世界を支配しているのだと、そうした国際事情は知っていたはずです。しかしあくまでも、例えば本院の控え室にも榎本釜次郎（武揚）が書いた掛け軸が下がっていますが、あれはオランダ語です。そのことひとつをとっても、オランダに対する特別な思いを持っていたのだろうということが察せられます。日本国民の一人として、あるいは知識人の一人として、同時に幕府の役人として、そういう節度を貫いていこうという姿勢は、いうなれば佐久間象山とか、横井小楠とか、和魂洋才といいますか、あるいは和魂洋芸ともいいますか。ここでいう芸とは芸能とかそういうことではなくて、ヨーロッパの優れた科学知識あるいは科学技術をさすのだろうと思います。そういうものを鎖国で遅れをとっていた日本が急速に追いつくためにも、至急それらの知識や技術をとり入れる必要がある。しかし、姿勢としてはあくまでも和魂を保ちたい。単なる外国かぶれになるのではなくて、日本人としての精神、スピリットはしっかり持っておきたいという思いがあったのだと思います。

ではその和魂というものを榎本の立場で考えればどういうことになるでしょうか。やはり武士道だろうと思います。武士道というのは、基本的にはいわゆる護民官としての姿勢を常に維持するということです。民に対する護民官の基本的な姿勢は、愛民です。民の立場に立って、常に政治を考えていこうとする。よりよい暮らしがもたらされるならば、それは優れた外国の文明であっても、それに範を求めても決して恥ではない。ですからいたずらに攘夷、攘夷と叫ぶような思想には、榎本は初めから与していません。

結局、榎本はオランダの何に心打たれたのか。鎖国中も幕府はヨーロッパの情勢を知るため、オランダ船が入港するたびに、海外の情報書を提出させていた。いわゆる「オランダ風説書」です。この時代の重大事件の一つに、ペリー来航がありますが、すでに幕府側にはオランダ商館から事前の連絡が入っていました。ことの経過はオランダ商館に連絡があり、ド会社から長崎の出島にあったオランダ商館に連絡があり、来年には必ずアメリカが日本へ来ると。これを日本の幕府に予告しておいてほしいとの連絡です。これは一旦幕府の中枢に入りましたが、あれだけ開明的な阿部正弘も結局は握りつぶしてしまいます。国じゅうが混乱するということを憂えて、これを黙殺してしまう。そこに実際、ペリーが来て恫喝外交を始めたということです。

当時ペリーがやってきた最初の理由は、あくまでも中国貿易のための寄港地として日本の調査に来たといいます。まだ、日本の物産がそれほど世界に知られていませんでした。何といってもアメリカのめざす最大の貿易相手国は中国です。中国に求めていたものは、イギリスがお茶、そしてフランスが生糸です。ところが、なぜか中国製の生糸は黄色くて色が悪い、たまたま日本へ来たときに日本の羽二重を目にしたとき、その美しさにみんな胸を打たれたといいます。だからある意味日本のお茶を求めるイギリスと、それから生糸を独占したいフランスとがいたのですが。フランスの方は蚕が病気になってしまい、世界で最大の絹消費国である自分のところでは生産できなかった。それで絹を求めてきたのですが、ある意味幕末におけるイギリスとフランスの争いはお茶と生糸の争いであり、また同時に維新の戦いもイギリスとフランスの代理戦争的な意味合いがあったことは事実だろうと思います。

二つ目は、ハリスによって日本は先ほどの寄港地としての位置づけである和親条約から今度は通商条約、貿易条約を結ばざるを得ない羽目に追い込まれました。ところが、榎本は第一の優先権はオランダではないかと考えました。これまで二六〇年にわたる鎖国のなかにあって、オランダだけはずっと日本にヨーロッパ文明をもたらしてくれていた。結局その恩を感じるのであれば、そして武士道に徹するのであれば、まず最初にアメリカよりはオランダと通商条約を結ぶ、そうすべきではないかと考えていたのです。その辺に榎本のある思いがあったのではないかと思います。結局のところ、安政二(一八五五)年にアメリカのハリスと最初に条約を結び、その後、イギリス、オランダ、ロシアの順に通商条約が結ばれていきます。榎本には終始オランダに礼節を尽くさなければならない。誠意、誠というものを尽くさなければならない。こういう考えがあったのではないかという気がします。

榎本の武士道とロシア人の騎士道

外国船との交渉で、もう一つ重要なことは幕法ですね、当時来航した外国船で幕府の法律に従ったのはロシアだけです。交渉は長崎に行って長崎奉行あるいは日本の代表と行いましょうと。こう言ったのは、ロシアのプチャーチンです。我々が若いころはロシアの小説とかを随分読みました。ツルゲーネフとかトルストイとかドストエフスキーとかあったのですが、私は特にゴンチャロフが好きでした。『オブローモフ』とか、そういうのが。このゴンチャロフがプチャーチンの秘書として、このとき一緒に同行してきていたのです。そしてロシア艦上において、いろいろな交渉を行いました。

日本側で主として交渉に当たったのが、川路聖謨(かわじとしあきら)です。もちろん、ロシア語はわかりません。わかりませんが、ゴンチャロフの書いた日本への紀行記を読みますと、彼はすばらしく頭がよく、またユーモアを解す面白い男性であると記しています。私はこのときのロシア側の態度には、ヨーロッパの騎士道がそなわっていたと見ます。だから結局その相手国の法律に則って外交交渉を長崎で行うというのなら、それに従うべきだろうと真摯に行動したのだと。まだ革命前のロシアですから白ロシアですが、そのプチャーチンやゴンチャロフの態度にはそうした精神がうかがえます。ペリーのように強引に江戸湾の奥まで侵入して測量を始めたり、砲頭を江戸城に向けるなどという威嚇行為は、やはり違うのではないでしょうか。

横井小楠がこういうことを書いています。いま世界には有道の国と無道の国、道のある国と無い国と二つがあるのだと。無道というのは王道ではない政治を行う覇道政治を行う国。実際の国でいうならば、無道の国とは、イギリスやアメリカを指しています。自己権益だけを強調すればそれでよいという、いわゆる権謀術数を使う国です。その例に挙げたのが、アヘン戦争です。あれはひどいことだし、そういうひどいことをあえてするイギリスという国は、無道の国と言わざるを得ないと小楠は批判しています。

だからといって、それでは侵略された中国側がやはり道のある国かといえば、それも疑問がある。それはどういうことか。二千年以上前に孔子と孟子を生んだ国じゃないか。あの二人の聖賢、つまり孔子が聖人ですね、孟子が賢人ですから聖賢というのは孔子と孟子のことですが、唱えていたのは全部道のある国の構築、それをつくってほしいと彼らは遍歴をして歩いていた。そういう国であったにもかかわらず、今の中国人民がイギリスあるいはその他の列強の奴隷にされているのは、国自体が道を失っているからだと。孔子、孟子を生みながらその教えをきちんと守っていないから、そこに乗じられたのだと。日本は絶対にそうなってはならない、無道の国には毅然として対すべきだ、と唱えました。そのため過激派志士にそのことが伝えられたので、誤解されてしまいます。横井小楠は攘夷論者ではなく、開国論者ですから、そういうことを言っているのではなく、有道の国になるための一つの方便として、そういう例を挙げただけなのです。こういう経緯を、恐らく私は榎本もよく知っていただろうと思います。そういうやりとりは。特に両者共に勝海舟と仲がよかったわけですから、日常的なものだったと思います。

ロシアと幕府との交渉で、私が、最も感動するのは、川路聖謨とのやりとりで、ロシアと結ばれた条約の中の北方領土の問題です。あのときにははっきり四島を二つに分けて、上二島はロシア、南二島は日本とすると。

もう一つ、今の世界に非常に役立つと思うのはサハリン（樺太）の帰属問題です。ここには当時倭人、日本人、ロシア人、アイヌ、あるいは黒竜江沿岸の人とか朝鮮、中国、いろいろな人が住んでいたのですね。そのときに川路がプチャーチンと交わしたその条約、今も私は持っておりますが、いずれにも帰属させせない。無帰属の島としようと。どこの国の領土かということは控えておこうと。そしてその島に暮らしている人がやがて政治の必要性あるいは所属国の必要を感じたときに、改めて協議することにして、時期が来れば、どちらに属したらいいのかということを島民の意思、世論を尊重して決めましょうと。こういうことを決めていますね。これに応じたプチャーチンや秘書のゴンチャロフが間に立っていろいろ細部にわたって取りまとめてくれたと思いますが。今の世界にもそういうＡｏｒＢではなくて、Ｃの第三の道、これを開いてもいいのではと考えます。そういう参考例としても、この条約は非常に大事だろうと思います。

何を言いたいのかといえば、こういう条約の成立過程やあるいはプチャーチンやゴンチャロフの態度の中に、やはり榎本は騎士道を認めたのではなかろうかということです。あのころのロシアというのは大体国語をフランス語に変えてしまうぐらいヨーロッパ文化にあこがれ、同時にそれを国の中に植えつけようとしている時期ですから、やはり武官、武士、このときプチャーチンは中将ですけれども、そういうものを持っていた。これが榎本の持っている日本人としての武士道、これにつながってきます。その意味においては、後年の明治になってから榎本が対ロ関係の公使になったり、あるいは馬でシベリアを横断したりするということを通して見ても、オランダに対するのと同じような気持でロシアに対しても、つまり自分の武士道と同様に、あるいは騎士道の国として大切にするに足りる国という考えを持っていたのではないかと思います。

武士としての節義を通したい

榎本がオランダに留学した後に一緒に行った人の中に西周がいます。哲学に関する言葉はほとんどこの西周が翻訳した、「哲学」という言葉自体がそうです。慶応二(一八六六)年にみんな帰国しましたが、榎本らは純粋に武官として、つまり海軍の士官としていろいろな造船とかそういうものを学ぶのですが、西周はそうではなかった。幕府に金を出してもらうが、自分は政治とか政治制度、そういうものを学ぶとして行動した。ライデン大学で学んだのは、むしろそういう分野の勉強でした。

そして慶応三(一八六七)年一〇月一五日の一五代将軍徳川慶喜の大政奉還後、幕府のブレーンになる。あの当時、慶喜が強気でいたのは、西周による新国家構想があったからです。それはオランダで学んだヨーロッパ的な、やはり民主主義的なものにしていこうとする政策です。ですから議会を置き、執行機関に所管の大臣を置いて、それぞれの職務分担、今の三権分立です。つまり立法、司法、行政の三つを置こうと考えた。

ただ、このときの西周の提言は、執行機関である行政府の長、いわば総理大臣の権限を大きくしていこうというものです。ということは、議会制度や立法機関、こういうものがすぐには日本にはなじまない。やはり猶予期間が要るだろうと考えた。慣れるまでのモラトリアムというものが要るだろうということです。西周がそこまで言ったかどうかはわかりませんが、今度はこれをもう少し悪用というか、少し拡大解釈をしてこういうことを言った。たとえ大政奉還をしても、今の朝廷、天皇を中心とする政府には行政能力はほとんどないと。源頼朝以来七百年間政治から蚊帳の外に置かれてきた。それを急に政権を返上いたしますからどうぞそっちでおやりくださいといっても、京都の朝廷は政府としての能力はほとんどないだろうからと。結果的にはもう一度徳川慶喜公のところに来て、申し訳ないが新政府が落ち着くまでしばらくの間、あなたにやっていただけないかと、こうなりますよと。慶喜はそれを当て込んでいた節もあります。結局慶喜がかなり強気に出て大政奉還後も大阪に各国の代表を招いて、いわゆる外交権は依然として私にあるということを表明していた裏には、このような案があったのだろうと思います。

ところが京都は情報の町です。京都の花街で人気があったのは、長州・薩摩・土佐藩士です。これはどうしてかというと、大宅壮一氏がこの連中を藩用族と呼んでいますが、つまり社用族ではなくて、藩の用族だと。この連中は、社用族と同じように交際費や接待費を藩費でふんだんに使っていました。だから、様々な情報が飛び交うのはお茶屋とか待合が中心でした。一番金を使ったのは、長州藩。結局高杉晋作や久坂玄瑞の評判がいいのも、やはり使うものを使っていたからです。何も使わずにいばっているだけでは、恐らく評判は上がらなかっただろうと思います。

何を言いたいかといいますと、これらの情報がどんどん外部に漏れていきます。西周案が漏れて慶喜という人物は、徳川家康以来の恐るべき人物であるということになりました。岩倉具視のところに集まっていた西郷、大久保あるいは桂、伊藤、山縣とかいう連中がそう言っていますが、結果的には一二月九日の王政復古の号令を出すことになります。慶喜にすれば、そんなことをされてはたまらない、リニューアルした後で新政府の代表の代わりにまた権限が戻ってくるということはむずかしいのではと思ったと思います。

榎本武揚もそういう状況を、大阪から艦隊を率いてじっと見守っていた。鳥羽伏見の戦いで破れた幕兵はどんどん大阪城へ戻ってきます。そのときに小栗上野介とか榎本武揚は大阪で一戦交え、そして敗れたらまた江戸で一戦交える。こういう考えを持っていたと思います。それはどうしてか。武士としての節義を通したいということでしょうね。やはり筋を通したいと考えていた。

はっきり言えば慶応四（一八六八）年一月六日の夜に、敗兵が、どんどん大阪城に入り込んでくるにもかかわらず、慶喜は松平容保と一緒に江戸に帰ってしまう。このことが私も残念に思います。桑名の松平定敬はいいのですが、同じ京都守護職であった松平容保がこの一行に加わっていたのは非常に痛恨のきわみです。なぜ痛恨のきわみかといえば、彼は新撰組の育ての親であり、また保護者でした。結局、慶喜と一緒に帰ってしまう。それで海に面した芝に御浜御殿という徳川家の別荘に一行が逗留した。そこに勝海舟が一人で迎えに出かけた。ところが、慶喜をはじめだれも勝には言葉もかけない。じろりとにらんだだけだったといいます。なぜかといえば、勝が薩長に幕府を売ったと見られていたからです。

結果的に江戸城で評定が始まります。このときに、小栗と同じように榎本も主戦論者です。それは、彼の率いる幕府艦隊はほとんど無傷で、大阪にいたときも薩摩艦隊を追い回していた。こういう実績がある。結局これを敷衍するならば小栗の立てる作戦、艦隊が駿河湾に行く。そして西の方から江戸に向かっている政府軍、これを砲撃する。残党が箱根の山を越えたら、小栗が鍛えていたフランス流の近代歩兵をもって迎え撃てばせん滅できると。小栗が立てた作戦では、西の方から江戸に向かう政府軍を箱根以東に誘い込み、静岡辺りで、榎本率いる艦隊が駿河湾海上から集中砲撃して敵軍を分断させようとした。さらに残党が箱根の山を越えたら、小栗が鍛えたフランス流の近代歩兵で迎え撃てば殲滅できると。こういう作戦を用意していました。ところが、慶喜はそれはだめだという。完全に逆賊の汚名を恐れて謹慎一辺倒です。だから小栗は完全に退けられて、おまえは嫌いだから国もとへ帰れということになった。

それで小栗上野介は群馬県の、いま高崎市に合併されましたけれども権田村というところに帰って行きました。その時に誤解が生まれ、ある伝説が生まれました。小栗は幕府最後の財務大臣である勘定奉行だったから、恐らくその箱には徳川幕府の残金をいっぱい持っていたに違いない、と勘ぐられ、それらを赤城山のふもとに埋めたのだということになり、小栗上野介の赤城山埋蔵金伝説というものが生まれたのです。いまだに本気にしている人がいます。私もよく小栗の関係であちらに行くことがありますが、時々埋蔵金は本当にあるんでしょうかと聞かれることがあります。そんなものはないでしょう、あれは小栗がワシントンに行った時に、条約の批准をしていますが、小栗はヨーロッパの文明に非常に造詣が深く、また関心を持っていたから、いろいろな洋書とか器械類を買い込んできています。これらを権田村に帰る時に箱に入れて引っ張っていった。これが埋蔵金と誤解された。

幕府を見放し、箱館共和国をめざす

榎本はこれらの状況をクールに見ていました。慶喜頼むに足らず、もはやこれは見放そうと。主人であってもしかり。これは国家闘争というのとは違うよと。それは横井小楠が言うように、今の徳川幕府をそのまま続けていけば「私」的になってしまう。いわゆる私心による政府になる。パブリックなものに変えなければだめだ。「公」的なものにして、日本全体の国民のための政府にすべきなのだと。それがまだ大勢は幕府にしがみついている。こういうことで結局房総から、艦隊を率いて脱走するわけですね。そして北海道に渡る。このときには奥羽越列藩同盟の支援をしようという意図がありました。榎本自身は、この奥羽越列藩同盟員だったわけではなく、あくまでも、海軍を持っているから支援していこうということですね。しかし会津が落ち、米沢が落ち、酒井の舞鶴が落ちたということで、結果的には北海道に向かう。今の函館五稜郭にこもるわけです。

ここでこれが共和国だといわれるようになったのは役員人事です。高級ポストの人間を選挙によって、入札で選んだのです。だから今日お見えの新撰組関連で言えば、土方歳三が陸軍奉行並、つまり陸軍大臣格として扱われます。これも入札、投票の結果です。ただ、私はこの共和国というのは必ずしも日本の中に二つも三つも政府をつくろうということではなくて、つまり旧徳川家に仕えていた失業武士団の生活の面倒を見るためにこの北海道の地を開拓地にしていこうとするものだった、そういう意図だったのだろうと思います。そのことは当時箱館には開国後の外国の領事館とか公使館とかが置かれていましたから、外国人たちはこれを承認したのだと思います。榎本の意図を汲んで、この発表に対してむしろ支持をするということまで言っています。しかし新政府としてはこういう存在、自分たち以外の政府の存在を認めるわけにいきませんから、どうしてもそれを攻め落とさなければいけない状況でした。

新政府軍の実質的な司令官は黒田清隆です。この人は幕末の志士にはめずらしく、西郷隆盛も非常に敬愛した人物で、英語人間です。相当前から黒田は英語に堪能でした。黒田は城将である榎本のところに軍使を送り、降伏したらどうかと打診する。そうすれば立てこもっている人々を殺しはしない。紳士的に扱うと。榎本は断わります。五稜郭にこもって、最後まで戦うと。黒田の方も、それでは一戦交えましょうと。ただ、何にもない人たちを攻めるわけにもいかない。弾薬とか武器、食料、こういうものに不便していませんかとたずねる。榎本は、いや、不便はしていないとこたえる。これはやせ我慢だと思いますが。やはり城将としてはそう言わざるを得ない。足らないのですみませんけど鉄砲二丁貸してくださいなんて、そんなことは言えない。結局それで軍使は去ったということです。

ただ、その時の有名な話ですが、榎本がオランダで勉強しているときに手に入れたオルトランの『海律全書』、つまり海上の国際法である全集。これは今後の日本に役立つかもと。日本も海外に行き来するときに、海上における国際紛争に巻き込まれることもあるだろうから、そういう事故のときに、必ずこの本は役に立つからと、どうか黒田さんのところにお届けくださいと依頼する。黒田もそれをもらって非常に榎本の武士道精神に胸を打たれて、北海道ですからニシンかホッケかよくわからないですが、魚と酒樽をいっぱい届けた。慶喜が鳥羽伏見の戦いに敗れて敵前逃亡するという失態をしただけに、非常にいい話だと思います。

はにかみは江戸っ子気質の表れ

このときにも土方歳三も最後まで堂々と戦いますが、そういうものが何であるかといえば、やはり榎本の持っていた和魂だろうと思います。それは日本の武士としての筋の通し方、同時に新撰組の場合には隊則の一条目に「士道に背くまじきこと」と入れています。このことは重要です。なぜかというと、あの隊には士農工商のあらゆる階層が入り込んでいます。だけど、土方は結局入隊した後は全部武士として扱うとして、身分解放していますね。だから武士にあるまじき行為をしたときには潔く腹を切れと、こういう決まりになっていました。

結局は単に滅び行く美学ではなくて、筋を通していることです。榎本の場合にはその後降伏をして二年間江戸の牢獄につながれて、やがては明治政府の中で次々に重く用いられるようになります。あるとき福沢諭吉が勝海舟と榎本武揚に対して「瘠我慢の説」というのを突きつけますね。公開質問状です。「忠臣は二君に仕えず」という言葉をお忘れかと。やはり武士には瘠我慢する必要があるかと思いますが、あなた方は幕府の高官であったにもかかわらず、その幕府を滅ぼした新政府の高官にもなっておられる。この辺をとくと賜りたいということです。これに対して勝海舟は、有名な「行蔵は我に存す、毀誉は他人の主張、我預からず候」。つまり行動したのは自分で、批判しているのは他人だ、そんなことに自ら関与することはないと、息巻いた勝らしい言い返し方です。それに比べて榎本武揚は何も言いませんでした。無言を通しました。私はこれには、二つの理由があるのではないかと思います。

私が生まれたのは、隅田川のほとり、日本橋箱崎町というところです。徳川家康がいまから四〇四年ほど前に幕府を開くので江戸に入ってきましたが、正直私の先祖の方が先に住んでいました。とはいえ、長屋の八公ですから、榎本は武士でしたから、やはりその違いがあったのだと思います。

その一つに、はにかみというのがあります。私は今日ここに来るにあたり、この眼鏡をまず変えました。奇しくも昨日です、一〇月一九日、さかのぼれば一九二七（昭和二）年、私の誕生日。だからきのうで私は満八十歳になりました。傘寿になってしまいました。榎本武揚が亡くなったのは一〇月二六日ですから同じ一〇月でかかわりがありますが、結局私は子供のときに嫌な病気にかかりましてまだ治っていません。ではこの神聖な吉祥寺さんの本堂にそれをばらまいて帰るのか、それは失礼だぞと。何だ、病気というのは。対人恐怖症です。ですからこれは何というのですか、こういう榎本武揚の百回忌の法要に御参加されている諸先輩、諸先生、いろいろな方々のつぶらな瞳が一斉に注がれていますと本当に胸がどきどきして、体が硬直してしまいます。うそつきやがれ、べらべらしゃべっているじゃないかと。眼鏡を変えたからこうしたお話も出来るのですが、こちらにしまった眼鏡をかけると本堂の隅々までよく見えますからとてもまともではいられません。今かけているのは時計の針しか見えませんから平気になれるということです。

国際人であり、日本人であり、武士である

何を申し上げたいかと申しますと。江戸っ子の特性というのは、てめえで「おれがおれが」ということは絶対に言

わない。へりくだるか、沈黙するか、これにもやはり武士としての大きい意味合いがあります。それに先ほど申し上げたはにかみ症。これらが私は榎本にもあったと思います。江戸っ子気質的なものがあったということです。そうなると勝海舟がべらべら、何だか幕末から維新の仕事は全部自分一人でやったようなことを吹聴していますが、榎本はあいうことは一言も言いません。だからそれは、加茂儀一先生の本を読んだときにあのまえがきに書かれている「榎本武揚という人を書こうと思ったら、資料が何にもない」と。ほとんどまとまった評伝とか伝記というものは残されていない。結局御遺族にいろいろなお話をお聞きしたり、関係者への取材でお歩きになられたのでしょうが、榎本武揚というのはそういう人物です。だからそういう奥ゆかしさというものが私は非常に大切だと思います。その奥ゆかしさ、榎本はもう百年前に亡くなっていますから、今から出てきて自分で書いてくださいというわけにもいかないので、やはり残った心ある人たちが正しい榎本武揚伝というものを、記録として、歴史として残していく必要があるのではないかと思います。

その意味で今日のこの催しに声をかけていただいて、こんなにもたくさんの方が、まだお集まりいただいている。実は私は唖然とするというか呆然としてしまいました。これは稀有ですね。本当に。すばらしいことだと思います。それはそれぞれの言ってみれば歴史上の人物を考えるときに、私は円だと思っているのですが、つまり三六〇度方位に対応できる存在である。ここに榎本武揚がいるわけですね。結局は東南西北（トンナンシャーペー）、あるいは三六〇度方位のいろいろな角度から榎本武揚にとびついて、自分の必要とするものをとり出してそれを生きる一つの指針にすることが可能な方です。あらゆるものからそういうものをきっかけにされても、きちんと答えをくれる。それだけのものを持った大政治家であり大科学者であり、あるいは大思想家であり、あるいは実際の行動者であった。その根底にあったのは、冒頭で申し上げたグローカリズムの実践者でした。榎本は明らかに幕末に存在したときから、そんなことは照れくさいから口にしないが、おれ自身が国際人であり、日本人であり、その中で徳川幕府に身を置いた武士である。その役割は何であるかというと護民官に徹して国民のために奉仕はするが、しかしその認識としては日本全体の問題を考えると同時に国際情勢をしっかりと踏まえていくこと、こういうことだろうと思います。

（二〇〇七年一〇月二〇日　於・曹洞宗　諏訪山吉祥寺）

「瘠我慢の説」に対する反論

【権謀術策を用いず自ら信ずる処を行く】

稲木静恵
Inagi Shizue

福沢諭吉の「瘠我慢の説」は一言で言えば、福沢諭吉が勝海舟、榎本武揚の維新前後の生き方を批判した文章である。

具体的には、勝に対して、「古来日本人が持っていた武士として大切な瘠我慢の精神を発揮することなく、戊辰戦争時官軍に無抵抗であった」こと、さらに勝および榎本に対して、「幕府の要職にいた人間が、維新後明治政府に仕官し、かつ高位高官の地位にいる」ことを批判したものである。

福沢がこれを書いたのは明治二十四（一八九一）年、発表したのが明治三十四（一九〇一）年である。福沢は実学を重んじ、経済の奨励に熱心であったので、発表された当時は人々に意外の感を与え、世間の注目を集め大きな反響を呼んだ。これに対し、榎本は福沢からの批判に何も答えなかった。そして自身の業績を一切世間に語ることなく世を去った。そのため、福沢の書いた榎本像がそのまま定着して今日に至っているように思われる。

榎本はいったいどのような人であったのか。当時の彼の行動と、「瘠我慢の説」に書かれていることを検証し、榎本の立場から福沢に反論してみたい。

以下、福沢が書いた動機、福沢と榎本の関係を述べ、その後「瘠我慢の説」に対する反論を述べる。

「瘠我慢の説」の書かれた動機

福沢は勝と不仲であった、また榎本にはその出世に対するわだかまりがあったからと考えられる。

まず、勝との不仲は、咸臨丸でアメリカに渡った時に始ったと言われる。

咸臨丸が渡米した時、木村摂津守（後に芥舟）は司令官役であり、勝は艦長役であった。一方、福沢は木村の従僕として乗船している。航海中の勝は体調不良でほとんど船内に閉じこもっていた。勝はもともと船に弱く、海上では病人同様であったという。そのことについて勝は、『氷川清話』の中で「自分は大病で熱があったが、死ぬのは船の上でもどこでも同じであると思い船に乗り込んだのだ」というようなことを言っている。しかし陸上では常に気炎を吐き、傲岸不遜の振舞いの人であったという。

当時木村の身分は旗本、それに対し勝は木村の七歳年上で、なおかつ海軍での技量は上でも身分はお目見え以下の御家人である。勝は木村の下で仕えることに不満を抱いて、度々木村を困らせていた。それらの事情を見ていた福沢にとっては、温厚君子の木村に接する勝の態度は許しがたいものがあり不快の念を抱いていた（石河幹明『福澤諭吉傳』第一巻、岩波書店、一九三二年）。

福沢は木村に恩義があった。咸臨丸渡米時、福沢は無名の陪臣、そのためつてを頼って木村と面会し、彼の従僕として連れて行ってもらった。また恩義を感じるだけでなく、大変温厚で人格高潔な君子であった木村を尊敬していた。福沢は後に名声を得てからも臣下の礼を取り続け、終生にわたり恩義に報いている。

維新後、木村は新政府に仕えることなく、隠棲してひっそりと暮らしていたが、明治二十四（一八九一）年になって、幕末の外交事実を後世に伝えようと『三十年史』を書き、その序文を福沢に頼んだ。福沢は喜んで引き受け、出版費用も負担した。

ところが福沢は、先に出版されていた勝海舟の編纂した『海軍歴史』を読んでいたらしい。この中で勝は、木村については簡単にふれたのみで、あたかも木村の功績を無視するかのような記述であった。これを見て今までの勝に対する不満が一気に噴き出たらしく、福沢に「瘠我慢の説」を書かせた一番の原因はこれではないかと言われている（河北展生「「瘠我慢の説」起草の動機再考」『福澤手帖』一〇三号、福澤諭吉協会、一九九九年）。

さらに勝との不仲の原因がいくつか挙げられる。明治十一（一八七八）年、福沢は慶応義塾が財政難の時に、徳川家の資金を借りようと勝に頼んだが断られている。また勝の妻妾同居に対して不快感を持っていた。さらに人を食ったような物の言い方をするような勝とは相容れなかったということなどである（伊藤正雄「「瘠我慢の説」私説――福沢諭吉の勝海舟批判是か非か」『福澤諭吉年鑑』二、福澤諭吉協会、一九七五年）。

次に榎本に対する批判の動機は何か。

明治二十三（一八九〇）年一一月に福沢は家族と共に東海道の興津清見寺に遊行した。この時、寺にあった咸臨丸戦死者の碑を見たことが、榎本に言及する原因になったと言われている。この殉難碑が建てられたいきさつは次のようである。

榎本艦隊が品川沖から脱走した際、嵐に遭い咸臨丸は艦隊と離れ難破した。これを清水港で修理中に官軍の艦に襲撃され、副艦長以下数名が殺された。死體は海に捨てられたまま誰も官軍を憚り葬らなかったが、それを土地の侠客清水次郎長は、夜陰に紛れ死体を背負って海から引き揚げ、その近くに葬った。三周忌に山岡鉄太郎が「壮士墓」の墓碑を建てた。その後、明治二十（一八八七）年四月になってから、かつての戦友が集まり清見寺に殉難碑を建てたものである。（文倉平次郎『幕末軍艦咸臨丸』名著刊行会、一九六九年）

清見寺にある咸臨丸乗組員艱難碑

この碑文の前面には、「食人之食者死人之事　従二位榎本武揚」と書いてある。「人の食を食むものは人の事に死す」この文言は司馬遷『史記』の淮陰侯の故語からとったもので、その意味するところは「徳川家の禄を得ていたものは徳川家の大事の時には死ぬ」というものである。これを見た福沢は、「部下が殺され自分だけが助かったのになんだ。こんなことを言う資格はない。しかも官位を誇らしげに書いてある。」と思ったらしい。また、碑文に書いてある「食人之食者死人之事」という九文字は、福沢にとって日本国が文明の道に進むためには害のある儒教的秩序の考え方であり、封建社会の風俗の象徴として忌み嫌っていた言葉であった。『学問のすゝめ』、『文明論之概略』などに例として出すなどしていたので、苦々しい思いを強めたと考えられる。

そしてまた榎本は福沢の「瘠我慢の説」執筆当時は大臣

を歴任、子爵も受けている。

明治一八(一八八五)年 第一次伊藤内閣の逓信大臣
明治二〇(一八八七)年 子爵叙任
明治二一(一八八八)年 黒田内閣の農商務大臣(逓信大臣と一時兼任)
明治二二(一八八九)年 第一次山県内閣の文部大臣
明治二四(一八九一)年 第一次松方内閣の外務大臣
明治二七(一八九四)年 第二次伊藤・松方内閣の農商務大臣

この出世ぶりに、「あの官軍に最後まで抵抗し罪人になった榎本が、どうしてこのような栄達を遂げたか。」福沢個人としてばかりでなく、『時事新報』の主筆であった彼は世間を代表して榎本に問わずにいられなかったと考えられる。そして、さらに榎本に対する嫉妬があったと考えられないだろうか。福沢は官との距離を置いていたが、一度は出仕を考えた時があった。しかしながら明治十四(一八八一)年の政変、すなわちイギリス流の立憲政体を目指した大隈重信が、ドイツ流を目指した岩倉具視・伊藤博文らによって失脚させられた以降は、全くその思いを抱くことはなかった。

ところで、以上の動機の外には、「瘠我慢の説」を書く頃、福沢の封建時代に対する評価が変わってきたことが挙げられると言う。すなわち福沢は、それまでは文明社会を目指すためには封建的なものを否定してきた。ところが明治二十年代に入ると、福沢の奨励した西洋文明が偏った物質主義や道義の衰退をもたらした。ここに来て、福沢には昔の武家社会の教育や政治にも良いものがあったのではないかという心境の変化があった。期待した新政府は、薩長藩閥の私利私欲で動かされている。清国、ロシアに対する警戒もあり、福沢のナショナリズムへの高揚感もあったと推測される。それらも「瘠我慢の説」を書くに至らせたと言われている。

福沢は明治二十四(一八九一)年この論を書いた。その時に「いづれ時節を見て公表のつもりであるが、その前に一応ご覧にいれないのも不本意」として写本を勝と榎本に送った。返事がなかったのでさらに重ねて、「書いてあることに間違いがないか」と書き送ると、すぐに返事が来た。

榎本は「拝復過日御示被下候貴著瘠我慢中、事実相違の廉竝に小生の所見もあらば云々との御意致拝承候。昨今別して多忙に付きいづれそのうち愚見申し述ぶべく候」と返事をした。要するに「今は忙しいからいずれ意見を述べましょう」と答えるのみであった。

勝は、「従古当路者古今一世の人物にあらざれば衆賢の批評に当たる者あらず。計らずも拙老先年の行為に於いて御議論数百言御指摘実に慙愧に堪えず、ご深志忝く存じ候。行蔵は我に存す、毀誉は他人の主張、我に与らず我に関せずと存じ候」と返事をした。つまり「昔から重要な地位にある者や大人物でなければ、賢人たちからは批評されないものであります。思いがけず私が先年の行為においてご議論数百言のご指摘をいただき、実に恥じ入ることです。深志かたじけなく存じます」と先ずは答え、次に、「出処進退は自分が決めるものであり、毀誉は他人がするもの、自分にはかかわりなく関係ないと存じます」との一言をもって返答した。

この答えは実に勝の面目躍如たるものがある。彼は長崎海軍伝習所において、師であったオランダの士官カッテンディーケから、勝という人物はまことに頭がよく機を見るに敏で人の心をつかむのがうまいというような評価をされている（カッテンディーケ著、水田信利訳『長崎海軍伝習所の日々』東洋文庫二六、平凡社、一九六四年）。

福沢はこの論を、当の二人の外に幕臣の木村芥舟、栗本鋤雲、さらに後になって、旧和歌山藩主の嗣子徳川頼倫にも示した。（石河幹明『福澤諭吉傳』第一巻、岩波書店、一九三二年）

ただ、内容が二人の行動を批判するものであったために、当時福沢も公表は控えていた。また、すぐに論を公表しなかったのは、勝からの返事が来た翌日に勝の長男小鹿が病死したことが大きいという。さらに、栗本に贈った手紙の添え書きに、「成るたけ秘密に致し、他人へ話さないように」としており、また徳川頼倫へ贈る際にも、「生前にあたかも無益の殺生するは面白からず云々」と取次の鎌田栄吉宛ての書簡で述べている。しかし、それが世間に洩れたため、後に述べるように、福沢諭吉の主宰する『時事新報』に掲載した。福沢はそれをずっと仕舞い込み、世に出たのは彼の死のわずか一月前であった。福沢はこの説を出すのに慎重であった。心ならずも洩れ出てしまったというのが真相ではないかと言われている。

栗本鋤雲は海軍奉行、外国奉行を勤めた幕府の要人で、維新後は新政府に仕えることをせずに在野での文筆活動を生業とし、『郵便報知新聞』の主筆としてその名を馳せた。福沢とは懇意にしており、この論書を見せられると非常に感激し、贈られた写本には傍点をふって漢文の評を書き込んでいる。特に勝に対するところの書き込みが多く、「二百七十年の大政府が二三強藩の兵力に對して豪も敵對の意なく唯一向に和を講じ哀を乞ふて止まずとは、古今世界中に未だ其の例を見ず」のところには、「讀んで此に到れば覚えず聲を放って痛哭す」などの言葉を書き込んでいる。これを見れば栗本がいかに「瘠我慢の説」に感激したかがわかる。秘していたこの論稿が世間に漏れ出したのは、栗本が感激のあまり、知人で『奥羽日々新聞』の社長友部伸吉に見せたからと言われている。明治二十六、七年頃、上京した友部は「瘠我慢の説」を見せられ、それを借り出し秘かに写し取った。そして無断で自社の新聞に掲載した。その原文は残されておらず、名前は伏せられていたという。次に明治三十三（一九〇〇）年一二月二〇日に、雑誌『日本人』が全文を掲載した。福沢の名前は伏せて勝、榎本の名前は出した。二八日には新聞『日本』が作者は福沢だと顕かにした。ここに到り福沢も『時事新報』に発表することを了承し、翌年の一月一日から三日間にわたり発表されたという。

しかし先に書いたように、発表されたのが福沢の死のわずか一月前であった。執筆時から時を経た論稿に対して、そのまま出だすことに異存がなかったであろうか。勝は既に二年前に亡くなっており、発表されてから世間の関心に対しての応酬もできなかった。また残された榎本は、言われっぱなしのままで世を去ったのである。

福沢と榎本の関係

福沢の榎本に対する認識を見てみよう。両者の関係は、榎本の家族が福沢に頼み事をした時から始まる。この話は『福澤諭吉傳』に詳しく記されている。それによれば、榎本は箱館戦争後、箱館から護送され東京の軍務局糺問所、辰の口の牢獄に入れられていた。その時、家族は静岡にいて非常に心配し消息を知りたがった。しかし東京にいる親戚縁者誰も関係を恐れて問いに答えてくれなかった。この話を聞いた福沢は牢内の暮らしぶりを伝えたばかりでなく（福沢門下である古川節蔵が榎本軍に投じ、同じ獄中にいたので彼に聞いた）、病気になった榎本に会いたいとの母の願いを叶えさせたのである。

その後、福沢は榎本の助命工作をもしたのである。榎本がオランダ留学で学び持ち帰った『万国海律全書』は黒田清隆の手にあった。箱館戦争最後の決戦前、榎本が「烏有に帰するには惜しい日本国の為に必要な書である」と言って黒田に託した本である。福沢がこの翻訳を人づてに頼まれた時、本人でなくては翻訳出来ないとして暗に榎本の有能さを示し、殺すのは日本にとって損失であることを示したことがあった。その他に、「文明国では政治上での敵味方となって国事犯となってもその罪を軽くするのが文明国の美風である」と黒田に進言している。榎本の処置については、岩倉西洋使節団の出発前の会議でこの話がされた。「大使が米国に行って榎本のことを聞かれ、殺してしまったらなんと答えよう。米国に比べ日本の恥である」という懸念が功を奏したという。また米国軍艦総督からの嘆願もあってとにかく黒田一人頑張ったという西郷隆盛の手紙が残されている。そこでは「黒田の勇力これなく候ては、とても命はこれ無きもの共に御座候。満朝殺す論に相成り居り候ところ、ただ一人奮然と建抜候儀は、千載の美談に有るべく……一時の奮発は一通りのものにても出来候えども、ここ迄に持ち張り候儀、ただ常人の及ばず処に御座候。……」と言っている。これらについて『福翁自伝』に、「もしこれで榎本が助かって後で偉くなったとしても、恩着せがましいことを一切言わない」と家族に心構えを話した記述がある。その頃、福沢が榎本のことをどう考えていたかがわかる。助命の陰の尽力者を榎本は知っていただろうか。『福翁自伝』が出たのが明治三十二（一八九九）年であり、榎本がこれを読んだか否かは不明である。榎本が赦免されてから後、二人は挨拶などはしていたらしい。石河幹明が「福沢邸において年頭の祝賀来訪者の姓名中に『海軍中将榎本武揚』の名刺をたびたび見ているが親しい往来はなかったようである」といっている。

次に、榎本の福沢に対する認識はどうであったろうか。榎本は牢内では本の差し入れを頼み学習に励んでいた。榎本が牢内から家族にあてた手紙が残っている。その中に福沢について書いた箇所がある。明治三（一八七〇）年一二月二八日「福沢子よりの書は同人方へ差し戻し下さるべく候。右書は福沢位の学者の翻訳する書にして、小子などの筆を労するまでのものにはこれ無く」、また「さりながら、同人事無遠慮種々申し聞き候事、高慢ちきとて一同大笑いいたし候えども、正直なる人物と相見え」と評している。さらに「実は此の方一同、福沢の不見識には驚き入り候。もそっと学問ある人物とおもひしところ存外なり、とて半ば嘆息致し候。是位の見識の学者にても百人余りの弟子ありとは、我邦未だ開化文明の届かぬ事知るべし」と評している。榎本は福沢がどの程度の知識を持つか分かったのであろう。

榎本は昌平黌で学んだ。長崎海軍伝習所では軍艦操縦に関する勉強だけでなく、化学、物理、数学等を学んだと言われている。さらにオランダに留学し三年半の間勉強した知識があってこれだけのことを言えたのであろう。榎本は手紙の中で、「セーミ（化学）は未だ日本国中に小生ならぶものない」と自負している。時に仲間に教えたり、会津藩、仙台藩の子弟を教育するとともに、留学してきた知識を生かし日本の将来を思って本も書いていた。榎本が奚疑軒と号して書いた「開成雑俎」三冊、図一冊である（榎本隆充編『榎本武揚未公開書簡集』新人物往来社、二〇〇三年）。

「瘠我慢の説」に対する反論

この説は勝と榎本に対しての批判ではあるが、書かれた動機をみると、批判の対象は勝が主で、その矛先が次に榎本にも向けられたものである。勝に対しての批判には幾度かの反論がされている。また現在の勝に対する評価も、明治維新の際に国内が戦火に晒されることなく政権交代を為しえた功労者としての認識で定着している。しかし榎本の側からの反論はほとんどなく、福沢の言うような評価で定まっている。

これから榎本の側からの反論を試みようと思う。それではもう一度「瘠我慢の説」には何が書いてあるのか、福沢の言葉を使って纏めてみる。

「瘠せ我慢は立国の大本として大切な精神である。国の一大事にあたり、たとえ成算がない場合でも、力を尽くして戦うのが国民たる者の義務ではないか。その精神がなければ、今後戦時のみならず、国と国との交際において国の栄誉を保つことは難しい。国民が自国を愛し他国と争うことは、哲学流に解すと人類の私情より出たもので、天然の公道ではないけれども、今日までの世界の事情において国家を維持するものの精神はみなこれによらないものはない。そしてこの国を守るための精神は『瘠我慢』にあって、日本国においても、古来養い得た武士道はこの気風を持つものである。しかるに、幕府側の交渉者であった勝海舟が明治維新の際、官軍と称する二、三の強藩に一戦も交えず無抵抗で江戸城を明け渡したことは、武士の風上にも置けぬとはこのことをいうのであり、三河武士の精神、つまり、瘠せ我慢の士風を傷ねたものとして断じて許しがたいものである。勝の働きが、内乱の戦争を回避し、主公の身を案じて行動したとして功があると認めたとしても、新政府においては旧主家を売った責任を取って身を隠すべきものであるのに、名利の地位に居るの振舞いは、まことに愧ずべきものであり、士人社会風教の為に深く悲しむものである。

また、榎本武揚は勝と異なり、徳川の政府を維持しようと力を尽くし、軍艦数隻を率いて箱館に脱走し、必敗を覚悟しながら西軍に対し武士の意気地すなわち瘠我慢をもって抗戦したのは天晴れの振舞いである。力尽きて降参したことについては、成敗は兵家の常であり、咎めるものではない。そもそも維新の事は帝室の名義があるといっても、その実は二、三の強藩が徳川家に敵したものである。必敗を期しながら武士道の為めに一戦を試みたことは大和魂の風教上からみても、勝と同日には論じられるものではない。しかし、その後放免されてから、青雲の志を持って新政府に出仕して富貴を求め、大臣にまで出世し、安楽豪奢の生活に耽っているのは、功名の価を損ずる。氏を首領と恃み最後まで信じて戦った者、まして戦死した者に対して慙愧に堪えないものである。今からでも遅くない二氏共に世を遁れ維新以来の非を改め、既得の功名を全うすることを祈るものである。」

福沢は榎本に対しては、まずは「三河武士の精神で必敗を期して戦った。そのことは天晴れであった」と褒めている。しかしその後の行動がいけないと批判している。どのようにいけないかを纏めてみると次の二点に絞られる。

❶榎本氏を総督と頼み榎本氏の為に戦い、戦死したのに、降参したのではその者達が見捨てられたも同然である。往時を回想する時は寝覚めがわるいだろう。

❷さらには新政府に出仕して口を糊するばかりでなく、「青雲の志」を持って富貴得々である。このような人は遁世の道がよい。功名を汚さないものとしてお勧めする。

❶に対しての反論

榎本は三河武士のこだわりで行動を起こしたのである。福沢も「維新の事は帝室の名義ありといえども、その実は二、三の強藩が徳川に敵したるものより外ならず」という。そこは福沢が榎本を評価しているところである。しかし福沢が言う「榎本氏に随従し、命令に従いて……」という認識が違う。最初はあくまで各自の自発的な寄り集まりであった。慶喜が恭順してしまったので、そのような形でなくては戦うことができなかった。戦いの先頭に立つのは本来徳川慶喜であるべきはずのものであった。宗主が早々と降参してしまったので、家来としては収めるべきところがなくなった。身分の高いものや、お家の為と一途に仕えた者ほどその状況に混乱をきたした。また福沢は、中国の項羽と劉邦の事例を出し、『烏江水浅くして騅能く逝くも、一片の義心の東すべからず』とは、楚軍が打ち破られ項羽が自刃したことの心情を詩句にしたものである。中国楚の時代の項羽を持ち出すのは妥当でないとは思うが〔榎本もそうすべきだった〕」と、榎本と比べている。この例の引用は榎本が頭目となって国家覇権を争ったのではなく、不満分子の代表となって抵抗したのであるから妥当とは言えない。榎本が反抗するなら私達も船に同乗させて欲しい、巻き返しの希望や期待を込めて、というのが本当のところであったと思う。幕府軍はいろいろな人間の寄り集まりの集団であった。彰義隊の残党、輪王寺宮、フランス人傭兵ら、仙台からは、東北の諸藩からの兵士、ここまで戦ってきた新撰組、諸侯らを乗せて初めて蝦夷（北海道）を目指したのである。このときには、幕臣たちの糊口のため、また皇国の北海の守りの為、開拓のためという訴えを明確に出している。この後に箱館で蝦夷共和国を建て、選挙で選ばれた時に初めて代表となったのである。

ここで、知られていない榎本の一面を記そう。慶喜が恭順を唱えた際の江戸城内を、子爵立花種恭が「さていよいよご恭順と決し諸向きへ達すと、満城の士が泣き出すもあり落胆するもあり、それはそれは大変なことでした」、「榎本は満座のなかへにわかに立ち上がり『将軍様は腰が抜けたか恭順するとは』と叫び、大久保一翁は榎本は感心な男だと大層に賞美しましたが（以下、勝を褒めている）」と伝えている。また、榎本の覚悟のほどを示す、開陽丸にいた幕臣野村立像の目撃談がある。軍艦を官軍に引き渡すよう勝が榎本を説得に品川沖に来た時のことである。勝を殺そうと血気にはやる者が、「姑息の説を持つ安房守（勝）か、息の根止めくれん」、刀の柄に手を掛けて待ちかまえる一同に向かい、榎本は、「方々短慮の挙動はしあるべからず。今この所にて勝氏を亡ひなば、誰か我等の眞心を後世に伝うべき、まげて無謀の事ともなすまじきぞ」と諫めたと言う。榎本の死ぬ覚悟である。この覚悟のほどは家族あての手紙からも知れる。明治二（一八六九）年一月二六日の北海道から母、姉、妻への手紙には「素より君家の罪を雪ん、同藩士凍餓を援わんとて、一身をなげうち候事なれば、もはやこの世にてお目通りの程も覚束なく」、「只々上は天日に愧じず下は恐れ多くも御累代様御神霊に対し申し訳の一部とも相成り候をのみたのしみ居り候」とある。榎本は旗本の生まれで幼少のころから儒学を学んでいる。武士道精神は身に備わり、これを重んじていた。そればかりでなく、オランダ留学時に西洋流合理精神をも身に付けて帰国している。両者を体験した榎本が自らの信念に基づいて行動したことは、福沢が西洋文明を導入後に大切であると気がつき賞讃した武士道精神に他ならない。獄中から母、姉に宛てた明治三

（一八七〇）年三月一六日の手紙には「私義是までの艱難配意はとても御面会仕らず候はでは紙筆に尽し難く候、さり乍ら一語にて申し上げ候へば、衆に代り生命を棄て候段、士道に背き候事これなく候あいだ、此の事御安心くださるべく候」とあり、全く自分の行いに愧じていない。さらに榎本が皆の精神的支柱となって統率し戦った様子がある。宮古湾の戦いに敗れた回天号が箱館に帰ってきた時に、船の様子を描写したもので、その時の榎本と傷ついて死を目前にした布施半氏との様子がある。長いが状況が良く判るので引用する。「回天号の箱館に帰るや、本艦の甲板上、死屍未だ狼藉たり。時に榎本総裁は来たりて死者には帽を脱して念佛し、負傷者は懇に慰め、布施半氏が気息奄々として倒れ居るを見るや、涙を揮ひて進み近づき、御代々様にも御満足にあらせられむと云ふや、布施氏は莞爾として喜色面に溢れ、氣管に微音を響かせて瞑せり」（『旧幕府』第一巻第三号）。この時の傍に立っていた安藤太郎はその忠烈に感動し思わず四肢が戦慄していたという。次は、土方歳三の戦死の報告を聞いた榎本の様子である。「釜次郎（榎本）五稜郭に在り、これを聞きかつ哭しかつ怒り、自ら出て戦わんとす、齋籐辰吉等擁して之を止む」（『旧幕府』第五巻第五号）。

また、降伏することになった時の状況を福沢はよく知っていただろうか。小杉雅之進『麦叢録』によれば、幕軍の相次ぐ劣勢で追い詰められ、兵の疲弊は限界に達し、逃亡者を出すような状態が書かれている。中島三郎助親子三人も前日に戦死。榎本はもはやこれまでと覚悟したのである。「死に体」となった状態ではこれ以上の死は無意味と判断したことは、武士道精神から考えても当然の道だった。何の意味を持たなくなった死は統率者として避けなければならない。この意味で榎本の判断は正しい。そして榎本は先に論じた項羽とは立場が違うのであるが、頭目となった以上責任を取ろうとして、自分の命と引き換えに皆の命を救うことができるならと自刃しようとしたのである。無駄死については、福沢自身も「学問のすゝめ」七編で言及している。七編は、国民の法を守る義務についての論述であるが、その中で、死をもって値する時にのみそれが許されると言っている。その福沢が行った榎本の行動への批判は、趣旨一貫しているとは言い難く、また榎本の実際の行動を知らなかったのではないか。

なお、榎本が切腹を図った際に、小姓の大塚鶴之丞が刀を手でつかみ阻止、そこを皆が止めに入ったという。大塚の手は右手三本の筋が切れて不自由になり、榎本は生涯気にかけ何かと面倒を見ている。

❷明治新政府に仕えたことに対して

仕官するについての経緯は次の様である。赦免後に北海道開拓使として仕官を決意した時は、自分の立場を思い、生かされた以上は自分の使命として寝食を惜しんで調査している。その後、ロシア公使任官の内諾を求められた時、「邦家の為死力を尽し御奉公仕るは兼て懇禱の事」と承諾したが、海軍中将の肩書については難く辞退していた。そのことは黒田が大久保利通に宛てた手紙に、「中々容易に御請難く相成段申し募り遂に承服」と書いていることから判る。

また榎本は「青雲の志」を起こしたと四回繰り返し言われた。出世ぶりが目立ったのだろう。しかし、榎本自身は国のために何もしていないとの思いを獄中詩に詠んでいる。また、家族にあてた手紙においても、生かされて獄を出たなら「日本国金銀山の開き方より蝦夷嶋開拓の必要の事柄」と、新しい日本に尽くそうとする思いを述べている。当時第一級の知識人であった榎本は、明治新政府にとって必要とされた人間であった。出世したのは能力がそうさせたのであって、もし彼が福沢の言う「青雲の志」である立身出世の望みを抱くような人間であったなら、他の者と同じように、時流を眺めながら息を潜めていればよかったのである。

福沢の勧める「遁世出家して死者の菩提を弔う」ことに対しては、榎本が官吏となり己の使命を果たしながらも、絶えず命を落とした仲間を弔い、遺族の生活の心配をしたことを、仲間うちしか知らないのではないか。また身を落として困窮した友の為にも金銭的援助や生活が成り行くように世話をしたりしている。大塚鶴之丞の例だけでなく、少し例を挙げれば、ロシア公使となって赴任先から箱館戦争の旧幕臣の仲間が困っていたらできるだけの面倒を見るようにと手紙を書いている（明治十一〈一八七八〉年一月一八日）。また、その他の手紙でも度々言及している（中村喜和『ロシアの木霊』風行社、二〇〇六年）。また、逓信大臣であった時のある日に、退庁する馬車の中から三囲神社の堤の上を垢染みた袷一枚で寒そうにしている男を見た。よく見ると箱館戦争の勇士石川治兵衛であった。それを馬車に引き入れ話を聞いてその後の就職の世話をしたという（一戸隆次郎『榎本武揚子』嵩山房、一九〇九年）。また、前述の中島三郎助の家族宛に榎本の手紙が残っており、それには三男の将来の面倒を見ると約束している。成人した三男は海軍への道を進み、英国のグラスゴー大学へ留学して海軍中将になったという（伊藤栄子「『榎本武揚文書』解読余話」『伊能忠敬研究』第四八号、伊能忠敬研究会、二〇〇七年）。

榎本は、口を糊するために新政府に出仕したのではない。明治新政府が近代国家を目指し順調に進み出したのは、徳川政権が引いたレールあってこそと、近来見直されてきた。榎本はそのレールを作るためにオランダに行き、レールに乗って近代国家を建て続けたのである。榎本は明治最良の官僚であったと言われている。榎本の残した外交文書、調査日記を読むと詳細な記録が書かれていることに気が付く。巽來次郎は次の様に記している。「（榎本が）諸外国へ使臣としてさし遣わされ、樽俎（そんそ）折衝のあいだに、ことを決したる所記録を披見するに、談判の交換尤も詳細にわたりて記述され、彼はかく言えり、开は何故にして、その結果は云々なりとつぶさに原因結果まで評論して余すところなし……」また「翁（榎本）を以って使臣として他に求むべからざる最適任の人物なりと賞揚されしと、而して翁はいかなる場合といえども権謀術策を用いず、自ら信ずる処を飽く迄実行し……」と（一戸隆次郎『榎本武揚子』）。

榎本をよく知っていたら福沢は「瘠我慢の説」を書いたであろうか。榎本について資料が出て来たのは昭和になってからである。もし福沢が「瘠我慢の説」を、行き過ぎた欧化主義を引き戻そうとして世間への問いかけで書いたものなら、榎本をとりあげたことは的がはずれているのではないかと思う。福沢は自身の使命を文明国に導くことと自覚していた。それを国民の意識改革と育成によって実現しようとした。教育に力を入れ、民間の力を重視し、実学を奨励する等盛んな啓蒙活動を行い功績を残した。榎本は自身の使命を国家の開発、発展に置いた。そして実学に重きを置き、西洋で学んだ知識を役立て、官でなくては出来ない国家の基礎を築くことに力を尽し数々の功績を残したのである。

榎本は福沢から返事を求められた時に多忙を理由に返事をしなかった。本当に忙しかったことは年譜を見れば想像できる。また自分を語ることが将来あると思ったのかもしれない。しかし、筆者が思うには、榎本は説明するつもりはなく「自分の行いは当事者でなくては到底わかるものではない。たとえ説明したところで、理解されるかどうか。弁解にとられる恐れがある。自らは信念をもって行動し、またなんら恥じることもない。自分の行いをもって答えとする」と言いたかったのであろう。

榎本の答えは「いかなる場合といえども、権謀術策を用いず自ら信ずる処を行く」まさにそのものであったと思う。

注
筆者による補足は（ ）で示した。

江戸っ子たちのヒーロー

――新聞が報じた榎本武揚――

高成田享

条約交渉での外交手腕を評価

榎本武揚が「新聞」に登場するのは、いつからだろうか。『明治ニュース事典』の榎本武揚の項に最初は、「品川立退きの弁明」（慶応四（一八六八）年閏四月一〇日、『遠近新聞』）となっている。明治元年になるこの年の四月、徳川幕府代表の勝海舟と新政府軍代表の西郷隆盛との断続的な話し合いによって、江戸城が政府軍に明け渡された。ところが、榎本は品川に停泊していた海軍の政府軍への引き渡しを拒否して、艦船を館山沖まで移した。そのときに勝らに宛てた書面の写しが報じられているのだ。

幕府軍の主戦論者たちは、武器や艦船の引き渡しに抵抗して、政府軍に武器保有の嘆願書を出していた。榎本の書面は、嘆願書の回答がないので、とりあえず品川を去るもので、「もとより咽喉の地に潜伏仕り、陰に野心を抱き候理には決してこれなく候」と記している。江戸湾の入り口に潜伏して、野心を抱こうなんて気はありませんよと、わざわざ書いて、政府軍を脅しているのだろう。一度は勝の説得に応じて品川に戻った榎本の「野心」がわきあがり、箱館（現、函館）に向けて出航するのは八月のことだ。

『ニュース事典』は、この記事に続いて「大島圭介とともに永禁固」（明治二（一八六九）年八月一六日、『内外新聞』）、「榎本、大鳥ら釈放」（明治五（一八七二）年一月、『新聞雑誌』）、「榎本釜次郎出仕」（明治五年三月）、「ロシア全権公使に」（明治七（一八七四）年、『東京日日』）と続く。

榎本が初代の駐ロシア公使として首都サンクトペテ

ルブルグに赴いたのは、樺太（サハリン）の帰属を巡る日露間の紛争を処理するためだった。日露の住民らが混在し、国境が確定していなかったサハリンの帰属問題は、発足したばかりの明治政府にとって重要事項のひとつだった。

『事典』は榎本の出発に際して、かつての盟友である勝海舟が寄せた「別辞」（明治七年四月二九日、『東京日日』）を載せている。世間は榎本の五稜郭での戦いを称賛したが、自分は一笑に付して、卑怯未練の心だと思った。ロシアが強国として動き出したいま、交渉が長引けば、未曾有の困難が起きるかもしれない。榎本の真贋をはかる試金石だ。首尾よくいけば鬼神遼来の名にはじない志勇の士となるが、期待に背くなら、箱館の一挙は「狂夫の命を惜しまず、酔漢の剣を舞わす類にして、予の一笑に付せしは更に活眼となるべし」。江戸っ子の勝にすれば、逆説的なエールなのだろうが、これでは、励ましているのか、交渉が失敗して自分の眼が正しかったことを願っているのか、わからない別辞だ。

翌年の樺太・千島交換条約で、日本はサハリンを放棄し、代わりに千島列島を取ることが決まった。交渉が始まる以前から、国力や軍事力を考えれば、サハリンに固執はできないという判断が日本政府にあり、サハリンと千島列島との交換は事前の訓令だった。とはいえ、当時の情勢では、これすらも難しいなかで、榎本は奮闘したといえる。

日本政府が交渉の経緯も結果もまったく公表しないなかで、外国のメディアから入ってくる「樺太放棄」のニュースに不満を表明した新聞もあったが、榎本にとって救いだったのは、日本政府の秘密主義のおかげで、その攻撃の矛先が榎本よりも、日本政府の秘密主義に向かったことだろう。そして、唯一の情報源だったロンドンタイムズなどの外国情報が国際的な視点で、日露交渉を評価したことも救いになったはずだ。

東京日日が紹介したロンドンタイムズ電（一八七五年九月一八日）は、この条約交渉が「榎本氏の力大き」と評価した。榎本はサハリンの日本への帰属が難しいことを知るや、日本国民を納得させるのに十分な代償（千島列島の日本へに帰属）を得て、「東方において、まさに免れざらんとする日露間の葛藤を未然に防ぎたり」というわけだ。

死ぬ間際にも破格の扱い

その後、榎本についての記事で紙面が盛り上がるのは、明治四十一（一九〇八）年一〇月に榎本が病没する時期だ。榎本は明治政府の要職を重ねた重鎮というだけではなく、江戸っ子にとっては最後まで薩長に抵抗したヒーローだった。榎本の病状が悪化した段階から、人々の話題になっていたようだ。

一〇月一〇日の『読売新聞』は「榎本子（子爵）の病状」と題した記事で、前日の榎本の体温や脈拍数などを細かく記し、読者の関心の高さを示している。その記事には「江戸趣味の榎本子」という記事が続いていて、「酒は米のスープだ」と言うのが口癖だったなど、元気だったころの榎本をなつかしむ内容になっている。『東京朝日新聞』も死ぬ前日の二五日から「榎本子逸話」と題した記事を三回にわたって連載した。榎本の江戸っ子ぶりにならったのか、読者も新聞もせっかちだったようだ。

二六日に亡くなってからは、追悼記事に加わるメディアもふえ、『都新聞』が二八日から三〇日まで「粋人としての榎本子」と題した三回の記事を載せ、『萬朝報』は二七日から二日間にわたって回顧話を載せた。訃報の連載記事というのは、いまでは考えられないが、当時としても破格の扱いだっただろう。

そうした回顧話を読んでいくと、少年時代の榎本には「餓鬼大将」（『都新聞』）「悪戯烈しく」（『萬朝報』）といった表現がついて回る。その延長線に語られているのが「銭湯の若後家」との駆け落ち騒ぎだ。

「江戸っ子の初恋」と小見出しのついた読売新聞の記事によると、榎本釜次郎（幼名）が一八歳のときに、本郷の「鶴の湯」という銭湯の番台にいた花魁上がりの若後家で評判の美人がいた。榎本は見初めて胸を燃やして恋心を抱いたのだが、同じ寺小屋に通う根岸床次郎という、人気役者板東彦三郎に生き写しの美男子がいて、若後家はその若者といい仲になってしまう。それを知った釜次郎は床次郎を切り捨てようと、天神下の木陰で待ちかまえていたが、床次郎が逃げてしまった。そこで、釜次郎は後家を引っ張り出し、しばし八王子あたりに落ちのびたという。

追悼の記事で、若気の至りを書かれては、榎本も永眠どころではなかったかもしれないが、こうした艶聞は男の勲章だったのか、『都新聞』も、この駆け落ちについて「いきな道行きを演じた」と書いている。

「酒好き」の逸話も繰り返し出てくる。「三升ぐらいは平気の平左」(『都新聞』)、「風邪をひいても薬は断じてのまず、酒のほうがはるかによいとて酒をのむ」(『読売新聞』)といった具合だ。

散歩がてらに百花園に寄って、「オイ水を出さねぇか」と、榎本がまじめに言うので水を出すと、「エイ気の利かねぇこった。水は水でも新川(酒問屋が多かった)の水だ」(『読売新聞』)。

江戸会、同朋会、碧血会など江戸っ子の集まる会に出ると、「酒はないのかい、人の家に来て酒がなくちゃ話せねえ。会費で出せなきゃ俺が買う」(『萬朝報』)。

榎本が会長をしているある会で、土方久元伯爵(元土佐藩の志士)と同席になり、鯨飲する榎本に対して土方は一滴も飲まない。「酒という楽しみがなくては生きている甲斐がないではないか」と榎本が詰問すると、「酒はわしの敵じゃ、生きて楽しもうと思うなら貴公こそ酒をやめねばならぬ」と応じたので、一時間にわたる大議論になった(『東京朝日新聞』)。

その土方が『東京日日』には、こんな追悼の談話を寄せている。「(榎本は)摂生についてはほとんど無頓着で、きわめて不規則な生活をするからそれも忠告したら、『貴公のように飯は毎日三度ずつ食うものと定めていたら、一朝事ある時に不規則な生活をするとすぐ身体が弱る。吾輩のように日常から不規則にしておれば、それに堪えることができる』と言うから、それでは吾輩の規則だった方が勝つか、貴公の不規則が勝つか試みようと言って笑ったが、やっぱり不規則な榎本の方が先へ逝ってしまった」

土方は榎本よりも三歳年上だったが、規則正しい生活のためか、榎本が七二歳で死んだのに対して、大正年間まで生きて一九一八年に八四歳で死んだ。

酒の話とともに、各紙が取り上げているエピソードが芸事の話。「碁、謡曲、端唄、都々逸、二上がり新内、何でもござれ」だったという。その芸事の多くは、五稜郭の戦いのあと、東京に護送され入牢していた時に、同じ牢にいた博徒の親分から仕込まれた。「博徒の親分がすこぶる芸人で、子爵が出獄するまでには立派な芸人に仕上がってしまった」(『読売新聞』)。しかし、『都新聞』によると、謡曲は堅苦しいので大嫌いだったと伝えている。

榎本が死んだ明治後期ともなると、東京っ子がふえて、江戸っ子が少なくなったのだろう。各紙の追悼記事からは、出世しても下町育ちを忘れない江戸っ子としての榎本像が浮かび上がってくる。

「オイ、御前(ごぜん)なんぞはぬきにして、釜さんといってくんねえ」(『都新聞』)。「御前」などと呼ばれるのを嫌った榎本の語り口に、人々は郷愁と尊敬を覚えたに違いない。

新聞は世相の鏡だから、晩年の榎本に対する世間の評価の高かったことがよくわかる。もっとも福沢諭吉の「瘠我慢の説」をなぞったような以下のような記述もある。

「維新後における子の閲歴は、その前半世に比して、更に重要なるが如くなれども、元来江戸ッ子式の武人たる子が政治家の事を為せしは大なる間違にて、別に著しき功績を見ず、全権公使の榎本君も、大臣の榎本子も、五稜郭の榎本さんには到底及ぶことあたはざりしなり」(『東京朝日新聞』一〇月二八日)。

世間の評価はなんといっても「五稜郭の榎本さん」なのである。しかし、新聞に伝えてほしかった榎本像がある。それは、日露戦争やそれを終結させたポーツマス条約について、榎本が何を思ったかという情報だ。

日露間の葛藤を未然に防いだはずの樺太・千島交換条約から三〇年後、日本はロシアと戦い、勝利したものの、多くの死傷者を出した。ポーツマス条約では、小村寿太郎を長とする日本代表は賠償金を取ることができず、樺太の半分の割譲を受け入れる。

このとき、日本のメディアは日本外交の弱腰をなじり、民衆を日比谷公園の焼き討ちへと煽っていく。榎本の最晩年だが、樺太・千島交換条約における自分と同じような立場になった小村寿太郎に対して、どんな気持ちを抱いたのか、残念ながら記録はない。

●榎本子爵薨去

子爵榎本武揚氏は發病以來久しく向島の邸に靜養中なりしが藥石効なく終に昨廿六日午後二時三十分を以て薨去せられたり、右に付特旨を以て左の御沙汰ありたり

正二位勳一等海軍中將子爵　榎本武揚

賜旭日桐花大綬章

△臨終の模樣

昨午前十時頃主治醫研精堂病院長栗本秀次郎氏來診の際は意識稍明瞭にして心臟の皷動三回を聽取したり是れ發病以來始めての徵候なりしが正午頃俄然呼吸數倍を加へて不整となり脈搏も百二十四に達し且つ胸部に疼痛を感ずるもの丶如く顏色も赤變したり去れど暫時にして稍や佳良の徵候を呈し顏色も少しく立直りしが午後一時半に至り吃逆を起し同時に咳嗽をなして嘔吐し苦痛の裡に牛乳及び水藥を含める液を吐きたる後昏睡に陷り呼吸脈搏追々微弱となりて同二時三十分に至り終に眠るが如く薨去せられたり吃逆を來してより昏睡迄僅に二三分間に過ぎざる急激の變化とて臨終の際は夫人も居合さず枕邊には長男武憲、次男春之助及び甥榎本淳の三氏看護し居たるも遺言の遑なかりし程なりとぞ

△葬儀

子爵薨去につき近親知友其他の弔問引きも切らず門內に受付所を設け車馬市をなす有樣なりき葬儀は時間未定なるも來る三十日駒込吉祥寺に於て營む事に決したり

●榎本子爵略傳

子爵は幕府の勘定役榎本圓兵衞氏の二男にして釜次郎と稱し天保七年八月廿五日を以て江戶に生る幼時昌平黌に入て英名を擧げ嘉永六年長崎に到り蘭人に就き蒸氣機關學航海學を學び後海軍操練所敎授に任じ又蘭國留學を命ぜられ同國に留まると六年偶丁抹の戰爭あるや其實況を觀察し慶應二年歸朝して軍艦乘組頭取となり尋で海軍奉行に累進す幕府大政奉還のとあるや君與羽の諸藩兵を率ゐ軍艦に乘じて函館に脫走し五稜郭に據りて官兵と兵火を交へて大義名分の下に遂に軍門に降り囹圄に在ると數年後聖恩の宏讀に浴して靑天白日の身となり明治五年開拓使四等出仕に任せられ七年一躍して海軍中將を拜命し特命全權公使として露京に派遣せられ樺太問題を解決して大に技倆を發揮せり歸朝後海軍卿に上り十四年豫備中將の籍に入る翌年淸國駐劄全權公使に任ぜられ伊藤全權大使と共に彼の天津條約を締結して偉功を奏す歸朝後遞信大臣に昇任し二十年特に子爵を賜ひて華族に列せらる後農商務大臣を兼任し又文部大臣に轉じたるも政府と意見を異にして職を辭し樞密顧問官の恩命に接す二十四年瀕南の變あるや外務大臣となりしも閣員と意見合はずして再び樞府に入る二十七年後藤伯の後を繼ぎて農商務大臣に任じ三十年遂に勇退せり　聖上陛下君の功を賞して特に大臣の待遇を賜ひ更に正二位に陞敍せられ內閣賞勳局議定官として爾來向島の邸に韜晦を送るも常に心を國家の休戚に注ぎて一日も措かざりしに遂に病魔の爲めに不歸の客となられたり

●榎本子爵官歷

明治五年正月六日監禁を解き親類の家に幽し七日特旨を以て罪を宥す○同年五月八日開拓使四等出仕被仰付○同年十月二十日敍從五位○同年一月十七日開拓使中判官に任ず○同七年一月十四日任海軍中將○同月十八日兼任特命全權公使露國公使館在勤被仰付○二月十八日敍從四位○三月五日樺太境界に付露國政府と談判の全權を委任す○同十一年二月六日敍勳二等○同十二年二月條約改正取調御用掛被仰付候事○九月兼補外務省二等出仕○十一月兼任外務大輔議定官○同十三年二月兼任海軍卿(兼議定官如故)○同十四年四月七日免兼海軍卿○五月七日皇居御造營御用掛被仰付○同十五年五月皇居御造營事務副總裁被仰付○八月○兼任特命全權公使淸國在勤被仰付皇后御造營事務副總裁被免○同十八年十二月任遞信大臣○同十九年三月敍勳一等○同年十月敍從二位○同二十年五月特旨を以て華族に被列依勳功特授子爵○同二十一年四月臨時兼任農商務大臣○同二十二年三月任文部大臣○同二十三年五月任樞密顧問官○同二十四年五月十五日威仁親王殿下露國へ被差遣に付特別隨行被仰付○同年五月任外務大臣○二十五年八月任農商務大臣○同二十七年一月二十二日任樞密顧問官○同二十九年十月敍正二位○同三十年三月依願免本官特に前官の禮遇を賜ふ○同三十二年八月後備被仰付○同三十八年十月退役○同三十九年四月三十七八年事件の功に依り金三千圓を賜ふ

●全國農事大會

全國道府縣農會を以て組織せらるゝ全國農事會は昨日より三日間赤坂溜池三會堂にて大會を催す、其第一日たる昨日は午前九時より開けり來會者は各農會の代表者を首め農商務省及農事試驗場等の吏員其他約七十名、先づ農事會長加納子爵開會の挨拶をなすや大浦農相の代理として押川農商務次官一場の告辭を朗讀す次で下岡農務局長は前例により昨年中に於ける系統農會の事業成績を演說し其進步の事實を列擧したる後、前途の施設に就て希望を述べたり斯くて群馬縣農會代表者角田喜右作氏全國農事會昨年度の會務を報告し加納會長より同會の豫算案、決算案の外文部省提出の諮問案及各農區提出の議案を報告せり其諮問案は既記の如くなるが議案は左の如し

一、[illegible]被害の實況を調査し之れが豫防法を講ぜられん事を農商務大臣に建議する件(東北區)
二、模範農會を[illegible]せられん事を政府に建議する件(四國區)
三、[illegible]豫防費を國庫支辨に移す事を其筋へ建議の件(四國區)
四、汽船中[illegible]在中の小包郵便及第五種郵便の取扱法に關し其筋へ建議する件(四國區)
五、關西の適當なる地方に[illegible]講習所の設置を其筋に建議するの件(四國區)
六、農會令中左の改正を農商務大臣に建議の件
町村農會の總會は地方の狀況により代議者を以て組織する事を得ることに改正する件(京畿區)
七、京都帝國大學に於て速に農科を設けられんことを其筋に促す件(京畿區)
八、産業組合に對しては[illegible]に印紙稅を免除せられたきことを更に其筋に建議ありたき件(京畿區、西南區、四東區)
九、産業組合法に依り設立せる購買組合には食鹽及煙草を專賣局より直接購買し得る便宜を與へられんことを政府に建議する件(京畿區)
十、産業組合法第一條第三號を左の通り改正せられんことを政府に建議する件
一、産業又は生計に必要なる物を購買して之に加工し又は加工せずして組合員に賣却する事(京畿區)
十一、農事試驗場內文部に關係部を併置せられんことを政府に建議する件(京畿區)
十二、[illegible]の引上を其筋に建議する件(京畿區)
十三、道府縣農會が農事講習其他に付本省及農事試驗場所屬官吏より支辨し可成之が請求に應ぜられんことを其筋に建議する件(西南區)
十四、地租改正に付ては同一等級賦課を採らんことを其筋に建議する件(西南區)
十五、既決事項の遂行に努力要求する件(關東區)
(備考)重なる既決事項左の如し
一、農業資金に關する件
二、國立農事試驗場に[illegible]の設を設けられん事を其筋に建議の件
三、農業教育[illegible]に於て一層農業の研究に力を盡されんことを其筋に建議の件
四、京都帝國大學に農科を設置せられんことを其筋に建議の件
五、種畜場及種牛牧場を増設せられんことを其筋に建議する件
六、[illegible]を規定として料[illegible]せられんことを其筋へ建議の件
七、耕地整理法の改正を其筋に建議の件
八、農事及び[illegible]を協力遂行するの件
十六、[illegible]を統一することを政府に要望せられんことを其筋へ建議する件(關東區)
十七、[illegible]の引上を其の筋に建議する件(關東區)
十八、[illegible]改正の件(關東區)
十九、[illegible]に關し一部改正の件(關東區)
二十、[illegible]に對する[illegible]を改正せられんことを其筋へ建議の件(關東區)
二十一、[illegible]を設けられんことを其筋に建議するの件(關東區)
二十二、農會令に[illegible]農會を加ふる件(東京府第十一號農會代議者)
二十三、會費及び納稅法を設くる件(同上)
二十四、町村農會に議員代會を設くる件(同上)
二十五、道府縣農事試驗場[illegible]農會を[illegible]の件(同上)
二十六、[illegible]組合[illegible]は[illegible]せざる如く法令を改正せらるゝ様其筋へ建議の件(同上)
二十七、東北地方交通機關の速成を政府に建議するの件(同上)
二十八、全國各農會[illegible]大會より提出せる[illegible]に關する問題を全國農事會に付議するの件(同上)
二十九、道府縣に於ける[illegible]は[illegible]の方針を採られんことを其筋へ建議するの件(同上)

此時新潟縣農會代議者上田眞平氏より緊急且重要の建議として左の案を提出す

中央農事會の活動をして一層旺盛ならしむる目的にて之が方法を講じ其實行を期する件

此案に對し甲論乙駁の結果特殊の委員を設けて調査することとなり諮問案及各種の問題に就ても亦委員を選び部を分ちて調査することとなれり其委員左の如し

諮問案委員

△東北區　石山學太郎、稲田正男△關東區　鈴木藤左衞門、福井準造△東海區　野村藤吾知、小池男△北陸區　中村友太郎、齋藤勘右衞門△京畿區　鎌保之亟、國中太郎△中國區　岡部格、岡部仁平△四國區　岡田謙、加藤鹿太郎△西南區　矢野嗣太郎、豐村猶七

建議案委員

△東北區　佐藤昇一、山田信義△關東區　角田喜右作、北原阿智之助△東海區　鈴木辰次郎、堀尾茂助△北陸區　上田眞平、坂井致綏△京畿區　鏡保之助、白崎謙兵衞△中國區　澁也富郎、千石與太郎△四國區　森莊、門田晋△西南區　熊手兵久平、森太一

[illegible]委員

△東北道　齋藤仁太郎、眞柳辰亮△關東區　角田喜右作、井田忠信△東海區　堀尾茂助、鈴木辰次郎△北陸區　百谷德兵衞、石田宗太郎△京畿區　鎌澤千四、白崎謙兵衞△中國區　三國辯介、澁生宮郎△四國區　森莊、其殺、[illegible]△西南區　角米敬特、森太一

各區提出案委員

△東北區　佐藤昇一、山田信義△關東區　北原阿智之

II 外交

「子（榎本）の江戸弁は、一生涯変らなかった。最後までべらんめい口調で、外国へ行った時、何か買い物をするのに、『まからねえか』と大声で遣（や）ったものだから、先方では間違えて、マカロニを持って来たという笑話がある。」

（岡崎春石「榎本武揚伝」より）

地球一丸化時代に生きる
【開国と国際法】

臼井隆一郎
Usui Ryuichiro

星の廻り

人は星の巡り合わせに支配される。天文学と占星術の繋がりは洋の東西を問わず、人類の歴史と共にある。日本では陰陽師安倍清明のおどろおどろしい世界に長崎を介して西洋の天文学知識が入り、暦の作定の実権は京都の陰陽師から幕府の天文方に移った。天文学は子午線の一度が地表のどれ位の距離に当たるのかを知る必要があり、地表の実測と結びつく。蝦夷地を実測してこれに貢献するのが有名な伊能忠敬。忠敬の弟子、間宮林蔵は蝦夷地のサハリンが島であることを立証し、間宮海峡を発見した。伊能忠敬の大日本沿岸輿地全図の完成に大きく貢献した榎本円兵衛武規が榎本釜次郎の父である。
幕府天文方という職掌は現代で言えば天文台長にあたり、オランダ語文献との関わりが大きいために、幕末ともなると、安政の大獄で危機に晒されたかと思うと、しかし時代の必然として、オランダ語書物の翻訳を認可する翻訳局を有し、翻訳局は蕃書調所、洋書調所と名を改めながら、日本の近代科学の受け入れ先、開成学校（東京大学の前身）へと漂着する。「開成とは、易教——繋辞にある「開物成務」から取られた言葉で、人の知らないところを開発し、人が成そうとするところを成し遂げることの意である。」（井上雅靖『牙青聯話』書籍工房早山、二〇〇八年）
天文方は地表、それも蝦夷地やサハリンの地表の歩測を活動の中心にしている関係上、江戸幕府の有する貴重なインテリジェンス活動の拠点となる。蝦夷地はこの時代、まさに世界の要衝となっていた。長崎で入手したロシアの地図を持ち帰ろうとしたシーボルトにスパイ容疑が掛けられ、国外追放されるというシーボルト事件や安政の大獄が起きる時代である。この時代に榎本釜次郎がその歴史的存在をサハリンで現すのは星の巡り合わせであった。

サハリン

赫々たる勝利のうちに対メキシコ戦争に勝利したメキシコ湾岸艦隊司令官ペリーは、今度の行く先を日本と決めた。世界はすでに情報時代に入っている。アメリカ・ペリー艦隊が日本に向かうという情報はヨーロッパに伝わり、オランダは日本に通告した。ロシアもまたこの情報をキャッチし、かねて懸案の日本と交渉に入るためにプチャーチンを立てて、日本に向かわせた。

プチャーチンの艦隊が長崎に入ったのは、ペリーの浦賀来航に遅れること、一カ月、一八五三年の七月のことである。プチャーチンは交渉をサハリンで続行することを決め、長崎を退去した。サハリンでの交渉に起用されたのが、幕末の海防係（のちの外国奉行）で、岩瀬忠震と並ぶ俊才と謳われた堀利熙である。堀は日本の将来を背負うべき若者たちを引き連れている。将来に備えて、蝦夷地の軍備や物産開発をともに考えねばならないのだ。そうした若者のなかに榎本釜次郎が加わっている。

扶桑（日本）を南望す　三千里
頭上驚きみる　北斗の高きを

船乗りは子午線と北極星を不動の天体として自己の位置を知る。ましてや天文への関心が家伝となっている釜次郎となればなおさらである。北極星を指差す北斗七星の柄杓の部分の二つめの星が中国古代で、天がそれを中心にして回転すると考えられていた回天の星、開陽である。開陽丸という、将来、日本の命運を担うことになる世界最新戦艦をみずからが率いることになるとはまだ予想もしないであろうが、釜次郎は確実にある種宿命的な星の軌道に入ったのである。

プチャーチンは堀との交渉期日に現れなかった。むなしく待つ堀と釜次郎。しかし、彼らはまさにこの瞬間に日本を囲む巨大な国際政治世界の巨大な渦の中に置かれていたのである。

プチャーチンが長崎に入港した直後、ロシアはトルコとの戦争を始めた。時代はクリミア戦争という世界史的な事態を迎えていたのである。クリミア戦争というと、どうかするとローカルな戦争を思わせ兼ねない響きがある。しかしこの戦争は空間的にも世界史的にも極めて重大な帰結をもたらす戦争であり、いわば、これから榎本武揚が生きる世界を根底的に決定する戦争でもある。

クリミア戦争はロシアとトルコが直接対峙する戦争である。しかし、トルコの背後にはイギリスがいる。ロシアの南下を怖れてのことである。アメリカ植民地の独立を許すという大失策を犯したイギリスは七つの海を支配する世界の大英帝国として、世界に獲得した植民地を失うといったことは二度と繰り返さない覚悟である（井野瀬久美恵『大英帝国という経験』講談社、二〇〇七年）。イギリスの新たな植民地政策の拠点はインドである。歴史はやがて、イギリス・ヴィクトリア女王がインド皇帝を兼ねるという化け物じみた「大英帝国」の成立に向かっているのである。そのイギリスの野望達成を阻害する要因があるとすれば、ロシアである。アフガニスタンを経由して、それどころかトルコ黒海を通過して、ギリシア神話のトロイア戦役の昔から世界の要衝であるボスポラス海峡をロシア艦隊が自由に通過することなどあってはならないことなのである。そのイギリスをさらにフランスが後押ししている。世界史的新事態である。反ナポレオン民族解放戦争で勝利を収めた後、イギリスとロシアとオーストリアは互いに協調して世界を治めてきた筈である。しかし、そのロシアとイギリスが対立し、さらにはオーストリアが中立、ないし親西欧の構えを取り始めるということは、ナポレオン以降、四〇年続いたウィーン体制が一気に崩壊することを意味している。しかも、ロシアとトルコという二大帝国の対立がそれぞれの疲弊に道を通じれば、ロシア帝国とトルコ帝国に押さえつけられていた諸民族の民族独立運動が一気に燃え上る。世界の歴史は民族国家を中心的な政治理念とする時代に移り変わろうとしているのである。

サハリンでむなしくプチャーチンを待つ堀と釜次郎はこの世界情勢を真っ正面から受けとめていたのである。プチャーチンがサハリン行くのは危険すぎた。クリミア戦争の戦線はヨーロッパから中央アジアを通って遙か北太平洋にまで伸びている。クリミア戦争最大の激戦、セバストポリの攻防が長く続き、決着を見ないのに業を煮やしたイギリスはロシアの東端を先制攻撃する奇襲作戦をとった。サハリンから目と鼻の先のペトロパブロフスクに、八月三〇日、奇襲を掛けたのである。ロシア艦隊が、絶対的な制海権を握るイギリス艦隊に対抗して、日本海を通過することができなかったのである。

イギリス艦隊は「国際法に照らして」入港許可をロシア艦隊追撃のために長崎奉行に願い出ていた。このことは留意しておかねばならない。時代はいよいよ複雑な国際政治の様相を示し、戦争が頻発する。しかし、それがどのような暴力的手段に訴えられるとしても、守られなければならない国際間の礼儀と言うべきものが固まりつつあったのである。国際法である。日本海を自由に通過はできる。「海洋の自由」という国際法のイロハである。しかし、このイロハは必ずしも日本人にとって自明ではない。日本では、「異国船打払令」が生きているのである。「異国船打払令」は国際的には通用しない。もうひとつ問題がある。ロシアとイギリスが戦争をしている最中に、長崎にイギリスの艦隊の入港を許した日本は、厳密に言えば、国際法に違反している。日本が英露の戦争に対してそのいずれにも味方しているのでなければ、日本は中立国として、その領土にそのいずれの船舶の入港も許してはならないのである。それが国際法の定めである。しかし、日本はまだそれを知らない。こまごまとした事情を書き連ねている理由は言うまでもないだろう。国民国家の時代、海上権力が国力と戦争の趨勢を決定する時代、「海洋の自由」とは何であって、国際法とはなんであるかを知らなければ国家運営などできない。そういう時代が始まろうとしているその発端に、しかも日本とロシアの国境線上というべきサハリンで、榎本釜次郎が歴史に登場したのである。

箱館

サハリンで実現しなかった交渉は箱館で行われた。約束を反故にしておいて、箱館に現れ、かつ、ロシア船にまで「親書」を取りに来いというプチャーチンに堀利煕は激怒した。何につけ激怒する堀の激怒癖はやがてこの幕末の英才の命取りとなる。ともかく、両者の言い分はかみ合わず、プチャーチンの代理人が「親書」を帯びて箱館に上陸することで妥協点が見出された。ここで上陸するのが、プチャーチンの部下の海軍少佐ポシェートである。後々、ロシアの海軍大臣となって、樺太・千島交換条約の全権大使としてペテルブルクを訪れた榎本武揚を「ハコダテのエノモト」として歓迎し、なにくれと心配してくれることになる人物である。ポシェートの言う「ハコダテのエノモト」とは、ハコダテ五稜郭戦争で知られるあの「エノモト」なのか、それとももしかしたら、ポシェートは、すでにこの時、互いに非常に若い時代に箱館で出会ったことがある「あのエノモト」であるか、想像をくすぐられるところである。

この時代、箱館は世界の注目を集める要衝であった。函館市史には、「安政二年の箱館開港」で、一八五五、五六年、箱館港に多数のイギリス、フランスの艦船が入港を繰り返したと記載されている。クリミア戦争の戦火が極東にまでひろがったためである。外国船で埋まった箱館港を想像してみる必要がある。イギリス・フランス連合艦隊がいる他に、神奈川条約に従って、アメリカ艦隊が箱館を訪れる。艦隊は薪炭を必要とするが、薪炭の供給を日本に約束させたとは言え、蝦夷地ではまだ石炭は見つかっていない。日本もない袖は振れぬ。アメリカはアメリカなりに自国の艦隊が箱館に行く以上、そこで積み込むべき石炭をみずから調達しておかねばならない。と言うことは、この石炭は中国から前もって運び込まれていなければならないのである。このアメリカ艦隊御用達の石炭を中国上海から運搬することに商機を見出すのが、ドイツのハンザ同盟都市ハンブルクやブレーメンの商船である。商船の他にはアメリカは無論、ヨーロッパ各国の国籍の捕鯨船もいる。

時代は完全に海上権力の時代に入っていることをこの時代、箱館ほど実感させる港湾はなかったであろう。しかし、同時に箱館のもつ問題点も明らかである。海防要塞が港に近すぎる。これは、箱館に限らない。日本の弱点がそこにあった。例えば江戸幕府の総本山たる江戸城も、もしペリー艦隊がその気になれば、ひとたまりもなかったであろう。

幕末の鎖国・開国を巡る議論は戦う武士の観点から見れば、真の二者択一ではない。真の択一問題は開国か鎖国ではない。開国が開城、城の明け渡しを思わせるのに対し、鎖国が思わせるのは籠城である。聞こえはいいが、援軍が到来する見込みのない籠城作戦は単なる無駄死にである。アヘン戦争情報によって国際社会が戦場であることを理解し始めた日本の武士階級にとって、この籠城・鎖国は、他からの援軍は期待できない、侍して死を待つありえない作戦である。（三谷博『ペリー来航』吉川弘文館、二〇〇三年）従って武士の前にあらわれる二者択一は、開城すなわち、門を開いて即座に城外に打って出るか、あるいは門を閉じたまま、多少時間を掛けて、おもむろに打って出るための力を養うかの間の選択でしかない。このように考える彼ら、堀や釜次郎ら若い武士にとって、喫緊の課題は世界の要衝になりつつある箱館の防衛力を強化することである。異国軍艦の大砲が一旦火を噴けば箱館奉行所もその隣の会津藩邸もひとたまりもない。堀が上申したのは、近代的洋式要塞五稜郭の建設である。この時期、榎本釜次郎は堀利熙に付き従っていたと考えられるので、釜次郎は、運命的な星の巡り合わせで、自分自身が戊辰戦争の最終段階で立て籠もることになる五稜郭がいかに軍事的好位置に立っているかをこの時から知っていたことになるのである。

堀の仕事は蝦夷地の物産開発である。堀は意識していないであろうが、ヨーロッパの国際法はいわゆる「先占理論」を正当化している。ある土地になんらかの民が狩猟、あるいは遊牧をもって、生活していたとして、常駐しているのではなく、単に時折、来ては狩猟や遊牧しているだけの土地であれば、それを所有者のいない「無主の土地」として、いわば早い者勝ちで占領して、管轄する権利があると言うのである。その意味では蝦夷地は欧米の植民意欲を誘う土地であり、と同時に、日本人のアイヌに対する接し方には目に余るものがあった。堀はこうした諸問題の是正を上申している。

この時代の海洋産業の大きな部局は、世界的に見ても捕鯨活動であり、オホーツク海と北氷洋がその主要舞台である。時代の要請は、それまでホノルルにあった、海洋商業活動の拠点を箱館に変えようとしているのである。そうした動向を見逃す堀ではない。堀利熙は江戸から中濱万次郎を呼び、捕鯨を蝦夷地に根付かせようとしている。

この時期の外国奉行は多忙である。堀利熙は次の大事業に取りかからねばならない。横浜開港である。アメリカに約束した神奈川は、東海道に近すぎる。人口五百の寒村横浜は堀利熙らの尽力の下、みらい都市横浜への歩みを始めたのである。横浜開港工事を陣頭指揮する堀を必要とする新たな事態が生じる。ドイツと言うかプロイセンというか、訳の分からない奇妙な国が友好通商条約の締結を求めてやってきたのである。聞けば、合計三六カ国を合わせた同盟体であるという。日本はたった五カ国との条約で、さんざん揉めている最中なのである。そこに三六カ国条約はない。プロイセンの公式記録『東アジア遠征記』は、堀利熙の優秀さをこと細かに記載して、絶大な信頼を寄せる記録を残しているのであるが、残念なことに、日本では堀利熙はあまり評価されることなく忘れられているようである。堀がプロイセンとの交渉中、自決して果てるからである。

開国を推し進め、条約締結を努力する堀に対して上司の安藤信正は公武合体鎖港派であった。プロイセンとの条約締結に反対する安藤に対して開国の必要を説く堀利熙は激怒して、諫死の切腹をして果てるのである。

堀という人材を早く失ったことは日本にとっても極めて残念なことである。堀は、このプロイセンという国家が、すでに高野長英によって訳された『三兵答古知幾』で知られるヨーロッパ有数の軍事大国であることを知っており、的を射た質問でプロイセン人を喜ばせた。堀の聞きたがるドイツ情報は軍制であり、新式鉄砲であった。ドイツの国民皆兵は堀を驚かせもし、うらやましがらせもした。軍備拡張は幕府外国奉行の重要案件になっていたのである。

この時代の軍備と言えば、まず海軍力整備である。幕府公儀は、オランダの薦めに応じて、オランダから教官を呼んで長崎に海軍伝習所を開設する。その監視役を仰せつかるのは、幕府公儀の重鎮、後に蝦夷嶋榎本政権の外国奉行となる永井玄蕃尚志である。釜次郎が長崎海軍伝習所に入るのは言うまでもない。

オランダという国

一八六二年六月、榎本武揚ら幕臣七名に上田寅吉ら造船技術者を加えた合計一六名がオランダに向けて出港した。釜次郎がアメリカではなく、オランダという「小国」に留学したことを遺憾に思う向きもあるかもしれない。とんでもない歴史認識である。オランダに留学したことが、榎本武揚に決定的なヨーロッパ的近代性を刻印することになったのだと筆者は考える。釜次郎が是非、獲得しなければならない国際法の習得から考えれば、オランダこそ最高の留学先である。

釜次郎が歴史に登場するのはクリミア戦争の時代であると強調してきた。クリミア戦争の終結は、パリ講和条約であり、ここでトルコが西欧国際法秩序に加入している。クリミア戦争は国民国家時代の起点でもある。国際法の一層の成熟がこの時代の一大特長なのである。そして国際法の起源にあるのはオランダ独立とウエストファーリア条約である。

オランダはかつて、超大国であったスペインからオランダの北部諸州が一致団結して築き上げた独立国である。榎本武揚がオランダで日々、呼吸したのは、イギリスの名誉革命やアメリカの独立戦争やフランス大革命に先駆けて史上最初の民主主義革命というべき独立戦争に勝利を収めた上に達成した近代市民社会の社会の空気であったが、小論で特殊な注目を与えねばならないのは、この独立戦争の過程で生まれてくる国際法の事情である。

『大地のノモス』という、「ヨーロッパ公法」の歴史的生成を記した大著の著者カール・シュミットは海上権力の時代を決する戦艦の起源をオランダ古来の捕鯨活動に求めている（『陸と海と――世界史的一考察』慈学社出版、二〇〇六年）。世界航行を可能にするのは捕鯨帆船だったのである。日本幕末の異国船と呼ばれる船の大方は捕鯨船であった。特殊な帆を備え、高速の航法を開発した巨大帆船の存在こそ、オランダの奥羽越列藩同盟、ではなくて、北部諸州が結束して、超大国スペインを打ち破って独立を実現する武力装置であった。

オランダは一五五六年以降、スペイン王フェリペ二世の圧政の下に置かれていた。オランダはウィレム公爵やエグモント伯爵を指導者に立て、反スペイン運動を展開した。エグモントがスペインのフェリペ二世から軍事的独裁権を与えられてオランダに着任したアルバ公によって処刑された後、北部諸州の反スペイン反乱は明確な独立運動へと移行した。陸地を去り、海に出たネーデルランド人は、海賊的生活を送り、「海の乞食団」と呼ばれた。海はこの乞食集団の独壇場であった。彼らには烈風吹き荒ぶ北の海が築き上げた強力な武器があった。捕鯨帆船である。

幕末に、会沢正志斎の『新論』は異国船、つまり捕鯨帆船の脅威に警告を発していたことを思い出したい。

その船の構造は漁業もでき、通商もでき、戦争も行えるようになっているから、いまは漁船・商船であっても、将来は戦艦とならない保証はない。（会沢正志斎「新論」『日本の名著二九』中央公論社、一九七四年）

会沢の観察はまったく正しい。商船と軍艦の区別はつかない。捕鯨船はたちどころに軍艦に変わる。これはオランダ独立戦争以来の伝統である。戦争は正規軍と非正規軍の区別をなくす。海賊めいたパルチザン艦隊のもつ戦闘能力が非常事態を決するのである。オラニエ公ウィレムは「海の乞食団」に、敵軍艦ばかりか敵国の商船をも拿捕できる「拿捕免許状」を交付し、新大陸メキシコから銀を持ち帰るスペインの「銀船隊」を襲撃し、多額の銀を略奪する海賊行為を多いに奨励した。中立国の船舶内の敵国の一般貨物、敵国の船舶内の中立国の貨物も没収できた。「私掠船」と呼ばれるこうした軽武装の商船は捕獲、没収によって巨利を挙げ、会社すら組織される。これは海賊行為ではないか。しかし、商業活動などというもの、本質的にドロボー行為である、と言うのが言いすぎであれば、海は古来、法的支配の行き届かない無法者の天下と言うべき領域である。こうした無法行為は、これから作られようとしている国を愛する愛国心の現れでもあるのだ。

国家の独立を果たそうと戦っている交戦団体が、民間の船に捕獲免許状を発行することも合法であった。しかし、海は本来、どの国も属さない航行自由な空間でなければならない。そうでなければ、海洋を活動舞台とするオランダやイギリスのような商業国家の存亡に関わる問題となってしまう。『海洋の自由』という国際法の基礎理念がこの時代のオランダを生き、『戦争と平和の法』を書いたフーゴー・グロチウスから生まれてくるのも理の当然であった。

ここに再度、釜次郎が歴史に登場したサハリンで、プチャーチンが来なかったという時点に立ち返って考えておきたい事例がある。英仏艦隊がロシア艦隊を追討すべく、日本近海を制圧していたのだった。その際、イギリスは長崎に入港を要請して長崎奉行所に理由をつけて出願していた。そこには、「私掠船」を認めないイギリスの立場が明記されている。つまり、オランダ独立革命の時には各国の愛国心の現れとして了解されていた「私掠船」――本来、商業活動に従事する船舶が武装して敵を襲う――を認めないという立場を表明して、日本という中立国に損害を与えないことを約束しているのである。何が本当の狙いであったのか。戦争当事者以外の国々が商船あるいは捕鯨船を利用して、ロシアの援助を行うことを認めないということである。そんな可能性を秘めた外国船舶が日本近海至る所に遊弋しているのである。アメリカの捕鯨船団だけではない。ドイツからもプロイセンやハンザ同盟都市群の船舶が遊弋しているのである。ハンザ同盟船舶グレタ号は下田で安政の大地震で転覆したディアーナ号の船員をロシアに送り届けている。これは人道的でもあり、外国奉行川路聖謨とプチャーチンとの友情と信頼の証しでもあるが、ヨーロッパの国際法から見れば、明らかな中立侵犯である。その後、グレタ号はイギリス戦艦に拿捕され、クリミア戦争の終了まで上海に抑留されたのである。

細かいことに拘ったようであるが、日本が開国するということは、こうした国際法秩序に入ることを意味しているのであり、すでに日本近海がすでに、日本の開国を必然的なものにしている事情で満ち満ちていたことを言いたいのである。

プロイセン・デンマーク戦争

ヨーロッパ文明の国際法秩序と言うと、精緻を極めた文明的秩序と思われる。しかしこの文明的秩序は、オランダ独立戦争が起点となってウエストファーリア条約に至るまでヨーロッパ全土を荒廃させた、三〇年戦争という悲惨な歴史という、文明と暴力が表裏一体に張り合わさったものなのである。

戦争と国際法の関係が一目瞭然となる例を榎本武揚はオランダ滞在中に経験している。彼はプロイセン・デンマーク戦争を観戦武官として実地に検分しているのである。今後、対オーストリア、対フランスと続くプロイセンのドイツ統一戦争の発端をなす、ひいてはプロイセンが一つの西欧列強の一翼を占めるに至る重要、かつ大規模な戦争であった。釜次郎はドイツ・ナショナリズムが丹誠込めて作り上げた精鋭軍を見たのである。ヨーロッパ有数の軍事大国、国民皆兵の強国プロイセンを単なる表敬訪問ではなく、その本質において、とはつまり、その軍事力を行使するプロイセンの姿を現実に眼にしたのである。対ナポレオン解放戦争以来、デンマーク戦争はプロイセンにとって五〇年振りの戦争であった。と、同時に国家統一を目指したナショナリズムの沸騰する戦争であった。戦争の帰趨を決めるデュッペル堡塁の攻防は難攻不落で、日本史と比較すれば、日露戦争の二〇三高地を思わせる要塞である。単に難攻不落というのではなく、この陥落にみずから爆弾を抱えて自爆攻撃で死ぬ「爆弾三勇士」のような現象が、ドイツ全土にナショナリズムを沸騰させたという意味においてである。いかなる犠牲を払ってでもこの戦争は国家のために勝たねばならぬ。そういう意味でもこの戦争はその後の国家主義の行方を思わせる戦争であった。

戦争に勝つためには軍事力に優れている必要がある。事実、この戦争を観戦した榎本武揚はその足でドイツ、エッセンのクルップ本社を訪ね、開陽丸に最新の大砲を備える手筈を整えている。しかし、戦争は武力だけでは決まらない。戦争はむやみに許される無法の暴力行為ではない。それ自体、厳しい法の拘束のうちに囲われている。ドイツがデンマークに対して戦争を起こせば、イギリスの介入を招くことは必至であった。イギリスは一八五二年のロンドン条約で、問題となっているシュレースヴィヒ・ホルシュタインの二つの公爵領に対するデンマークの領有権を認めていた。従って、イギリスがデンマークを支援する可能性は非常に高かったのである。イギリスをいかにこの戦争に介入させないで終わらせるか、はビスマルクの最も頭を悩ませた問題であった。ビスマルクはこの戦争目的をドイツ関税同盟内の国際法の遵守に絞ったのである。デンマークはドイツ関税同盟と結んだ条約を守らなければならない。それに違反しているが故の戦争なのであり、他の外国の介入を許す戦争ではない形を取ったのである。

ロシア、トルコといった世界帝国が弱体化していく世界でビスマルクのプロイセン、ナポレオン三世のフランス、ディズレーリ首相のイギリスの間に張り巡らされた複雑な国際関係の網の目の中に位置するオランダで、榎本武揚の国際政治感覚は研ぎ澄まされたに違いない。榎本武揚はこのような、戦争を拘束する国際法に習熟することの必要を体感したに違いない。榎本武揚が国際法を本格的に学び始めるのは、この戦争観戦の後である。

ハーグ大学のフレデリック教授から国際法を学んだ榎本武揚がその後、幕末の日本に開陽丸を擁して日本に帰り、日本の南北戦争とも植民地独立戦争とも言えそうな箱館戦争を、「交戦団体」として外国外交団と交渉を重ねた仔細を追う紙幅はない。フレデリック教授から寄贈されたフランス人オルトランの『海律全書』を五稜郭開城に先立って、官軍の黒田清輝の託すという「美談」も周知のこととしよう。『海律全書』が、戊辰戦争を経て、国民国家として国際社会に出帆する日本には、是非、不可欠な知識の詰まっている書物であることは間違いない。たしかに、国際法は、十九世紀の複雑化したヨーロッパ国家関係の調整を定めた国家の対外的な在り方、交際の慣行や規則、条約の性格、戦争の規則、中立の規則、戦争捕虜の取り扱い方などを記した、国際関係のあらゆる場面に、実用価値を有するものである。しかし、国際法は、単にヨーロッパ中心主義的な国際交際の行儀作法を教える便利なマニュアル本ではない。国際法が一見、そもそもヨーロッパ文明の華と言える国家とその関係を司る法体系に見えるとしても、その背後に凄惨な戦争の実体を隠し持っている。やはり一八六六年には「万国公法」の重要性を周囲に説き始めていた坂本龍馬と榎本武揚が違う部分があったとすれば、榎本武揚には万国公法の背後に控える戦争の悲惨と陰惨さの実地体験があったことである。

榎本武揚の世界

戊辰戦争以後の榎本武揚に詳しく触れる余裕はもはやない。戊辰戦争に関して一つだけ強調しておきたいことがある。ヨーロッパの政治思想の中で際限なく繰り返され、ほとんどヨーロッパの普遍的政治思想に化しているかに見える観念がある。「出エジプト(エクソドス＝脱出)」である。理想の国を求めて、桎梏の国を「脱出」するという行動パターンである。この理念は、オランダ独立革命として、アメリカ植民地へとヨーロッパを脱出する「メイフラワー号上の盟約」として、そしてそのアメリカ植民地の独立革命としてヨーロッパ近代史に決定的な刻印を与えている。アメリカの「幸福追求権」がなければ、フランス大革命の「人権宣言」はなかったであろう。

王政日新は皇国の幸福、我輩も亦希望する所なり。

戊辰戦争の最中、榎本艦隊の「北走」に際して発せられた檄文はこう始まる。榎本武揚自身がどこまで意識していたかはともかく、釜次郎の星は廻りに廻って、榎本武揚というヨーロッパ帰りの武人は、再び北を目指し、戊辰戦争という植民地独立戦争を、しかも国際的にはアメリカ南北戦争の直後に生じた日本南北戦争として、戦い抜くことになるのである。五稜郭の開城とともに戊辰戦争が終わり、日本が開国した時、近代日本は、欧米の国際政治を基盤で支える決定的な体験をみずから既に体験した知として有して、国際社会に出帆できたのである。

日本の開国は世界を海洋で結ばれた一つの球体にした。箱館、長崎、横浜、神戸、新潟五港の開港は、日本海やオホーツク海を世界市場に組み入れる端緒となり、東北アジア全域が世界市場に入り込む機縁となった。幕末維新戦争の榎本武揚は生きながらえて、日清・日露戦争を生きた。その生涯はおよそ日露戦争の国際関係の戦後処理の終了——日韓併合——と重なり合っている。日露戦争における日本の対ロシアの勝利の後、アメリカ大統領ウイルソンは日本の金子子爵にアジア・モンロー主義を採用するよう進言した。その後の日本の辿った歴史が満州建国から日中戦争を経て、ヒロシマ・ナガサキへ辿ったことを思い出せば、アジア・モンロー主義の辿った跡は歴然としている。アジア・モンロー主義の開始時とも言える第一次世界大戦後のヴェルサイユ会議に出席する日本外交団に「戦争すれば必ず鼻糞ほどの土地でも取らねばならぬ」と、微々たる領土の拡張にばかり頭を悩ます「質屋の禿頭のような考え」ばかりが目立ち、ヨーロッパ内部の、とは即、世界的な広がりをもつ政治状況に影響を与えることのできる外交政治家を欠いていることを歎いたのは北一輝（『ヴェルサイユ会議に対する最高判決』）であった。日露戦争の直後に死んだ榎本武揚がこのような国策に対してどのような態度を取ったかはすべて推論の域をでない。しかし、日露戦争の前夜に日露協会の会長を務め、日清戦争の時期にメキシコ殖民を組織実行した榎本武揚を考えるにつけ、榎本武揚には同時代の平均的な地政的感覚とは違うものがあったと感じられる。地球を一つの球体として感じる感覚である。

榎本武揚の生きた時代は、地球が一丸と化している時代でもあった。万延元（一八六〇）年に生まれた三宅雪嶺が第二次世界大戦を終えた後、日本人の「各自能力の世界への放出」について論じている。国民国家の生成と結末を見届けたとも言える雪嶺には、この歴史は、最初無数とも見えた国家の数が次第に減少してきた歴史でもある。それは「国家は人類がその進むべきを進まない間の存在であって、ある程度まで進むにおいて消滅すべき順序であることを示し」ているのではないか、と思わせる歴史である。

> 国家の区別はなお相応につづき、今ただちに国家なき時代を考うべきではないけれど、もはや人がそれぞれ自国に依存して生活するよりも、世界を一丸とした場面で活動すべき気運に臨んでいるとするのが正当であろう。（三宅雪嶺「各自能力の世界への放出について」『世界』創刊号、岩波書店、昭和二十一年一月号）

国家は人間にとって自明の存在であった。しかし、今日この自明性は失われている。日本人がある種の政治的曲がり角を意識する度に幕末・明治維新を思い出して参照するのは、そこに近代日本の起源的本質が在るという意味では当然のことである。しかし国家の意味合いは根本的に変わっている。明治国家は世界史的な流れとして、国民国家と富国強兵を至上命題としている時代の産物である。しかし現代は違う。国民国家の行き着いた先にヒロシマ・ナガサキやアウシュヴィッツで個々の人間が惨めな犠牲とされ、国家暴力装置の本性をいやになるほど味わい尽くし、歴史の終わりや、国家の終わりが語られ、ポスト・ナショナルな世界の在り方が模索されている時代である。国家が不要になったというのではない。世界が文字通り一丸となる過程の中で、経済主導のグローバリズムというガイアツが、国家と呼ばれる土地に住む国民に「新たな開国」を迫り、跳梁跋扈している。国家制度や政治家が国際化の中で生まれる新たな桎梏に苦しむ国民を守らないでいいわけがない。そのような観点から、幕末・明治維新の生んだ、いわゆる明治の元勲のとった国富民福や殖産興業、対外政策や科学技術の振興やあるいは近代化の悪の側面としての足尾銅山への対応などを並べて見た時、範となって論ずべき元勲の数はそう多くはないのである。

オランダ留学時代
――軍事科学と殖産興業――

吉岡学

はじめに

留学生の果たすべき役割は幕閣のオランダ国務大臣宛書簡に「製造中船打立方ハ勿論以序外諸術をも修業為致度尤学科之儀は各自その所志を以て夫々取極可学問諸事可然周旋頼入候」(通信全覧編集委員会編『続通信全覧』編年之部三、雄松堂出版)とあるように、軍艦建造を主眼としその他は各自に一任するというものだった。榎本も御軍艦組としての基礎である船具、砲術、運用の諸科の他、蒸気学、化学、物理学、数学等を学んでいるが、その詳細は不明な点が多い。本論では今まであまり言及されてこなかった史料を紹介し、この「暗黒時代」に僅かではあるが光を当てるとともに、明治の多岐にわたる才能の起源を探る上での一助としたい。

製鉄

留学生の会計簿「御手當並御賄帳」の「慶応四辰年正月より」に「一　四元七拾五銭　チーテマン著蒸気機書壱部、榎本分　一　拾壱元四拾銭　同人著製鐵書壱部、榎本分」(『幕末和蘭留学関係史料集成』)とある。製鉄が榎本のライフワークであることは周知のとおりで、留学時代はイギリスに赴きベッセマー鋼を見学する(別項参照)等その端緒と目されるが、具体的な文献名を示唆する史料としては唯一のものであろう。B. J. Tiedeman は開陽を建造したギップス造船所の次席技師であり、留学時代における金属学は、造船、軍事科学に供されるべき学問としての位置づけが顕著と言えよう。

地学

「本月本会へ内外各地ヨリ寄贈並買入ノ図書左ノ如シ
一　東西印度海陸紀行　和蘭レーデンノピーテル、ハンテル書舗刊行　蘭文二十九冊　榎本武揚」（『東京地学協会報告』二―七、一八八〇）

Pieter van Santen はライデンの書籍商で、津田真道などは深い親交があり、（『幕末オランダ留学生の研究』日本経済評論社、一九九〇年）ポンペの『日本における五年間』の出版社でもある。榎本がオランダから持ち帰った文献は『海律全書』以外ほとんど知られておらず意義深いが、このような地理書の購入の意図するものは何であろうか。寄贈先の東京地学協会の創設経緯は花房義質の回顧が最も明快である。

さういふ書生の集りに榎本が大將位で地學協會を興す事になつたのである元來日本の外交の初まりに樺太問題などがあるので誰も少しも外交の方に心を懸ける人は地理論が頭にあるが此樺太問題のやうなことを外交談ごしては妄りに外國人中でいへないが學問上として世間にいひ又事實を明らかにして同情を惹くには諸國とも專ら研究を主として互に論する事も出來調らべる事も出來る地學協會といふものがあるといふので是等の人も皆大底到る処で會員にもなつたのであつた。（黒瀬義門編『子爵花房義質君事略』一九一三）

このようにこの時代の地学（地理学）とは多分に政治的であり、榎本が優れた感覚を有していたことは地学協会創設という事績に明白である。それを踏まえて鑑みるに、この書にも宗主国（オランダ）と植民地（東西印度）という地政学的問題を見てとることが出来、地学者としての起源を物語っている。

海底ケーブル（atlantische telegraafkabel）

アタランチーセテリガラーフカーブル之小スチュック何卒手ニ入れ申度、榎本氏二種共所持致し居り候得共、餘りケレー子ニテ半分切リ候様出來不申（大久保利謙編著『続幕末和蘭留学関係史料集成』雄松堂出版、一九八四）

慶応二（一八六六）年一二月一六日、帰国の途についている開陽の内田から赤松にあてた買い物依頼の一節である。観戦武官において電信の威力を目の当たりにした榎本は電信機をオランダより持ち帰っているが、海底電信線をも携えていた。

泥炭ランプ

明治三（一八七〇）年の兄宛獄中書簡にて鶏卵孵化用の暖房設備の燃料として石炭油を挙げその精製法を詳細に記した後、オランダで見た泥炭ランプでも可であり、経費のかからない方を試すようにとしている。榎本の鶏卵熱はロシア時代へと続いていくが、その起源を辿ると留学時代にまで遡ることを示しており、幅広い視点をもって留学生活を送っていたことが改めて理解できる。

おわりに

帰国時化学の恩師スチュテルハイム書簡に「化学の知識たるや、各種の学問及び国民の栄を企画する上において真に欠くべからざるものなり。予は過日語り置きたる通り、帰朝の暁は之を我が国に紹介し、以て自ら日本の物質的利益の増進を計る責任を取るべし」（水田信利『黎明期の我が海軍と和蘭』雄風館書房、一九四〇）とあるのは殖産興業的思考の萌芽としてよく引用されるが、これはあくまでも海軍伝習という本義の側面である点を強調したい。榎本等は当初軍事科学としての道行きが強く、そこから関係諸学問に裾野が広がっていく過程、それがオランダ留学であったと言える。軍人としての榎本は明治十四年の海軍卿辞任により事実上終わりを告げ、以後政治家、高級官僚として歩んでいくが、その道すがらには留学で培ったさまざまな殖産的動向を見出すことが出来る。

蘭学から洋学へ

——イギリス旅行が示す学問基盤の変容——

吉岡学

オランダ到着後まもなくの赤松大三郎の書簡に「私共學術修行之事は未た掟と取極無之候得共、多分先始に和蘭語を學ひ、其後銘々志し候學術に取掛り候様可相成」（『続幕末和蘭留学関係史料集成』）とあるように、留学生達がオランダ語を基礎に据えた学習を目論んでいたことは、その留学先やそれまでの学問環境からして至極当然である。しかしヨーロッパにおけるオランダの占める位置が明らかになっていくとともに、その学習方針も変更を余儀なくされていくこととなる。榎本のイギリス旅行はこれまで積極的な評価の対象となる機会を持たなかったが、そのような観点から検討するとオランダ留学の意義を象徴する出来事であったと言える。

榎本は一八六四年九月二七日（元治元年八月二七日）オランダを発したものと思われ、一〇月七日にはロンドンの榎本より赤松に書状が届いている。一五日には赤松、内田恒次郎もイギリスへと向かい、三人は二三日に合流、一一月一日オランダに帰国している。合流以降は赤松の史料によりその足取りを掴むことが出来るが、それ以前一ケ月以上の単身イギリス滞在を物語る史料は少ない。地質学の項で述べたとおり鉱山等を精力的に回ったものと思われるが、ここではその目的を述べた史料に着目したい。出発前榎本は澤を訪れ「廿七日英國江行キ「ベシマステール」製造法ヲ「シエッフヒールド」製鐵所ニ一見シ「ライフルガン」ノ筋入装置ノ現場ヲ見ントスト、依テ先ツ「ロンドン」府ニ赴ク」（澤太郎左衛門「幕府軍艦記事」）と語っている。

「ベシマステール」とはイギリスで一八五六年発表さ

れたベッセマー法（転炉法）による鋼のことで、この法は鉄鋼の大量生産を可能とする革新技術であったため各国は競って導入した。鉄鋼の町シェフィールドには一八六四年当時発明者H. Bessemerの工場の二基を含め計五基のベッセマー炉があり、日本人の視察としては極めて初期に属しよう。「ライフルガンノ筋入装置」は小銃に螺旋（ライフリング）を施す機械のことで、赤松、内田はアームストロング社を訪れているが、榎本の行き先も同一であろうか。

この史料は単なる見学の記録ではなく、「見ントス」という意思が込められている点がポイントである。続々と輸入される製鉄書により、造船、火砲等の鉄の大量需要に答える技術基盤として認識され、イギリス視察へと及んだのであろう。ライフワークとなっていく鉄との積極的な関わりを示す最も古い史料である。そして何よりこのような製鉄、銃火器という御軍艦組の本分であるべき領域がオランダ（蘭学）では賄いきれないことの体現として理解されよう。

フランス革命、ナポレオン戦争を通してオランダの国力は衰退の一途を辿り、一八一四年オランダ国王自ら自国を「フランスに対するヨーロッパの城壁にして大陸におけるイギリスの歩哨」（小暮実徳「幕末オランダ対日外交政策に関する諸前提」『洋学』六、一九九七）と定義したように、ウイーン体制以降におけるオランダの立場はイギリスに大きく依存するものであった。そのような蘭から英への傾斜は、留学生にとって主に軍事科学の技術的問題点から実感をもって理解される事柄であった。榎本はイギリス旅行の半年前米書よりの抄訳『装鉄船略記』を著したが、付言で「蘭書には装鉄艦の記事が少ないので、誇張が多いが米書を訳す。英書の記述は詳細なのでいずれ訳して続編としたい」と述べており、赤松の回想はこのような状況を端的に物語っている。

此の時海の王國和蘭の権威は稍々衰へて、新興の英國が海上を支配すべき気運が現はれ、造船学に関する著述の如きも、和蘭のよりは英國のそれのほうが良いものが多かつたから、予は後来専ぱら英書に依つて勉強したそれが為め英語もぼつぼつ勉強し、先づ読むのには差支ないまでになつた（中略）その頃英國では既に鐵船の建造が盛んになりつゝあつたが、和蘭では予がアムステルダムに往つた頃からぽつぽつと鐵船の建造に着手した。和蘭はあんな土地で鐵の産出が少ないので、その材料は皆英國から来た。海権が蘭から英に移つてゆく有様は、この一事でも予にはよくそれと讀まれた。」（「欧式海軍創設時代の追億」下『同方会誌』七八）

なおイギリス旅行には同行者がいたようだ。赤松「御用向草稿」中のイギリス旅行の会計簿に「廿三日榎本并クーフルデン来ル、書飯之代」とあり、この人物については観戦武官のおりの写真にその名を見出すことが出来る。観戦時のもう一人の同行者ホッツはハーグの製鉄所経営者なので、クーフルデンも製鉄関係者であろうか。合流後はウーリッチ、ビクトリアドック、大英博物館、ケンジントンミュージアム、水晶宮、シェフィールド等を見て回ったが、榎本は路銀が足りなくなり内田に立て替えてもらう一幕もあり、イギリス視察はよほど綿密に行ったようだ。また『赤松則良半生談』に「私はドルトに居つた時榎本と共に一箇月許英国旅行をしたことがあつた。此時は和蘭海軍卿カッテンデーキなどから紹介状を貰つて先づ倫敦へ行つた。榎本は日本に居る頃から英語を習つて十分に話せたし、私も兎に角日用の足りるだけには出来て居つた。（中略）シェッフィールドやリヴァプール等をも巡遊したが、主として見学したのは造船所、機関等の機械工場や鉱山等であつた。」とあるように、今一度イギリスへ赴いているようだが、その正確な時期は判然としない。

以上見てきたように、イギリス旅行は蘭学、即ちオランダ語を介在しての西洋文化の導入が終焉し、洋学（英語、独語等）へと移行する過程を象徴している。そしてこのことは技術的な問題に止まらず、最終的には欧州情勢の中で政治的に理解されるが、この後見せる優れた国際感覚は榎本がこのことに十全たる理解を示していたことを表している。

初めて日本を「対等な交渉者」に

【樺太・千島交換条約の舞台裏】

下斗米伸夫
Shimotomai Nobuo

はじめに

三世紀以上にわたる歴史をもつ日ロ間の隣国関係は、日本の対外関係のなかでももっとも古い部類に属する。ロシアにおける日本学が世界のそれの中で最古の歴史を誇ることはよく知られているが、日本も十八世紀末までに脅威論を含めたロシア論が盛んとなり、北の隣国ロシアの進出を注視してきた。

特に田沼意次時代までに幕府や東北地方を中心にこのような認識が醸成された。工藤平助や林子平など主として民間知識人のあいだでこのような北方、当時の表現で「赤蝦夷」とよばれたロシアへの新たな関心が高まり、幕府もまた蝦夷地への注目を強めた。なかでもそのような関心の対象地域は、樺太＝サハリンと千島列島とであって、これらをめぐって江戸幕府等、当時の日本とロシアとの新たな接点となった。

それでもこの地域は日ロ間の係争地となった。この地域をどうよぶか自体がすでに問題である。樺太は、カラトとか、カラトシマ、とよばれていた。十八世紀末、田沼時代（天明六〈一七八六〉年）に派遣された庵原弥六宣方や大石逸平らの探検隊は、ソウヤをへて当時の表現で「西蝦夷」、つまり樺太探検を試みた。[1] 彼らの探索した結果は『蝦夷拾遺』にまとめられたが、幕府、特に松平定信はこのような先駆的事業を無視し、その後は北方への関心も十分展開することもなかった。[2] 地理学者三木理史によれば、一八〇四年に近藤重蔵が書いた「今所考定分界之図」では、半島の「カラフト」と、島となっている「サカリン」とを区別して描いている。これは十九世紀初頭段階の情報では、樺太＝サハリンが島であることが知られてなかったことからくる誤解である。ちなみにサハリンという呼称は満州族が使ってきた言葉であって、事実最初にこの地の住民が朝貢関係を持っていたのは満族の政権であった[3]。

同時にこれらの地をめぐって紛争も生じた。なかでもレザノフの通商使節は日本との貿易関係を開く使命が与えられ、またサハリンの調査も目的としていたが、これが不首尾に終わると、一八〇六―七年にはフヴォストフらによる非公式な軍事衝突事件にまで発展していった。このこともあって江戸幕府は、とくに樺太＝サハリン調査を松田伝一郎や間宮林蔵に命じた。彼らはその結果を一八〇九年前後に報告し、この結果として樺太＝サハリンが半島ではなく、島であることが、一八三二年に彼らの事績を紹介したシーボルトによって世界的にも知られるようになったことはよく知られている。

ロシア側でもこの地への進出は古い歴史を有している。もっともこの地域についての権威ある著作を書いた秋月俊幸の研究では、日本人よりロシア人が早く発見し、交易したと言う説は疑わしいという[4]。こうした中で先に述べた露米会社のフヴォストフ、ダヴィドフらが当局の許可無しに千島・カラフトを一八〇六年から翌年にかけて探検、エトロフから利尻までの日本人居住地を襲撃した。これに対して江戸幕府は蝦夷地全般を松前藩から上地し幕府直轄とした。東北諸藩の藩兵が派遣され、樺太＝サハリンをあらたに「北蝦夷」とよぶようになった[5]。

もっともロシア側の、しかも当局の許可無しにおこなわれた活動が失敗に終わり、また日本側が兵力を増強したこともあって、日本にとっての脅威観は減少した。一八一四年までに兵力を削減、日ロはこの地での平和共存とでも言った状況を維持したのである[6]。これらの危機に対応するために徳川幕府が文化四（一八〇七）年以降とった蝦夷地開発のための直轄支配体制は、危機が去ったために終焉し、一八二一年にはもとの松前藩による樺太＝サハリンとの交流が復活した。

その後一八五五年の下田条約でもって、この地が日露雑居の地として定められた[7]。こうしてこの地をめぐる両国関係の定礎は、ともに国内的大変動の中で生じたことが特徴である。

本稿では、その後このような状況が樺太＝サハリンが千島列島と交換された一八七五年のサンクトペテルブルク条約に至る過程、その交渉に限定して考える。これらの問題については、日本では古くは沼田市郎、最近は安岡昭男、秋月俊幸、もっとも新しくは麓慎一らの研究がある。[8] ロシアでもサハリン在住の歴史家ヴィソーコフがソ連崩壊後あたらしい角度からサハリン史をものし、[9] また『外務省二〇〇年史』といった労作の中に新しい研究成果が取り入れられている。[10] 中でも、改革を求めて東との関係改善にうごいた宰相・外相ゴルチャコフ（Aleksandr Mikhailovich Gorchakov, 1798-1883）外交に対するあたらしい態度が注目される。

日本に対面するロシア

この樺太＝千島交換条約が、旧幕臣であった外交官榎本武揚と、ロシア外相A・ゴルチャコフとによって交渉、そして調印されたことはよく知られている。[11] ゴルチャコフは宰相でもあった。この二人に共通していることは、双方とも自ら仕えた旧体制の挫折を味わったことだ。榎本と対峙したのはロシアのゴルチャコフであった。

ロシアは一八五六年のクリミヤ戦争での敗北で、ヨーロッパ列強との戦いに敗れ、国内改革を強いられることになった。このこともあってアレクサンドル二世は一八五六年にだした「パリ講和以降のロシア情勢について」の中で、ロシア外交は厳密に国益重視で行くべきことを訴えていた。ちなみにこの点で詳しいのは二〇〇二年にロシア外務省二〇〇年を記念して作られた『ロシア外務省史』である（第一巻、三五二）。クリミヤ戦争後のロシアが農奴改革など改革を成功させるためには長期の平和が必要とされた。[12]

しかしこのことはロシアによる極東での行動の制約要因にはならなかった。むしろクリミヤ戦争後立場が弱くなったヨーロッパとの関係を補完する意味でも、対アジア外交はいっそう促進された。

こうして下田条約を結んだプチャーチン提督は、はやくも一八五八年には愛琿条約を結ぶことになった。そしてその結果、沿海州、サハリンはロシアと清国との共有となった。そして二年後の六〇年には北京条約を清国と結んだが、これによって沿海州を自国領とした。こうしたことの結果、樺太＝サハリンの関係の問題は、日ロ間の新しい争点として浮上した。

この国内改革という目的を遂行するため一八五六年八月外務大臣に任命されたのはアレクサンドル・ゴルチャコフであった。一八一七年以来三八年におよんだ外務省在任中は主としてヨーロッパ問題が主任務であったが、彼の大臣としての外交は「リベラル改革」志向であった。同時に彼の外交は外相就任後の回状で示されたが、以後ヨーロッパ方面での活動を当面自粛し、「国内政治に基本的注意を向ける」ことであった。「ロシアは怒っていると言われる。ロシアは怒ってない(ne serdit, cya)。ロシアは一貫する[13](sosredotochitsya)。」もっとも国内問題での彼の立場は無条件の農奴解放ではなく、購入を通じてとされたようにあくまで外交官の枠内のそれであった。

ゴルチャコフによる国際政策の特徴は、ヨーロッパ方面にはバランス・オブ・パワーを志向しながら、他方中央アジア、極東、そしてアメリカといった、以前は関心が薄かった地域への関与を深めたことであった。そして彼の対日政策重視の姿勢が、彼と榎本武揚との接点を作らせることになる。

言うまでもなく、ロシアは米国とともに日本に最も早く開国を迫った国であった。米国がこのアジア極東に進出していることはロシアの指導部にとっても悩みの種であったからである。実際一八五三年には米国のペリーの訪問直後にプチャーチンが江戸幕府に開国を要請した。もっともペリーは砲艦外交で迫ったが、ロシアが下田において文明的態度で迫ったのは、その半世紀前の北方領域をめぐる交渉が文明的でなかったことへの一応の反省もあったのだろう。なかでも十九世紀初めのフヴォストフらによるエトロフ襲撃などといった威嚇外交は、帝国の意志ではなく、あくまで露米会社員である彼らの独自の判断で行った。けれどもこのことはロシアに対する幕府の警戒を高めただけであった。もっともゴルチャコフ自身の外交は五〇年代末からであって、一八五五年一月の下田条約には直接関わっていない。

この下田条約は周知のように、日ロの国境をウルップ島とエトロフとの間に置いた。サハリン(樺太)の帰属は解決されなることなく「カラフトにいたりては、日本国と露西亜国の間において界を分かたず。これまで仕来之通たるべし」と定められた[14]。

一八六八年前後、つまり明治維新の時であるが、ロシア外務省はアジアを中心とする大使館、領事館の設置に着手し、ゴルチャコフは一八七〇年三月に日本の領事部を置くことを建議している。日本に進出した英国、オランダ、米国にならって貿易関係を深める目的であった。それでも日ロ貿易の規模はそれほど大きくはなかった。

ツァーリ・アレクサンドル二世(一八一八―一八八一)のアジア外交は、シベリヤ極東の開発と不可分であった。アムールやシベリヤの委員会が必要に応じて開かれ、外交と内政を担当した。アムール委員会が日本と中国との外交をも担当した。米国などの北太平洋への進出はロシアにとっても重要であって、このことがロシアによるサハリン領有への刺激となった。

このころからロシアの軍哨所が一八五六年海軍大尉のニコライ・チハチョフの指揮下で作られ、ロシア人居住の契機となった。六七年には歩兵二個中隊が上陸、軍哨所がさらに建設される[15]。

こうして日米露の間の関係は、北太平洋における国際関係への重要な柱となった。ロシアがこうして樺太=サハリン領有への意図を強めたのが、一八五九年八月のシベリヤ総督ムラビョフによる日本訪問への目的の背景であった。彼は七隻の軍艦を率いて浦賀に寄ったのである。とりわけサハリン全島の確保は難しいとしても石炭がある北西部の確保のため、ムラビョフは行動の自由が与えられた。石炭はロシアがこの地で開発したい資源であった。しかしかれのサハリン譲渡への要求は、日本側によって拒否された[16]。ロシアによる沿海州領有をきめた北京条約締結は、樺太=サハリンへのロシア政府の関心と勢いをさらに強めた。

一八六二年に江戸幕府は訪欧中の竹内下野守に命じてロシアに使節団を送った。樺太=サハリンでの境界画定も命じられた。他方日本側は北緯五〇度への領有を主張、他方ロシア側は当初全サハリンを主張したものの、その後四八度線までは妥協した。この時は日本側が譲らず合意は出来なかった。こうしてその後も両国間に対立が残った。

一八六六年小出大和守が第二回国境確定使節を率いてロシアを訪問した[17]。ここでもロシア側の全樺太=サハリン領有論からまとまらず、結局従前通りの暫定的な規則を作って帰国した。この時は、ロシアから言わせれば日本の内戦であったが、にもかかわらずゴルチャコフの観察によれば、「日本人は樺太=サハリンでの我々の活動にめざとく監視し、我らがアイヌに対する影響で揺さぶろうと言う場合を見逃さない」のであった[18]。

この後一八六九年ロシア側はサハリンを徒刑と流刑の地と定めた。約三―四万人の政治犯や刑事犯がこの地に追放されていた[19]。刑期を終わった人々は農業入植を始めた。ロシアが領有を欲したのは、戦略的に重要な宗谷海峡を確保するためであったが、このために日ロ関係を悪化することは考えてなかった[20]。

日本側の事情

他方明治となってからは、新政府は北方問題も重視、北辺開拓に着手した。この間樺太＝サハリンをめぐって日露関係は緊張した。もっとも榎本らの五稜郭占領などでこの問題は後回しとなった。[21] 榎本がこの後に問題を解決したことを考えるとやや皮肉な展開である。榎本が降伏した一九六九年五月新政権による蝦夷地開拓が本決まりとなる。一八七〇年三月にはカラフト開拓使が制定され、その黒田清隆が次官となった。

この背景には麓慎一らが指摘しているように明治初期にロシアの樺太進出に対する政権内部での認識の差異やこれに起因する対立があった。特に一八六九（明治二）年七月岡本堅輔が、明治政府にこの地域での危機的状況を報告したことに始まる。ロシア側がコルサコフ哨所を設置、「樺太南下行動を展開する」ことにはじまった。

外務省が設置され、初代外務卿となったのは寺島外務大輔であったが、すでに慶応四（一八六八）年三月には岩倉具視、三条実美レベルをふくめ新政権が蝦夷開発問題を議論していた。おおむね北緯五〇度を持って国境線とすることが決まった。明治新政府周辺には、岩倉具視、鍋島直正（開拓使長官）、外務卿の澤宣嘉らの対ロシア強硬派と、大蔵省の伊藤博文、大隈など樺太放棄論とが交錯した。さらには、樺太放棄論を説く英国公使パークスの存在も関係していた。開拓次官となる黒田清隆は「力を無用の地に労せず」といって放棄論に傾いた。[22] 後者には、ロシアが北海道にまで脅威が拡大するという情報すらあった。[23] このこともあって、麓は政府が北海道分割分領をすすめ、北海道や択捉など千島に大藩を貼り付け防衛体制を強化したと指摘している。こうした中、択捉島の防衛には、高知、仙台、佐賀、彦根藩といった雄藩が任命された。[24]

この文脈の中で政府は岡本を樺太判官に、そして丸山作楽や谷元道之らを極東に派遣した。同三年四月に帰国した彼らは強硬策を提言、これに基づいて新たに樺太開拓使を設置した。また黒田清隆を開拓次官にして樺太開拓に専念させることにした。もっとも現地の強硬策と比較して、ロシア政府中央はやや穏健策を模索していたのである。

こうして明治政府は、「カラフト国境画定のことは国家の大緊要の事件」との認識から、とくにこの問題を重視、外交交渉を始めることにした。また特に米国政府の仲介を依頼した。同時に明治三（一八七〇）年一一月にはたまたま訪日したロシア外交官ビュツォフとの間で明治期になって最初の直接交渉が行われた。

明治五（一八七二）年四月にはビュツォフは駐日代理公使の資格で来日、外務卿副島種臣との間で交渉が行われた。[25]

交渉は難儀し、ついには樺太＝サハリンの売却問題にまで発展した。このことにはアメリカがアラスカを買収したという一八六七年の先例もあり、事実アメリカ総領事は日本に同様の措置を執ることを勧告していた。[26] 日本側が二〇〇万円での購入を申し出たときロシア側は本国に照会すると逃げた。この返答は翌年に届いたが、ロシア側は、罪人流刑地として必要であるとしてこれを拒否した。このため、副島は、ロシアが樺太＝サハリンを領有し、日本にはこれにかわる土地を提供するという話し合いとなったが、この段階で副島が清国全権大使となって話は中断した。[27]

その後ビュッォフらと寺島外務卿との間に二度話し合いがもたれたが、明治七（一八七四）年一月二一日になってウラロフスキー代理公使との話し合いの中で、ロシア側は「クリュー島の利益あることを開陳」し、千島と樺太＝サハリンとの交換というアイデアを提示した。ウラロフスキーはいかに千島に漁業利益があるかをしきりに説いている。もっともこの地にはロシア人だけでなく、米国人もいるため、そしてそれまでに日本人が航海に慣れるため二〇年後に条約とするという考えを示した。[28] こうして日本は、ロシア側の樺太＝サハリン領有への強い意図をかぎ取って、しだいに千島との交換という回路へと導かれることになった。

ちなみにこの樺太＝サハリンと千島の交換という興味深いテーマについてのロシア側歴史家の記述は全く不十分である。愛国的な立場のセンチェンコは「戦闘的なサムライたちが、南でも北でもすべて新しい捕獲物を要求した」として、そのなかにロシア人が開発した千島との交換を上げている。豊かな千島をツァーリの官僚は、ロシアのヨーロッパでの不利な条件を利用して国境線画定で有利な取引を行い、条約を結んだと言っている。しかしこの条約交渉自体には全くふれず、またロシア側の提案であったことも書いていない。[29] より客観的な記述で知られるヴィソーコフらもこの点ではほとんどふれることがないのは残念である。[30]

榎本武揚とゴルチャコフ

他方榎本のロシア問題への関与は、国内政治の産物でもあった。周知のように榎本武揚は旧幕府の海軍副総裁から、一時は薩長の官軍に抵抗する蝦夷島（共和国）総裁（大統領）になった人物であって、一時は死刑判決を受けながら、官軍の黒田清隆の計らいで救命された。[31] 留学経験があり当時は科学者でもあった。また海軍の研修で国際法をオランダで学んだことは彼の強みでもあった。

明治六(一八七三)年、大久保利通ら明治政府は西郷らの征韓論を退け、かわって樺太問題の解決を急ぐことになった。もっとも征韓論はないとしても日本として軍事経済上、対馬海峡は確保したい。このためには樺太を譲ってもやむをえないという考えであった。北方領域の問題は、日本近現代史ではつねに朝鮮半島問題とからんでいた。樺太＝サハリン問題にかんする歴史家、秋月俊幸によれば、実際には日ロの雑居体制はうまく機能することなく、国境問題の談判をする前に、「サハリン島は事実上すでに放棄されつつあった」のである。(32)

こうして大久保派の腹心、黒田清隆らが働きかけ、樺太放棄の秘密方針が、対ロ特使派遣方針ともども決まったのは一二月末日であった。このことを『榎本武揚伝』の井黒弥太郎は指摘している。(33)黒田が大久保に開拓使として蘇った榎本武揚をさらに外交官として推挙したのであった。翌七(一八七四)年一月八日、榎本武揚はこの大使職としての役割を承諾した。

すでにこの頃、寺島外相とロシアの臨時代理公使との間には、樺太＝サハリンと千島とを交換することが事実上は約束されていた。もっとも樺太のどこまでを譲るかはまだ決まってはいなかった。樺太を放棄することは、井黒によればパークス公使等英国の発想だとしている。(34)明治七年三月五日、明治天皇は勅命の条款で、樺太と「ウルップ」以北の「キュリル」諸島とを交換すべきことという極秘文書を榎本に与えた。(35)こうして榎本は訪ロした。日本案には、全千島を得るという案と中部千島までという二案があった。

こうして六月一八日、榎本は首都でアレクサンドル二世に初めて謁見した。八月、榎本は外務省アジア局次長に会い交渉を始めた。本格的交渉は一一月一四日にストレモーホフとの間で始まった。日本側外交文書では早速榎本は、この問題が国境談判の問題、「ソベレンティ(国権上)」の問題であると迫った。(36)

榎本は、サンクトではプチャーチン提督、おなじく下田条約にも関係したポシェット中佐など知日派外交官と関係した。かれらも対日関係改善に積極的であった。またロシアが善隣宥和策をとっている英国も支持していた。

こうしたなか明治八(一八七五)年一月に次の第二回交渉が開かれた。

榎本は境界設定が難しいと見て、代物を求めた。当初はウルップ周辺の島と軍艦であった。ストレモーホフは、中部千島を提供しようとした。しかしこれはうまくいかなかった。同三月には、榎本は代物として全千島を要求した。交渉は核心に入った。

若干の経緯があって三月一八日、ストレモーホフが日本の領土要求を受諾する旨提案された。バルカン情勢の緊迫、中央アジアでの英ロ関係が緊迫したことが日本側に有利に働いた。(37)

こうして明治八（一八七五）年五月七日、ゴルチャコフ宰相兼外相は榎本との「樺太＝千島交換条約」、別名サンクトペテルブルグ条約に調印した。ほとんど七〇年間にわたった日ロ間でのサハリン問題に決着がついたことは、両国の領土関係に四〇年間の静寂を与えた。

もっともこの条約は日本で無条件に支持されたのではなかった。一部ではこの樺太放棄論への批判があった。(38)それでも海外での反応はおおむね好意的であった。

おわりに

けれども日本でのロシアへの脅威感は完全にはぬぐわれなかった。大津事件などその後の日ロ間で起きた、この地をめぐる紛争は周知のとおりである。一九〇四―五年の日露戦争に際し、日本は南樺太に侵入、八月のポーツマス条約でこれを得た。一九〇七―一四年の日ロ協商期は、それでもこの地をめぐる紛争は起きなかったが、一九一七年のロシア革命に際しては日本はシベリヤ出兵を行い、これから手を引いたのは一九二四年であった。

昭和九（一九三四）年、日本が満州事変を起こすことでスターリンの対日警戒心を高めたとき、ソ連側は日本にかんする出版物を出した。この『ヤポニヤ（日本）』の中で、ゴルシェーニンは日本の植民地について書いている。そこで彼は樺太を南サハリンと同値し、ロシアに属していた、そして日露戦争の敗北によって日本側にうつった、と書いている。（もちろん、樺太千島交換条約が一種の不平等条約であったと書くようなことは一切しなかった。(39)）昭和十六（一九四一）年一二月、ということは日本の真珠湾攻撃の直後であるが、ソ連外務次官ロゾフスキーは、日ソ中立条約があり日ソが戦うことはないが、にもかかわらず、日本の敗北は不可避であり、その際は宗谷海峡などの自由航行のために国境線を変更することをもとめる提案をスターリンなど最高指導部に送った。(40)

考えれば、この条約は日本政府が初めて独自に列強政府と対等の立場で交渉し成功した初めての条約であった。ロシアが、トルコ、そして英国と対立していたという状況がこのような成果をもたらした。同じ近代化を歩むロシアと日本は、対等な交渉者という新しい役割設定を享受したことが成功に繋がった。日本の経済力からしても、北海道開発以上の余力を有してなかった。

その意味では千島列島は平和裏に日本が得た固有の土地と言うことになってくる。もっともその後の変遷の中で、一九五一年サンフランシスコ条約によって日本はこの土地を放棄した。もっとも放棄しただけであって、ソ連がこれを国際法的にも得たと理解することは出来ない。この事情は厳密に言うなら今日に至るまで存在している。歴史地理学の立場から『国境の植民地・樺太』を書いた三木理史は、現在の日本の地図帳に「樺太」をめぐって日本の国境線として、二本の線が、つまり北緯五〇度と、さらに宗谷海峡との間にと、二本の線が依然として引かれている「不可解」を指摘している。もちろん五〇度以南に別個の国家があるわけはない。日ロ間に平和条約がないこともあってこうした不可解さが生じてきたのである。[41]

その千島列島とは何か、まだ日ロ間では定まった国際法的見解は存在していない。もちろん実際には、九八年一月には在ハバロフスク日本国総領事館サハリン出張駐在官事務所が設置され、この段階で日本はサハリンへの一切の領土的要求がないことを示した。さらには〇一年にユジノサハリンスクに日本国総領事館が開かれ、もはや係争の地ではなくロシア側の土地であることを確認した。それでも平和条約でそのことを最終的に確認する必要がある。ここに日ロは平和条約を結ぶべき必然性が存在している。同時に、樺太＝サハリン放棄論は、日本で征韓論との表裏の関係でもあった。北方地域での安全を論じることは、実は朝鮮半島との平和を論じることでもあることに、明治初年と同じ認識を持つことに思いをいたしたい。

注

（1）照井荘助『天明蝦夷探検始末記——田沼意次と悲運の探検家たち』影書房、二〇〇一年、一五九頁。
（2）同書、一五八頁。
（3）同書、一八頁。
（4）秋月俊幸『日露関係とサハリン島——幕末明治初年の領土問題』筑摩書房、一九九四年、一九頁。
（5）同書、四八頁。
（6）M・S・ヴィソーコフ、板橋政樹訳『サハリンの歴史』北海道撮影社、一九九九年、九四—五頁。
（7）秋月俊幸『日露関係とサハリン島——幕末明治初年の領土問題』筑摩書房、一九九四年、一一七頁。
（8）麓慎一「維新政府の北方政策」（『歴史学研究』七二五号、一九九九年、一五頁）。秋月俊幸『日露関係とサハリン島——幕末明治初年の領土問題』筑摩書房、一九九四年。長瀬隆『日露領土紛争の根源』、草思社、二〇〇三年。沼田市郎『日露外交史』大阪屋号書店、一九四三年、四八頁。とくに秋月、安岡の仕事が現在の水準である。秋月は日ロ雑居時代を明らかにしているが、これは領土問題解決にも示唆となろう。

（9）M・S・ヴィソーコフ、板橋政樹訳『サハリンの歴史』北海道撮影社、一九九九年。Mikhail Vysokov, *A brief History of Sakhalin and the Kurils*, Sakhalin, 1896;Mikhail Vysokov, *Sakhalin Region*, Yuzhno Sakhalinsk, 1998. なお、このような態度とは別な観点は、ソ連時代からの歴史家、ポレヴォイ、I・センチェンコ氏らによって今でも提供されている。つまりロシア人たちは最初にサハリン島を発見、居住していたという説である。ロシア与党『統一ロシア』による『我がロシア』シリーズから刊行されているこの『サハリンと千島――獲得と発展の歴史』二〇〇六年では、この点で露米会社のダヴィドフ、フヴォストフの一八〇六年から翌年の千島・樺太への襲撃を「愛国的」行動であると高く評価し、ロシアの樺太領有が古くからのものであるという論証として引用している（四九頁）。間宮の発見がシーボルトによって発見されたのも、一八五九―六二年再訪と十九世紀末の出版まで知られず、フヴォストフ、ダヴィドフらの発見よりずっとあとである、といっている。つまり間宮の発見は知られておらず、ダヴィイドフらがこの発見の最初の貢献といいたいのである。このような見解が間違っていることについては秋月（一九九四年、三二頁）。ヴィソーコフは、フヴォストフがサハリンで襲撃したのは日本人居住地であり、これをロシアの領有といったと言っている(Mikhail Vysokov, *Sakhalin Region*, 1998,p.25.)。

（10）M・S・ヴィソーコフ、板橋政樹訳『サハリンの歴史』北海道撮影社、一九九九年。

（11）井黒弥太郎『榎本武揚』みやま書房、一九六八年。

（12）*Ocherki istorii Ministerstva inostrannykh del Rossii*, t. 3,114-133. 外相職は一八五六年から八二年まで。なお、この点最新の平凡社百科事典や、『ロシアを知る事典』などがゴルチャコフの宰相としての経歴を書いていない。

（13）*Ocherki istorii Ministerstva inostrannykh del Rossii*, t. 3,121.

（14）沼田市郎『日露外交史』大阪屋号書店、一九四三年、四八頁。

（15）M・S・ヴィソーコフ、板橋政樹訳『サハリンの歴史』北海道撮影社、一九九九年、一〇六頁。

（16）同書、一〇六頁。

（17）沼田市郎『日露外交史』大阪屋号書店、一九四三年、四九頁。

（18）*Ocherki istorii Ministerstva inostrannykh del Rossii*, t. 1,2002,377.

（19）M・S・ヴィソーコフ、板橋政樹訳『サハリンの歴史』北海道撮影社、一九九九年、一〇九頁。

（20）秋月俊幸『日露関係とサハリン島――幕末明治初年の領土問題』筑摩書房、一九九四年、二二八頁。

（21）麓慎一「維新政府の北方政策」（『歴史学研究』七二五号、一九九九年、一五頁）。

（22）沼田市郎『日露外交史』大阪屋号書店、一九四三年、六六頁

（23）麓慎一「維新政府の北方政策」（『歴史学研究』七二五号、一九九九年、一六頁）。

（24）同論文、二一頁。

（25）秋月俊幸『日露関係とサハリン島――幕末明治初年の領土問題』筑摩書房、一九九四年、二〇二頁。沼田市郎『日露外交史』大阪屋号書店、一九四三年、六六頁。

（26）*Istoriya yaponii, 1868-1998, uchebnoe posobie*, t. 2., 1998,135.

（27）秋月俊幸『日露関係とサハリン島――幕末明治初年の領土問題』筑摩書房、一九九四年、二〇二頁。沼田市郎『日露外交史』大阪屋号書店、一九四三年、六七―八頁。

（28）沼田市郎『日露外交史』大阪屋号書店、一九四三年、六九頁。

（29）I. A. Senchenko, *Sakhalin I Kurily-istoriya osvoeniya I razbikiya*M., 2006,333.341. もっとも先に引用した『日本史』では、バルカンの危機によってゴルチャコフは日ロ間の国境問題解決を急いだ、と考えている（注（24）参照）。

（30）Mikhail Vysokov, *A Brief History of Sakhalin and the Kurils*, 1996, p. 52. でヴィソーコフは、ロシアのサハリンへの軍事進出で日本が外交的に追い詰められて一八七五年条約となったと書いているが、千島との交換を主張したのがロシア側であることを含め、具体的過程はふれてない。

（31）井黒によれば、共和国という表現をしたのは当時の外国の論者であって榎本武揚本人は使っていない。後に竹越与三郎や木村毅によって共和国とされた（井黒弥太郎『榎本武揚』新人物往来社、一九七五年、四六頁）。

（32）秋月俊幸『日露関係とサハリン島――幕末明治初年の領土問題』筑摩書房、一九九四年、二二〇頁。

（33）井黒弥太郎『榎本武揚』新人物往来社、一九七五年、二六三頁。

（34）同書、二七二頁。

（35）この全権委任状については沼田前掲書、七〇―七一頁。この一二箇条に内容は、沼田に寄れば明治七年三月五日付け訓令となっている。彼は天皇から与えたと入ってない。秋月は三条実美が与えたとしている（秋月俊幸『日露関係とサハリン島――幕末明治初年の領土問題』筑摩書房、一九九四年、二三三頁）。

（36）井黒弥太郎『榎本武揚』新人物往来社、一九七五年、二七八頁。

（37）同書、二八六頁。

（38）同書、三〇〇頁。

（39）*Япония, сборник статей, под ред., Е. Жукова и А. Розена, М.,* 1934, с. 131.

（40）*Istochnik*, No. 1995, No. 4, p. 115.

（41）三木理史『国境の植民地・樺太』塙書房、二〇〇六年、三一四頁。

「恐露病」の克服

【『シベリア日記』の目的と評価】

木村汎
Kimura Hiroshi

南京虫が大敵

　榎本武揚にとり、シベリア旅行中の最大の敵は何だったのか？　それは、零下四〇度（摂氏）を下回る寒気ではなかった。人間とそれが所持する食料品を目がけて襲来する狼、熊、その他の森の野獣でもなかった。三頭立て馬車（タランタス）が凹凸の坂道に足をとられて、乗客ごと泥濘のなかに横転させられる危険でもなかった。それは、毎夜きまって訪れる南京虫の襲来であった。

　榎本武揚著『西比利亜日記（以下、シベリア日記）』を読んで、「敵わない。自分には到底不可能。降参！」と無条件に脱帽するのは、榎本他二名の随行者による連日連夜の南京虫との闘いである。同日記（二一七頁）のうち、少なくとも八か所においてこの害虫についての言及がなされている（七六、八九、九一、九二、一〇八、一〇九、一一八、一七一頁）。一、二例をあげる。たとえば一八七八年八月九日チュメニ投宿の翌朝、武揚は次のように記さざるをえなかった。「昨夜は枕に就くや否やうなされ、眠り成らず。何事にやと思ふ中に眼の側頓に痒し。因って例の敵蟲なるを知り、急に起きて、火を點じて検するに跡なし。暫くして一頭を見出し焼殺す。再眠未だ成らず手足の痒みを覺ふ。醒めて検すれば三頭顯出せり。悉く焼殺す。如是こと猶一次にして遂に曉三時過ぎに達せり。乃ち知る、この家の如き美屋にてもこの毒蟲跋扈するを。嗟（ああ）それ眞に厭ふべき哉。朝九時起、眼邊はれて異相を爲す。奈何（いかん）ともすべからず」（九一～九二頁）。

　もう一例。同月中旬に到着したトムスクでの宿の体験である。

十二時帰舎して眠る。毒蟲を避くる爲め粉を十分に夜具にふりかけ寝たるに、いくばくもなく簇々出で來りて肢體及び面部を刺す。例の如く煩寃夢覺め、火を點じ毒蟲を殺す四顆、而して後更に粉を面部及び肢體に塗り込みて寝る。故を以て曉八時まで安眠するを得たり。起後蟲の三五夥粉に中りて死するを見出せり（一〇八〜一〇九頁）。

南京虫ばかりに苦しめられたのではない。シベリアでは、蚊、蝿、ぶよ、蜂によっても悩まされた。かつて箱館五稜郭の雄、武揚も、これらの害虫にたいしてはまったくのお手上げ状態だったらしい。「本日は蝿にあらずして、蜉蝣飛び來り、折節蜂も來る。かかるエスコルト（防禦）には敗北せり」（一一九頁）。

タランタス

一八九二〜九三年、福島安正中佐は、単騎でシベリア遠征旅行に成功した。榎本のシベリア横断に遅れること一五年後のことであった。この時の福島の悩みも、毒蟲問題だったらしい。福島は、自身の日記『伯林より東京へ単騎遠征』中で書いている。

臭蟲群り來りて此處彼處身體を處嫌はず刺すを幾度か燈を點して捕へんとしその爲め夜を徹して曉に及び僅かに疲勞の餘一睡せしのみ……（中略）……此行臭蟲に襲はるゝ事毎夜なりし……（中略）……余は全身腫れあがらん許りにさゝれてひるむ……（中略）……余は或はかき或は蟲を擄りて終夜一睡する事を得ざりき。夜は蟲責め晝は虻、蜂の攻撃防禦の手段無き爲め之等は百萬の敵よりも恐ろし（六二頁）。

シベリアにおける南京虫、藪蚊、ぶよの別を問わず、「害虫」の跋扈――。これが表しているものは、何か。強いて誉めるならば、ロシアには未だ人工化されない自然がそのままの形で残っているということだろう。が率直にいえば、ロシアの生活には清潔感が欠如していること。そのなかでロシア人は鈍感力を発揮したくましく生きている。所謂〝ニチェボー〟（たいした問題ではない）主義である。私自身はシベリア鉄道の旅で当時（一九六八年秋）で最も不自由を感じたのは車両にシャワー設備がついていなかったことである。そのようなことよりも、肝心の榎本のシベリア旅行記に話を戻すならば、その正しい読み方は、今から一三〇年前のロシアと今日のロシアとの間に存在する連続面と非連続面の両側面に注目することであろう。

一万三〇〇〇キロの大旅行の目的

榎本武揚は、当時在ペテルブルク日本公使館付けの特命全権公使であった。在任五年間の一八七五年には樺太・千島交換条約（別名「サンクトペテルブルグ条約」）の締結をおこなった。この大役を果たしたあと、直ちに日本へ船で帰国しても誰一人おかしく思う者はいなかったであろう。ところが、である。榎本は、直接東京へ帰任しようとせずに、わざわざ馬車でシベリアを横断して帰国する途を選んだのである。三頭立て馬車でこのコースを採ると、優に二か月以上の日数がかかる。加えて、生命の危険にさえ晒されるかもしれない。とうぜん、ロシア勤務中一日千秋の思いで帰国を待ちわびている家族との再会はさらに遅れる。

このような事情が前もって分かっているにもかかわらず、ではなぜ、榎本はシベリア経由での帰国を決意したのだろうか？　榎本が当時実姉に宛てた私信が、その理由を明らかにしている。当時日本人のあいだに拡がりつつある「恐露病」の拡大・伝播を榎本は懸念したからだという。日本人の多くは、ロシアの実態を知らずいたずらに当て推量をおこない、ロシアを恐がっている。そのような弊を改めるためには、ロシア、シベリアを旅してみずからの眼でその地域の実態を明らかにし、それを書物の形で日本国民に告げる。これにまさる方法はない。このような義務感に促されて榎本はシベリア視察を決断した模様なのである。

姉宛ての手紙の中で、榎本は記す。

> 一體日本人はロシヤを大いに畏(ヲソ)れ、今にも蝦夷を襲ふならんなどといふは、ハシニモ棒(ボウ)にも掛らぬ當推量(アテズキリヤウ)にて、中々左様の譯には無之とは知れど、今手前身分はこの上もなきよき折から、ロシアの領地を旅行して日本人の臆病を覺(サマ)し、且つは後來のためを思ひて實地を經(へ)て一部の書をあらはし候心組に御座候。日本政府もひたすら此事を望み居候。山縣(ガタ)陸軍卿なども頗るここに注意いたし居候は尤の事と被存候（五〇頁）。

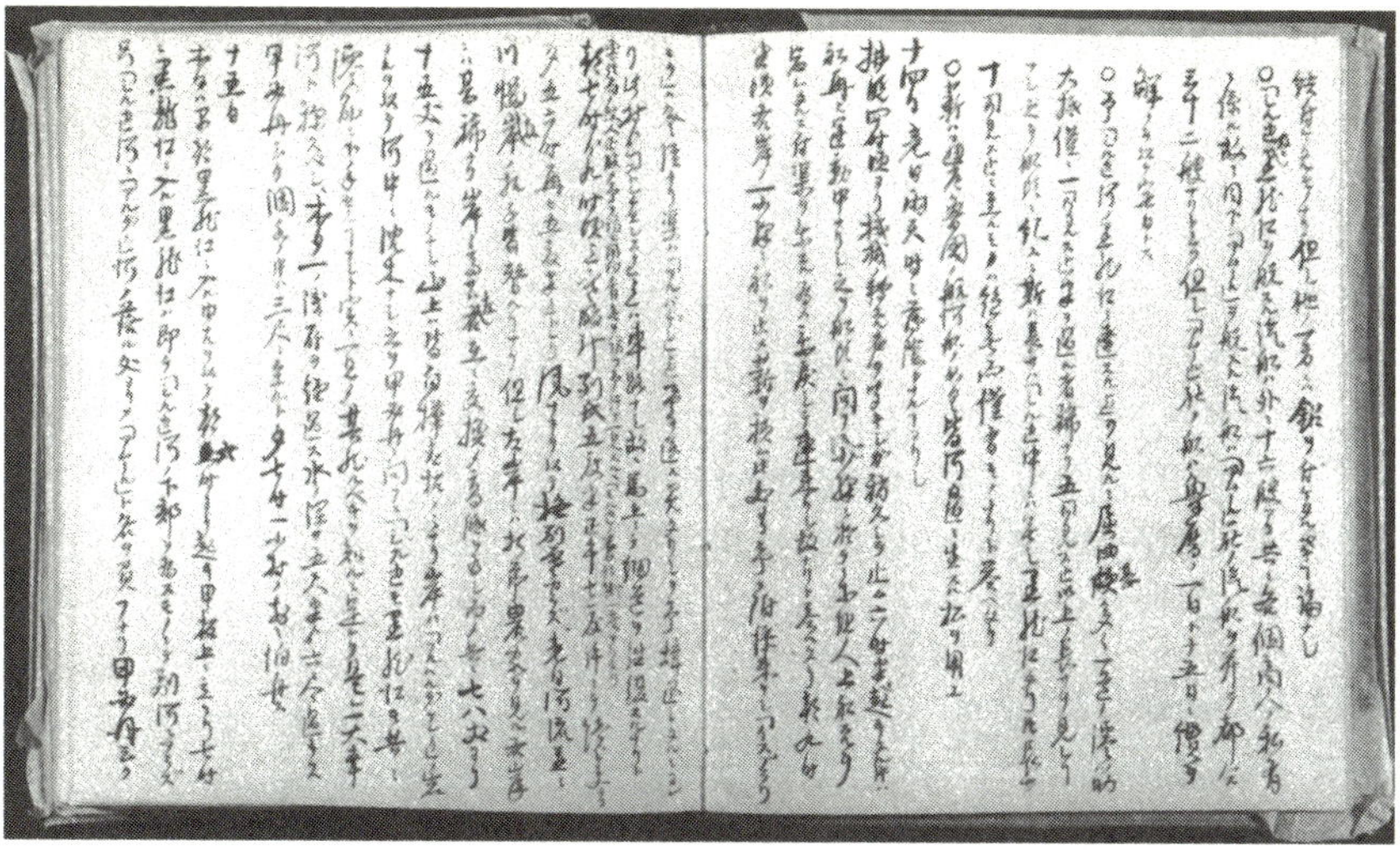

西比利亜日記

では、実際にみずからがシベリア遠征を敢行することによって、榎本は姉に宣明した目的を達成したであろうか？　答えは、読者の受け方次第で、イエスともノーともなる。まず、榎本は帰国後なぜか、己のシベリア日誌を公表することも、その存在すら家族にも知らせることなく生涯を終えた。しかも、少なくとも表面的に読むかぎり、本『シベリア日記』中には日本人の「恐露病」を直接矯正しようとする説教調の文章には出くわさない。ただ淡々とロシアの実態についての報告が客観的に記されているに過ぎない。したがって、判断は読者に委ねられている。私個人の読み方については末尾に譲るとして、本『シベリア日記』を読む機会を得ていない人々のために、同書の内容や特色（飽くまで私自身が気づいた）を紹介することにしよう。

まず、旅行の経路。榎本（四十三歳）は、一八七八（明治十一）年七月二六日、当時のロシアの首都ペテルブルクを出発した。まず汽車で、モスクワを経由してニジニ・ノブゴロドへ向い、そこから汽船でボルガ河を下った。カザンを経てペルミに到着した。さらに三頭立て馬車によって、エカテリンブルク（現在のスベルドロフスク）、チュメニ、トムスク、クラスノヤルスク、イルクーツクにいたる。バイカル湖を渡って、キャフタ、チタ、ネルチンスク、スレチェンスクに到着。スレチェンスクからは汽船でシルカ河および黒竜江（アムール河）を下る。その後、ブラゴベシチェンスク、愛琿を経由、ハバロフスクからウスリー河を汽船でくだり、ハンカ湖に出たあと、カーメンヌィ・ルウィボロフに上陸し、馬車でラズドールノエに至り、再び船でスイフン河を下り、遂にウラジオストク港着。ウラジオストクから汽船の客となり、小樽、箱館、横浜を経由して、遂に一〇月二一日東京の自宅にて旅装を解いた。ペテルブルク出発時から数えて二か月余の大旅行となった。

随行者は、二名の書記生、一名の通訳、計四名。全旅程は、一万三〇〇〇キロメートル。一部の汽車と汽船の旅行を除き、優に約一万キロメートルの舗装されていない田舎道を馬車で走った勘定となる。昼夜兼行、正確にいうと夜行のほうが多かったという。

この全期間中、榎本は、宿ばかりでなく暇さえあれば移動中の船や汽車の上で日記を書きつづけた。移動中の馬車のなかでも、罫のない粗末な紙に毛筆で記した。

広大無辺の寒冷地

本『日記』を読んで感服させられるのは、榎本の立派な書体や格調高い文体ではない。むしろ、克明な報告内容である。詳細をきわめるデータが蒐集され、簡にして要を得た鋭い観察が付け加えられている。今日においても立派に通用する記録と分析である。榎本の観察対象は、地理、産業、兵力、風俗……等々実に多岐にわたり、とうていこの小文が要約しうるところではない。私の主観的な好みが入ることを予め断ったうえで、今日的視点からみて尚実に興味深く思われる点を、以下二、三選んで記すにとどめざるをえない。

一は、ロシアの地理的状況。ロシアは平坦な大陸国である。通常理想的な自然国境を形づくるはずの海、高い山、広く深い川などに恵まれていない。このような地勢的な特殊性は、ロシアの歴史、政治、安全保障、外交、国民性などに多大の影響をあたえる。たとえば外敵にたいして安易な侵入を許すとともに、チャンスに恵まれればみずからも隣りの領土へ進出することを可能にした。そのように広大無辺な平地を守るためには、強い指導者をほとんど不可避とした。被治者は「強い腕」による庇護と交換の形にして、彼（または彼女）に恭順と服従を誓わざるをえなかった。

ロシア国章である双頭の鷲は東西の二方向を視ている。ロシアがヨーロッパとアジアの二部分から成ることを象徴している。この東西ロシアを分けるのが、ウラル山脈に他ならない。同山脈の東が広義のシベリア。より細かくいうと、ウラル山脈以東は、西シベリア、東シベリア、（ロシア）極東の三地域に分かれる。

私自身は、ウラル山脈を越えた経験はない。したがって、榎本の次の記述にとくに興味をおぼえた。「名に聞えたるウラル山嶺を越ゆるの路ゆゑ、今にも高嶺を見んがとて坂上より望むに、決して高嶺とては一個もなく、只々次第に高くなる心地するのみ」（七三頁）。このようにして、榎本は記す。「予等は知らず知らず歐州ヲ越えてアヂヤ向の東腹に下りたるなり」（七六頁）。

ロシアのヨーロッパ部分とアジア部分を分かつウラル山脈が、このように格別高いと感じさせる山脈ではないのだから、あとは推して知るべし。ウラル山脈以東の両シベリア、極東は、高山がまったくない平坦な土地なのである。榎本の言葉を借りよう。

「ペルム百八十二ウォルストの處に、ビセルツカヤと唱ふる一驛あり。附添の役人云く、此處はウラルの一番高き處なりと。その果して然るや否やを知り難しと雖も記し置く。此處も別に山らしくなし」（七三頁）。

「ペルムより以来、……山は到る處甚だ高からず」（七四頁）。

「本日經過する處、滿目皆膏腴の平地にして、山は片影もなし」（九五頁）。

「平原一望山影も林もなく、只潅木と草卉を見るのみ」（一〇一頁）。

私は、これらの叙述を読んで欧米のロシア研究家たちが次のように記していることをおのずから実感する思いがした。たとえばルイス・サミュエルソンは「ロシア人は、無防備の大草原（ステップ）に棲息している」。また、『シベリアの呪い』フィオナ・ヒル／クリフォード・ガディ共著（二〇〇五年）は、書く。「シベリアは、広く、寒い」（ix頁）。この当たり前のことが多くの者に分かっていないと強調したあと、両人はつづけて記す。「シベリアは、ロシアの『後背地』『植民地』『原料供給地』であるが、資源の『フロンティア』でもある」（七五頁）、と。

ここで思い切って、シベリアの特徴を簡単な言葉でまとめてみよう。シベリアは、①広大無辺な土地空間であり、②極寒の気候をもち、③豊かな資源に恵まれ、④人口は希薄であり、⑤中国との交易が盛ん――このような特色をもつ。榎本武揚の『シベリア日記』を斜め読みするだけで、右の①②の特性をもつことが厭というほど実感される。残りの紙幅を利用して、③④⑤についての榎本の記述を紹介することにしよう。

資源の呪いを予告

シベリア旅行中榎本が異常と思えるまでの執着をしめした訪問先が一か所ある。それは、砂金採集場の視察にほかならない。私が気づいただけでも、次のページがその訪問報告に割かれている。七八、八一、一〇五、一一六、一二九〜一三一、一三五、一六七、一七四〜七五、一八一〜八六頁。かつては金の保有量＝(イコール)国力とさえみなされた。その点からは、榎本の関心は当然至極といえよう。

榎本は、砂金採集場を只ぶらりと訪れたわけではない。予めロシアの砂金採集について周到・綿密な研究調査をおこなって出掛けたのである。彼は、いわゆる「殿様のうづら狩り」をするつもりは毛頭なかった。「殿様のうづら狩り」とは、殿様がうづら狩りすることを前もって知っていた部下たちが、殿様が銃をかまえた瞬間にうづらを一斉に飛びたたせるたくらみをいう。ロシア語でいうならば、「ポチョムキン村」。エカテリーナ女帝が通過する沿道に面した部分のみをにわか造りの家屋で飾り立て、いかにも民の竈(かまど)がうるおっているかのような印象をあたえようとした。女帝の寵愛を得ようとするポチョムキン公爵のみせかけ戦術を指す。さらに現代風にいえば、エリツィン大統領と橋本龍太郎首相の川遊びの前に、両人の釣竿に喰いつくように数日前から川の魚に一切餌をあたえなかった工夫に似ている。ともあれ、榎本は訪問先の砂金採集場の主たちが「予に示す爲洗器中へ豫め洗ひ置きし良砂を交へたる」（八〇頁）小細工を見破っていた。

当時の砂金に今日該当するものは、まさしく原油または天然ガスにちがいない。だとするならば、榎本がシベリア旅行中ほとんどの訪問先で砂金場見学を第一に希望し、実施したのは故なしとしない。現代風にいうならば、榎本はシベリアの原油またはガスの採掘現場の視察をおこなったといえるからである。

欧米のロシア専門家たちは、プーチン指導下のロシア政権が炭化水素資源にたいする依存のあまり「オランダ病」にかかりがちな弊害について警告している。「オランダ病」または「資源の呪い」とは、エネルギー資源の所有に突然気づいた国が、いわば濡れ手で粟のごとく手に入る「レントシーキング」（正常な程度を越えて得られる余剰所得の追求）に熱中するあまり、真面目な労働を忌避したり、ものづくりの手間暇を厭うようになったりして、経済改革を怠る傾向を指す。

榎本が約一三〇年も前に、同様のことにすでに気づいていることを知り、私は驚かされた。榎本に付き添ったロシア人大佐が次のように語ったとき、榎本はその言葉の真なることを直ちに悟った。「シベリヤは金多きを以て、人々皆金を洗って金を得るに汲々たるを以て、他の製造場を立つる者更に無し、且つ各府の傭夫の廉價ならざるも皆金の爲めなり」（一三一頁）。ロシア人の言葉を自己流に解釈して、引用したあと、榎本は次の言葉をさらに付け加える。流石である。「故に金の出るはインヂフヒジュアル（個人的）には宜しと雖も、闔府（こうふ）の爲には惡しと。甚だ理ある言葉なり」（同）。榎本は、ロシアが天然資源に恵まれていることとロシアが今日にいたるも加工製造業を発展させていないこと。これら二つが裏表の関係にあることを、当時すでに見破っていたのである。

もとより、帝政ロシアと現代ロシアが全ての点で連続しているというのではない。とはいえ部分的に変わっていない側面がある。このことを否定しては、大きな間違いを犯す。少なくともシベリアにかんするかぎりもう一つの継続面がある。それは、人口問題である。

シベリアの鍵は人口問題

人口が少ないこと。これが、榎本によれば、シベリアの特色である。いわく、「シベリアは特に地の膏腴（こうゆ）なるのみならず、金（砂金）を出す甚だ多く、銅また然り。只人口少なきを奈何せんと」（一一四頁）。

たとえばイルクーツク市の人口は、当時三万五〇〇〇人だった。もっとも今日、それは約六〇万人へと伸びている。が、その主な増加の理由は、多分に後述するように人為的な政策によるのかもしれない。「肘を自由に伸ばすことができる空間（エルボウルーム）」をもつことを望み（バーナード・ペアズ）、寒さに慣れたロシア人にとってすら、シベリアの自然条件はあまりにも苛酷である。シベリアは文明の中心から遠く離れた地の果てなのである。ロシア民謡「バイカルのほとり」の歌詞もうたう。「豊かなるザバイカルの／果てしなき野山を／やつれし旅人が／あてもなくさまよう」。いったんそこへ足を踏み入れたら最後もはや文明の便宜とは縁を切らねばならぬ未開、野蛮の地である。ロシア旅行記の古典とされるマルク・ドュ・キュスチーヌの『一八三九年のロシア』（一八四三年）も記す。「シベリア——それは、ロシアの地獄、あらゆる幽霊（ファントム）」（五〇四頁）を意味する。「一度送られたら、シベリアから何時戻れるかは神のみぞ知る」（五七一頁）。

まさに右のような理由のために、シベリアは罪人や政治犯を処罰するための流刑地となった。アレクサンドル一世の抑圧に反抗して立ち上がったものの忽ちにして鎮圧されたデカブリストの乱（一八二五年）の青年貴族たちが流された僻地である。彼らを慕ってその後を追った妻たちの美談と辛苦は、詩人ネクラーソフの名作『デカブリストの妻』に詳しい。トルストイの名作『復活』も、シベリア送りとなったカチューシャに悔悟のネフリュードフ公爵が同伴する思いがけぬ結末のゆえに名高い。

榎本武揚は、シベリアの訪問先で厭でも目にする罪人たちの姿を見て、涙している。みずからは、任務を完了して母国へ帰還する身の上である。そのような者にとってさえも、シベリアの晩秋はその寂寥によって胸をしめつける。故国へ帰る当てのおそらくない罪人たちにとって、その胸のうちは、はたして如何ばかりのものか。「五年故國を離れ、今しも無事に任所を發して歸國する者の目にさえ、深秋肅殺、悲愴の念を起さしむれば、その罪を負ふてシベリヤに送らるる罪人等の胸裏は如何ならんと察せられたり」（八七頁）。

シベリアへの流刑は、人口過疎の土地への植民地政策の一環でもあったにちがいない。彼らのなかには、懲役にふされることもなく、ただ流謫の身に処せられる者も多かった。シベリア送りに処せられるだけで、十分な処罰だったからである。また、現地の政府の側には、彼らを構ってやる余力もなかった。榎本は記す。「罪人は縛せられず相胥て蓮歩せり」（一二三頁）。「歩行なり。後より妻子又は病罪人などのタランタス連なり行く」（一三九頁）。彼らは寝るところもなく、「青天に臥せざるを得ず」（一〇五頁）。

政府の側に彼らを構う余力がないことをよいこととして、帝政時代の政治犯の流刑地生活は、ソビエト体制時代とは比較にならないほど楽で自由であった。やや後年（一八九八年）のこととはいえ、シベリアに三年間の追放の刑に処せられていたレーニンは同じく流刑中の同志クループスカヤを呼び寄せて結婚して新生活をはじめたくらいである。それどころか、素早しっこい政治犯などは外部の仲間の助けを得て逃亡することすら稀ではなかった。政治犯コーバ（スターリンの渾名のひとつ）は、「流刑先からの脱走にも六回も成功した」（『スターリン略伝』、第二版）。

逃亡を試みない罪人たちは畑をあたえられて税金を納める百姓となったり、「人家の奴僕」（一〇五頁）となったりした。罪人と結婚する村女にたいして政府は「五十ルーブル」（一一三頁）を与えた。刑期を終えたあと、シベリアにそのままとどまって財をなすことに成功する者さえいた。たとえばシベリアへ流されたポーランド人たちの一部がそうであった。

それはともかくとして、シベリアは過疎地である。これが同地の発展を阻害する最大のネックである。榎本は、こう考えた。

もっとも、事態はその後スターリン時代となって多少変化した。この独裁者は、強制的な人口移住政策を実践したからである。まず、一九三〇～四〇年代の大粛清時代に大量の政治犯その他をシベリア送りとした。そのために、ソルジェニーツィンはシベリアその他を「強制収容所列島」とさえ名づけた。また、欧米向けの軍事戦略上の観点から、ウラル以東の地域を軍産複合体の一大中心地にしようともくろんだ。そのために、多数の科学者や労働者たちをプレミアム（特権）付きで同地域へ送りこんだ。事実上の強制移住処置にほかならない。第二次大戦終了後は、約六〇万人の日本兵がシベリアの強制労働へと駆りたてられた。ブレジネフ時代には、第二シベリア鉄道（「バム鉄道」）建設のために、コムソモール（青年共産主義同盟）のメンバーをはじめとする多くの青年たちが「未来の大地シベリア」建設の美名やスローガンのもとにシベリアや極東地域へ動員された。

しかし、冷戦終了後の今日、モスクワ中央は労働移住を人工的におこなう強制力を失った。統制が緩んだのを良いことに、人々は西や南へと流出しつつある。何よりも彼らを同地域に引き止めるための就職先がないからである。ヒル／ガディがのべるように、シベリア・極東は元来多数の人間を惹きつける土地柄ではない。アメリカ合衆国のアラスカ州（人口五四万）の例に学ぶならば、現在の二〇〇万人ですらけっして過少ではなく、逆に「過剰な人口」とみなされるべきなのである。

中露関係

榎本の『シベリア日記』が現代において持ついまひとつの意義は、ロシアと中国とのあいだの微妙な関係に触れている点である。ロシアと中国は、地理的に隣り合う隣り組。両国が引越ししないかぎり、これは永遠に変わりえない先天的な事情である。（日本は、両国間に満州という国家を人工的につくろうとして失敗した。）

榎本はみずからのシベリア旅行中、中露国境をおそらく意図的に行き来して、ロシア人と中国人の相互認識、その他をつぶさに観察しようとした。

中露国境について当時榎本がおこなった観測は、一三〇年後の今日においても基本的にそのまま当てはまる。ごく一～二例をあげる。たとえば中露国境貿易にかんしては、中国人のほうがロシア人に比べはるかに積極的であり、かつ上（うわ）

手であること。榎本いわく、「支那の品物キャクタより入り來るに全く無税なり。その上支那商の魯領に住みて營業する者より、營業税を取り立つることなし。故に支那商には大いに益あれども、魯商には競う能はざる害あり」（一五一頁）。

中国の商人たちは、ロシア政府の役人にたいして公然と賄賂を使い、ロシアの役人も軍人もそれを公然のごとく受けとる。榎本は記す。

予は……魯人數名を招きて、晩食のときこれを問ふに、一同口を竝べて云く、これ公然たる賄賂なりと。且つコミサル云く、マイマチンの主長役は、マヨール（陸軍少佐）位の者の由。而してその役は、顯官に數金、約一萬五千ルーブルを賄ひて來る者の由に聞けり。年限は三年にして、渠れ三年間に商人より公然と、まいなひを受け、富を致して、歸京するを例とすと云々。これ皆實説なること疑ひなし（一四九頁）。

福島中佐の単騎行との比較

最後に、冒頭に設定した問に立ち戻る。榎本武揚が実姉宛てに記したシベリア旅行の目的は、はたして達成されただろうか？　一義的には答ええない。

ひとつには、謎があるからである。榎本は、旅行中に寝る暇も惜しんで書き記した本日誌を、帰国後自身の篋底に奥深く秘めて生涯それを一切公表することなくこの世を去った。帰国後の榎本は数多くの激職に就き身辺多忙をきわめたことが、その主な理由とも説明されている。榎本の没後しばらくの間、榎本家の者すら「この日記の存在」を知らなかった。これは、本人の謙虚な性格のためで「敬服の至り」とも評されている（三五頁）。

が、私には腑に落ちない。姉宛ての手紙では、先にも引用したように、公表こそが前提と明記されているからである。もし明治政府にたいしてすら内々に提出されなかったのならば、そもそも実姉宛ての私信中に記された言葉をどのように解釈すればよいのか。たんなる決意表明にすぎなかったのか。それとも、さらに家を二か月余も空けることにたいする口実の言辞だったのか。

果たしてそれが公表されたか否かを別にして、次の問は依然として重要であろう。では、本日記の内容それ自体は、当時の日本人間に支配的だった恐露病を矯正しようとする当初の意図にかなう類のものとなっているだろうか？　答えは、本日記を読む者の受けとり方如何に懸かっている。

本日記のおもてづらを読むだけでは、恐露病を直接訂正しようとする意図にもとづく榎本の文章には出くわさない。いいかえれば、本日誌は、己の主観的な感情や主張を押さえた記述に終始している。その意味では幾分拍子抜けし失望するくらいである。加茂儀一氏の次の評言は、まさに正鵠を射ている。「もちろん彼［榎本］の目的がシベリアの実情を調査し、それによって日本人の恐露病を改めたいというところにあったにしても、その記録そのものはそれほど政治的、感情的なものでなく、あくまで客観的なものであり、しかもすぐれて学術的なものである」（加茂儀一、二五七頁）。

もっとも、本日記の内容が口頭その他なんらかの方法によって明治政府に報告されたケースは十分考えられる。その場合、それは同政府にとり大きな貢献となったにちがいない。少なくともそれが福島中佐のシベリア遠征の先駆的役割をになったことは間違いない。

福島安正は、榎本のシベリア横断から数えて約一五年後の一八九二年にほぼ同一コースを辿って、シベリア単騎横断旅行（一万四〇〇〇キロメートル）をおこなった。この旅行の目的は、より具体的ではっきりしている。前年から着手されたシベリア鉄道の建設（一八九一～一九〇五年、現在九二九八キロメートル）は、はたしてロシア軍の輸送能力をどの程度高めるのか。この問にたいする答えを探ろうとするインテリジェンス（機密情報）旅行にほかならなかった。そのような使命をもつ同中佐の偵察旅行が日露戦争（一九〇四～〇五年）における日本軍の勝利にはたした役割は過大評価しようもないくらい大きい。

福島中佐は、北京の日本公使館勤務時代（一八八二年）に榎本と知り合い、以来接触を保っていた。同中佐のシベリア遠征が榎本の先例によって鼓舞されたものであることは、疑いえない。この一事をもってしても、榎本のシベリア踏査が明治政府にあたえた影響は大きい。

ここで、榎本、福島両人による二つのシベリア旅行を詳しく比較検討する紙幅はない。次のことだけを指摘するにとどめる。両人は数々の共通点をもつ。ともに語学（英、独、仏、蘭、漢）に秀でていた。強靭な精神力、深い洞察力、不屈の粘りによって世紀の偉業をなしとげた。他方、両人の関心分野は若干異なる。福島は在外公館勤務の経験をもつとはいえ外交官ではなく、軍事インテリジェンスに興味をもつ生粋の軍人であった。日露間に一朝ことあるばあい、シベリア鉄道建設がロシア軍の東方への兵力・武器輸送能力をどの程度向上させるのか――これが、彼の最大の関心事であり、主たる旅行目的であった。福島は遠征中バイカル湖畔で落馬し病をこじらせ、二度と母国の土地を踏めないとさえ覚悟した。その九死に一生の窮地のなかでも、彼の脳裏はただ一つのことによって占められていた。東西シベリアを分かつバイカル湖という自然の障壁に妨げられて、シベリア鉄道がバイカル湖を迂回する。その結果として、シベリア鉄道の輸送速度ははたしてどの程度まで遅延することとなるのか？

榎本も亦軍人であった。したがって、もとより彼はロシアの軍事事情に興味を抱いた。彼の各地におけるロシア軍の兵力、装備、士気にかんする観察は微に入り細に及んでいる。だが榎本はとうてい狭義の軍人の範疇に収まり切れない人物であった。彼は同時に秀でた外交官であり、政治家でもあった。いや、「明治維新という一大変革期」にあらわれるべくして現れた「一種の全能人」（加茂儀一、二五九頁）であった。榎本の関心は、「地勢」「政治、経済、軍事」「風俗」「人情」（榎本春之助、四七頁）……等、森羅万象に及んだ。

結果として、彼の『シベリア日記』は、包括的な視野からロシアを等身大においてとらえることを教えている。そのような意味においては、武揚が実姉に約束した旅行の主目的は見事に達成されたというべきであろう。しかしながら、その後のロシアは「共産主義」を目指す運動に巻き込まれた。そのことも手伝って、日本人は、主としてイデオロギー上の好悪といった観点からソ連を視ることとなった。しかも、一元的なレンズを通して隣国ロシアを視る後遺症がまだ残り、今日なお十分克服されているとは言いがたい。その点からも、榎本の日誌は読み返されるべき価値をもっている。

参考・引用文献

榎本武揚『西比利亜日記（附渡蘭日記）』東兆書院、一九四三年。

加茂儀一『榎本武揚——明治日本の隠れたる礎石』中央公論社、一九六〇年。

福島安正『伯林より東京へ単騎遠征』小西書店、一九一八年。

バーナード・ペアズ著、内山敏訳『ロシア——過去と現在』上巻、岩波新書、一九五二年。

Marquis de Custine, *Empire of the Czar*, New York : Doubleday, 1989.

Fiona Hill and Cliford C. Gaddy, *The Siberian Curse : How Communist Planners Left Russia Out in the Cold*, Washington, DC : The Brooking Institutions, 2003.

英語・英学事始め
——大鳥圭介との出会いより——

小美濃清明

中浜万次郎から英語を習った時期はいつか？

榎本武揚が中浜万次郎に英語を習った時期について、加茂儀一氏は『榎本武揚』（中央公論社、一九八八年）の中で、嘉永六（一八五三）年頃としている。典拠は朝比奈知泉の『明治功臣録』（明治功臣録刊行会）である。それと共に昌平黌入学を弘化四（一八四七）年武揚十二歳、卒業を嘉永六年武揚十八歳としている。だが、加茂氏はその一方で

> 少年時代のことについてはなおさらわかっていない。今ではせいぜい前記の一戸隆次郎の『榎本武揚子』や朝比奈知泉の『明治功臣録』によってやっとその一部をうかがうことができるくらいである。だがこれらの書物も挿話集のようなものであって、必ずしも確かな資料にもとづいたものではない。

と典拠の信憑性には疑問を投げかけている。

しかし、嘉永六（一八五三）年に昌平黌に学びながら、英語を中浜万次郎に学んだという話は定説化して、現在、榎本武揚年譜には嘉永六年、昌平黌卒業、中浜塾で英語を学ぶと書かれているものが多い。『昌平坂学問所日記』（Ⅲ、財団法人斯文会、二〇〇六年）によれば榎本武揚は嘉永三（一八五〇）年一一月二三日、

> 御勘定円兵衛次男榎本釜次郎試ミ候処可也ニ候間、
> 入寮不苦旨頭取江申聞置

とあり、十五歳で入学である。
卒業試験である学問吟味は嘉永六（一八五三）年一月二五日、

読巻有之、百四十六号榎本釜次郎より百七十号菅沼鐘三郎迄五十通済

とあり、十八歳で終了した。
成績は『昌平學科名録』（江戸舊事采訪会）によれば嘉永六（一八五三）年は甲五人、乙四四人、丙三七人である。そして、甲乙の生徒名は公表されているが、丙は発表されていない。甲乙の中に榎本釜次郎の名はない。
そして『昌平坂学問所日記』（Ⅲ）には安政二（一八五五）年一月一八日、

榎本釜次郎再入学願度、頭取申聞候間、承届申候

と再び入学を願い出て許可されている。しかし、安政三（一八五六）年七月一〇日、退寮願いが提出され、七月一三日、退学願いが提出されている。この時、榎本武揚は長崎海軍伝習所にいる。

森鷗外が書いた『西周傳』に記載されている〈西周年譜〉には次のように書かれている。

安政三年丙辰、二十八歳。始めて英吉利語を學ぶ。英吉利發音法を中濱萬次郎に受く。是歳幕府蕃書調所を江戸九段坂下に創立す。

盟友・大鳥圭介との出会い

安政三（一八五六）年、西周は中浜万次郎に英語の発音を習っていた。津田真一郎は『箕作麟祥君傳』の中で次のように語っている。

私は、蕃書調所の手傳竝（てつだいなみ）と云ふものになった。西周助も手傳竝になった。中濱萬次郎が江川太郎左衛門の屋敷に居て、西は、中濱に就いて英語を稽古し、麟祥先生も中濱へ行って英語を學んだ。榎本なども中濱へ行ったが、それは一、二年後（おく）れて居る。

榎本武揚が中浜万次郎に英語を習ったのは西周助、箕作貞一郎（麟祥）が習い始めた一、二年後だったとあ

る。安政三年の一、二年後となれば安政四、五（一八五七、八）年ということになる。

中浜万次郎自身の「日記」が安政六（一八五九）年七月から一〇月まで、部分的に残っている。この期間の前後が存在したが現在は未発見である。この部分的に残っている「日記」に大島圭介の名が載っている。

九月十八日　晴天にして微風。世之中穏便ニ而家内一同無事。土佐御船手之大工庄右衛門、孫八此両人罷越候。英學入門として大鳥氏罷出候事。

大鳥圭介がこの日、中浜塾へ入門した。そして、九月二六日、一〇月一日、三日、四日、八日、一六日と大鳥圭介の名が計七回記述されている。

明治四十一年一〇月二八日の『報知新聞』に「維新以来生死を共にせし榎本子」という大鳥圭介の追悼談話が載っている。その中で

余が初めて子爵（榎本武揚）を知りたるは維新前十年許（ばかり）に当時の中浜万次郎に就て英學を學びたる際にて……

と語り、大鳥は榎本と初めて会ったのは中浜塾だったと回顧している。

大鳥入門は安政六（一八五九）年九月一八日なので、榎本武揚は安政六年九月一八日以降、中浜塾へ通っていたと分る。榎本が長崎海軍伝習を終了し江戸へ戻って来るのは安政五（一八五八）年二月以降である。この後、榎本は英語を習い始めた。長崎で学んだオランダ語から英語へと進むのである。

中浜万次郎は安政七（一八六〇）年一月、通訳として咸臨丸に乗りアメリカへ向う。榎本武揚が中浜塾で英語・英学を学んだ期間は長崎伝習終了の後、万次郎が咸臨丸へ乗船するまでの中に含まれることになる。

太平洋を越えた情熱
【メキシコに日系移住の道を拓く】

山本厚子
Yamamoto Atsuko

地球規模の足跡

榎本武揚の七二年の生涯を知るには世界地図が必要となる。というのは、すでに十代で蝦夷・樺太に赴き、また長崎海軍伝習所では航海技術を磨き、日本周辺の国防に興味を抱いた。二十代でオランダに留学し、ヨーロッパの近代学問に触れ、建造された軍艦を回航して南米ブラジルに寄港する。そこでラテンアメリカ地域の可能性を知った。そして、三十九歳から特命全権公使としてロシアに約六年滞在し、帰国時にシベリアを横断して調査を行なった。さらに公使として清国に駐在して英・仏国がアジアと南方に拡大させる殖民地政策の現実を見た……等々、人生の足跡が地球規模だったからである。長い海外経験から国際感覚が養われ、十九世紀後半榎本は日本の将来を展望出来るような国際人となった。

私が「エノモト移民」という言葉を初めて耳にしたのは、オリンピック開催で賑わうメキシコシティーであった。メキシコの南部チアパスに入殖した日本人移民を指してメキシコの人びとはこう呼んでいた。また後に訪れた南米ペルーでは、「ロシアでマリア・ルス号事件の国際調停に手腕を振るった外交官」として、子爵・榎本武揚の名前は知られていた。

明治維新の箱館戦争での「賊軍の大将」としての知識しかなかった私には驚きであった。調べてみると、世界史に登場するプロイセンの鉄血宰相ビスマルク、ロシア皇帝のアレクサンドル二世、清国の李鴻章などと榎本が個人的に親交があったことがわかり、彼に対する興味は一層深まった。

幕臣であったにもかかわらず、榎本は伊藤博文、黒田清隆らの信頼を得て、明治政府の下で逓信、文部、農商務大臣などを歴任する。そして、五十六歳で外務大臣に就任した。

長年の夢であった殖民・移住事業に着手するために大臣官房に移民課を設置する。ただちに南方への移住調査を実施させ、移民団を派遣した。大臣を辞職した後に枢密顧問官となり、民間の移民協会、移民会社を設立し、私財を投じてメキシコに三六名の移民団を派遣した。これが「エノモト移民」である。

それから一世紀を経た現在、メキシコのみならず広くラテンアメリカ地域で、榎本武揚が育んだ「殖民・移住」の夢は日系移民や東京農業大学の卒業生によって確実に実を結んだ。「彼が一体どのように夢を育み実現させたのか」、その軌跡について述べたいと思う。

海外で育まれた殖民・移住の夢

ヨーロッパでの留学生活

江戸幕府が派遣する一六名の国費留学生に榎本武揚が選ばれるのは二十七歳の時であった。彼らは「蘭国御用御軍艦方」とか「和蘭行御軍艦方」と呼ばれた。幕府の計画では米国に派遣されるはずであったが、南北戦争の勃発を理由に断られてしまい、目的地は急遽オランダに変更となった。一行は品川を出発してまず蘭領インドのバタビアへ向う。アフリカ大陸を回りセント・ヘレナ島を経由してオランダに到着した。航海の様子は『渡蘭日記』に詳細に記されている。

オランダで彼はライデン市とハーグ市に滞在する。船舶運用術・砲術、蒸気機関学、化学、国際法などを学んだ。電信機を下宿に備え付けて練習し、モールス印字機を使用出来るようになった。モールス電信機で、電信の実地訓練をした最初の日本人である。この機械を日本に持ち帰った榎本は、後に逓信大臣に就任した時にこの経験を大いに発揮する。

また、プロイセンとデンマークの戦争を「観戦武官」として観察し、軍隊の布陣、戦法、近代兵器の操作などについて学び、この折にプロイセンのビスマルク宰相と知り合う。オランダで建造された軍艦「開陽」の回航に参加した彼は、南米ブラジルのリオ・デ・ジャネイロ港を訪れて日本に帰国する。多感な二十代の四年間をヨーロッパで過して列強の植民政策を見聞し、榎本武揚はひそかに胸の奥に「殖産・移住」の考えを芽生えさせていた。

国交のない南米ペルーと国際問題が起こる

榎本武揚（幼名は釜次郎）は、一八三六（天保七）年に父、円兵衛と母、琴の次男として江戸下谷御徒町（現在の台東区小島一丁目）で生まれた。利発で好奇心旺盛な子供で、十九歳で幕府の蝦夷・樺太視察団に小姓として参加し、長崎海軍伝習所時代には練習航海で汗を流すといった活発な行動をとった。父親ゆずりの理数的頭脳、技術者としての資質はヨーロッパ滞在中に大きく開花された。

オランダで学んだ西洋の学問を実践させようと胸を膨らませて帰国した榎本が目にしたのは変貌してゆく日本であった。大政奉還、戊辰戦争、開陽丸での北方脱走、そして箱館戦争。ついに賊軍の大将として拘束され、丸の内の辰の口牢に約二年間収監されてしまう。

一八七二（明治五）年、釈放された榎本は開拓使として北海道に赴く。函館湾の東側、茂辺地の石炭山の調査のために歩き回っている頃、横浜で事件が起こった。マストの折れた外国船が一隻港に入港した。これはまだ国交のない南米ペルー国の三五〇トンの船舶「マリア・ルス号」で、船長はリカルド・エレロといい、清国の下層労働者（クーリー）二二九名をポルトガルの植民地のマカオからペルーのカジャオ港へ運ぶ途中であった。

清国人が二名船から逃げ出し、イギリスの軍艦に救いを求めたのが事件の発端であった。この件には米国も介入し、臨時法廷が神奈川県庁で開かれることになる。外務卿副島種臣は神奈川県令の大江卓に裁判を指示した。大江は、清国人全員を解放するという「人権判決」を出し、彼らは九月に上海へ送り返された。

この件に関し、ドイツ、デンマーク、ポルトガル、イタリアが合同で異議を申し立てたが、日本政府は強硬に突っぱねた。この事件は船舶の名前をとって「マリア・ルス号事件」と呼ばれる。新生明治政府が初めて直面した重大な国際問題である。事件はこれで決着したかに見えたが、翌年再燃する。

すなわち、一八七三（明治六）年三月、日本との修好通商条約締結のためにペルー国から派遣された特命全権大使のアウレリオ・ガルシア・イ・ガルシアは「マリア・ルス号事件」を蒸し返し、ペルー側がこうむった損害の賠償を要求して譲らなかった。ペルーと日本の論争は三カ月間に及び、ペルーはブラジルでの国際調停を希望したが、結局「ロシア皇帝に裁決を任せる」ということで意見の一致を見た。

特命全権公使としてロシアに赴く

このマリア・ルス号事件と樺太（サハリン）における境界の決定などのため、榎本武揚は日本側の代表としてロシアへ赴くことになった。サンクトペテルブルグに滞在しながら、特命全権公使として国際問題解決のために奔走した。ペルー側の代表者はホセ・A・デ・ラバージェであった。長崎伝習所の教官であったオランダ人のポンペは駐ロシア日本公使館で働くことになる。また、箱館戦争に加わったフランス人のブリューネは駐オーストリア武官として蔭から榎本に協力してくれた。

この件を勝訴に導くために、明治政府から指示されていたのが樺太・千島交換条約の締結であった。「樺太は放棄したくない」と榎本は個人的に考えていた。この頃、対韓、対清、そして南方論にまで独自の政策を抱くようになっていた。

「今、私が一番興味あるのは。南方の島々である……」と、幾度も友人の山内六三郎（提雲）へ書いていたことが山内宛書簡（国会図書館蔵の「榎本武揚文書」）の中で確認することが出来る。その中に、「……この間送って下さった小笠原諸島の写真を一冊のアルバムにして、表紙に銅版で『日本領南洋群島の真景、小笠原の部、榎本所蔵』と刻み、毎日眺めています。私は更に小笠原より南に進み、ラドローネス諸島をイスパニアより買い入れ、グアムに日本の支庁を置くべきだと思っているのです」とも書いている。この頃南方論を真剣に考えていたことが推察される。

日本は一八七六（明治九）年に、「小笠原群島は日本の領土である」と国際的に宣言した。この頃、アメリカはアラスカをロシアから、フロリダをスペインから、ルイジアナをフランスから買い入れた。南方では、イギリスがフィジー群島を獲得し、フランスはタヒチ島を、ドイツはマリアナ諸島を、ニューギニアはイギリス、ドイツ、フランスに三分割されていた。

東欧バルカン半島、極東アジア、太平洋、カリブ海地域におけるイギリス、フランス、オランダ、ロシア、プロイセンなどの熾烈な植民地獲得の様子を、榎本はロシアに滞在しながら眺め、気を揉んでいた。「早く獲れるものは取らないと遅れてゆく」と日本の将来のことを案じた。列強の植民地獲得の様子は、当時の歴史地図で見れば歴然としている。

「樺太・千島交換条約」を締結したために、ロシアの勢力が極東に及ぶ可能性が強くなった。「ロシアの実情を知っておく必要がある」と榎本は痛感した。そして帰国時、馬車でシベリアを横断しながら国情を調べ『シベリア日記』にまとめたのである。

榎本のロシア滞在中に、国内では明治維新の三傑と呼ばれた木戸孝允が病死し、西郷隆盛が自刃し、大久保利通が暗殺されてしまった。帰国して五年目の一八八二（明治十五）年、韓国をめぐる日清両国の対立が激しくなってきた。そして、榎本は駐北京の公使に任命される。

今回は特命全権大使である伊藤博文の手助けという黒子の役であった。

清国と対立するフランスに和議を同意させて有利な立場になった李鴻章を、日本の要求通りに納得させたのは、彼の信頼を得ていた榎本の手腕と言っても過言ではない。天津条約は、韓国における日本の立場を清国と同じ位置に引き上げたという点で重要なものであった。北京に滞在中、榎本は列強の圧力の下で大きく揺れ動くアジア諸国の現状を目にした。

外務大臣に就任

大臣官房に設置された移民課

榎本武揚が本格的に「殖民・移住事業」に着手するのは五十六歳で外務大臣に任命されてからであった。

彼の大臣就任の裏には、ロシアの皇太子、ニコライ親王の襲撃事件があった。シベリア鉄道起工式と東京駿河台のニコライ堂落成式に出席するために来日した皇太子は、琵琶湖巡覧を終えて大津市に入った時、警官に襲われたのである。明治天皇はただちに京都に皇太子を見舞い、政府は緊急に御前会議を開き、ロシアに謝罪使を派遣して事態の打開を図ることを決議した。そして、特命大使に有栖川宮、副使に榎本武揚を選ぶ。しかし、強硬な態度であったロシア側が途中で態度を軟化させ、「特使派遣の中止」を申し入れてきたので、榎本はこの任を解かれた。

この事件により、青木周蔵外務大臣と西郷従道内務大臣が引責辞任した。松方正義内閣はロシア通の榎本武揚を青木の後任として、外務大臣に任命した。『読売新聞』は一八九一（明治二十四）年六月一日の朝刊の社説で「榎本外務大臣」について論じている。「一九世紀の外交にあたり、神出鬼没巧みにこれを処してきたのだから、自信があって外務大臣の命を受けたと推察される。薩長の藩閥内閣の中で困難な事態もあろうが職務をまっとうするように奮励されし……」というような内容であった。

榎本は外務大臣に就任するとすぐに岡部次官を更迭し、兵庫県知事であった林董を次官に抜擢した。そして、大臣官房に「移民課」を設置し、課長兼通商局長に安藤太郎を、取調局長に栗原慎一郎を任命する。今風に言えば「お友達人事」ということになる。

安藤太郎は若くして蘭学や英語を学び、築地の軍艦操練所や横浜のフランス国陸軍伝習所などで軍事訓練を受けた。戊辰戦争時には見習い二等士官として回天に乗艦。五稜郭で榎本と共に闘い、降伏後に箱館台場に禁錮された。

釈放後、彼は明治政府の下で大蔵省に入ったが後に外務省に移り、香港、ハワイなどの領事を歴任する。榎本武揚駐清国公使の下で精力的に活動した経験が買われ、上海領事館勤務もした。榎本武揚が終生親しくしていた外交官のひとりである。

「移民課設置の理由」と題する記事が『読売新聞』の九一（明治二十四）年八月五日から三回連載されている。

移住地候補の調査・南方への移民派遣

政府内部の反対を押し切って、榎本外務大臣は積極的に外国からの契約移民の誘致に応じようとした。しかし、多額の植民地調査費を国家予算から獲得することは閣僚の中に支持者のない元幕臣の外務大臣には困難であった。予算として、調査費三〇万円を請求したが、松方内閣の閣議で五万円に減額されてしまう。

その上、松方内閣が議会を解散することになり、翌年予算の成立を見ることは出来ず、結局さらに減額された四万円での執行となった。それでも榎本外務大臣は、移民課長に命じて「移民調査」を開始させた。『読売新聞』の九一（明治二十四）年八月二三日付けの朝刊には「外務大臣の殖民政策」と題する記事が掲載され、「殖民政策の方針はもっぱら南方諸島にあり……」と書かれている。

榎本の指示で、吉佐移民合名会社が設立され、ニュー・カレドニアへの移民契約が締結され、一八九二（明治二十五）年一月、日本郵船の広島丸で六〇〇名がこの諸島へ渡った。「天国に一番近い国」と言われるこの諸島は、ナポレオン三世が一八五三年にフランスの植民地にした場所で、世界有数のニッケルの産地である。しかし、当時はフランス人の囚人一二〇〇名と、看守二〇〇名しかいない島であった。ニッケルは太平洋戦争時、旧日本軍がガダルカナルで壮絶な死闘を行なった目的の鉱物資源である。

榎本武揚、日本郵船、吉佐移民合名会社により、オーストラリアのクィーンズランドの甘蔗耕地へも移民約一〇〇〇名が送られた。英領フィジーへの入殖は失敗、その他は実現されなかった。しかし移民調査はニュー・ヘブライズ群島、フィリピン、マレー半島、シャム（現タイ）などでも行なわれた。最後の殖民調査地がメキシコであった。

一方、メキシコへの殖民・移住事業を成功させるには、実学の精神を持った若者を育てる必要があるとも考え、農学校を創設する。これが現在の東京農業大学である。「学びて不足を知る」というのが榎本の座右の銘であった。外国語に堪能であった彼は、ラテンアメリカ地域の言語であるスペイン語にも関心を持ち、「スペイン語学会」の初代会長を務め、現在の一橋大学の前身の東京高等商業学校でのスペイン語講座開設にも一役かっている。メキシコへ移民を派遣する準備は着々と進められた。

東京・九段の北辰社牧場跡

民間の殖民協会を創設する

榎本はかつて開拓使として北海道を調査しながら「鉱業王国の設立」を夢みたことがあった。しかし、米国人の技師ケプロンと反目抗争し、方向転換して土地開墾に着手する。対雁と小樽に広大な土地を入手し、小作開墾のために北辰社という会社を組織した。そして、北辰社牧場を東京、飯田橋から九段に抜ける北側に設置し、四〇〜五〇頭の牛を放牧した経験を有する。この牧場跡の記念碑は現在も残っている。

明治二十年代には、米国への移民が進み、人口問題を中心に海外移住について世間で議論されるようになっていた。政府の移民政策を待てずに榎本は、ついに一八九三（明治二十六）年三月、「殖民協会」を設立する。これは、英国の「移民情報局（Emigrant Information Office）」を模範とする殖民に関する民間団体であった。

「……当面の事業としては、ただちにこれを実行に移すのではなく、わが国の輿論を作興(ママ)して殖民の事業を奨励し、海外探検の実況を報告して内地人民の注意を喚起するものである……」と、榎本は協会設立の主旨を述べた。そして、代議士の根本正と農学者の橋口文蔵をメキシコへ調査に派遣した。

一八九五(明治二十八)年に「墨国移住組合」を組織し、総額五万円を集めることを目標とする。会員は二三名で、集まった資金は一七八〇〇円(うち榎本が一万円を出資)であった。翌年、「日墨拓殖株式会社」を設立した。一株五〇円の株式を四〇〇〇株発行した株式会社である。(榎本が一〇〇〇株を引き受ける)。ところが二〇八一株が未処理のままであった。

一八九七(明治三十)年一月二九日、メキシコシティーにおいて、室田義文総領事とマヌエル・フェルナンデス農商務殖民大臣の間で、「エスクイントラ官有地払い下げ契約」が調印された。この契約書は、「一ヘクタール墨貨幣一ペソ五五センタボ、契約の日から一五年間の年賦払い、二千ヘクタールにつき日本人一家族を入殖させる」という内容であった。

太平洋に定期航路が開かれる

メキシコへの移住実施には、太平洋に定期航路が開設されるという背景もあった。榎本が逓信大臣であった一八八五(明治十八)年、郵船汽船三菱と共同運輸会社が合併して、「日本郵船会社」が設立された。この会社の創設願書は農商務大臣西郷従道に提出され、逓信大臣榎本武揚が許可を与えた。

太平洋航路開設について、日本郵船の森岡昌純社長は一八八七(明治二十)年に松方大蔵大臣、榎本逓信大臣に伺書を提出している。そして、太平洋航路は日墨修好通商条約が締結される翌年に開設されることとなった。日本郵船の幹部との会合の席で榎本は、「メキシコへの殖民計画は、日本の船会社による太平洋航路の開設が不可欠であろう。君たちが頑張れば将来は大きく開けるだろう……」と、メキシコへの殖民移住の実現に意欲を示した。ところが、政府からの助成金問題などからすぐに太平洋航路は開設されなかった。榎本は外務大臣を辞任した後、枢密顧問官となった。

そして、一八九三(明治二十六)年に逓信大臣黒田清隆宛に「墨豪二航路に関する意見書」を提出した。当時は豪州線、欧州線、米州線が妥当と考えられていたが、榎本は豪州の次にメキシコ線を置く必要性を強く説いた。

やっと三年後に「航海奨励法」と「造船奨励法」が議会の承認を得る。そして、香港とシアトル間に月一回の定期航路が開通することになった。一八九六（明治二十九）年八月一日、神戸港から三池丸が米国西海岸のシアトルに向けて出航する。

「エノモト移民」がメキシコへ向かう七カ月前のことだった。

最初の移民団がメキシコに上陸

日本とメキシコの友好関係

日本とメキシコの交流は古く、秀吉の時代にスペインの植民地であったヌエバ・エスパーニャ（現メキシコ）のアカプルコ港とマニラ港の間を往復して交易していたガレオン船が土佐へ漂着したことから始まる。家康の時代にはスペインの植民地であったフィリピンの総督の乗った貿易船が千葉の御宿に流れ着いた。長い鎖国時代を経て幕末には、日本の漁船が難破して漁師たちがメキシコに辿り着いた記録がある。

そして、明治時代になり新たな交流が始まった。それは、メキシコから金星観測隊が一八七四（明治七）年にやって来たからである。各世紀に二度のみ生じる現象「金星の太陽面通過」を観測するためで、この現象は「金環食」と呼ばれた。コバルビアス観測隊長は、メキシコに帰国後に日本での金星観測旅行報告書をまとめて政府に提出した。これには専門的な天文報告以外に新生日本の政治・経済・社会状勢についての報告が詳細にされていた。

寺島宗則外務大臣と会見した観測隊長は、「日本における銀の消費量は増大し、まず外交関係を樹立して貿易を開始することが両国にとって利益のあることだ」とする、日本の外務大臣の考えをメキシコ政府に伝えた。また報告書には「日本人は中国人より規律正しく悧巧で、また勤勉であるから、日本の移民を優先して誘致するべきである」と書かれていた。メキシコ政府は日本からの移民誘致に強い関心を持った。

当時、メキシコは諸外国との貿易と移民導入による国内開拓を進めていた。マティアス・ロメロ大蔵大臣は銀の東洋輸出を立案する。日本を訪れた金星観測隊の報告書の影響もあり一八八〇年代、日墨間の通商交流を開始する動きが出てきた。米国のワシントンにおいて日本の高平小五郎臨時代理公使とメキシコのマティアス・ロメロ公使の間で交渉が始まった。そして、一八八八（明治二十一）年一一月三〇日、「日墨修好通商条約」がワシントンでロメロ、陸奥宗光両公使の間で調印された。

これは一一条から成る平等条約であった。それまで日本が米国、英国などの諸外国との条約で課せられていた治外法権の撤廃にひとつの先例をつくることになり、明治政府の条約改正の金字塔となった。

榎本殖民が上陸したチアパス州、サン・ベニト港（現プエルト・マデロ）

一八九一（明治二十四）年、日本政府はメキシコシティーに公使館を開設した。これはラテンアメリカ地域で最初の日本公館であり、六月、館野五郎が駐メキシコ特命全権公使に任命されてメキシコへ向かった。一〇月、ホセ・マルティン・ラスコンが駐日特命全権公使として来日する。こうして両国の友好関係は始まった。

「エノモト移民」チアパス州のエスクィントラに入殖

一八九七（明治三十）年三月二四日、横浜港から太平洋汽船会社の便船「ゲーリック号」に草鹿砥寅二（くさかどとらじ）を監督とする「エノモト移民」三六名が乗船した。二七日付けのザ・ジャパン・ウィークリー・メール紙にはこの船の乗船名簿が掲載されているが、彼らの名前はない。ひっそりとした移民団の出航であった。榎本武揚は足尾銅山事件で責任を問われていた。

移民団を乗せた船はハワイ、サンフランシスコに寄港。その後メキシコのアカプルコ港、サリナス港を経由して南部チアパスへ向う。監督の草鹿砥寅二（愛知）に率いられてメキシコへ渡った「エノモト移民」のメンバーは次の通りであった。

一　自由渡航者（六名）

照井亮次郎（岩手）高橋熊太郎（宮城）太田連二（宮城）
菅原幸徳（岩手）清野三郎（宮城）村松石松（愛知）

収穫物を前にした榎本殖民（1900年頃）

二　契約移民者（二九名）
太田弥作（桑港上陸）黒柳緑蔵（愛知）白井要作（愛知）
山口金助（愛知）山田新太郎（愛知、船中で病死する）
山本仙吉（愛知）杉浦竹松（愛知）三井久吉（愛知）
米沢兵次郎（愛知）鈴木平太郎（愛知）山口徳太郎（愛知）
鈴木応二（愛知）岡田六蔵（愛知）鈴木若（愛知）
山本浅次郎（愛知）杉浦仁作（愛知）松木栄吉（愛知）
渡辺八平（愛知）中村善平（愛知）野沢為三郎（愛知）
有馬六太郎（愛知）山下栄吉（兵庫）小林宇之吉（兵庫）
坂本和太郎（兵庫）東与市（兵庫）大畑菊松（兵庫）
金山嘉蔵（兵庫）橋本鶴二（兵庫）志水芳太郎（兵庫）

これら「エノモト移民」のそれぞれの出身地を見ると、愛知県出身者が多い。それは、監督が彼の故郷の近郷に在住する人びとに殖民移住の募集を行なったからである。

自由渡航者というのは、自らの意思と経費で渡航に参加する者だった。彼らは現地で、独自に土地を購入して入植事業を行うのを目的としていた。利益は全額自分のものとなる。他方、契約移民は日墨拓殖会社に雇用され、毎月会社から給料を受け取る労働者である。五年間入植地で労働に従事すれば、土地を無償で与えられ定住することが出来た。

横浜から四八日間の航海の末、三六名は五月一〇日、メキシコの最南端、チアパス州のサン・ベニト（現プェルト・マデロ）に到着した。

海岸から約二〇キロ内陸のタパチューラ市に移動した彼らは、英国の測量会社の倉庫に泊まった。入殖地までの約一〇〇キロの道程を、彼らは徒歩でウエウエタン、ウイストラなどの村々を通り目的地のエスクイントラに到着したのは五月一九日であった。

しかし、コーヒー栽培をするには海抜六〇〇メートル以上の高さが必要であったが、そこは海抜一四〇メートルしかなかった。それに、移民団が到着した時はすでに雨期に入り、コーヒーその他の作物の植付けはすでに終わっていた。苦労の多い生活に耐えかね、三カ月後には兵庫出身の八名が入殖地から約三〇〇〇キロのメキシコシティーの日本公使館に抗議に向った。しかし全員が説得されて入殖地に戻る。

資金不足のために年賦を支払うことが出来ずに三年後、エスクイントラの「エノモト入殖地」は岐阜の代議士の藤野房太郎に譲渡され、「藤野殖民地」と呼ばれるようになった。藤野は以前から殖民に関心があり、南方地域にも調査に出かけていた。

この時、「エノモト入殖地」の人びとの中から帰国する者、他の地方に行ってしまう者も出て、一応解散のような形となった。しかし、自由渡航者として入植した照井亮次郎をリーダーとする高橋、清野、契約移民の鈴木、有馬、山本浅次郎たちは力を合わせ、三奥組合を結成した。それは後に「日墨協働会社」となる。事業に参加する者は、不動産、資本金はもとより、知力、労働力、経済力などすべてを会社の財産とした。給料は払わない代りに衣食住の費用は会社が負担した。このような社会主義的な性格の強い規則を定めて、みなが一致協力して事業を拡大させてゆき、大成功を収めた。

榎本武揚の殖民移住の理想は、タフコ農場の山本浅次郎、ハラッパ農場の布施常松、エスペランサ農場の高田政助、そして植物学者の松田英二らへと受け継がれていった。

ラテンアメリカ地域最初のコーヒー農園主の誕生

一九〇七（明治四十）年度の駐メキシコ日本領事館の報告書によると、「エノモト移民」の入植したエスクイントラ村とその周辺には約五〇名の日本人が活躍しており、それらの家族合わせて八三名の日本人村が出来ていたという。

エノモト移民たちが組織した「日墨協働会社」の次に、

現地で力を得たのは「小橋・岸本合名会社」であった。米国よりやって来た小橋燈吉と岸本槌彦が共同で経営する会社で、商店と牧場の二部門を兼業していた。年間の売上は一二万ペソと大きなものであった。

小橋は静岡県の出身で、青山学院を卒業後渡米し、サンフランシスコのリンカーン商業学校に学んだ。岸本は福岡県出身で、駒場農科大学獣医学部卒業後渡米した。メキシコが外国人移民を歓迎していることを知り、ふたりは一八九七年にメキシコに渡ったのであった。

小橋は七三〇町歩の牧場と「フィンカ・フアレス」という四〇〇町歩のコーヒー園を経営した。この広大なコーヒー園はラテンアメリカ地域で最初の成功例であった。太平洋戦争前には年間二三万キロの生産量を得ていた。

しかし太平洋戦争のために、財産は全部メキシコ政府に没収されてしまう。小橋の子供九人のうち、ホスエ・コハシはチャビンゴ農学校の名物教授で、学生たちから「サムライ」と呼ばれていた。

「エノモト移民」のリーダー格で、自由渡航者の照井亮次郎は一九二八（昭和三）年、早稲田大学の浅見登郎教授に宛てた書簡の中で榎本武揚に対する想いを次のように記している。

「……榎本武揚子爵の精神は、爾(ママ)たる一拓殖会社と共に朽つることなく、今尚ほ炳乎(ママ)として吾人の胸中不断の生命となって宿り居るものに候。五稜郭に捨つべかりし残軀を墨國の野に晒して伴食宰相の汚名を濯ぎ、光輝ある生涯の最後を飾らん事を子爵に勧告したる小生は、今日の殖民地見ずして逝かれたる老子爵を悲しみ、帰國毎に一度は必ず本郷駒込の吉祥寺の墓前参拝して心計りの報告を潜かに子爵の霊に捧げ居り侯……」と。

一九〇八（明治四十一）年一〇月二六日、榎本武揚は永眠する。享年七二。

南米大陸のペルー、ブラジルへと広がる日系人移住

「エノモト移民」に続いて、メキシコには一九〇一年から七年までの間に八七〇六名が契約移民として北部の炭鉱、綿花耕地などに送られた。そして、一八九九（明治三十二）年、佐倉丸で七九〇名が南米ペルーへ渡る。一九〇八（明治四十一）年、笠戸丸でブラジルのサントスに到着したのは七八一名であった。ちょうど一〇〇年前のことである。ペルーには清国から下級労働者が来ていたし、ブラジルはアフリカからの黒人奴隷が農業生産力であったが、これらに替わる労働力として日本人移民が誘致されたのである。現

地での生活・自然条件は言語に絶する過酷なものであった。

一九九七年五月、秋篠宮同妃殿下のご臨席を仰ぎメキシコで盛大に「日系移民百周年記念」式典が挙行された。「エノモト移民」が上陸したプエルト・マデロ海岸に記念碑が建てられ、また、タパチューラ市の通りに「プリンシペ・アキシノ・ブレバード（秋篠宮通り）」が誕生した。

エノモト移民が百年前に設立したタフコ牧場を現在守るのはバルビーナ・ヤマモト（山本浅次郎の孫娘）、ソコヌスコ郡の牧畜協会会長である。ガリレオ・コムカイ・マツイはアカコヤグア市の市長で、早稲田大学の卒業生・小向鉄太郎の孫である。カルメン・ミツイは移住百周年の実行委員長で、三井久吉の孫娘である。タパチューラ市で開業しているマリオ・ニーミ・アリマ博士は地域の人びとに尊敬される医学者で有馬六太郎の孫である。このようにチアパス州、ソコヌスコ郡の各分野のリーダーたちはエノモト移民の末裔であった。

戦後、ボリビア、パラグアイ、ドミニカ共和国にも日本人移民が多数渡った。そして、一九九〇年南米ペルー国にアルベルト・謙也・フジモリという日系大統領が誕生した。

一九九八年、九九年と二年間メキシコのチアパス州、ソコヌスコ郡に日本政府のＯＤＡ（海外開発援助計画）の一環として、「農牧畜総合開発計画」の調査が実施された。これは「エノモト移民百周年記念」事業として計画されたものであった。

これに参加する機会を得た私は、先に述べた「エノモト移民」の末裔と現地で知り合うことが出来た。祖父たちが日本から持ってきたという頑丈な木箱や五つ玉のソロバンなどを宝物のように大切に保管している姿を見て感動させられた。彼らは日本人の血を受け継いでいることを誇りにしていた。

榎本武揚が生涯をかけて情熱を燃やした「植民・移住事業」の夢は、一世紀をかけてメキシコから広くラテンアメリカ地域に根付き、花開した。そしてエノモト移民の歴史は、二十一世紀の日本とこの地域との友好関係の「原点」となっている。

参考文献

加茂儀一『榎本武揚』中央公論社、一九六〇年。
井黒弥太郎『榎本武揚伝』みやま書房、一九六八年。
山本厚子『時代を疾走した国際人　榎本武揚——ラテンアメリカ移住の道を拓く』信山社、一九九七年。
角山幸洋『榎本武揚とメキシコ殖民』同文舘出版、一九八六年。
『榎本殖民』榎本殖民七〇周年記念事業建設会、一九五七年。
上野久『メキシコ榎本殖民』中央公論社、一九九四年。
山本厚子『メキシコに生きる日系移民たち』河出書房新社、一九八八年。
武田八洲満『マリア・ルス事件』有隣堂、一九八一年。

戊辰五月東軍之諸将於五稜郭酒宴之図

III 内政

「我々は単に政府の補助を待つて
而して後始めて運動する者でありませぬ、
必ずや雖無文王猶興（ぶんおうなしといえどもなおおこさん）の精神を以て
別に自ら計画する所が無くてはならぬ」

榎本武揚

（殖民協会会長演説）

東京農大の産みの親
【農業観と農業教育】

松田藤四郎
Matsuda Toshiro

榎本武揚は大農論者、横井時敬は小農論者

まず、はじめに曾孫にあたる榎本隆充さんは武揚を「たけあき」と読ませるのがお好きのようですが、私は「ぶよう」と読ませるのが好きです。これには根拠があります。例えば明治四十一（一九〇八）年一〇月三一日の「都新聞」第七・四二八号を見ると、総ルビです。小学校卒業生でも読めるようにたくさんルビを振っていた。第二次世界大戦の戦時中も新聞はルビを振っていた。

そこには武揚のルビに「ぶよう」と振ってある。だから晩年は「ぶよう」と読ませたのだなと思いました。今は「たけあき」が一般的になっていますが、私はあえて「ぶよう」と読んでいます。

農業には小農、中農、大農という分け方がありますが、農業観でいえば、榎本は基本的には大農論者です。そして東京農大の初代学長の横井時敬（一八六〇―一九二七）は水田農業中心の典型的な小農論者。榎本は畑作を中心に考えた。それは、北海道が念頭にあったからです。

小農国で典型的なのが日本と東アジア、東南アジア。つまり日本は面積が狭く、一定の面積で多くの収量を上げようという方法です。現在の日本は平均一・二ヘクタール程の小さい農業国、小農国の典型です。中農国の典型は、ヨーロッパ。特にフランス、ドイツです。これらは二〇ヘクタール前後の中農国。大農国は一五〇ヘクタール前後。典型的なのはアメリカ、カナダ、オーストラリアです。

これらの小農国、中農国、大農国の論者を分けると、榎本は基本的には大農論者です。札幌農学校のウイリアム・クラーク博士は大農論者。横井は駒場出身の小農論者です。

東京大学農学部の前身は駒場農学校でした。駒場農学校は明治十（一八七七）年にできた学校です。日本の近代農学は札幌と駒場が発祥の地で現在の北海道大学農学部・東京大学農学部です。

クラーク氏はマサチューセッツ州立大学（ランド・グランド大学）の学長在任中に札幌に来たのですが、彼は札幌農学校で教頭並びに農場長に就いた。マサチューセッツは北海道とはほぼ同じ環境だから、アメリカ農業が移行可能と考えただけです。北海道を特別に思ったのではない。マサチューセッツで農業大学ができたのは早い方。それを誘致したのも彼です。

私はマサチューセッツに二年間留学しました。私が北海道生まれということだけでです。マサチューセッツはヨーロッパからの移民が着いたところです。コネチカット川というのがあり、そのほとりは肥沃だけど川からちょっと外れると石がごろごろ出る。農民は石を拾って畑を耕した。その石で石垣をつくり、畑を囲っています。その頃も今も農業は家族経営が基本です。当時は馬耕でした。

「理」の人、「情」の人

明治二（一八六九）年に蝦夷から北海道になります。榎本は箱館戦争後に囚われて東京辰の口の牢屋に収監されますが、明治五（一八七二）年に出獄します。箱館戦争参謀の黒田清隆が丸坊主になってまで榎本の助命嘆願に奔走しました。当時、黒田は次官です。長官は岩村通俊でしたが、黒田が全権を握ってすべてを任せられた。

そのうち黒田が北海道長官に就任し、権力を振るう。汚職事件などいろいろあったようで裁判も波乱含みでした。それで当時の裁判官をやめさせて榎本を中判官にしたのです。黒田は榎本の才能を買っていたから、のちに黒田の長女・梅子さんを榎本の長男・武憲さんに嫁がせる仲にまでなります。黒田は薩摩です。長州側は榎本を切れと。だけど榎本は一命をとりとめて出獄しました。黒田は榎本より年下です。

榎本は出獄後すぐに北海道開拓使四等官になります。四等官といえば、県知事並みです。最初、榎本は北海道に出仕しますが、黒田清隆は、まだ子供の津田梅子等を連れて訪米します。当時の農務長官（農務大臣）はケプロンですが彼自身が札幌へ来ることになった。
黒田は彼に北海道の開発計画を依頼します。特にあの頃急務は炭鉱です。北海道の炭鉱を探させた。ついでに金山のことも調べさせた。鉱物資源一般です。黒田清隆が榎本を東京から呼び、鉱物資源の調査をさせた。北海道開拓使で四等官にして、北海道開発の鉱物資源調査を榎本に頼んだ。黒田は一方でケプロンに、一方で榎本に命じて競争させた。それで榎本がイクシベツ炭田を発見することになる。

空知・静内の炭田を見つけたのも榎本です。それから釧路川で金鉱を発見したのも榎本。金鉱発見は榎本ではないという人がいるけど実際は榎本です。ケプロンと榎本は北海道開拓でことごとく対立します。茅沼からの石炭搬送をめぐっても大口論となる。黒田が間に入っておさめた。ケプロンにすれば、自分は先進国の農務長官だという自負がある。しかし、榎本に会ってみたら英語は達者だし、国際情勢は熟知している。こんな人間が日本にいたかと思うぐらいの博識であったから癪に障ったのでしょう。それで榎本を抑えこもうとしたのでしょう。

その時の榎本の調査内容が『北海道巡回日記』（自明治六〔一八七三〕年九月一六日至同年一二月一日）にある。調査の時、鉱物資源の他に地方の人口や気候、農業、漁業、アイヌの生活・文化まで調査して、それらの開発可能性と改良方法まで克明に書いています。

榎本は大農論者といっても家族経営ですが、北海道には一年半ぐらいしかいません。彼は海軍中将の肩書きで駐露特命全権公使として赴任（自明治七〔一八七四〕年一月一八日至同十一〔一八七八〕年九月二八日小樽着）し、懸案の「樺太・千島交換条約」を成立させる。当時外交官は軍人でなければ相手にされなかった。農業の面では榎本は理論家であり実践家、しかも理想家肌でした。そして、バランス感覚もあった。「理」の人であり、「情」の人といえる。あれだけ人望を集めた（例えば葬儀の際参列者の列が長さ一里にもわたった）ということは情がないと、理だけではとても人の上に立てない。北海道の現状を見てこれはアメリカ流の大農経営で行かなければだめだと。そのためにはアメリカ式の馬耕で畑を二頭引きで引かせるとか、脱穀機などの機械を入れなければだめだと持ち前の知識を生かした。

『シベリア日記』に残された緻密な観察力

ロシアの全権公使を終えて帰朝する時、普通はヨーロッパ回りで帰るところを、わざわざシベリア回りにした。これには、北海道（蝦夷地）が常にロシアに遅れているという思いがあったからである。蝦夷は昔、北蝦夷と南蝦夷に分かれていた。北蝦夷は樺太（現在のサハリン）、南蝦夷が北海道。両島とも日本の領土としていました。

『シベリア日記』は、榎本が死んでから出てきましたが、明治十一（一八七八）年の七月二三日から始まって、帰京したのが一〇月二日。ずっと鉄道・馬・船で移動した。横断するのに六六日かかっています。途中つぶさに観察しながら。七月、八月、九月……。一〇月二日まで、毎日書いています（三日間記録無し）。

ペテルブルグからモスクワまで六〇四ウヨルスト（露里）――ロシアの単位で大体キロと同じです。（一キロ＝大体一ウヨルスト）。モスクワからニジニ・ノブゴロドまで、四一・〇ウヨルツトで、汽車で行ってます。シベリア鉄道はそこ迄です。気温は七月で一一度C。

それで土壌は粘土、畑そのものも少ないと書いている（七月二六日）。モスクワから四一〇キロ離れたニジニ・ノブゴロドまではずっと平地だと。そこに、一軒の農家があった。「貧しきこと、北海道土人の小屋のごとし」と書いている。黒麦とフラックス（亜麻）皆小にして秀でずと。麦と亜麻が畑に植えられていて、地味が悪いので背も低い（七月二九日）。麻は温帯の日本でもつくられたけれども生産量は低い。ところが亜麻は北海道の特産で、普及させたのは榎本です。第二次世界大戦中は十勝、網走に亜麻畑が盛んにつくられた。彼はロシア全権公使時代に官舎で亜麻を実験栽培した。北海道にとって有能な作物と書いている。

ニジニ・ノブゴロドからカザンまで三八一ウヨルストを船で行く。その後、カザンからアスタラハンへ行く。一七八五キロ。四日間、ウオルガ河を船で旅をした。カザンからペルムまで一〇二三ウヨルスト船旅。ペルムの地味は粘土で沙が交て膏腴也。畑は山上迄能く耕せり。松多し。ペルムからタランタス（有蓋旅行馬車）の馬旅である。

そんな時でも観察力は衰えない。農家は丸太の家で貧小なりとか。船着場（ペルム）ごとに苺、胡瓜、牛乳、パンなどを農婦が売りに来るとか。ロシアの道幅は一〇間とも書いている。その両脇にまた一〇間の牧草がずっと植えてある。馬がそれを食べます。ウラル山脈までずっと国道。山脈を越えるとちょっと狭まって八間幅になります。

榎本が使った馬はキルギス系です。やや小さいが丈夫です。フランスは農耕馬で有名ですが、競馬みたいな小さいのではない。北海道の農耕馬はフランスから輸入して掛け合わせてつくりました。榎本は、馬にも関心があり、この馬はキルギスの種類だと、そこまで観察していた。

エカテリンブルグ付近の土質は粘土にして灰色。いわゆるベルム・フォルマーシー（二畳系）です。それで畑が五分、林（但し大樹なし）が五分、札幌近郊によく似ている。農業は小麦が中心。そしてウラル山脈手前に来ると、中国商人がお茶を売りに来ていた（八月七日）。中国茶というのは、日本の茶葉と違って煉瓦状に固めたものです。

ウラル山脈を越しますと肥沃な土地になって穀類の育ちがいい。黒麦、燕麦、ソバ、フラックス等が多いと書いている。燕麦とはカラスムギ、今は健康食品として売っていますが、馬に食べさせる餌です。樹木の種類もカンビとか、カバとか松とかが多い。かまどの火を熾すのはカンビの皮。シラカバの種類です。皮が厚くて火がぼっと燃える。北海道にも多い。それから、ウラル山脈を越えシベリアに入り、トムスク府まで来るとビール工場があった（八月一五日）。イルクーツクに着く直前。タバコ畑もあった。

八月一七日、ボロインカ村というところを通ります。ここで初めて養蜂農家と出会います。蜜蜂を飼っている者が多いと。蜂蜜は一ブード当たり二・五から三ルーブルと書いています。蜜蝋もつくっている。蝋燭は、当時ロシアは豚の脂から作っていた。たくさんの養蜂場があり、馬が好んで食べる塩分を含んだ草があったことも聞いている。馬というのは汗をかくから塩分が必要になる。人間に塩分が必要なように馬にも必要です。私は牧場経営の息子ですから、朝乳を搾ったら夕方頃まで牛を牧場に放牧させる。夜七時ごろには集めなければいけない。その時に何で呼び戻すかというと、塩です。夕方には必ず塩がもらえるから、牛があちこちから戻って来ます。モンゴルもそうですよ、あそこは岩塩です。

それから価格も全部書き残した。乳牛は上、中、下で何ルーブルとか、馬は、ブタはと全部書いている。牛肉、黒麦、ソバまで書いている。農家はみんな貧しくて、八月でも寒いのに子供はみんな裸足だと。また牧場が極めて多くて、牛、羊、豚、雁、鴨を飼うことや、熊、狼が出ることまで書いている。

それから、黒竜江を川で下る。あそこはシャケが釣れます。行程の約四割が船です。それで国境付近になると軍事基地があって兵隊もいる。付近に兵隊が三千人もいると。本当は、兵隊がどこにいるかも調べていました。兵隊がどのくらい駐屯しているかなど全部調べた。

ちゃんと税金の額まで書いてある。農業から税金をとるのはこう書いています。百姓は男子一人当たり一五ジェシャチーナの畑を政府から受けている。ジェシャチーナ（一ジェシャチーナ＝一・〇九三ヘクタール）というのは、向こうの面積の単位です。一人一五ジェシャチーナあるでしょう。畑で三ルーブルを納めると。税金を政府がとる。地租ですね。それ以上は税金を納めなくてもいいと。それから、シベリアには流刑の罪人がいる。罪人は村人と離れて住み、伐採をしている。村人の娘と結婚すると許されて、畑をもらえることまで書いてある。

家族中心の労働力プラスアルファ、という経営感覚

彼自身がエンサイクロペディア（百科事典）だから、その知識から北海道開拓に農業が必要だということを確信していた。シベリアと比較して北海道に適するものは何かをこの旅で考えた。日記を毎日書いている。気象を朝・昼・夜、一日三度も測っている。農業は気象が大事ですから、気象学も勉強していた。それから土壌のことも。どんな植物を北海道に普及させたらいいかと考えていた。

ところが、ロシアは遅れているから家族農業です。北海道はロシアの方法ではなく、アメリカの方法がいいと考えた。先ほどの大農論というのは、家族中心の労働力ですがプラスアルファがある。プラスアルファは今の日本でやっている中国研修生と同じ扱いです。家族だけではやっていけないので雇い人として賃金を払って、それで大きな経営をする。農業は、蒔く時と収穫する時でしょ。あとは中間で雑草とりがある。家族だけでは労働力不足なので、その時だけ人を雇えばいい。例えば、越後の農家はみんな千葉に出稼ぎに来て田植えして、帰って自分たちの田植えをし、収穫でまた千葉に来て、また帰って自分たちの稲を刈る。昭和三十年前半までです。それと同じです。

榎本の時代の百姓はどうだったかというと「手作地主」です。これは「寄生地主」の反対語。寄生虫のように土地を買い占めて小作人に仕事をさせる。自分は働かないで、寄生虫のような存在です。小作人から小作米をとり上げる。それが寄生地主。これが、日露戦争後一気に日本中に普及した。だから戦後小作解放をしたのは、農地の半分は小作地だったからです。山形県酒田市の本間様は大地主でしょう。三千町歩水田を持っていた寄生地主。明治末から大正初めには小作農がいたるところにいた。

日露戦争前までは、手作地主が日本の農村を支えていた。これは幕末から新田開発を中心にその傾向が強かった。村は地主制度があって本家と分家がある。本家は大体地主層

です。『楢山節考』を書いた深沢七郎が仙台の農村を舞台にした『東北の神武たち』という小説がある。長男は跡継ぎだけど次男以下は行くところがないから、下男として村で働かせたという話です。当時は地主が家に二、三人雇っていた。家に住まわせると同時にそういう労働力を自分の家に置いていた。だんだんとそれを雇いに変えた。つまり、家族労働力プラスアルファ、そういう経営をしていた。

榎本は大農論者で自ら経営しようと思って、江別の対雁を開墾地として取得した。榎本農場です。いま公園になっていますが、江別の一〇万坪を購入した。普通の屯田兵の六倍ぐらい買った。自分の名義は小樽で使っていたから、役人一人一〇万坪を上限にして払い下げていた。江別を自分の家来の名義で買った。直接経営できないから早川長十郎という人物を雇って管理させた。その後小作地になった。

榎本が死んで長男の武憲が相続した。長男が江別に行って、小作解放をやった。北海道で地主が小作解放をした第一号が有島農場。有島武郎が大正初めに農場の小作を解消した。武憲氏は次ぐらいかもしれないです。彼も大農論者で使用人に管理を任せたところが甘かった。黒字にはならないけど、小作料はとっていた。

なぜ育英黌農業科をつくったか

東京農業大学の前身育英黌農業科をなぜつくったかという経過ですが、ほかにも重要な柱に商業・普通科もありました。榎本が明治初期の教育を実学式にして、産業を発達させなければだめと考えていたからです。彼は海軍出身だから、沼津兵学校の流れで海軍予備科もあった。榎本の農業観から農業教育にも力を入れていた。

そこまで榎本はわかっていたかどうか不明ですが、フランス革命が起き、マルクスが『資本論』を出した頃です。『資本論』が出る前に、フランス中心に社会運動が起きました。マルクス主義の原点は何かというと資本の原蓄、資本をいかにして貯めるか。封建時代は農業しかないですから農業から、地租を政府がとっていた。殖産興業で工場や様々なことをやるためには資本がなければどうしようもないから、それを農業に求めた。必要なことは農業の近代化です。

そういうことを榎本がフランス、オランダに留学して学んだ。ロシアに行く時にはすでにマルクス主義が跋扈していた。近代化の起点には農業がある。それが『資本論』の原点にあります。榎本がそこまで知っていたかどうかは不明ですが、農業の大切さは北海道だけでなく、近代化を考えていた。彼は近代化論者です。そして大農論者です。そういうところを教育に求めたのです。ロシアで実験までやったというのだから凄いです。

榎本が北海道開拓を成功させたいと考えていたのは確かです。それで、明治二十四（一八九一）年三月六日に榎本が育英黌をつくります。ちょうど当時の総理との喧嘩が原因で文部大臣を辞して、外務大臣になる。そのちょっとの間ですね。育英黌をつくる前に徳川育英会というものがあった。明治十八（一八八五）年です。

大塚窪町の東京農学校校舎

それは幕臣が随分薩長にいじめられたから、幕臣の子弟を教育する奨学金を出すという意味で育英会ができた。育英会は、大正十一（一九二二）年に静岡県育英会になります。徳川家は静岡に移付になり、元藩士が静岡に多いですから、静岡県の奨学金は育英会がやった。それまでは徳川育英会というのをつくって、その会長が榎本で、幹事長が伊庭想太郎です。

当時は明治二十四（一八九一）年、明治前半は大学をつくることが流行りました。そして、飯田橋に育英黌ができた。あの界隈は日本の大学の発祥の地です。まず日本人の子弟に法律を教えようと、それで、法律学校がたくさんできた。明治十（一八七七）年前後というのは今の大学の祖型ができた時期。その中で、榎本も奨学金を出すより直接徳川育英会が学校を経営した方がいいと考え、学校をつくろうとしたのじゃないか。それには農業も商業も大事だ。それで農業ばかりでなく、自立させる商業の大事さや普通教育も必要だと普通科もつくった。

それに海軍予備科までつくった。これは徳川の幕臣を軍人にしようと思い、海軍中心の沼津兵学校をつくった。初代の校長が、西周です。オランダ留学に、一緒に行った仲間の一人です。当時の優秀な人がみんな沼津兵学校の教授になっていった。新政府はこれが反乱したら困ると思い、そこから陸軍や海軍に人材を引き抜いた。それで沼津兵学校はにらまれて、結局は閉校になった。

育英黌をつくって、その中に農業科を入れた。札幌農学校は大農論者でしょう。駒場農学校の教師はお雇い外国人で初めはみなイギリス人。彼らは畑作大農論をやっている。これはだめだと。学生はちんぷんかんぷんで、そこで実際の老農を連れてきて、駒場の実験農場をやった。次にドイツから教師を招いた。当時のドイツの学問は進んでいたから医学でも農学でも全部ドイツ式になる。

榎本は育英黌を飯田橋の河岸につくった。どうやって土地を入手したかまではわかってない。そこが徳川ゆかりの地だということはわかるのですが、詳細は不明です。一年後には、昔は甲武鉄道といいましたが、四谷から飯田橋に延長になるということで買収された。その時に育英黌分校農業科として大塚に移った。なぜ移ったかというと、ほかの学問は講義だけでいいけど、農業科といっても実習地が一つもなかった。実習地を持たない農業校はないということで急遽大塚窪町に畑を借りた。生徒は実習地ができたということで満足して、榎本が理事長をした明治三十（一八九七）年まではそこにいた。

大塚に移ってからも生徒は集まらなかった。榎本は理想家と言ったけれども、理想ばかり掲げても生徒が集まらない。最初が四十何人か、卒業したのが二年終了で一八人でしょう。廃校にするより仕方がない。彼はメキシコで榎本殖民のことに夢中になっていた。東京農学校（育英黌農業科改め）の校長は伊庭想太郎でしたが、榎本がもうやめてしまおうといい出した。生徒はみんな駒場乙科にやろうと生徒の行き先まで決めていた。

横井時敬との邂逅

その時に横井時敬が廃校に反対した。明治二十六（一八九三）年に、横井以下五人が今で言う評議員になっていた。札幌農学校の一期生でクラーク氏に直接習った旧幕臣の渡瀬寅次郎、彼だけが札幌農学校出として残った。横井は学校がなくなるのは生徒がかわいそうだといって、大日本農会にくっつけた。横井が大学にまで発展させた。そういう経緯がある。榎本が投げ出したのを拾ったのが横井。彼は、熊本藩の出だ。榎本より二十四歳若い。ずっと後輩ですが、榎本と横井とは随分気が合ったらしい。

　横井は東大の教授で、大日本農会の評議員会議長で、しかも東京農学校の評議員だった。その当時札幌農学校から駒場に変わる時に、若いけれども有名な横井というのがいるということで榎本が横井に会ったのです。横井は少壮の農学者だったが榎本も武士の一人として頑張った方だ。お互いに本音は武士道で通じ合ったのではないか。

大塚窪町の東京農学校校舎

　横井は小さい時から熊本藩で武士道を教え込まれた。熊本洋学校に入るが、横井時敬は十三歳、一番若くして一期生でした。

　L・L・ジェーンズの教え子で助手までした。だけどL・L・ジェーンズは、クラーク氏と同じキリスト教のピューリタンです。有名な熊本バンドで賛成派、反対派に分かれた。花岡山がクリスチャンです。だけど横井時敬だけは武士道に殉じて絶対にキリスト教徒にならない。札幌農学校の新渡戸稲造とは異なるところです。

横井時敬と新渡戸稲造

　新渡戸は札幌農学校出です。一高の校長で、農科大学の教授でした。横井は農科大学農学第一講座の担任ですが、新渡戸は横井とは不仲だったといわれています。つまり新渡戸は札幌農学校だからいわゆる大農論者で、横井は小農論者。全然違う。札幌農学校の出身者は海外に出るのが多い。ところが駒場の学校は内地の、農商務長官や試験研究も全部東大の農学校が押さえている。それで政府を掌握したのが駒場で、札幌農学校出はなかなか政府の高官にはなれなくて台湾とか海外に出かけていった。だから札幌農学校は国際人が多い、内村鑑三もしかりです。新渡戸はクリスチャンで、奥さんはアメリカ人。横井は終生、武士道にこだわっていた。

《『近代日本の万能人・榎本武揚　1836-1908』　訂正》

本書一七〇頁写真キャプションに誤りがありました。
誠に恐れ入りますが、左記の通り訂正させていただきます。
著者および読者の皆様に深くお詫び申し上げます。

藤原書店

（誤）　大塚窪町の東京農学校校舎
（正）　東京農学校第一回卒業生（最前段中央が榎本武揚）

新渡戸自身は『武士道』という本を書いていますが、それは新渡戸が渡米した時、みんなにどうして日本人はクリスチャンでもないのに倫理的なのかと聞かれた。新渡戸は考え抜いたすえに武士道に思い当たり、それが日本人の倫理観の底辺にあると気づいて『武士道』を書いたという。訳したらみんな納得した。彼は英語が上手です。

横井は、明治九（一八七六）年に廃刀令が出て、刀を差さないかわりにいつも鉄棒を持っていた。それで、アイアンバアーという渾名がついた。ずっと武士道を貫いた。榎本とも武士道精神で一致していたのではないかというのが私の推測です。農業観だけが違って。榎本もそれに気づいてこれではだめだと思い、札幌農学校から現実の小農の水田農業の駒場に変わった。

横井の教えは今でも実践されています。種籾は塩水の比重でいい種ほど下に沈み、悪い種は浮いてくる。塩水選種法というのを発明した。その頃は種籾の良し悪しの選別には説が三つぐらいありました。福岡では林遠里が寒水選で種籾は冷水につければいい種が沈むとかが一般だった。そこへ、横井が異論を唱えた。日本の稲作で初めて実証したのが横井です。

東京農学校への貢献度

東京農学校の設立者は榎本です。東京農学校の前身は育英黌農業科です。文京区の大塚です。わら葺の教室と農場もつくり、それが東京農学校になった。明治三十（一八九七）年大日本農会の付属になり、横井先生にバトンタッチした。

明治三十（一八九七）年に大日本農会の付属になった時には、もう完全に榎本は引きます。そして、榎本は大日本農会に全部寄附する。誰が経営するかというと、横井、君がやれということになり、教頭になって大日本農会の実質的な経営者となった。榎本のおかげで、渋谷の薩摩藩下屋敷だった今の青山学院の隣に宮家の官有地を貸してもらう。

榎本は子爵になったでしょう。敗軍の将が何で子爵にまで上り詰めたかというと、明治天皇に絶大の信用があった。皇居を建て直すのに榎本が副総裁として指揮をとりました。天皇にとっては、榎本はもう心おきなく酒を飲める相手でした。寂しくなると榎本を呼んで、酒の相手をした仲です。だから、すごく信任も厚かったのだと思います。そういう関係だから、榎本は皇室に顔もきいた所以です。

戦時中、農大が被弾しました。校舎はみんな焼かれた。

陸軍の機甲整備学校跡地に移転して現在の世田谷キャンパスになった。機甲整備学校とはトラックや戦車の学校です。戦後は占領軍に全部差し押さえられた。そこへ司令官の許可をもらって、行き場を失った学生を現在の農大一高の兵舎に集めて講義をした。占領軍が引揚げると大蔵省に返した。その後、改めて大蔵省に交渉し、払い下げてもらった。それで渋谷の土地を青山学院に売却し、今の場所に移ってきた。昭和二十二（一八八九）年までは今の青山の中等部、あそこが農大の土地です。

だから大日本農会付属になっても、榎本が援助しています。特に土地の問題は、榎本なしでは渋谷に移転できなかった。

榎本武揚は産みの親、横井時敬は育ての親

横井時敬は、駒場農学校の二期生。そこを卒業して、一旦、兵庫県に勤め、すぐ福岡に行った。福岡の農学校の先生になりますが、農学校はつぶれて試験場になる。試験場で秀でた横井時敬を見つけ出したのは、ドイツ人のケルネル。福岡にすばらしい青年がいると農務省に言って、横井時敬は駒場で初めて農務省の役人になる。そこで上司とけんかして辞任し浪人した。駒場が明治二十六（一八九三）年に農科大学になる時農科大学農学第一講座担任となる。現在は七代目になります。私は横井から数えて農大の三代目に当ります。我妻東策が東大の農業経済学科の二期生です。横井の最後の教え子。彼がつくった農大の農業経済学科の、私は弟子です。横井には私は会っていません。

農大精神というのは特に横井精神。横井精神というのは武士道。武士道といえば榎本と来ます。

やはり榎本なくして、時敬も農大もないわけです。だから農大では昭和四十（一九六五）年代まで横井か榎本かで派が別れるほどだった。当時は農学部長に横井派が多かった。理事長は榎本派だから、農学部長と理事長がぶつかってしようがない。当時の理事長なんか「榎本だ、榎本だ」と言い出して、「いや違う、農大は横井じゃないか」と反論されたりした。それで私が学生部長の時に、間に入って、「榎本武揚は産みの親、横井時敬は育ての親」といったのです。それで決着しなさいと。それから、そういう論争が起きなくなった。横井の影響力はすごいです。だけど、いくら横井が大学にまでしたといっても、榎本がいなければどうしようもないだろうと思います。

世界レベルの仕事をしたエンジニア

【殖産興業・産業立国構想】

中山昇一
Nakayama Shoichi

技術思想をもつ大臣

戊辰戦争の最中、大村益次郎は「榎本武揚は真正直な奴だから、彼の為に人が死ぬ、中々手強い」、飯牟禮喜之助は「榎本は風姿颯爽たる好男子にして、其の云ふ所、皆要領を得、肯綮に中らざるなし。敵ながら、実に榎本には惚れ惚れしたり」と語った。そして、時は移り明治三十五（一九〇二）年、武揚を新たに語る人がいた。

「……日本の大臣杯というものは一体言うと一向技術の観念というものはない。事業思想と云うものはない。まるっきりないのでなくとも、乏しいのであります。之は致し方がない。今更外国の例を引くでもないが、工学士が大統領となると云うことが日本ではないから致し方ないが、自分が技術思想が乏しければ、それを補う一つの機関を造ると云うことの観念が生じなければならぬ。所がそれには余り重きを措いて居なかった。之はどの内閣というのではない、歴代の内閣が皆そうである。偶々榎本君〔武揚〕が技術上の思想があるが却って悪口を言われた。鍛冶屋大臣と云うようなことを言われたが、此人は却って愛する所がある。此榎本君があの際に居られたならば、事に依ったらもう少し仕事を始めて居ったかもしれぬ。要するに内閣大臣が技術の思想に乏しい為に、人を監督することが出来ぬのみならず、分からない。分からぬというのが洵に困るので、……」（明治三十五〔一九〇

二〇年一二月七日「製鉄事業調査会第十三回議事速記録」堀田連太郎（前鉱山技監・製鉄所長官心得）委員の意見）

鉄鋼生産技術の確立と国際競争力の獲得は明治維新以前からの民族的悲願であった。その悲願が集約された官営八幡製鉄所（正式名称　農商務省製鉄所）は明治二十八年（一八九六）第九回帝国議会にて建設予算が承認され、明治三十一（一八九八）年に建設着手した。しかし、途中二年間の建設中止を経てようやく明治三十四（一九〇一）年に一部稼動開始したが、この建設過程の混乱と遅延とを問題として、明治三十五（一九〇二）年に製鉄所事業に関する事項を審議調査することを目的とした「製鉄事業調査会」（古市公威委員長）が設立された。他の委員からも厳しい意見が出された。

この堀田連太郎委員の発言を三枝博音は『日本近代製鉄技術発達史』に引用し、かつ、「この考え方は、あるいは今日でもそのまま当てはまるところが多いように思われる」と記している。

この技術思想をもつ大臣、愛する所のある榎本武揚の殖産興業・産業立国構想とはどのようなものだったのか。武揚の部分情報から全体像の復元を試みる。

武揚の原体験

武揚は長崎海軍伝習所でエンジニアリングという一風変わった名前の学問と出会い、武揚の人生を大きく変えた。それは武揚が熱望したことであり、自分自ら大きく変えたとも言える。すべての知識には事実と論理とがあり、分からないことは実験で確認する。その実験にも論理がある。そして新しい言葉を知った。計算と図である。設計はその言葉によって行われ、新しいかたちと価値が世の中に誕生することを知らされた。一方、機械の操作は武道の稽古と同じで、正しく操作しなければ機械は正しく動かない、適切な操作は自らのたゆまぬ訓練で習得される。今まで朱子学の世界でもがいていた武揚にとって大変な驚きと喜びであっただろう。しかし、これは武揚の人生に深い影響を与えた原体験ではなく、武揚が望んだ入り口である。武揚は、その後、明治政府に出仕後の活動に強い影響を与える三つの原体験をする。

その一

武揚がオランダ留学時代に見た戦争は第二次シュレース

ヴィヒ＝ホルシュタイン戦争だけではない。武揚はヨーロッパを巡りながら欧米各国間の経済戦争を見た。後に武揚が学会で演説する「平和の戦」である。武揚は各国の工業の現地視察をしながらシビル・エンジニアに出会った。「武の戦」のためのものづくりはエンジニアが指揮し、「平和の戦」のためのものづくりはシビル・エンジニアが指揮することを知った。彼らは市場経済システムの中で国際競争力獲得のために日々戦っている。そして時代は、エンジニアという言葉は軍用から民生用に活動する人々の名称となりつつあった。

その二

徳川脱藩軍は蝦夷嶋を占領後、選挙により役職を決め、武揚は蝦夷嶋総裁になった。この蝦夷嶋政権は明治政府よりもより開明的であるという印象を列強に与えたであろう。武揚は食えないから軍事力で蝦夷島を占領し、武士が開拓し、資源探査や事業の模索をした。武揚にとって初めての経験だった。しかし、これは悲劇となって幕を閉じた。軍事占領と殖民のセットは、軍事的に占領したものは軍事的に取り戻されるリスクがあり、その結果、厖大な破壊と不幸とを引き起こすことを知ったのである。すなわち、軍事的占領と殖民地化は食えないことへの安定的解決を与えないことを体験した。

その三

蝦夷嶋総裁となった武揚は、七重村開墾に関する契約（条約）をガルトネルと結んだ。この開墾により七重村は日本における西洋りんご栽培発祥の地となる。武揚はここで実際の欧式開拓法と出会い、殖民契約の交渉当事者となった。プロイセンから殖民する農民の果実栽培技術は日本に対し技術優位であった。殖民者は三年ごとに入れ替わる日本人に欧式農法を指導するという技術移転付き開墾が武揚の契約のポイントだった。オランダ留学時代に予備知識をもったであろうが、ガルトネルとの話し合いを通し、世界中へ向かうプロイセンからの殖民活動への取り組みを知ったであろう。この契約は後に明治政府によって相当の賠償金をもって解消させられた。政権が変わると契約解消になるかもしれないが、すべてを失い、傷つき、人命が失われることはなかった。列強の海上権力が日本政府の一方的解消を許さず、賠償金を払わせたのだろう。武揚は話し合って殖民する方法と出会った。

武揚の殖産興業論と産業立国構想を実現へ

実務者の時代（北海道開拓史時代　明治五（一八七二）年三月八日―六（一八七三）年一二月二二日）

武揚たちは牢中では知識を高めただけでなく、いろいろ構想も練っただろうと想像されている。しかし、大変残念なことに武揚が書いた『開成雑俎』の内容を確認できないため具体的に知ることはできない。大鳥圭介の日記からある程度知ることができ、『大鳥圭介傳』では日記は明治三（一八七〇）年七月二九日まで記載され、ワインや石鹸の作り方の記載で終わっている。以降明治五（一八七二）年一月六日の恩赦による出牢までの分は無く、その理由が定かでないと大鳥は記している。武揚らも一緒に出牢する。

武揚が明治政府へ出仕する明治五年三月八日の前年、明治四（一八七一）年一〇月三〇日のケプロン日誌に「今日、蝦夷の島の開発について、要人と長い間話をする。その中で、外国人の移民に島を開放してはどうか、という驚くべき話が出る」と書かれている。発想の大胆さから、その要人とは黒田清隆で、武揚が黒田に意見したのではないかと考えられる。明治四年に「傳信」が「電信」と書かれるようになり、イロハのモールス符号も制定され、全国で電信線敷設工事が活発化していたが、地方では電信を妖術のように誤解し工事の妨害や作業者へ危害を加える、いわゆる「電信事件」が起きていた。そんな時期に武揚は出牢した。

開拓使となって北海道へ渡った武揚は現場の人、実務家として積極的に活動した。技術者の三現主義（現場、現物、現実主義）を実践した時期である。具体的内容は加茂儀一『榎本武揚』や北海道総務部文書課『新しい道史』などで詳しく知ることができる。

事業計画でケプロンと対立するにいたることも知られている。科学はどう説明するか何を予言できるかを議論するが、技術はなにを実現するのか、どう実現するのか、実現することで生まれる価値は何かを議論する。科学者は答えを知って理屈を問うが、技術者は何が答えであるべきかを問う。ある願望を形にしようとするといろいろな可能性や選択肢が登場する。選択するための価値観も決めなければならない。個々人の世界観（哲学）、知識、経験、発想が目的実現のため、激突するのである。だから、技術の世界では参加者が対立するほどの議論を引き起こすことはよく仕事をしていることを意味している。科学技術屋同士の目的実現のための激論を見慣れない人々は驚いたであろう。但し、ケプロンは武揚を誤解していた。武揚を知らなかったからだ。井黒弥太郎『異形の人』では、ケプロンが武揚を土地漁りしていると誤解していたことを紹介し、実は、武揚は潔白であり、開拓の実験や事業の研究をしていたことを明らかにし、そういった行為は武揚の私腹を肥やすためではなく、旧幕臣時代の仲間のためであったと書かれている。武揚は政府に出仕し国家のことを考えながらも旧幕臣のためにも活動していた。

形成期（駐露特命全権公使時代）

明治四（一八七一）年一一月一二日に出発した岩倉使節団は明治六（一八七三）年九月一三日に帰国し、大久保利通たちは周回遅れで武揚たちの国際認識に追いつき始め、大久保は内務卿となり、富国を優先し、強兵を後まわしにする内治優先路線をとろうとするが、「強兵」路線派が妨げとなってなかなかうまくいかない状況だった。一方、武揚は明治七（一八七四）年一月一八日から明治十八年一二月二二日の間、外交関係の職務につき、テクノクラートとして日本国内の産業政策に直接関わることはなくなった。武揚は北海道の開拓の現場から国際社会へと大きく舞台を変えることになる。明治七（一八七四）年、武揚が日本を経った後、一〇月二九日に日本の電信線の脊髄が形成される。尚、武揚が駐清公使時代の明治十八（一八八五）年四月に伊藤博文が天津へ李鴻章との交渉に訪れ、武揚と交流ができる。

どのような経緯か分からないが、長崎海軍伝習所やオランダ留学時代に世話になったオランダの医師ポンペを武揚はサンクトペテルブルグで雇用した。『朝鮮事情』の翻訳本の序文にポンペ君に訳させたと書かれているだけで、ポンペの日々の働きぶりはよく分かっていない。当然、武揚がオランダから帰国後に起きたことをポンペに話したことは容易に想像できる。また、『朝鮮事情』の翻訳業務から、ポンペが欧米各国の新聞記事、統計などの情報を収集し訳し武揚に報告していたと想像される。武揚はこの方面では単に外国語が分かるだけでなく高い専門知識を有する第一級の人物を配下においていたのである。高い専門知識を有する人物と話し合い、方針を決め、指示する力が武揚にはあった。逓信大臣時代、農商務大臣時代に同じようなスタイルを取り、成功する。

武揚のペテルブルグでの外交以外の活動を加茂儀一『榎本武揚』からピックアップすると次のように整理される。

一、海外事情の情報収集・分析報告（朝鮮、シベリア、トルコ、……）
二、地政学的な見解と施策立案（元山、釜山領有、電信、……）
三、海外の市場情報を把握報告（国内向け、南方殖民地向け）
四、南方殖民と事業（交易、航海事業）の提案
五、技術分野の情報収集と実習、サンプル送付
六、シベリア探検

ロシアで殖産興業・産業立国構想は完成したように思える。ロシアで今までいろいろ考えていたことの裏づけを取り確認していったのではないだろうか。そして、それをベースにしてロシアから日本へ盛んに発信したのだろう。しかし、取り入れられるものは少なかった。何故か？　武揚と同じ程度に有能な人物が日本政府側にいる必要があったのだろう。産業関係の活動として注目すべきは、海外市場で多く取引される日本各地の気候に合う農産物の育成条件など具体的な報告をしている点である。そして、北海道の開拓状況の新聞記事を読んで妻に送った手紙に「従来の開拓使援助一点ばりで他力本願的であることを非難し、自費で開拓する者の出てくるようにしなくては北海道開拓の将来はおぼつかない……」と書いている。これは、榎本殖民のスタイルにつながる考え方と思われる。一方、電信機や孵卵器などを夢中になっていじりまわしながらいろいろ記録している、微笑ましい武揚が想像できる。そして、いろいろ実験を試みては手紙を書いている。必要な知識を移転するためには最後に自分で経験してみて実施に必要な知識、ノウハウを獲得しなければいけない。武揚は実用（実施）上の知識移転、獲得のプロセスを知り抜いていた。

尚、武揚が駐露全権公使の時期に江華島事件が起きた際、その交渉で日本—釜山浦の海底電線敷設の権利を得るべきことなどを書いた書簡を山内提雲に送り、工部省電信権頭石井忠亮に伝わっていたことは、榎本武揚の先見の明の高さを示すこととして日本の電気通信史関係の本でよく取り上げられている。

また、加茂儀一『榎本武揚』で、武揚は日本の電信局へ電信機を送ったと書かれているが、中村喜和『ロシアの木霊』では、明治十年一二月の妻宛の手紙に自宅及電信局にテレホンを送るつもりであると書いていることを紹介している。武揚の感性と時代背景から、テレホンを送ることがあっても電信機を送る可能性は低いと考えられる。

武揚は帰国時にシベリアを横断しながら様々な情報を収集し、記録に残した。今西錦司らが武揚の『シベリア日記』を読んだら、彼は探検家だ、仲間だ、と思うに違いない。

この功績により、梅棹忠夫氏を委員長とする委員会から、西堀榮三郎記念「探検の殿堂」における五〇人の探検家の一人に選ばれた。

構想の実現期1——民間団体での活動

大久保利通は明治七（一八七四）年に「殖産興業に関する建議書」を提出し、明治九（一八七六）年に「行政改革建議書」を提出し、明治十（一八七七）年に西南戦争を制圧し、その結果国内政情の安定を得て殖産興業政策を推し進めようとしていた矢先、明治十一（一八七八）年五月に暗殺されてしまう。政府はリーダーを失い、さらには経済危機が深刻化していく。そして、明治十三（一八八〇）年、大隈重信大蔵卿は「経済政策ノ変更ニ就イテ」を建議し、官業払い下げを始める。この大隈も明治十四（一八八一）年政変で下野し、新たに松方正義が大蔵卿となり松方財政の時代に入る。そのような時代の流れの中、明治十一（一八七八）年一〇月二一日に武揚はロシアから横浜へ戻る。

帰国後も明治十八（一八八五）年までは主に外交関係の職務につき、産業分野に直接かかわることは無かったが、多数の民間団体に参加している。主だった会を次の六のグループに分類した。

一、国内事業
電気学会（初代会長）、工業化学会（初代会長）、気象学会（第二代会頭）、窯工会（第二代会長）、東京彫工会（会長）、日本家禽協会（会長）、日本工学会（副会長）

二、海外事業
殖民協会（会長）

三、海外情報収集・分析
東京地学協会（初代副社長）、東邦協会（会員）

四、国際交流
興亜会・亜細亜協会（会長）、（旧）日露協会（会頭）、東亜同文会（評議員）、スペイン語学会（会長、西班牙学協会）

五、人材育成
徳川育英会・育英黌農業科（初代黌主）

六、旧徳川幕臣など交流
同方会（初代会長）、日光保晃会（初代会長）、江戸ッ子会（会長）、他

これらの団体との関わりは子爵であるがゆえ名誉職として参加している場合もあるだろう。しかし、例えば、工業

化学会では初代会長以降、選挙により三度会長職について おり、また、電気学会では初代から没時まで会長であり、没後、電気学会榎本図書館を設立したことなどから、単に会を飾るために呼ばれたのではなく、会員から尊敬を集めていたことが分かる。

そして、この幅広い民間団体の概要から武揚の殖産興業・産業立国構想の実現へ向けた活動が見える。

まず、海外に目が向いている地学協会、興亜会、東邦協会、殖民協会の目的を概観する。

東京地学協会は明治十二（一八七九）年に設立された。海外の情報収集・分析と報告が目的である。

興亜会（明治一六（一八八三）年から亜細亜協会）は、明治十三（一八八〇）年に設立された。会の目的は、清国、朝鮮とは、時間をかけ平和的手段によって相互の信頼と和平関係を形成し、貿易、経済交流を盛んにし、人や文化などの交流も進め、協力関係を築くことにある。しかし、日清戦争後、活動は停止状態となり、明治三十三（一九〇〇）年三月二五日に大陸経営を目指した東亜同文会に吸収された。武揚は何度か会長職についた。勝海舟は会員にならなかったが会員に勝の影響を受けた海軍関係者が多かったので興亜会を応援していたとされている。武揚は最後の会長であった。

東邦協会は明治二十四（一八九一）年に設立され、その設立主旨は、イギリスの産業革命がもたらしたことは、「器械工場の進歩は無数の力役者をして生業を失はしめ、無量の工産物をして販路に窮せしむ、彼の諸邦は頻に植民地を捜り、頻に貿易地を索め、……、東洋に及ふ……」という認識に基づき、東洋において日本は欧米とのパワーバランスが必要であり、そのために東南洋に関する様々なことに関する調査と研究結果を報告し、移住・貿易・航海への参考にまた東洋人種全体の将来ための参考にすることである。

海軍関係の論文が多いが貿易統計も掲載されており、依頼した探検の報告も掲載されている。さらに、東邦協会報告一七号（明治二十八（一八九五）年一二月）に「日本工業の将来」と題した手島精一の講演内容が掲載されている。また、東邦協会は明治二十九（一八九六）年一一月に邦訳本マハン『海上権力史論』を発刊した。

興亜会や東邦協会の会員は旧幕臣や藩閥政治の外にいる人々が多数を占めていた。また、軍部の大陸侵略反対論者が多かった。さらに、興亜会には朝野新聞の末廣重恭を代表とする非戦論の民権派も多かった。非戦論は、侵略戦争が、戦争指導者に名誉を与え、国民に不幸をもたらし、軍国主義化により、国民の自由を奪うことなどを主旨としている。

殖民協会は明治二十六（一八九三）年三月一一日に創立された。前年に第一次松方内閣が瓦解したことで、武揚が外務大臣として推進していた殖民事業が調査段階で停止した。そこで、民間団体を設立して自己の信念を貫こうとし、殖民協会は設立された。二月五日に柴四郎らにより仮規則が作成され、手続きを経て設立にいたった。尚、二月四日に西班牙学協会の初会が開催されている。会員には、メキシコを調査した榎本龍吉、森尾茂助がいる。植民協会と並行して語学教育の準備も始めている。設立趣旨はまさに武揚の事業構想、殖産興業・産業立国構想そのものである。その趣旨を要約すると、日本の人口からして日本国内にいることに拘ると食えなくなる、周囲は海だ、海権を確保すれば航海の自由度は増え、航海事業が拡張し、海の向こうへ殖民事業が可能となる、そして、商権は国内から国外へ拡張し、海外市場での競争により利益を得る、これが開国政策の一大要務である、といったものである。武揚はメキシコ殖民を決める。移民団は明治三十（一八九七）年三月二四日に出発した。武揚が農商務大臣を辞任する五日前だった。

次に、電気学会、工業化学会、気象学会での演説に着目する。気象学会、電気学会とも就任後、亡くなるまで会長だった。工業化学会は選挙で会長に選ばれ、亡くなるまで務めた。

工業化学会（初代会長　明治三十一（一八九八）年三月、以降亡くなるまで三度選挙により会長）

気象学会（第二代会長　明治二十五（一八九二）年一二月—明治四十一（一九〇八）年一〇月）

電気学会（初代会長　明治二十一（一八八八）年五月—明治四十一（一九〇八）年一〇月）

一八六四年にマックスウエルの方程式、一八六八年にマックスウエルの制御理論、一八六九年にメンデレーエフの周期律表が発表され、これらに代表される科学側の理論の発展により、経験を科学する時代から科学的成果を応用する時代へ移行していた。これら三民間団体に対し、学理に偏らず積極的に事業、国際競争力へ貢献して欲しい、学理と実際家とが連携して欲しいと訴えている。殖産興業については以下のように演説している。

「……研究の材料積みて山を為す此時に方り会員諸君一層奮励して学理の蘊奥を究め之を応用の方法を孜々怠る

なくんば其国利民福を増進すること期して竣つべし是れ余が本会の為め只管会員諸君に望む所……（明治二十七（一八九四）年四月七日）」（気象学集誌、明治二十七（一八九四）年六月）

「……武の戦に勝てる我国は将来平和の戦に勝を制する途は元より一ならずと雖も経済の発達を図り国家の富源を開くより急なるはあらじ国家の富源を開くべき道は殖産工業の発達を措いて那邊にか之を求めん宜なる哉……」（工業化学会雑誌、明治四十（一九〇七）年五月五日）

気象学集誌に掲載された会長演説は甲午農民戦争が明治二十七（一八九四）年五月に起きる以前の内容である。武揚は民間団体向け発言のためか、「国利民福」を訴えている。上記二から六のグループでの民間団体の活動主旨からすると、武揚には富国強兵という思想はなかった。工業化学会雑誌に掲載の会長告示では日露戦争の勝利に触れた後、平和の戦に勝つためには殖産工業の発達が必要であると書いている。武揚は、国際市場における競争に勝つことで国民が幸せになるという考え方である。この国利民福は電気学会の演説でも訴えている。

「然れども国運の進歩は空前の巨艦を邦人の手に完成せるのこんにちに際して電気の諸機械は尚ほ海外の供給を仰くもの少なからざるは予の深く憾みとする処にして一に諸君の研鑽に竢たざるべからずは独り予が望蜀の言にあらざるべし　且つ夫れ欧米各国に比して我邦電気施設の方途は間接の国利に資する交通通信の設備に偏して直接の民福を図る諸般製造の応用に薄きの傾向あるは是亦予の憾みとする処にして諸君の奮励竿頭更に一歩を進むべきもの実に茲に存するを信ず」（電気学会雑誌、明治四十（一九〇七）年一月）

明治二十八（一八九五）年までの年頭の会長演説ではインフラの整備状況について詳しく説明している。しかし、以降、活動や成果が国家のインフラや軍用に偏ってしまっている、もっと民生用の事業活動を盛んにしなければならない、まず民が幸せにならなければならないと演説している。武揚の工業社会、特に電気産業による社会福祉観は次のようなものだろう。開国した結果、欧米のやっていることを真似しただけでは欧米の文化、価値観、社会を理解したことにはならない。それぞれの時代に民が食べていく仕組みは変わるだろう、開国をしたということは国際市場経済システム、金融システムに組み込まれたのだから、民の間に銭が流通し、資本が蓄積されなければならない、そのために自力で食えるように、それには海外で売れる商品を作る産業を育成しなければならない。特に電気技術の領域は理論を応用してどんどん欧米で商品が誕生する。日本も負けずに応用発明をしなければならない。

武揚が没する明治四十一（一九〇八）年一月一三日の電気学会での演説で「……然れども翻って考えるに我電気事業は如此隆盛を致せるに不恂多くは是れ欧米各国の精を抜き華を取り之を我国に施設したるに過ぎず未だ本邦に於いてオリヂナリチーと称し得可きもの鮮か少ないは予の深く憾みとするところにして今後益々諸君の研鑽と発明とに依り事業の発展に伴いこれが改良進歩を図らざる可からざるなり……明治四十五（一九一二）年に於ける大博覧会には欧米各国より盛に……」と語り、一〇月二七日に他界する。

少し、学会誌の内容に触れると、特に、電気学会や工業化学会は多分に官報的機能や官の職員への教育的機能が見受けられ半官半民のような存在でもあった。例えば、工業化学雑誌は特許法の改正があるとその内容そのものが掲載され、官報の役割を持っていたし、米国の特許権を百件以上保有する者の氏名一覧表（エジソンが一位）を掲載したり、各国の産業統計、貿易統計をのせた。また、国内の例えば染物業の技術がまだ国際競争力が足りないとの評価をのせたりもしており、産業に必要な情報の伝達媒体にもなっていた。電気学会雑誌は、当初会員が逓信管理局職員や電燈会社職員、准員は電信局職員が大半であったので、さながら技術教育用の資料のようであった。敷設工事法、価格表などの記事が多いことが特徴である。しかし、明治三十（一八九七）年頃から新しい教育を受けた世代の会員が増えたためか、理論面の内容が増え始める。

武揚が電気学会の会長であった時期にいくつか出来事が起きている。最初の出来事は、後述する明治二十一年の海底電信線敷設の難工事に初めて日本人だけの手でチャレンジし、成功した事例である。これを電気学会で詳細に報告している。そのきっかけは榎本逓信大臣の「日本人自らの手で出来るようになるまで失敗を恐れずやれ」という主旨の一言であったそうである。この時、志田林三郎は奔走する。次に漏電が原因ではないかと新聞に書きたてられた国会焼失事件である。明治二十四（一八九一）年一月二〇日零時四〇分のことである。このため宮中での電燈の使用が中止された。電気学会では海外の資料を収集しての比較検討や、技術論を重ねるなど、大変な事態になった。そして、翌二十五（一八九二）年六月に電気学会で電燈線布設法の研究が完成し、法規が公布され、一二月に宮中の電燈は再点灯する。この間の一月に、日本はケルビン卿から賞賛された志田林三郎を失うことになる。志田は過労で他界したと考えられている。明治二十一年の電気学会の会合で武揚がオランダから持ち帰った電信機との劇的な再会劇[1]があったけれども、武揚と電気学会とのつながりは実務を通しての尊敬も非常に強いものがあったようだ。

構想の実現期2——大臣時代（逓信大臣、農商務大臣）

初代逓信大臣　明治十八（一八八五）年一二月二二日—明治二十二（一八八九）年三月二二日（第一次伊藤内閣、黒田内閣）

逓信大臣時代には二つの出来事があった。第一にロシアの息がかかったデンマークの大北電信（グレートノーザンテレコム）に依頼していた国内の海底電信線敷設工事を自力で行うこと、第二に電話事業の民営化を主張していたことである。

明治二十一（一八八八）年、函館海底電線の工事を函館海峡が危険であることで大北電信に外注しようとした。大北電信は一回の工事で二、三万円かかる。武揚は外注する理由について担当者から説明を受けた後、何故自分たちで試みないのか、一、二回失敗しても自分たちで出来るようになれば国家に大利益をもたらすと言ったので、若きエンジニア達は日本人として忘れていたことを思い起こし、みな奮激してチャレンジした。当時は、志田林三郎逓信省工務局局長だった。明治二十三年に、吉田正秀、神谷貞廣らによって灯台局の明治丸に必要な装備を施し、瀬戸内で練習してから本番の函館で成功する。以降、国内の海底電線敷設工事はすべて日本人の手によるものとなった。電気学会で神谷の報告によると工事は数千円かかったので当初試算した二万円くらいの節約ではなく都合七万円は政府の利益になった。

二つ目は電話事業の民営化論争である。電話事業の検討は工部省から逓信省へ引き継がれた。榎本大臣はそれに伴い、政府の財政状況と民業育成主義を理由に電話事業を民営化する方針も引き継いだ。すでに工部省時代に渋沢栄一らは日本電話会社の設立を準備していた。一方、野村靖逓信省次官は官営の推進派であったので、武揚は野村とぶつかり、大臣が次官の決定を覆す事態があり、命令二途の状態が起きていた、と言われている。工部省時代、太政官が民営方針を維持した背景には松方正義の方針があったからである。しかし後に、林董内信局長、前島密次官の時代に武揚は二人から説得を受け、理を認め、武揚は官営に方針を変えた。民営で始まった欧米の電話会社は当時、アメリカを除いてほとんどの国が官営に変わっていたことなどが変更の背景である。明治二十三（一八九〇）年に官営電話事業が開始する。明治二十四（一八九一）年に松方の後援で野呂景義らが官営製鉄所建設運動を起こし、武揚に引き継がれることからして、経済（殖産工業）方針について、武揚は松方とも結びついていたのではと想像される。

事業とは別に志田の水中無線の実験が行われた。志田は明治十九（一八八六）年に榎本逓信大臣を隅田川へ招き、水中無線の実験を行った。ポポフやマルコーニの実験より九年早いとされている。尚、武揚の後任に後藤象二郎が逓信大臣となるが、前島次官と抗争が起き、そのあおりで明治二十三（一八九〇）年に志田は非職になるという事態が生じる。技術及び技術者を理解できない大臣（権力者）による組織の悲劇で最も初期の事例と言われている。

農商務大臣　明治二十七（一八九四）年一月二二日—明治三十（一八九七）年三月二九日（第二次伊藤博文内閣後藤象二郎の後任、第二次松方内閣）

戦後経営

日清戦争（明治二十七（一八九四）年七月—明治二十八（一八九五）年四月）後、日本は西欧列強のアジア侵略へ対抗可能な経済力・軍事力を必要としていた。これが戦後経営の大きな課題であった。

榎本農商務大臣とともに金子堅太郎が農商務次官、安藤太郎が農商務省商工局長に就任した。金子の自伝によると、伊藤首相が七、八人と面談したが次官を承諾しないので、金子が呼ばれて次官になったとあるが、謙遜ではないだろうか。伊藤も榎本も次官は金子に決めていたのではないだろうかと思うほど、武揚は金子に農商務省を牛耳らせたままにした。そこで、当時、金子は次官大臣と呼ばれていた。これは、武揚が金子の好き放題にさせていたのではなく、個々に事前によく打ち合わせてあり、相互の能力水準が近いのでよく理解しあえたのであろう。武揚が大臣に就任した後明治二十七（一八九四）年度以降の農商務省予算の項目と費用とは増大している。

当時の農商務省はまさに富国が課題であった。武揚にとっては国利民福である。その経済政策は、国際的視野に立ち、農業立国から商工立国への転換、特に国際競争力を有する工業立国（殖産工業）を志向することにあった。金子は地政学的に類似の位置にある英国の歴史に学び、英国を模範としようと考えた。各国の特許制度は国際経済戦略に用いられる。しかし、金子は、英国は特許制度を国際経済戦略に用い十六世紀以降、英国へ多大な知識資産が流入し、ついには産業革命へ至り、その後、ドイツは英国に対抗する特許法を有していたことに注目していなかったように思える。また、民間資本が不足していた。このように、戦後経済の阻害要因は多数あった。

明治二十九（一八九六）年度歳計予算が公布されると東京商工会議所は「戦後経済に関する建議」を政府に提出し、その中で予算増大へ民力が対応できるか懸念を示し、さらに営業税などへの反対運動が始まる。そこで、「農商工高等会議」が設置される。明治二十九（一八九六）年一〇月が第一回目の開催である。議長は佐野常民、副議長は金子、委員は安藤や渋沢栄一ら二〇名である。武揚、大隈重信外務大臣、金子が演説をした。

武揚は、内外貿易の進歩により、海外へ事業を広げ、海外での競争に勝ち、世界の平和を保ち、国際の交誼を厚くし、軍備の充実を計ることができる、という主旨の演説をする。大隈は武揚の演説を引用し、貿易は世界の平和を保つに最も必要なる力であり、政治上の防御より商業の方が効果的で、人民の平和は商業による、貿易は世界の平和に非常に関係している、と述べている。金子の演説には、欧米へ欧米から教わった技術で生産された商品を売ることを止め、我国固有の特徴を持つ物産を生産し、競争しても勝てないものを作らないことを欧米への輸出方針とし、一方、アジアの途上国へは欧米から学んだ技術、欧米から輸入した製造設備を用いて生産された商品を欧米と同じように安く売れば欧米との競争に勝てる、また、農の輸出は数量を目的とせず品位を目的とする、といった国家戦略が含まれていた。この戦後経営は明治三十三（一九〇〇）年の北清事変で終わる。

官営八幡製鉄所建設（正式名称：農商務省製鉄所）

榎本武揚と野呂景義、今泉嘉一郎、金子堅太郎、阪谷芳郎（大蔵省予算課長、主計局長）、八幡村の庄屋、芳賀種義らが初めて日本の鉄鋼技術の獲得と事業化への壁を突破した。明治時代最も困難で武揚に相応しい課題が武揚のもとにやって来たと言える。野呂は釜石製鉄所で難航していたコークス高炉法による銑鉄技術を明治二十七（一八九四）年一一月に完成させる。飯田賢一氏はこの年を近代日本製鉄技術の基礎がはじめて確立した年と呼んでいる。一方、武揚は、オランダ留学時代にドイツ、フランス、英国など訪れ、見学している。特にドイツのクルップ社を急遽訪問し、クルップとも議論をした。クルップはジーメンスと並ぶドイツの二大技術革新型の企業家と言われている。一八四〇年代、クルップのスプーン圧延機がヒット商品になり経営は順調に拡大し、一八五九年の施条砲受注からクルップはプロイセンの兵器廠となっていった。クルップは特許を活用して事業を拡大し、従業員は一八五六年九八五人、一八六一年二千人、一八六五年八千人と増大していた。一八六三年は各国で特許無用論が活発化したため、プロイセンでも商工業団体へアンケートが実施された。これに対し、ジーメンスは積極的提言を行った。プロイセンの特許法は産業発展に大きな役割をもつべきだが現行法は逆の効果を起こしている、特許公開制度を確立しなければならないという主旨だった。その後、ジーメンスの提言はドイツ特許法の基本理念確立への道を開く。武揚はそのような時期にヨーロッパの軍用、民生用の鉄鋼事情を積極的に把握した。

後藤象二郎（前農商務大臣）の製鉄所民営方針決定いらい、農商務省の臨時製鉄調査事業は実質停止していた。明治二十七（一八九四）年五月一五日に臨時召集により開かれた第六回帝国議会貴族院で内藤正共、小沢武雄から再度、製鉄所設置権議案が提出され、榎本大臣は、調査事業が停止している事実を述べ、明治二十八（一八九五）年度予算には必ず計画費用を編入するので議会からの賛同を得たいという主旨の答弁をした。衆議院から全院一致による「征清事件に関する国民の意思を表明せむがため」の建議案の上程理由の中で軍拡にかかわる部分に製鉄所建設の言葉が入っていた。日清戦争が契機となり製鉄所建設へ国家が動き出すことになった。明治二十七（一八九四）年一二月二四日開会の第八回帝国議会の両院で製鉄所建設建議は可決した。武揚はまず建設調査費用を請求し、承認された。製鉄所建設は、わが国で初めての事業なので、まず調査し、それから設計と見積もりをするということが、建設費でなく調査費用である理由だった。製鉄事業調査委員会の委員長は金子堅太郎農商務次官、委員の野呂景義は農商務技師だった。そして、明治二十八（一八九五）年一二月二八日開会の第九回帝国議会で武揚は製鉄所設立意見を表明し、製鉄所設立予算は可決された。明治二十九（一八九六）年三月二九日に製鉄所官制が公布され、明治三十（一八九七）年六月一日に着工される。

中井励作（初代日本製鐵社長）の『鐵と私』で金子から聞いた武揚の製鉄所建設の意見が書かれている。第一は技術移転の方法である。経験ある外国技師を二、三名招いて設備し、その配下に日本の技師をつけて、技術を習得させると共に、熟練した外国の職工を二、三名雇い入れて職工の養成をはかろうというものであった。雇用契約の年限は三ヵ年で、必要により三ヵ年ごとに延長し、将来、日本の技師と職工だけで運営できるようにする、という内容だった。これはガルトネルとの契約内容に似ている。第二は資源調達である。鉄鉱石の鉱量調査にも着手し、全国に技師を派遣して実地調査をさせたが、釜石、赤石のほかは、大規模な製鉄所に供給するに足りるだけの鉄鋼脈は見当たらなかったので、朝鮮、支那を調査し、大冶鉄山（後に二十一ヵ条要求の対象となる）の鉱脈を利用する方針とした。尚、武揚は「製鉄所設立意見」で、国内の鉱量で製鉄所設立には十分であるとのべている。

今泉嘉一郎（日本鋼管創立者の一人）の伝記によると、明治二十七（一八九四）年四月、武揚の勧めでドイツのフライベルグ鉱山大学に私費留学をする今泉を見送りに武揚が新橋駅にやってきて「計画中の製鉄所創立案も君の三年留学中に必ずものにしてみせる」と自信たっぷりに語ったので、当時二十八歳の今泉は大変感激した。武揚と今泉とは明治二十五（一八九二）年から関わっており、武揚が学生時代の今泉に目をつけていたことが分かる。さらに、その頃、たびたび野呂、今泉、金子増耀（ますてる）は榎本邸に呼ばれ意見交換をしており、武揚は「俺が当局者になった場合、きっと製鉄所を立てる」と決心を語っていたのである。明治二十四（一八九一）年から議会へ提出された製鉄所建設案が繰り返し否決されていた頃である。

武揚は「製鉄所設立意見」の中で、銑鋼一貫工場（アメリカは少品種大量生産、ドイツは多品種少量生産の技術が主流なので、日本はドイツの多品種少量生産方式の技術移転を選ぶ）を建設する、日本に十分な経験を有する技術者と熟練工がいないため創業時は製鉄所を小規模設備またはスケールモデルを用い、稼働率低下と事業リスクとを避け、日本の熟練工が育成されたら、集約したネガティブデータを活用して創業時の欠点を改良した設備を適時導入する、さらに、経営環境に順じて適時設備投資をする、民営であるべきだが国家の急務から官営で始めることとしたと言っている。当然、野呂たちとの議論の成果である。国会は何の反論もなく承認した。ところが釜石で高炉による銑鉄生産技術を確立し、八幡製鉄所では技術の最高責任者であるはずの野呂は明治二九（一八九六）年三月に東京市水道鉄管納入事件の巻き添えで退職し、さらに武揚が翌明治三十（一八九七）年三月に大臣を辞職する。建設を推進していた中心人物が去ってしまったことがその後、建設の混乱と遅延を起こす原因となる。後任の人物達が武揚の「製鉄所設立意見」と逆の大規模な設備計画へ変更したためだった。

そして、この混乱を収拾し、東洋一の製鉄所へ向け立ち直らせた人物は野呂景義と若い頃から期待をかけていた今泉嘉一郎であった。野呂は顧問として一時、官営八幡製鉄所で指導を行い、また今泉は製鉄所の大きな柱となって鉄鋼事業を推進した。慶応三（一八六七）年にヨーロッパで製鋼業が確立し、明治二十（一八八七）年にアメリカが英国の粗鋼生産量を、明治三十（一八九七）年にドイツが英国を追い抜く。明治三十四（一九〇一）年には U. S. Steel 社が誕生する。日本の鉄鋼技術は明治三十七（一九〇四）〜八（一九〇五）年頃、自立し始めた。明治三十八年、日本の銑鉄の生産量は明治三十七年の二・五倍、粗鋼生産量は明治三十五（一九〇二）年の二倍となった。

足尾鉱毒事件への対応

武揚は明治二十五（一八九二）年ごろから殖民事業と鉄鋼事業とを推し進めようとしていた。武揚にとって足尾鉱毒事件は前任者から引き継いだものという感覚だっただろう。

ところが、鉱害予防装置として導入された装置の試験期間が明治二十九（一八九六）年六月に無事終わった直後、七、九月に数十年来という大洪水が起き、事態は急変する。別子銅山の事件のように住民が竹やりをもって足尾へ押し寄せるようなことはなかったが、農民は決起し中央官庁へ押し寄せようとした。この事件は明治二十三（一八九〇）年一一月、栃木県第七回勧業諮問会で議員が八月の大洪水に伴う鉱毒問題を取り上げ、調査を要望したことで初めて公に取り上げられた。当初、武揚は前任の四人の大臣達と同じ手法で農民や田中正造に対応していた。開国により市場経済システムに組み込まれた日本は、農本主義から市場経済主義へ変化する必要があり、さらに明治政府は、大陸での権益拡張のため戦争が必要であり、そのため、戦争の資金を海外から調達（借金）することとなり、政府にとって外貨を稼ぐ輸出産業の育成は最優先の政策であった。このような状況で田中正造が足尾銅山の操業停止を政府に求めた。

既存の産業と後発で輸出に強い産業とが調和できなくなったので、従来の法律では解決できなくなっていた。そこで、科学技術的な現状把握と解決への手順を模索しなければならなかった。武揚は三現主義（現場、現物、現実主義）でこの事態に対応した。武揚は、この事態を公害と判断し、日本で初めて関連分野のトップの人材で構成された公害対策プロジェクトである内閣の鉱毒調査委員会を設置し、解決を試みることにした。明治三十（一八九七）年三月二五日に第一回足尾鉱毒事件調査委員会が開催される。武揚は官営八幡製鉄所建設推進やメキシコ移民実現のため多忙であったが、歴代の大臣に比べ迅速にこの判断を下している。武揚の勉強や研究の経歴には「公害」はなかった。彼にとって全く新しい、想定外の事態への取り組みであった。

操業停止を求めていた農民達や民事解決の解決手段しかなかった鉱主古河市兵衛にとって科学技術的な解決の道をつくった武揚は、むしろ恩人と言えるのではないか。

大臣辞職へ

明治三十（一八九七）年三月三〇日の東京朝日新聞は次のように報道した。三月二八日に武揚が辞表を松方首相に提出すると、松方は各大臣に連絡を取り、翌二九日午前一〇時より臨時閣議を開いた。数時間後、辞職はやむを得ず、当分、大隈外相が農相を兼任することに閣議は一決し、散会した。

金子の自伝によると、「三月二五日、各般の法案は、無事（第一〇回帝国）議会を通過し、此の日帝国議会は閉会を告げたり。於是、榎本大臣は就任以来余に命して計画せられる農商務省の経営事業も完成したるに依り其職を辞せんとの内意を余に告けられたれは、余も亦、曽て伊藤首相辞職の際、首相と共に辞職せんと申し出たる時、余が数年計画したる農商務の政策完成まで留任すべしとの勧告ありたる事故、今日その政策も完成したるに依り、大臣と共に辞職せんと決心し辞表を認めて榎本大臣に提出したり。依て同月二九日榎本大臣は其職を免せられ……」と武揚の辞職のいきさつを記している。武揚に大きな達成感が訪れたのだ。

尚、武揚は金子を男爵に内申したので、金子の辞職は安藤太郎と共に翌四月となった。金子の辞職を知った金子の母は、明治十三（一八八〇）年以降激務が続いたので、暫く静養したほうがよいとねぎらった。三月二九日付の武揚の辞表では、（脳病により）激職に耐えがたく、と書かれているが、これは辞表の決まり文句だけではなく、案外、本当のことであったと思われる。武揚は六十歳だった。

まとめ

武揚の産業立国構想の全体をまとめると次のようになり、さらに**図1**に活動の関係を**図2**に構想の階層を図示する。

図1　活動の関係図

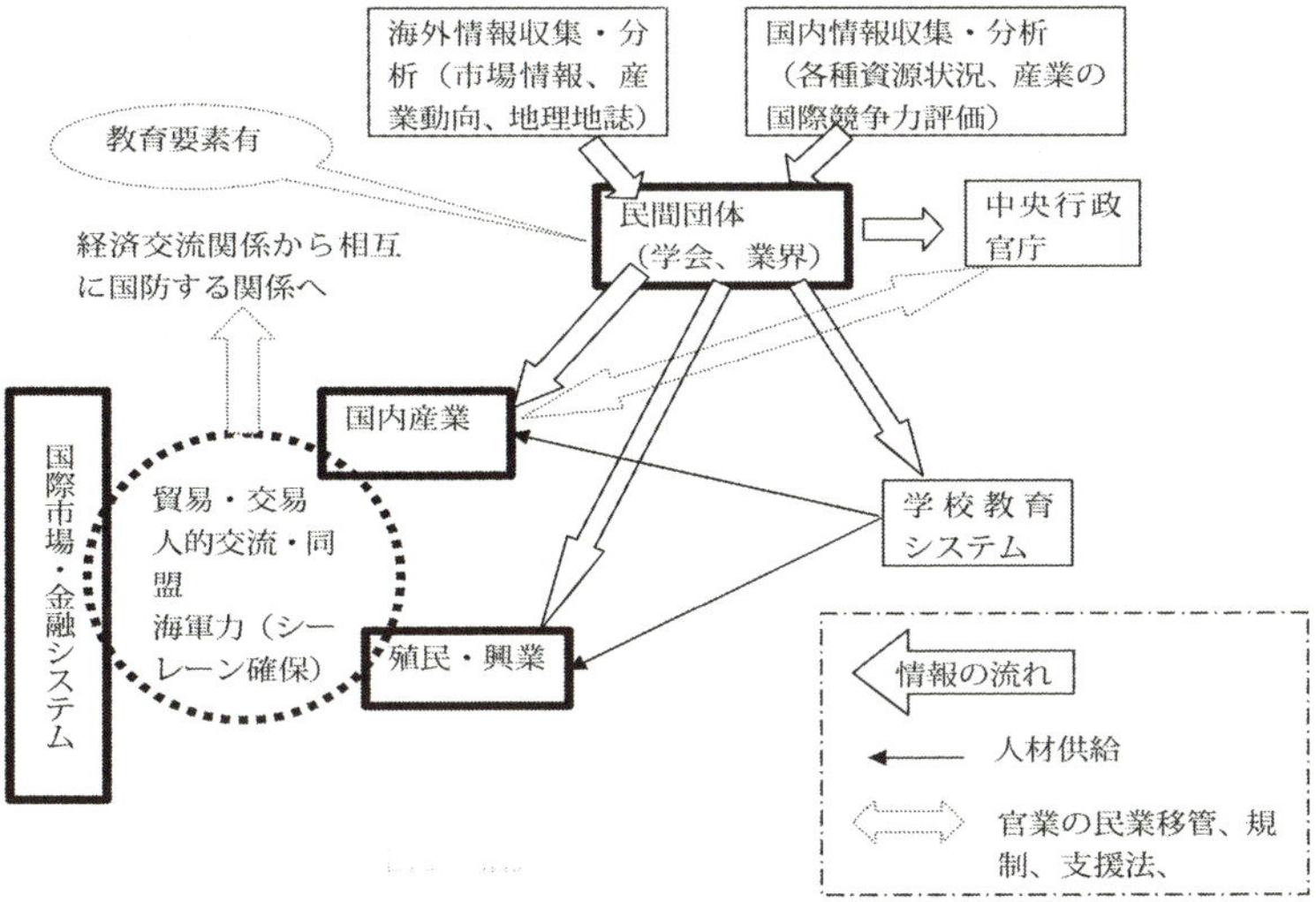

図2　武揚の産業立国構想の階層図

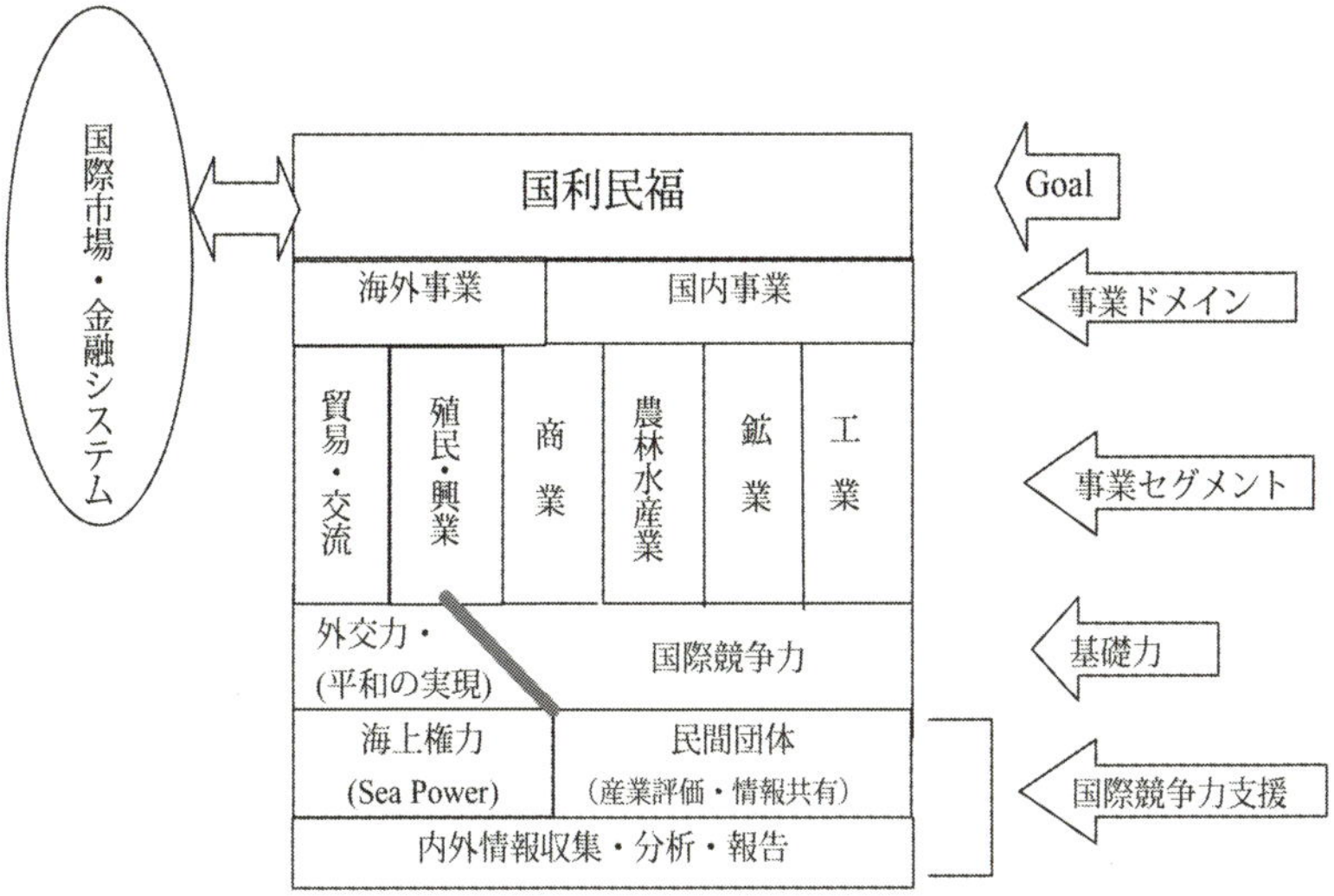

武揚にとって開国とは富国強兵ではなく、国利民福であった。

一、ロシアの南下や欧米列強国に対しては、日—清—朝鮮の連合でパワーバランスする。そのために、日—清—朝鮮とは人的交流、相互理解、友好、貿易を増す。（清国、朝鮮を軍事力で占領しない）
二、太平洋上の島々を買い取るか合法的に殖民する
三、国内および殖民地の農業は、国際市場での売れ筋商品の中で育成条件が合った商品を生産する
四、殖産工業により経済発展することが国内産業の役割である
五、科学技術を自力で発達させられるようになる
六、国内での産業は国際競争力を強化する（平和の戦に勝つ）
七、国際市場情報を収集する
八、国際市場で高価に販売できる国内資源の保護、育成
九、国内や植民地が貿易を行うため、シーレーンを確保する。海上権力（Sea Power）は輸送・貿易を守るために利用され、侵略のために使わない
一〇、平和が維持されていることが必要条件である
一一、民間団体は学理の応用を推進する
一二、民間団体は諸外国の諸産業の状況を国内企業に報告する
一三、民間団体は国内企業の国際競争力を評価し、弱点を指摘する
一四、民間団体はアジア各国の国勢、地理、外国との関係などのために調査員を派遣し、調査員は調査報告をする

武揚は長崎海軍伝習所とオランダ留学で国際的に第一級のエンジニアになったと言える。

オランダは十六世紀のステヴィンに代表される技術科学に優れた国である。また、十九世紀に、オランダの工学教育システムはフランスのエコール・ポリテクニークやドイツの工科高等専門学校の影響を受けた。一八七六年頃までは、一人の教授が様々な科目を教えることになっていたので、実は、武揚はかなり幅広く学んだと想像される。

ところでエンジニアとはどのような人だろうか。日本の工学教育に貢献したヘンリー・ダイアーは「エンジニアは真の革命家である」、「一般にエンジニアとは蒸気機関に関係ある人間をさし、その語源はエンジンにあると考えられがちであるが、本当はそうでなく、いかなる困難であれ、その解決のために自己の創意を駆使することを意味する」と言っている。これは、ダイアーのオリジナルではなく、

昔からのエンジニア自身の自己認識である。

武揚の万能ぶりはどのような仕組みで実現するのか。軍隊は有事に単一兵種を戦闘目的によって組み合わせ、総合的な戦闘力を持つ部隊を編成する。これを任務編成（Task Organization）という。エンジニアにとって単一兵種とは同列に扱われている個々の知識だ。エンジニアは開発や設計時に目的に応じて知識を選択し組み合わせて総合的に用いる。すなわち目的、目標に応じて知識を体系化して使う。その単一の知識が全部自分の頭の中になければ、それを持っている頭脳を集めてチームを構成し、自分が指揮を執れば目的達成可能な状態になる。但し、リーダーはその頭脳とコミュニケーションする能力が必要だ。武揚の場合、リーダシップを発揮するとき、必ず、国際人であり高度な専門能力を有する人物が共同している。別の言い方では、エンジニアは、正々堂々とし、使命に献身的で、目的合理性があり、自主性があり、コミュニケーション能力があり、挑戦者であり、何が課題で何を実現すべきかを発見し、ビジネスプランを描き、実現させる。エンジニアのこの手法はものづくりの世界だけに限らない。

武揚は、開国し、国民国家を目指したら、食えない国民が生じた、そこで、国民全員が食えるような社会の仕組みを設計し、実現のためにリーダーシップを発揮したと言える。そして、新しい産業の新しい問題はその時代の法律で解決するのではなく新たな技術で解決する必要があり、初めて遭遇した公害、農業と工業との対立に科学技術的な解決の道を開いた。武揚がエンジニアの発想で取り組んだ仕事のレベルは相当高く、武揚を国際的に最高級の仕事をしたエンジニアと呼びたい。また、武揚の殖産興業・産業立国構想とその活動から武揚をテクノクラートと呼ぶよりも国際戦略家とか国家戦略コーディネータといった呼び方が正しい。さらに明治期の国粋的な国際人達の見えざる連係が武揚のかすんでいる全体像から予感される。

注

（1）武揚はオランダ留学から帰国する際、横浜―江戸（八里）の間で電信に必要な装備一式を開陽に積み込み帰国する。その後、箱館の倉庫に保管するが行方不明になる。経路は分からないが明治十四年に愛宕下の古道具屋で沖牙太郎が購入した電信機が明治二十一年の電気学会で展示され、精密な機械で尋常のものでないと紹介されると、武揚は、自分が二〇年以上前にオランダから持ち帰ったものだと語り、一同感動する。

共感・支持者がつないだ学びの場
――電気学会榎本図書館――

中山昇一

二十七法人、四百四十三名の募金が集まる

明治四十一（一九〇八）年一〇月二七日に榎本武揚が逝去した後、明治四十四（一九一一）年一月の電気学会雑誌に「故榎本電気学会会長紀念図書館設立資金募集趣意書」が掲載され、募金が始まる。発起人は、五十嵐秀助、山川義太郎、浅野應輔の三人である。募金締め切りを同年三月末日としていた。そして、大正二（一九一三）年八月発行の電気学会雑誌に「紀念図書館設立資金授受報告」が掲載された。その記事によると、募集高は、四千八十五円五十銭（企業物価戦前基準指数による現在の貨幣価値では約四四一万円）であった。さらに、四〇一円一五銭の預金利子がついていた。寄付者数は二十七法人、四百四十三名であった。法人は代表的な電燈会社、電力会社や電気機器メーカー、電線会社、商社、造船、鉱業、製紙業である。寄付者の名簿と四五八六円六五銭が電気学会会計に引き継がれ、会計報告表の「別途金決算表」として計上される。大正九（一九二〇）年度会計報告表では預金利子が増え五四一三円四六銭に増えている。

大正十（一九二一）年に電気学会の建物ができ、図書館が設置された。名称は「電気学会榎本図書館」となり、大正十一（一九二二）年一月の学会誌に開館の告知が行われた。開館時間は午前九時から午後五時まで、日曜など休日は閉館である。利用資格は電気学会員准員とその紹介あるものとされている。

大正十二（一九二三）年三月の学会誌上での報告によると、大正十一（一九二二）年末時点の蔵書は、邦文図

書二七九冊、海外図書一四一冊、計四二〇冊である。大正十一年に邦文図書を三一冊、海外図書七三冊購入しており、海外の図書や雑誌を増やす傾向である。また、十一年度末までに扇風機と暖房機を施設することにしているとあり、閲覧者は暑さ寒さに耐えて勉強していたことが分かる。さらには、夜間開館の希望が多いので十二年度に実施できるよう予算を編成したと報告している。

大正十一（一九二二）年一月調の図書館目録を見てみると、「電信電話」の分類が一番多く、次に「辞典、ポケットブック、表、規定等」、「事業及経済」と続いていく。全体的傾向は理論書よりも発電、照明、電気材料、送配電、電気機械、電気鉄道など応用書が大半を占める。理論書は、グリーンの応用解析学、ガウスのポテンシャル論など、ヘルツの電波に関する論文集が目を引く。邦文図書にはまだ回路理論の本が無いが、その年購入した海外図書に電気回路論が一冊含まれていた。時代の流れを感じさせる目録である。

図書業務開始後は毎月、学会誌が発行される都度に図書館は利用者数を報告している。その報告によると、大正十一（一九二二）年の利用者総数は四八四名、内訳は会員八〇名、准員三二六名、その他が七八名であった。（但し、一月は不明）

大正十二（一九二三）年に入って前年比で月の利用者数が二倍程度に増えた。三月末から扇風機や暖房が設備され、四月から夜間も開館することになり、利用者はさらに増える傾向を示している。

震災で焼失するも再建を果たす

さて、このように熱心に図書館は運用され利用者は益々増える傾向にあったが、ついに大正十二（一九二三）年九月一日がやってくる。当然、九月は学会誌を発行できず、十月に九月との合併号が発行される。その学会誌の冒頭で理事は「古今未曾有の災害に際し、我電気学会も亦類焼の厄介に逢い、歴史的の榎本図書館並びに書類等を焼失したるは痛嘆の至りにして、……」と報告している。しかし、翌月発行の学会誌で、すべての蔵書を失ったが、将来適当な時期に図書館を設置すると報告し、積立てを始める。その後、図書館はよみがえり昭和五十年代まで維持される。

明治三十二年に図書館令が公布され、全国的に図書館設立機運が高まり公立、私立の図書館は増えていった。これに対し、学会付属の専門図書館は、学会設立当時から図書館設置が話題となり、文献収集、整理に着手しているが、図書館設立に、いたっていなかった。そういう状況の中で、電気学会が専門図書館を実現する時期は相当早かったと言える。

図書館の利用者比率は准員が多く、また夜間にも開館を希望していることが特徴的である。准員とは明治二十一年の学会規則では、電気に関し専門教育を受けたり、資格を有して三年経過していないが、実務に携わり専門家を志す人を指している。そこで、榎本図書館は、専門家ばかりでなく専門教育を経ず、すでに現場で働いていて専門家を志す人を指している。そこで、榎本図書館は、専門家ばかりでなく専門教育を経ず、すでに現場で働いていて専門家を志す人々により高度で専門的な知識を身につける環境を提供し、我国の電気産業の人材育成に貢献していた。

武揚がチャレンジし、途中挫折しても、武揚に共感する人、支持する人が後を引き継ぎまたチャレンジする。そんな志高く共感できる目標を武揚は我々に示しているのではないだろうか。

雄弁に、そして寡黙にした北の大地

【箱館戦争と開拓使時代】

佐藤智雄
Sato Norio

北の大地との出会い

北の大地は榎本武揚とゆかりが深い。とはいえ、彼がたどった七三年の人生の内、実際にこの地に逗留した時間は、さほどではなかった。史料でたどれる一度目は、この国が近代国家を目指し、最後の武力衝突となった箱館戦争の旧幕府脱走軍総裁として、二度目は維新後に北海道開拓の先駆けとなって赴いた。加えて、徳川幕府以来の懸案であったロシアとの国境問題を外交交渉によって解決に導き、対露貿易や北洋漁業開拓のきっかけを創った手腕は、産業や資源を北の辺境に求めたこの小さな国にとって、単に内政上の問題を解決したにとどまらず、この地を舞台に日本の立場と主張を諸外国に明らかにした武揚の最も大きな功績といえる。近代日本の最も重要なとき、武揚の姿や足跡がこの地にあった。

武揚を雄弁にし、行動させ、そして寡黙にしたのは、この北の大地である。そのきっかけは箱館戦争での敗北であろう。投降した武揚は「賊の首魁」として入牢したが、新政府への出仕という形で結末を求められた。それはもちろん新政府の思惑によるものなのだが、立場ゆえにさまざまな憶測と誤解をよんだ。

しかし、問われるべきはその生き方である。明治という時代への回天は、ペリーなど諸外国船の来航をきっかけに、身分制度や経済的な矛盾が遠因となったことは明らかである。しかし、その初期段階においては主だった施策は新政府にそのまま引き継がれ、幕府を潰し政権を再編したに過ぎなかったのも事実である。果たして武揚自身は「宗旨を替えた」のであろうか。否である。彼の生涯は「北を目指した」という一点において一貫していた。何よりも、武揚は時代の傍観者ではなかった。戊辰戦争では開陽艦長として戦い、箱館戦争では蝦夷地仮政権の総裁として内政・外交に苦辛した。開拓使では、お雇い外国人顧問と対立しながらも、まだ見ぬ資源を求めて山野を巡り、この国の可能性を求めた。武揚の生き方は、過去の誰にもあてはまらない。北の大地の今日は武揚の功績の上にある。

国家が変革してゆく時には、原動力となるべき経済的な背景が必ず必要となる。以前は、「新たな土地と人」であった。食料なのか、素材なのか、資源なのか、求めるものは時代が決めた。この時代、領土は単なる可能性である。そこから資源を取り出すだけの知識と、いかに無駄なく合理的に開発するかという構想と行為を護持するだけの軍事力が求められた。日本という国は、変革の時、常に資源の眠る北の辺境を求めてきた。

北海道は日本の中の辺境であった。辺境と中央では時間の流れと風当たりの強さが異なる。維新のきっかけとなった開港に至るまでの状況を概観してみよう。

この地域に日本史上の光が当てられるのは、慶長九（一六〇九）年、徳川家康からの黒印状によって蝦夷交易の支配権を与えられた松前藩が成立してからである。江戸時代後期に入ると、日本の沿岸には薪・水や食料を求め、あるいは交易や救助を求めて数多くの外国船が来航する。中でも一七六〇～七〇年代になるとカムチャツカ半島に到達したロシアの南下政策が始まり、その結果、国境の確定していないロシア船が蝦夷地に頻繁に出没する。また、この時期、中国市場への進出と北太平洋を漁場としたアメリカの捕鯨船が相次いで蝦夷地の沿岸に現れた。

天明五（一七八五）年ロシアの接近を知った徳川幕府は東西蝦夷地の探検を開始。やがて、北方に対する危機感から蝦夷地の経営に直接乗り出すことになる。寛政五（一七九三）年、ロシア使節ラックスマンが光太夫（大黒屋）・磯吉ら漂流民の引き渡しと通商を求めて箱館に入港、北方・ロシアへの危機が現実のものになる。しかしこの事態に、幕府は東北諸藩に蝦夷地の警護を命じ、守りを固める以外に方策を持たなかった。以来東北諸藩と松前藩は北辺の警護に携わることとなる。寛政十一（一七九九）年、幕府は方針を変え、箱館を含む東蝦夷地を直轄領とし、自国領土として蝦夷地の警備と収益を目的とした開発・経営に着手する。ま

箱館奉行所庁舎

ず、東蝦夷地各場所の請負人を廃して幕府の直営とし、高田屋嘉兵衛をはじめとする新興の江戸系商人や人材を起用し、箱館と江戸を直結。これによって蝦夷地の産物と流通の直接掌握を始めている。次に享和二（一八〇二）年には異国境の警備・取締、アイヌ政策など蝦夷地統治を目的として箱館奉行を設置した。しかし、経費が増大したため、文政四（一八二一）年松前藩を復領させ蝦夷地の厳重警護を命じた。松前藩は城下に六箇所、箱館に四箇所、江差・白神・吉岡・矢不来・汐首に台場を設け、さらに幕府の命により、嘉永三（一八五〇）年には外国船にそなえて築城を開始。安政元（一八五四）年最前列となる三の丸に七座の砲台をそなえた新松前城を完成させた。

　嘉永六（一八五三）年にアメリカ東インド艦隊司令長官ペリー提督が遣日国使として軍艦四隻を率い浦賀に来航。翌年日米和親条約が締結され、箱館・下田の開港が決定した。四月には視察を目的にペリー艦隊が箱館港に入港。一旦は松前藩に蝦夷地復領を許した幕府は、開港に備え箱館周辺五～六里四方を再び幕府直轄地とし、安政二（一八五五）年、箱館が和親開港すると欧米との交接や蝦夷地警備のために松前氏の居城付近をのぞく全蝦夷地が幕府の直轄となった。

　後年、大鳥圭介が述懐するところによると、武揚と北海道の出会いは嘉永七（一八五四）年頃と言われている。それは、ペリー提督再来航直後の緊迫した空気の中、箱館奉行堀織部正の従者として松前から樺太のクシュコタンまでの巡視に随行するものであったという。武揚にとっては昌平黌を出て直後、十代後半にあたる頃で、このことの証跡は井黒弥太郎著『榎本武揚伝』に詳しい。

　実際、当該する資料の中から釜次郎（武揚）の名前を見つけることは出来ないが、安政元（一八五四）年正月二二日、目付堀織部正利熙、勘定吟味役村垣与三郎範正二は蝦夷地御用係となり蝦夷地巡視の命を受け、三月に江戸を発っている。ペリー艦隊の箱館入港と前後して松前へ入り、一行のうち平山謙次郎（通訳）がペリー応接のため箱館に向かっている。堀と村垣の一行は、ペリーが箱館から立ち去った五月一〇日に松前を発ち、村々や場所の名前と現況を記録しながら西蝦夷地（日本海沿岸）をソウヤ（宗谷）まで北上、唐土（樺太）まで巡視し東蝦夷地（オホーツクから太平洋沿岸）をまわって、八月に箱館へ到着している。堀らが箱館へ到着して間もなくの八月三〇日、国書を携えたロシアのプチャーチンが一行を追うように箱館へ入港する。申し入れの交渉は長崎で行うこととなったが、対応を迫られる幕府は、まさに薄氷を踏むような想いであったろう。蝦夷地巡視の記録は「松前並蝦夷地惣躰身分仕候見込之趣大意申上候書付」（函館市中央図書館蔵）として残されている。釜次郎（武揚）は、蝦夷地の重要性を知り、日本の広さを体感したはずである。

その後、箱館奉行となった堀、村垣は安政四（一八五七）年に箱館産物会所を開設。蝦夷地の殖産を目的として銭貨の流通や漁業生産力の上昇、鉱山開発の他、炭山の開閥や硫黄の買い上げ、養蚕機械の奨励や刀剣、紙、陶器の製造など様々な事業を奨励し積極的に蝦夷地の経営に取り組んでいる。北の地は、豊かな資源を持つが故に、常に求められ続けた。そして安政五（一八五八）年、幕府は模索の中、アメリカ・オランダ・ロシア・イギリス・フランスの五カ国と修好通商条約を締結することとなる。

開国をめぐる争乱

辺境の地の出来事をこのように書き連ねると淡々とことが進行しているように見えるが、江戸・畿内では開国・攘夷を巡って大事となっていた。この間、徳川幕府は現政権の担当者として、独立国としての体面を維持しながら、開港場を整備すると共に海軍創設に踏み切り徳川艦隊の編成を急いでいる。外国から軍艦の入手を計るとともに、海軍力を強化するために嘉永六（一八五三）年には大船建造の禁を解き、鳳凰丸（幕府）、昌平丸（薩摩藩）など洋式帆船を建造し、安政二（一八五五）年にはこの国と友好的なオランダの協力を得て、長崎に海軍伝習所を開所し、汽船の取扱いを習得させている。蝦夷地から戻った釜次郎（武揚）は、幕府の求めに応じるように安政三（一八五六）年に二期生とともに入所し、蒸気方（機関学）と科学を実習している。教練を担当したカッテンディーケの日記には「二年来一介の火夫や、鍛冶工および機関部員として働いているというが如きは、まさに当人の勝れたる品性と、絶大なる熱心を物語る証左である。これは何よりも、この純真にして快活なる青年を一見すればすぐに判る」と言わしめている。武揚の人柄に惚れ込む人は多い。武揚は後に幾度かの試練や危機に直面しているが、それを乗り切り得た要因の一つが自身の人柄のように思える。武揚は生来、熱心さと愛されるべき素養を持った人物だったに違いない。あるいは他の伝習生にはない蝦夷地での体験が武揚を積極的にさせたのかも知れない。いずれにせよ、この時のオランダ人教官らが武揚のふれた最初の異国（文化）体験であろう。彼はこの後もオランダから提供された咸臨（安政四（一八五七）年八月より）と観光（安政五（一八五八）年五月より）の二隻である。長崎海軍伝習所は安政六（一八五九）年に閉鎖となり釜次郎（武揚）は伝習所を出所することになるが、六月には江戸築地に創設された海軍操練所の教授方となった。生まれて始めての仕官である。蝦夷地でまかれた種が一つ実った。釜次郎はこの時から榎本武揚と名乗る。

文久元（一八六一）年、幕府は海軍充実政策の仕上げとして、オランダに対して、最新鋭の装備を施した新造軍艦の発注と軍艦受け取りのための海軍留学生の受け入れを依頼。武揚は、文久二（一八六二）年、オランダへの留学生として西周らと長崎を発った。当時、オランダで造られた開陽は、徳川艦隊の旗艦となる三本マストのフリゲート艦である。長さ七五m、排水量二五九〇t、四〇〇馬力の機関を持つスクリュー艦で、クルップ式前装十二センチ砲二六門を装備、当時日本にあった在来艦と比較して、飛躍的に高性能を誇っていた。慶応三（一八六七）年、武揚は留学していたオランダから幕府軍艦開陽を回航して横浜へ到着。開陽の軍艦乗組員頭取となった。開陽の誇りと自信が武揚の誇りと自信となったであろう。武揚は念願の海軍軍人となった。

武揚が不在の内にも、異国への対応のあり方をめぐってこの国はさまざまな衝突が生まれていた。彼らが日本を発ってすぐ朝廷が攘夷を決定、翌文久三（一八六三）年には薩英戦争、元治元（一八六四）年六月の池田屋騒動から禁門の変、長州征伐と争乱が続き、翌年の慶応二（一八六六）年の長州征伐——第二次——中に徳川家茂が大坂城中で病死。慶応三（一八六七）年の三月に武揚がオランダから横浜へ到着した時には慶喜が第一五代の征夷大将軍となっていた。五月には兵庫が開港、武揚の自信と誇りとは裏腹に一〇月には将軍慶喜が大政の奉還を上奏し、一二月九日、王政復古の大号令が出され徳川幕府は瓦解した。

しかし、政権の返上のみならず、武力による決着を望んだ薩摩と長州の倒幕派は、衝突のきっかけを求めて、徳川家のお膝元、江戸で行動を開始する。慶応三（一八六七）年一二月二七日、江戸市中での薩摩藩士のたび重なる挑発に耐えきれず、市中警護にあたっていた新徴組らが江戸薩摩藩邸を焼き討ちする事件が起こる。この時武揚は兵庫に停泊する開陽の船上にあった。慶応四(一八六八)年一月一日、徳川家はついに朝廷に薩摩藩追討の表をあらわし、戦闘状態に突入。翌二日には兵庫港を封鎖していた開陽が、脱出をもくろむ薩摩藩春日を追撃、阿波沖で砲撃戦となった。戊辰戦争最初の戦端を開いたのは、主戦論者の一人、榎本武揚であった。海上での戦いは、訓練、装備共に旧幕府海軍が倒幕派を圧倒的に凌駕していた。

一月三日、京都の鳥羽口を守備していた薩摩藩と、進軍してきた旧幕府軍との間で陸上の戦端が開かれた。鳥羽・伏見の戦いである。戦闘は、最新の銃砲を配備した薩摩長州連合軍が勝利。薩摩藩と徳川家の私闘から名目もすり変えられ、敗れた旧幕府軍はひとまず大坂城に集結して体制を立て直そうとしたが、六日夜、慶喜が開陽で密かに江戸へ逃れたことで勝敗が決した。江戸へ戻った慶喜は謹慎。武揚は大阪に残された将兵を富士に収容し江戸へと向かった。

江戸湾にいる武揚が徳川海軍の副総裁となったのはこの一月二四日のことである。負け戦さとなったにも関わらず、大藩の徳川家はまだ生きていた。主戦派であった武揚の昇進は、主家よりの戦闘継続を望む意志と受け取れる。四月一一日、江戸城が無血で開城され、城と武器の引き渡しが行われるが、これに不満を持った歩兵奉行大鳥圭介率いる旧幕府陸軍は武器を持って江戸を脱走し北関東へ向かう。武揚も艦隊の引き渡しを要求されていたが、富士・翔鶴・観光・朝陽といった老朽船や輸送船を引き渡したものの主力艦を保持したまま江戸湾に停泊していた。鳥羽・伏見の戦いから江戸城開城までの結果は、旧幕臣として受け入れがたいものであったろうし、戦争の主役となるべき艦隊は無傷のままであったからである。まして、徳川家へ下された処遇は、大部分、特に下級の家臣団にとって、禄も身分も奪われ、裸で投げ出されることを意味していた。

武揚はすでにこの時、蝦夷地に向かうべく行動している。四月二三日、武揚は勝と面談。「榎本釜次郎来訪。箱館行の事談有。不可然と答ふ」家臣団の救済を求めたのであろう。家臣団の不満は、有利・不利を別にして再び徳川家と新政府との戦闘を呼びかねない。現に大鳥らは脱走している。武揚の言葉が勝を動かしたのか四月二五日大総督府に勝の名前で「七十万石の他旧領地(蝦夷地)のいくらかを差し戻されたい」と嘆願書が出ている。五月一五日、武揚の生家に近い上野で戦闘がおこり、旧幕府方の彰義隊はその日の内に潰走、陸上で勝目はなかった。明治新政府軍は、旧勢力を一掃するために北関東、東北地方へと兵を進めた。五月二四日、徳川家の静岡七十万石が確定し、旧幕臣の身分が停止される。六月に入り徳川家達名で「蝦夷地の一部を下付されたい」との誓願が出されたが、それも叶わず八月一五日、徳川主家が駿府に移転した。この後一切沈黙する徳川家が、誰よりも強く蝦夷地にこだわっていた。

八月一九日夜、開陽以下、榎本武揚率いる旧幕府艦隊八隻が品川沖から脱走した。江戸城開城から四カ月、上野戦争から三カ月の時が過ぎている。これは、事態を見極めた熟慮の上の行動と言わねばならない。武揚は自らの意志で蝦夷地を目指した。武揚を中心とする旧幕府脱走軍の目的は、旧領だった蝦夷地で、徳川家家臣団が、名誉を持って新政府の下で生きていくための士族による開拓と北辺防備であった。品川を脱走するまさにその日、武揚は、勝安房(海舟)、山岡鉄太郎(鉄舟)、関口艮論輔に宛てて心状をしためている。「今度此地を大去致候、情実別紙之通ニ候間……(中略)」夫々手づるを以差出候得共、達不達も難計(中略)我輩此一挙、素より好敵ニあらす却て以此永く為『皇国一和之基を開き度為ニ御座候』目今之形勢言葉を以てするより事ヲ以てするに不如と決心致候より此挙ニ及候義ニて他意更ニ無之候」(翻刻西脇康氏による)

蝦夷地行きは、徳川の家臣としての立場で、この窮地に取るべき道を求めた結果であった。その趣旨は「徳川家臣大挙告文」に見ることができる。艦隊は銚子沖で暴風雨にあい、離散するが二七日には主力艦が松島湾に到着。一〇月一三日、武揚は修復を終えた旧幕府艦隊に北関東・東北を転戦していた大鳥ら旧幕府軍や新撰組と各藩から参加した兵士を乗せ蝦夷地へ向かった。

一〇月二〇日、榎本武揚率いる旧幕府艦隊が当時国際貿易港となっていた箱館での争乱を避け、一〇里ほど北側にある内浦湾沿いの蝦夷地鷲ノ木(茅部郡森町)に到着。すぐに箱館の各国領事にフランス語で書かれた声明書(一〇月二〇日付)を届けている。(『蝦夷錦』)

この声明書には「外国人居留地には脱走軍兵士をみだりに入れないこと、外国人の蝦夷地旅行を認めること」など外国人に対する配慮が表明され、さらに「我々は祖国の地上で名誉をもって生きる法的権利を持ち、これらの権利を武器を手にして守る覚悟のある公戦団体である。従っても し、不幸にもここで戦争が起こってもヨーロッパ代表者と我々との間の状態は、常に大坂で一〇か月前になされた中立条約以来のように続き得るでしょう」とあり、局外中立の継続と、交戦団体として待遇されることが要望され、対外的戦略を重視した脱走軍の姿が如実に示されている。(函館市史より)

翌二一日から二三日にかけて本隊が上陸を開始。二二日午後、上陸をおえた大鳥圭介の指揮下、人見勝太郎率いる三〇人の先発隊が嘆願を五稜郭の箱館府知事清水谷公考へ伝えるために本道を出発、五稜郭を目指した。二二日、箱館府兵および箱館府に派遣されていた福山・大野・津軽・松前藩兵と衝突。この日峠下、大野、七重、川汲で新政府軍全軍が潰走したとの知らせを聞いた府知事清水谷は二五日未明、秋田藩の陽春で青森へと逃れ、旧幕府脱走軍は二六日無人となった五稜郭へ入った。その後、回天・蟠龍の二艦が箱館港に入港し箱館港と市街を完全に制圧。その日の内に、町民には町会所を通じて「これまでのすべての業務を引き継ぐ」という触書が出され、市中の一本木関門・運上所へは治安を維持するための兵を送り、市内を巡邏する体制がとられた。一方武揚は、一二月一五日の入れ札(仕官以上による)で総裁に選任されるが、この間すでに旧幕府軍のトップとして動いている。

開港場箱館で最も留意すべき点は、領事の存在である。榎本等旧幕府脱走軍の情報は筒抜けであり、すべての行動が注目されていた。武揚は一一月九日イギリス領事ユースデン、フランス代弁領事デュースと会談。彼らからは、声明文に記載されていた「交戦団体」として待遇されないこと、日本の内紛に不干渉の立場をとる旨が伝えられた。しかし、アメリカ合衆国とロシアおよびプロシアの領事からは、武揚らの主張が容認されたので、全軍にはデ・ファクト(事実上)の政権と認められたと伝えている。艦隊を主力とするこの戦闘集団は、立場こそ違え異国の脅威を排除しうる武力と外交力を備えた近代日本が目指した形そのものであった。ひとまずは自分達の立場を確保した。その上で改めて、一二月一日、徳川家による蝦夷地開拓の請願書を英仏船将に渡し、新政府への取り次ぎを両国公使へ依頼。この請願書には「請願が受け入れられない場合には武力抵抗も辞さない」とのただし書が付いていた。

箱館を占拠した翌日か翌々日、榎本武揚と松平太郎が、「病院頭取」の委嘱のため箱館病院で患者の治療に専念する高松凌雲を訪れている。(高松凌雲『東奔西走』)旧幕府脱走軍の幹部は個性的な人物が多い。凌雲は天保六(一八三五)年の生まれで、この時三十三歳。徳川昭武の随員として留学し、フランスで医療の技術と精神を学んでいる。この時も、五稜郭で負傷し、捕虜となった大野藩兵らを治療していた。敵兵士の治療は、当時の日本の常識では考えられない。公然と不満を持つ者も出る。院内の治安を守るため、凌雲は武揚に、全権の委嘱を求めた。武揚は凌雲に「病院頭取医師取締総て病院の全権を委嘱す」と全権を一任。敵軍兵士をも治療するという開明的な医療行為は、武揚らの開明さに他ならない。

旧幕府脱走軍は、回天・開陽の援護を受けながら半月ほどで蝦夷地における明治新政府の拠点、松前城を制圧する。次いで江差・館城を押さえて南蝦夷地を占領した。しかし、江差進行を支援するために箱館を出航した開陽が江差で座礁、翌二〇日には回天・神速が開陽救援のために向うが、神速も座礁沈没する事態となった。武揚は艦長沢太郎左衛門を開拓奉行、開陽乗組員らを開拓方として二年一月一五日、高尾丸で二〇〇人余を、蝦夷地開拓の基地と決めたモロラン（室蘭）へ向ける。しかし、開拓に着手する前に新政府軍の降伏勧告となったため脱走軍開拓方の業績は確認されていない。

また、西洋農法の導入により蝦夷地の開拓を進めようとした旧幕府時代からの引継事項だったプロシアの商人R・ガルトネルと七重薬園を中心に三〇〇万坪の地を九九年間貸与する契約（明治二〔一八六九〕年二月一九日締結）を蝦夷島総裁榎本釜次郎裁許というかたちで結んでいる。この契約を反故にするために明治新政府は、多額の賠償金を支払う事件となるが、ガルトネルによって多くの果樹や植物がここから日本中へひろまって行く。

明治新政府軍の反撃は雪解けを待って開始される。明治二（一八六九）年一月三日追討令が下ると、局外中立を撤廃したアメリカから引き渡された甲鉄を旗艦とする八隻の艦隊が品川を出航。この明治新政府艦隊が二一日には南部宮古湾へ入港するという情報を得た旧幕府脱走軍は、旗艦開陽を失った海軍力を挽回するために白兵戦によって甲鉄を奪う合同作戦をたてるが、奇襲作戦は失敗した。

明治新政府軍は総督府のある青森に陸・海軍が集結し、八日蝦夷地に向かい出航した。四月九日、艦隊の援護射撃の中、輸送船に乗り込んだ陸軍が乙部に上陸。明治新政府軍は松前・二股・木古内方面へと進軍を開始する。陸上では旧幕府脱走軍の反撃で進退をくり返すが、三厩港から兵糧と弾薬、さらには陸兵を輸送船で補給しながら海陸共同作戦を取る明治新政府軍に対し、制海権を持たない旧幕府脱走軍は陸上からの応戦だけで、四月一七日には松前福山城が奪還され、二八・二九日には明治新政府軍が要衝茂辺地・矢不来を、海・陸から攻撃占拠され、旧幕府軍は箱館周辺に追い込まれる。

五月一一日、甲鉄以下の明治新政府艦隊は陸軍との共同作戦による上陸作戦を展開、箱館総攻撃を決行する。午前三時過ぎ朝陽と丁卯が七重浜沖から函館山へ上陸する陸軍援護の砲撃によって作戦が開始。浮き台場となった回天・蟠龍と明治新政府海軍との間で砲撃戦となる。午前八時頃、蟠龍の放った一弾が朝陽の火薬庫に命中し、朝陽は沈没するが甲鉄などの反撃にあって、蟠龍は弁天岬台場脇の浅瀬に乗り上げ砲弾を撃ち尽くした後に船将松岡磐吉以下総員が弁天岬台場へと退去。また浮き砲台となって奮戦していた回天も上陸した明治新政府陸軍による背後からの銃撃、大森浜の陽春からの砲撃を受けるにいたって、ついに艦を放棄。荒井郁之助以下総員が上陸し五稜郭へと退いた。これにより旧幕府脱走軍艦隊は壊滅した。

五月一一日の総攻撃で箱館市街を制圧した明治新政府軍により翌一二日から弁天岬台場、五稜郭、千代ヶ岱陣屋に対して艦砲射撃が行われ、五月一五日、最強の陣地であった弁天岬台場が降伏。また、湯ノ川村にあった衝鋒隊、見国隊・砲兵も神山の権現台場で降伏。翌一六日朝には降伏勧告を受け入れなかった千代ヶ岱陣屋で最後の戦闘が行われた。一七日朝、高松凌雲と小野権之丞を使者とした降伏勧告をうけて榎本と松平が亀田の斥候所へ出頭、箱館へ護送される。この日室蘭の開拓方へも恭順説得の使者が発ち数日後、沢太郎左衛門以下も降伏。五月一八日に五稜郭が開城され、箱館戦争の決着により戊辰戦争は終結した。武揚は戦場となった箱館から、名前の変わった東京へ護送されることとなった。

蝦夷地を近代の開拓地としてデザイン

武揚が辰の口の牢獄に入牢している間の動きである。慶応三（一八六七）年以降、新政府は、それまで幕府が抱えていた全ての「内政・外交問題」と直面する。「蝦夷地開拓」についても、蝦夷地の持つ豊富な資源の確保と、樺太におけるロシアとの国境問題など新政国家としての「力」を内外に示すため、国政上の急務として取り組まなければならなかった。

蝦夷地開拓の大要は、東北戦争が終結した明治元（一八六八）年一〇月二一日、奥羽処分と共に建議され、「蝦夷に新たな国名をつけ日本の領土であることを確認すること、その開拓には、奥羽諸藩の降伏藩士など終身禁固の重犯罪人や流人をあて、殖産興業を行うこと」など旧体制の解体と蝦夷地開拓の位置付けがなされた。

箱館戦争が終結した後の明治二（一八六九）年七月一三日、初代開拓使長官に任ぜられた元佐賀藩主鍋島直正に出された勅書には「蝦夷開拓ハ、皇威隆替ノ関スル所、一日モ忽ニス可ラス……（中略）……皇威ヲ北彊ニ宣ル……」とある。新政府にとって、一日も早い開拓とロシアとの国境問題を始めとする北辺の対外関係問題の解決はそれほど大きな問題であった。事実、北海道開拓は莫大な予算が投入され、国の最重要課題に位置づけられることになる。このことは日本が諸外国に対し、「自国」というものを具体的に主張し、行動に移した最初の施策といえる。またその方法は、国内の旧体制を根本から解体し中央集権による近代国家を目指すための試金石でもあった。それは、会津藩を始めとした東北諸藩への「懲罰」という方針から、その後の廃藩置県によって、旧来の主従関係を崩壊させ、結果的には封建制度という社会そのものを解体しようとする動きへと変わって行くことになる。

混乱が終結した明治二（一八六九）年五月二二日、中央官庁の一局として開拓使が設けられ鍋島直正が初代長官に任命される。八月一五日「蝦夷地は北海道」、「北蝦夷地は樺太」と改称されと一一の国に分けられる。開拓使は北辺の警備と北海道と樺太の開発を専任し、本庁も札幌へと移される。長官は東久世通禧（ひがしくぜみちとみ）が就任。北海道開拓が本格的に開始される。

武揚が北海道の開拓と深く関わるのが出牢後の明治五（一八七二）年から翌六（一八七三）年一二月までの二年間である。「特命ヲ以テ親類御預ケ」となるのが明治五（一八七二）年正月六日、松平太郎、荒井郁之助、永井玄蕃、大鳥圭介、沢太郎左ェ門、渋沢誠一郎、佐藤雄之助、千石丹二郎が同日特赦となっている。武揚は明治五（一八七二）年三月六日、「開拓使四等出仕被仰付候事」の辞令を受けた。武揚に求められたのは「罪」ではなかった。武揚の任務は後の辞令で「北海道鉱山検査巡回」である。

「明治五（一八七二）年　先考北海道巡遊日記写」（函館市中央図書館）には五月二五日の品川駅出発から六月八日までの函館市周辺調査の記録が、残されている。これは、次男榎本春之助氏による写本で、これに続く内容の記事が「北海道物産取調書稿」（国立国会図書館）にある。五月二九日函館に着いた一行は、開拓使の本陣の一部となっていた仙台留守居屋敷を宿にし、午後から宮古湾の海戦で戦死した甲賀源吾の墓を詣でている。

調査は六月一日より開始。函館周辺は、武揚の知見も土地勘もあり、すぐに成果の確認できる場所だった。一行は同行者九人、武揚の僕従五人の一四名。六月二日泉沢（木古内町）の「油微」（石油が地表ににじみ出ている所）を訪れ、その可能性を確かめている。六月三日は富川（北斗市）で情報のあった石炭を探しながら茂辺地（北斗市）の耐火煉瓦用の粘土を調査。六月六日は亀田川辺のケレイ（粘土）を採取し、壺を試し焼きしている。七日は下湯川村の湯守ヤマキと亀吉を案内として函館から三森山に鉛鉱の探索に入っている。八日、朝八時下湯川を発ち上湯川から七八丁の道程の場所を目指したところで筆がおかれている。具体的な日付は不明であるが、この後の武揚の足取りは「北海道物産取調書稿」でたどることが出来る。函館周辺で足ならしをした後、本格的な調査に入っていったと見て良い。武揚一行は函館市湯川から亀田半島東端の恵山（函館市）、古武井（函館市）、駒ヶ岳（森町）、濁川（森町石倉）、茅沼（岩内町）と北上しながら調査を進めていた。

この報告書は、産物の項目別・地点別に五産物八項目に一一箇所の産地の記述がなされている。順に従うと、硫黄（恵山・駒ケ嶽・古武井澤・濁川湯本ノ硫黄）、茅沼炭田試験、古宇郡藻岩村銅山銅鉱附鉛鉱、岩内郡金峰山鉛鉱、古宇郡泊村奥二股奥の鉛山、古宇郡泊村奥二股亜鉛山、岩内郡鱈肝油についての記載である。硫黄は四箇所と最も多くの記載があり、他に銅、鉛、亜鉛、肝油と多彩である。

報告はおおむね次のような項目で記載されている。恵山の項には「政府ノ最モ注意スベキハ硫黄ニ在リト　是レ真ニ活眼者ノ論ト謂フベシ」とドイツの科学者、ユストゥス・フォン・リービッヒの言葉が付箋で貼られ、産地の来歴、探索の拠り所になった情報や過去の採掘者、素材の品質、分析の方法と結果に加え、地元での採集方法と道具・地元での精製方と賃金・運送費におよび、箱館での硫黄の相場や輸送の問題点・現存高や展望までも報告されている。駒ヶ岳・古武井・濁川も同様の報告が記載されている。また、古宇郡藻岩村銅山銅鉱附鉛鉱、岩内郡金峰山鉛鉱、古宇郡泊村奥二股奥の鉛山、古宇郡泊村奥二股亜鉛山についてもその歴来、性質、地位（場所）を中心に、精製方や品位について報告がなされている。岩内郡茅沼石炭試験の項目では新旧の坑から採取した石炭の品位試験を行いその結果を、新鉱（坑）上等石炭甲乙平三品試験（甲乙丙に加え、下等石炭の品位試験。並びに木炭の試験）として報告。現石炭坑と新たに発見した鉱脈の位置、水抜き鉱とそして大沢の鉱脈発見の経緯、位置、量と質についての記事が報告されている。

この報告の特徴は、まず地域が大きく函館を中心とした亀田半島域と積丹半島域のものであるということに気が付く。函館周辺はもちろん、積丹半島、特に岩内周辺は「岩内場所」として知られ、旧幕府時代、箱館奉行が蝦夷地の殖産を目論み、情報を集め開発に着手した場所である。茅沼の炭坑についても岩内場所の記録に、「嘉永五・六年頃五平太なるもの薪・水を採らんがため同所の沢に入り、石炭を拾取りしより評判となり、安政二年幕府の管轄となり、始めて手入れありしが……云々」（岩内町史）とあり、武揚が樺太のクシュコタンまでの巡視に随行した際にもこの地の記録がある。

また、報告の内容が具体的で、硫黄と石炭についての内容は、その利用の可否や値段についてまでも記載が成され、発見記録というよりも着手のための諸注意と現状、開発のための綿密な観察と分析に基づいた進言といった方が良い。その他の鉱物や鱈肝油のような産物は、これら地域の周辺にあるさまざまな資源で、開発の可能性が高いものについての記載・報告であろう。鱈に関しては漁にも言及し、おそらくは官営の産業としての可能性についてふれているものと思われる。

武揚の報告はこの行動と報告を見る限り、武揚は一早く開拓に取りかかれる産物についての場所と裏付け、そして展望であった。具体的に記術している。武揚は翌年、大鳥の持ち帰った機械（ドリル・蒸気機関・マグネチックセパレーター）でボーリング調査を行い、さらに裏付けを取ろうとしている。とすれば、開拓使が武揚を派遣したねらいがここにあったと見るべきであろう。

開拓には莫大な費用と時間を要する。しかし、外交問題を含め、一刻も早く欧米列強に並び得るように事業や開発を進めたい新政府にとって、「何を、いかにして求めれば良いのか」ということが最も欲しい情報であった。旧幕府時代からの情報や知見、現地での調査技術と現場を切り開いてゆく力を持っていたのは武揚しかいなかった。武揚は入牢していたが、維新からすでに五年という月日が経っている。遮二無二西洋化を目指した日本にとって、最も重要な課題は一刻も早くという「時間」であったろう。そのため、力をその地域に限定し、限りある予算と人を集中的に投入した総合開発が武揚の答えだった。さらにその移送は鉄道・船をもってするという翌年になっての武揚の発言が理解されるのである。武揚の調査は、お雇い外国人顧問に見せるだけの下調べでは無い。開拓の端緒、北海道をいかに早く、効率的に近代国家の開拓地としてデザインするか。その原図となるのがこの調査だったのである。西欧の豊かな社会と生活、貧しい祖国の現実。留学によって得られた知見によって、武揚は目指すべき姿と方法論を持っていた。

「くにつくり」に尽くす

翌明治六(一八七三)年一月、開拓使中判官となった武揚は、顧問官ケプロンと対立する。武揚とケプロンとの争点も結論から見ると、武揚のすぐに取り掛かろうとする速成過ぎる態度に対し、ケプロンはじっくりと北海道全域を調査してから取り掛かろうとすることにあった。もっとも、自国の資本を導入し利益を誘導したいケプロンと、日本人の手による開拓を目指した武揚と黒田では最初から到着地点が違っていたというより他はない。この報告は、産物項目各に清書され、提出されたものと見られる。北海道大学北方資料室に、硫黄についての報告書が現存している。

明治六(一八七三)年七月、榎本開拓中判官は爾志郡熊石山石炭を踏検、一〇月七日イクシベツ石炭を調査、そして八月ついに埋蔵量日本一の石狩河枝流空知河石炭山を発見するのである。

空知炭田調査の後、開拓使と交渉し対雁の地に一〇万坪、また小樽に二〇万坪の土地を買い求めて開墾の先鋒たらんとした。爆薬を用いた対雁の開墾方法は、行き詰まっていた人力のみによる開墾に新たな可能性を示したものであり、小樽は港としての開拓の可能性を示唆したものであった。

明治六(一八七三)年一二月二二日武揚は帰京する。武揚が道内の資源探しに奔走していた頃、もう一つの課題、樺太問題が頂点に達していた。明治七(一八七四)年一月一二日閣議で樺太問題に武揚をあてることが決定、一四日武揚は海軍中将に任ぜられる。同一八日、特命公使を兼任、魯国公使館在勤を命ぜられ従四位に叙せられた。明治四(一八七一)年に日本の命運をかけ、条約の改定を求めて赴いた岩倉使節団の派遣が失敗した中で、諸外国と渡り合えるのは武揚しかいなかった。徳川家の海軍副総裁となって主家と家臣の存亡を背負い、蝦夷地仮政権では総裁となって旧幕府脱走軍の命運を背負った。開拓使でも結果的には北海道を背負い、今度は国の未来を背負って武揚は三月、魯都サンクトペテルブルグへと旅立つ。

参考文献資料

『開けゆく大地』北海道開拓記念館編（北海道開拓記念館、一九七六年）。

『岩内町史』佐藤彌十郎編著（岩内町、一九六六年）。

『榎本武揚伝』井黒弥太郎（みやま書房、一九六八年）。

『恵山町史』恵山町史編纂室編（恵山町、二〇〇六年）。

『榎本武揚』加茂儀一（中央公論社、一九六〇年）。

『北に生きた会津武士と農民――福島県と北海道』北海道開拓記念館編（北海道開拓記念館、一九九〇年）。

『北の幕末維新　第二号』北海道幕末維新史研究会（北海道幕末維新史研究会、一九八四年）。

『北の幕末維新　第三号』北海道幕末維新史研究会（北海道幕末維新史研究会、一九九二年）。

『北のまもりと開拓』会津武家屋敷編（会津武家屋敷、一九九三年）。

『旧幕府』（合本版）戸川安宅（原書房、一九七一年）。

『正気溢るる高松凌雲の生涯』高松卯喜路（生誕百五十周年記念顕彰会、一九八六年）。

『高松凌雲翁経歴談』磐瀬玄策（緑川興功、一九一二年）。

『箱館海戦記――海と陸　箱館戦争と軍艦』佐藤智雄（市立函館博物館、二〇〇三年）。

『箱館戦記――士と兵士』佐藤智雄（市立函館博物館、二〇〇二年）。

『海を渡った武士団――旧仙台藩士の北海道開拓』北海道開拓記念館編（北海道開拓記念館、一九八九年）。

「榎本武揚　明治六年北海道巡廻日記(1)」『新しい道史　第三巻第四号』原田一典（北海道総務部文書課、一九六五年）。

「榎本武揚　明治六年北海道巡廻日記(2)」『新しい道史　第三巻第五号』原田一典（北海道総務部文書課、一九六五年）。

「榎本武揚　北海道後志国岩内郡茅ノ間村　石炭山取調書」『新しい道史　第八巻第一号』原田一典（北海道総務部文書課、一九七〇年）。

「官営による茅沼炭鉱の開発」『新しい道史　第二巻一号』片山敬次（北海道総務部文書課、一九六四年）。

「旧イギリス領事館関係資料の紹介」『市立函館博物館研究紀要第一〇号』保科智治（市立函館博物館、二〇〇〇年）。

「タキイシ物語――本道最初の炭山」『新しい道史　第一巻一号』片山敬次（北海道総務部文書課、一九六三年）。

「函館戦史料第四四八回～四八〇回『東走始末』」函館毎日新聞（函館毎日新聞社、一九一四年）。

石巻決戦の回避

―豪商・毛利屋利兵衛の活躍―

森山行輝

地元の豪商が大量の物資を調達

戊辰戦争と石巻を語る時、忘れてはならないのが当地の豪商毛利屋利兵衛が榎本武揚や土方歳三に対し、出来る限りの援助を施し、無事箱館へ送り出したと言う事です。

一八六八年八月二六日、反恭順派の総帥榎本武揚が率いる幕府艦隊は、旗艦開陽丸をはじめとして回天丸、蟠龍、神速、長鯨、大江、鳳凰の七隻で石巻の折浜(おりのはま)に入港、仙台藩の斡旋で石巻村住吉町で醸造業のかたわら仙台藩の蔵の管理者を兼ねる御石改横目(ごこくあらためよこめ)も務めていた豪商、毛利屋利兵衛の屋敷の一部を本部事務所に借用、陸路戦いながら敗走してきた土方歳三と合流し、随時ここから仙台、塩釜、松島、および折浜に出向いては藩の首脳や家臣の動向を探る一方、各地の駐屯部隊、艦隊との連絡にあたっていました。

九月二日、藩主伊達慶邦に謁見した榎本、土方、ブリュネ、カズノーブらはその後、藩の首脳と主戦論を戦わせたが、折りしも藩内は、八月の米沢藩降伏以来の抗戦か帰順かの論議沸騰の真最中だったのであります。その後、仙台藩の降伏決定と主戦派執政の解任を知った榎本、土方は登城し、新執政となった大條孫三郎、遠藤文七郎と会見、榎本は藩首脳の卑屈さを語気荒く難詰し、土方は反対に物静かな口調で謝罪降伏の不利について諄々と説いたのですが、それに対しては「大條黙して答えず」でした。

そもそも徳川恩顧の大名だった伊達藩が、何故中道政治路線志向に変化していったのかについては、数々の要因がその背景に指摘されています。それは、藩主慶邦夫人備子(とみ)は関白鷹司熙通の娘だったが若くして急逝、後に迎えた孝子は徳川慶喜の妹という二者択一は出来そうにもない義理人情のしがらみ、天保七(一八三六)年の大飢饉では領内も大被害を受け、幕末当時には一六〇万両を超えていたと言われる借財の為、とても戦費の調達もままならない仙台藩積年の財政窮乏です。

それで藩首脳は災いを回避すべく、榎本艦隊へ、米、薪、等必要な物資を贈与し、早急に退去させるのが得策という意見一致をみたのでした。

しかし、その莫大な経費をどうして捻出するのか、いろいろ苦慮を重ねた揚句、以前にもしばしば急場を救ってくれた毛利屋利兵衛に、艦隊用物資の供与かたを懇請、応諾を得たのでした。この毛利屋利兵衛が調達をし、折浜の榎本艦隊に積み込まれた品目、数量は次のとおりです。

酒一斗入一千樽/沢庵三百樽/味噌二百樽/塩一五〇俵/荏油五〇樽/椿油二〇樽/水油七〇樽/胡麻油二百樽/上麻百貫目/中麻三百貫目/十匁蝋燭三万挺/梅干一千二百樽/大木椀三千人分/塗箸一万人分/白木綿五百反/青竹一千本/檜桐皮二五貫目/椎茸二百貫目/鰹節五百貫目/鶏卵三万粒/鯣三万枚/仙台糯五〇石/大豆五〇俵/白砂糖三百貫目/醤油五百樽/白半切五万枚/料紙三千枚/炭一〇万俵/薪五万本/焼パン百箱/五升芋五〇俵/飯杓子二百本/竹柄杓三百本/ミゴ箒五百本/竹ササラ二百本/竹箒百本/瓦三百枚/砥粉百斤/貝杓子二百本/番茶三百斤/上茶二百斤/渋団扇五百本/杉手桶一五〇/砂鉢三〇枚/酢三〇樽/薄縁千五百枚/角盆五百膳/米一千俵

これは現在の貨幣価値で積算すると数億という金額になります。

官軍到着の数時間前に発つ

長州藩毛利輝元の孫で、石巻の豪商であった毛利屋利兵衛が榎本の居室にと用意したのは、事務所の二階、平書院造りの京間一五畳と控えの間一〇畳である。士方はこの部屋で幾夜を榎本と語り明かしたことか。この居室の柱に〝刀痕〟と伝えられる古疵があります。これは、仙台藩とともに官軍との決戦を強く望んでいた土方が、仙台藩の腑甲斐なさに対するやり場のない怒りのはけ口として切りつけたものと言われています。

一〇月初めより始まった艦隊への物資積込みは順調に行なわれ、一二日の朝、回天丸を先頭に榎本艦隊は七艦編成で、土方達も乗船し出帆したのでした。

一方、石巻西南約八キロメートルの矢本村まで迫ってきた官軍先鋒隊は、榎本艦隊が石巻に投宿しているとの情報で急ぎ追いかけ、一二日の昼には到着したものの、榎本艦隊はすでに立ち去った後で、市街の各所を徘徊していた幕軍諸隊兵のうちの一五〇余名が逮捕、処刑され、市内の目抜き通りの二カ所に晒首（さらしくび）となり死体は北上川西岸の河口近くに埋められております。

旧毛利邸

もし、石巻に毛利屋利兵衛がいなかったら、もし、利兵衛が榎本艦隊への大量の物資を調達出来なかったならば、一〇月一二日にここ石巻で官軍と大決戦となっていたのは火を見るより明らかであり、榎本武揚は絶命していた事でしょう。そんな事になっていれば、明治の、あるいは現代の日本の礎を築いた大切な人材を失ってしまい、その後の我が国がどうなって行ったのか、私は想像もつきません。

石巻から箱館に渡り、五稜郭で最後の決戦に臨み、土方や大鳥圭介らが次々命を落とすなか、榎本武揚は降伏し、明治新政府の中でそのたぐいまれな才能を発揮しました。

しかし、この石巻においての史実については、あまり世に認知されておりません。「もし」「たら」「れば」で考えると、歴史にかかわる本当に重要な事柄ではないでしょうか。榎本武揚没後百年という大きな節目にあたり私は、石巻と榎本武揚のかかわりについて、再考する良い機会ととらえております。

日本地質学界の先達
【学理と技芸の狭間で】

吉岡学
Yoshioka Manabu

緒言

十勝州広尾郡以東釧路根室海岸一円水成ノ地質タリ
（明治六（一八七三）年松本十郎宛書簡）

蘭学者箕作阮甫（みつくりげんぽ）が geology を地質学と訳したのは一八六〇年頃と言われている。それから一〇年余り、明治の世となりお雇い外国人を迎え本格的な教導が開始されていたが、そのような中一人異なるルートで地質学を導入した日本人がいた。即ち榎本武揚であるが、総じて低調であった幕末の地質学輸入の中で異彩を放っており、日本地質学史において等閑すべからざるモニュメントである。榎本が殖産興業に深い造詣を有していたことはよく人口に膾炙するところであるが、その地質学もまた幕末〜明治という時代を反映した一連の動向の中で捉えることが出来る。

本稿では編年体で地質学者榎本の起源とその展開を叙述し、然る後にその地質学観、学識、日本地質学史に占める位置を考察する。

地質学とは地球表層に関する性質を研究対象とする学問であり、本論では岩石鉱物学、鉱山地質学等を含む広い意味として使用する。もっとも層位学、構造地質学の如き狭義の地質学に属する内容は開拓使、ロシア時代以外はそれほど多くなく、榎本の地質学は往々にして、地理、地政、軍事、航海、農業、製鉄、金属学等関連諸分野において見出されるため、ある程度学問的幅を持ったストーリーが展開されることとなる。

蝦夷地跋渉（一八五四）——frontier YESSO

一八五四年若干一九歳の榎本は、安部正弘に登用され海防掛等を務めた堀織部正の小姓として蝦夷、樺太に赴いているが、この時の回想として以下のようにある。

函館戦争の時鷲の木へ兵を上陸為さしめ本道と間道の二タ手に別れて進み、或は松前を撃ちし時吉岡峠の敵を破る為に間道に兵を送りしも蝦夷の地理を知りしが故なり、この地理を知りしはペルリの日本へ来りし時分、余は蝦夷を跋渉し函館の船問屋佐藤半兵衛と云ふ者から地図を得しが故なり。（「榎本子談話」『旧幕府』一―五）

優れた地理感覚は伊能忠敬の有能な弟子であった父の影響も鑑みる必要があるが、何よりもこの談話は当時の国際情勢の中に蝦夷地がいかなる位置を占めていたのかを暗に示している。

一八五四年再び来航したペリー艦隊は日米和親条約を締結すると、開港地として指定された箱館へと舵を向けた。一方北からは露骨な南進政策をとるロシアが迫っており、堀そして村垣淡路守の蝦夷地巡察はまさにこのタイミングで発令されたのである。榎本がいかなる経緯で同道したのか詳らかでないが、このような外圧に起因する国家意識が青年榎本を北の大地へといざない、地図も国家の象徴として理解されるのである。

鉱山資源に目を向けると一八六二年箱館奉行より幕閣に提出された「蝦夷地御開拓諸御書付諸伺書類」には「石炭は外國軍艦必要ニて、御条約の趣等も御座候品」であり、調査の結果「東地クスリ領シラヌカ出産之分性合宜候ニ付、追々職人共相廻し搾取、箱館表積廻し貯置、外國人へ売渡し、六貫につき三〇〇匁の利益を上げているとある。「御条約の趣」とは日米和親条約第二条「一伊豆下田松前地箱館の両港は、日本政府ニ於て、亜墨利加船薪水食料石炭欠乏の品を、日本にて調候丈は給候為メ、渡来之儀差免し候」を指す。四海に囲まれた日本へと至るには石炭が不可欠であり、条約発効により蝦夷地の石炭は国際市場に組み込まれることとなる。金属鉱物も堀、村垣の報告書に「開闢以來人手を入ざる地面に候へば金銀銅鐵鉛錫の氣を含候色石山会谷間に流出致し候処儘有之」（『新撰北海道史』五）とあるように各所に見出され、堀と竹内下野守は諸術調所を設置し、蝦夷見分にも同行した武田斐三郎を起用し鉱山技術等の習得に当たらせた。村垣は一八六二年アメリカより地質学者パンペリー、鉱物学者ブレイクを招来、二人は道南の探査に当たるとともに鉱山学校にて地質学を教授し、この時作成された地質図は日本の濫觴（らんしょう）の栄誉を得ている。これ等の試みは「兼て見込置候箱館六ケ場所金銀銅鉛鐵山其他の諸産物類専ら世話致し候はゞ、追ては多分の御國益可相成」とあるように鉱山開発＝国益という図式であり、また「反射炉にて鉄葉（ブリツキ）製造し船端に張り、あるいは鉄筒（大砲）を製造すれば安く良品が出来る」という建言に見られるように軍事科学としての性格が色濃い。このように、蝦夷地には外圧、そしてフロンティア的地理環境に起因する種々の地質学的動向が見られる。榎本もそのような流れの中で捉えることが肝要であり、堀の強兵、殖産思想とともに後の生き方を規定したと言えよう。開拓使において堀の遺志を引き継ぐが如く、北海道の鉱物資源を探査する一八年前のことであった。

長崎海軍伝習所（一八五六―一八五八）――ミリタリージェオロジー

伝習所の授業に地質学を見出すことは出来ないが、カッテンディーケの受け持ちで週二時間地文学（自然地理学）の講義が行われており、これが西洋地質学との出会いであった。そもそも航海術に地質学は欠くべからざる知識であり、そのことはオランダへの航海日記「渡蘭日記」にも顕現している。例えば「過午三時三十分錨を投ず。深さ十尋（約一〇メートル）、底モッドル」とあるように、底質、即ち海底が砂であるか泥（【蘭】modder）であるかといったデーターは錨の効きを左右するため海軍に当然求められる。このような「軍用武備に携り候諸學」としての地質学、いわば一種の戦争地質学を通し、極めて基礎的な内容ではあるが伝習が認められ、「渡蘭日記」に石油の記述がある（後述）のも同様の成果と推察される。高島炭鉱等を有する長崎ではオランダの技術を用いた様々な鉱山採掘の試みがなされており、そのような動向も考慮に入れる必要があろう。

日本列島を北へ西へ、その行先には常に鉱山資源に近接した地理環境があり、来るべき西洋地質学習得にむけての有意義な準備期間であった。

渡蘭時代（一八六二―一八六三）――植民地科学

「渡蘭日記」を紐解くと偏角（真北と磁北との角度差）等地球物理学に卓見を示す榎本像を見ることが出来るが、オランダの植民地ジャワでは本格的な鉱物標本を目の当たりにする機会に恵まれている。留学生総取締内田恒次郎と共に東インド総督官邸を訪問した折、鉱山技師長フロートの案内により四時間鉱物を見学した。オランダは本国が鉱山資源に乏しいだけにジャワの鉱業開発に熱心であり、その手段として鉱物学、地質学は植民地科学の中でも重要視されていた。一八五〇年バタビアに鉱山局が設置され、一八五九年には蘭印地質調査所、蘭印地質学協会が発足している。これ等の成果として錫、金、銀、銅、鉄、硫黄、石油等が整然と並び圧倒されるものがあったに違いない。しかしてこれ等はいずれも宗主国ではほとんど産出せず、オランダ到着後植民地科学としての地質学について思いを巡らせる契機となったのではないか。

　オランダと言えばシェル石油に代表されるように石油産業が盛んだが、無論その産地はジャワである。本格的な採掘はもう少し先の話だが、既にラッフルズの『ジャワ誌』一八一七にも見える。「渡蘭日記」には「同島に「アールド、オーリー（石油）」（【蘭】aardolie）出づると云、是は本邦越後の所謂クリーズ之油と察するに同種なるべし、油にカルキ（石灰）を和して前の所謂「カポック（木綿の樹）」之わたを和して舩之吃水処に塗るに自然石之如く黒くなりて極めてよしと云々。」とあり、その利用法に着目している点に開拓使時代の逸話（後述）との関係が指摘されており、石油採掘に関してはジャワ、オランダでの経験が大いに生かされたことであろう。またバンカ島の錫も著名だが、一行は座礁という不慮の事故の為図らずもその一大産地に立ち寄っており、植民地といういわば東洋と西洋の接点での見分は得るところ少なくなかったはずである。しかし「渡蘭日記」を留学生赤松大三郎、澤太郎左衛門の航海日記と比較してもこと地質学に関しては明確な差異を認めがたく、未だその収斂は始まっていないことを物語っている。

ヨーロッパ留学（一八六三―一八六六）――鉄と石炭と地質学

　榎本は伝習所、渡蘭時代に広く実践的な科学の学習に努めたが、それ等と開拓使時代の史料に見える鉱山地質学的記述との間には明らかな不整合を見出すことができる。この狭間に位置するのは留学、戊辰戦争、獄中期だが、後二期はフィールドサイエンスとしての地質学習得の条件を満たしておらず、留学時代にこその起源が求められるのである。しかしオランダは、特に鉱物学の学習において理想の土地とは言い難い。Netheraland（低い土地）という名が示すとおり第四紀平野が大部分で、鉱山資源、特に鉄、石炭に乏しいことはドーバー海峡を隔てた島国との対比において際立っており、そのイギリスは先カンブリアから第四系まで全ての地質系統を備え、一九世紀前半に第二次産業革命を達成するが、時を同じくして地質学は近代科学として確立されていく。それは地質学が社会から有用な学問として認識されていく過程でもあり、産業革命の発展と密接な関係を有する点において、イギリスの果たす役割は自ずから大きなものとなっている。ハットン、スミス、ライエル、フィリップス等により地質系統、即ち年代、岩層区分を統一した区分単位が確立され、一八〇七年ロンドン地質学会、一八三五年には世界に先駆けて地質調査所が設立されたが、特に後者は鉱山資源供給を支える学問基盤としての地質学の存在意義を明らかにする役割を担っていく。

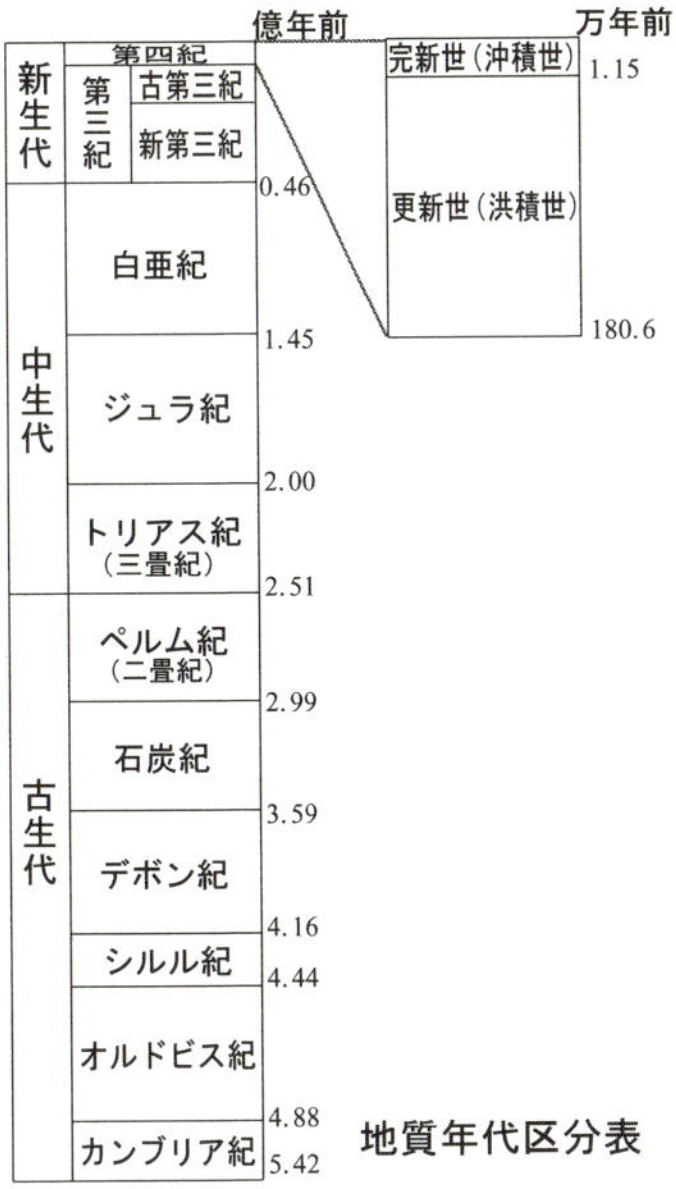

地質年代区分表

　このようなことを念頭に置いた上で史料を検討すると、大部分はイギリスに関連していることに気づく。榎本は一八六四年イギリスに視察に赴いているが、（本書一一三頁参照）そのことは開拓使時代の史料に手がかりを見出すことが出来る。

此破レタル海岸ノ山ハ石炭山ニ往々出ル鉄礦ノ如キモノヲ磐ノ間ニ挟メルコト曾テ英国某国某所ニ於テ見シ如シ於是テ勉強シテ諦視スルニ其扁石鉄分ニ乏シキヲ以テ用ヲ為サズ（「北海道巡廻日記」明治六（一八七三）年一一月三日）

可燃瓦斯ノ多キ坑内ニテハ、通例燈燭ヲ用ヒズシテ、所謂「セーフテランプ」ナルモノヲ用ユ。（中略）予嘗英国石炭坑ヲ歴遊セシニ、坑内大廊下ニハ瓦斯燈ヲ用ヒ、而シテ坑夫ハ、裸蝋燭ヲ持テ採取ルヲ目撃セリ。（「茅ノ澗村

石炭山取調書」一八七三）

前者の記述はブラックバンドのことであろう。炭鉄鉱と訳されるように菱鉄鉄と粉炭の混合層として石炭系の炭層中に挟まれ、産業革命時さかんに採掘された。ただ榎本が北海道で見出したのはこのような高品位のものではなく、風化の進んだ褐鉄鉱であったと思われる。後者は安全燈（safty lamp）と手燭の併用（混合照明制度）であり、これもイギリスで普遍的に行われていた。同書ではハルトレイの石炭を分析しているが、ノーススタッフォードシャーにある炭鉱であり、この地は品位の良いブラックバンド層の産地として知られるので「英国某所」も同所のことではないだろうか。またカネルコール、パルロットコール、ブローンコール、リクナイト、ケーキンコール、ビチューミナウス・コールと見え、一例を挙げれば「空知河石炭試験表」一八七三に「此石炭ノ能燃へ且明ナル一証ヲ挙グレバ、予此石炭山ノ辺ニ野宿セシトキ暗夜ニ此数塊ヲ集メテ之ヲ燃ヤセシニ九尺ニ距離於テ能ク細書ノ日記ヲ書シ得タリ。此件ハ大ニ「カネルコール」ニ類セリ。」とある。cannel coal は日本名を燭炭と言い、蝋燭のように燃焼することに由来する。榎本の記述はこの石炭の特徴を言いえて妙であり、その他 parrot coal（おうむ炭）、brown coal=lignite（褐炭）、coking coal（コークス炭）、bituminous coal（瀝青炭）とイギリスの石炭の名称である。

以上のように榎本の観察眼は非常に鋭く、文献のみによる知識とは考えにくい。どうしてもそこに専門家の介在を想定せざるをえないが、内田の書簡が重要な示唆を与えてくれる。慶応二（一八六六）年一二月一六日、帰国途上の開陽からオランダ残留の赤松にあてたもので「榎本がテーナートより購入したミネラール類エルツ（鉱物鉱石）と同様の品を購入してもらいたいが、榎本所持品は当人の好みによりエーデルステーン（宝石）、水晶等少なく、メタールエルツ（金属鉱石）が多くなっているが、自分の好みは前者なので、そちらを多くしてほしい。テーナートはロンドンのミナラロヒー（鉱物学）のプロヘツソル（教授）にてウンケル本持っているコープマン（商人）でもある。」（『続幕末和蘭留学関係史料集成』）とあり、二人の志向の差異を明確に物語っている。内田は博物学や美術に深い関心を有し、帰国後著した地理書『輿地誌略』に顕現するように人文地理学的傾向が強く、反面鉱物学等理学は不得手であった。翻って榎本は珪酸塩鉱物等の美麗な結晶には触手を動かさず、あくまでも金属鉱物をその主眼としており、これ等に資源としての価値を見出していることは明らかである。テーナートはキングスカレッジ教授（鉱物学、地質学）のJames Tennant（一八〇八―一八八一）であろう。榎本は彼から鉱物標本や専門書を入手するとともに、野外調査に同行する等親しく教導を受けたのではないだろうか。そのような結果として石炭、鉄鉱石への卓見があり、開拓使へとつながっていくと想定すると、榎本の力量さもありなんと得心のいくものがある。赤松、澤も優れた科学者、技術者であり、イギリスやベルギーの鉱山見学の史料を挙げることが出来るが、留学時代あるいはそれ以降にも地質学に接近した話を見出すことが出来ない。

スチュテルハイム宛書簡（本書一一二頁）に明らかなように榎本の科学観は実社会との関連を重視していた。イギリス旅行の目的はベッセマー鋼、小銃製造機械の見学にあったが、そのような軍事、あるいは殖産関連への応用科学として地質学が認識され、積極的な習得がなされたものと考えられる。それは北の大地から南の海にまで及ぶ経験の延長上に在する思考であった。

無論オランダにおいても地質学の学習に努めたことは、開拓使、ロシア時代の学術用語にオランダ語表記が散見されることからも理解され、石炭に比してエネルギー量は半分であるがオランダで多産する泥炭にも利用価値を見出していることは別項のオランダ留学時代において言及した。

獄中時代（一八六九―一八七二）――鉱山開発を夢見て

幕臣の頭脳が結集したと言っても過言でない獄舎は諸学研究所と化してさまざまな書籍が差し入れられ、「天下の為に相成り候事」の著述に励んでいる。『開成雑俎』中には金銀分離新法なる項目も見られテール油製法を兄に教える等地質学関係の記述も散見されるが、注視すべきは明治四（一八七一）年一一月二一日書簡で、「天下の為に有用の書を著述致し度（中略）右著述はいづれ日本国金銀山の開き方より蝦夷嶋開拓に必用の事柄を主として相認め候積りに御座侯」とあり、獄中にあって天下を思い心は遥か北の大地に及んでいる。開拓使での活躍を予見するが如き記述であり、かつて堀より示された鉱山技術＝開拓（殖産）という図式の確立を文字史料により裏付けることが出来る。

なお大鳥圭介の日記には備中吹屋の金銅山より産する鉱石よりベンガラを作る法、ランボッケ峠（登別市蘭法華）より産するアンチモニー（元素名）、会津本郷のクレイ（粘土）、京都愛宕山の砥石等が見え、鉱石に関しても様々な会話がなされていたことが知れる。

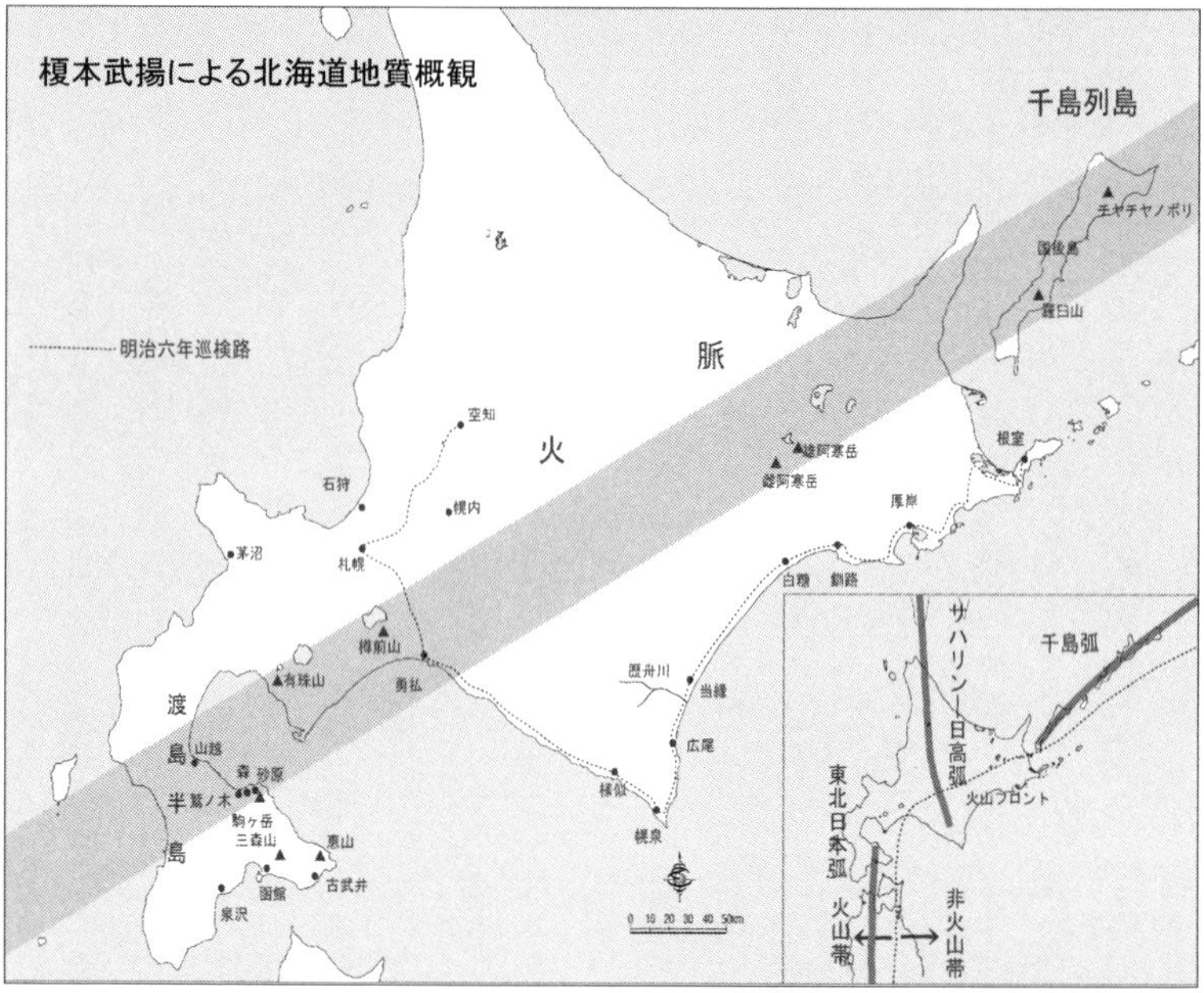

現代における地体構造論の一例

開拓使（一八七二―一八七四）――鉱山地質学と構造地質学

開拓使における地質調査において榎本の実力は初めて顕現したが、報告書が主であったためその事績はライマン等お雇い外国人の陰に埋もれていた。加茂、井黒等の詳細な検討により、榎本が鉱山技術者として極めて有能であり北海道の鉱山開発に確かな足跡を残すことが明らかにされ、日本地質学史の研究で主導的な役割を果たした今井功は「日本人独自でなされた最初の地質調査」（一九六六）とし、『日本の地質一北海道』（一九九〇）でも石炭調査について触れている。本稿では先行研究との重複を避け、より地質学に近接した史料について検討する。

明治五（一八七二）年渡島半島にて恵山の硫黄、鷲の木、泉沢、山越の石油、古武井の砂鉄、三森山の鉛等を調査した。函館近傍のこれ等の鉱山資源はかつて堀も重視し、榎本は一八年前の足跡を辿るように精力的に探査している。森村の波止場の杭に近傍の池より産するタールを塗った逸話はよく引用され、著者の大島正健は「海軍の将であった榎本武揚が、明治の初年に船底塗料としてのクレオソートや石油原油類の価値を認識し、北海道に石油原油が湧出することを知っていたその頭のよさには敬服せざるを得ない」（『クラーク先生とその弟子たち』）としているが、むしろ海将であったからこそであり、石狩川を下りながらその距離を正確に測定しているのもその出自が海軍にあることの因果である。同年茅沼炭鉱に関する綿密な報告書を作成し、経済地質学としての優れた観点を多く見ることが出来る。翌年始、榎本はマンローに依頼し開拓使仮学校にて吹管による定性分析の公開実験を行なった。マンローは榎本を「並はずれた日本人にちがいない。じつに精力的で、鉱山のことには大変よく通じており、鉱物学や冶金学などについても結構知っている」と記している（藤田文子『北海道を開拓したアメリカ人』）。マンローはライマンの助手として地質調査に従事し、帰国後鉱山学の教授として名声を得るだけに、専門家の言として信の置けるものがある。「（榎本が）資本、利潤、損失、経済的な仕事の進め方についてあまりにも常軌を逸した考え」を有しているとあるのも、学理を追求する科学者マンローから見て榎本の方向性が多分に経済地質学に傾斜していることの表れである。同年イクシベツ（幌内）、空知炭鉱を探査、後者に地質学的調査のメスが入れられたのはこの時をもって嚆矢となし、マンローの空知石炭分析に使用されたサンプルの一は榎本の寄贈になるものである（ナウマン「本邦所産煤炭及鉄」『地質調査所明治十七年報第一号』）。一〇月には空知から石狩川を下り、札幌を経て勇払に出、そこから海岸伝いに東へ根室まで長期の巡検に赴いており、帰途一一月一九日松本十郎宛書簡にて

> 東地は、西地と異なり火成（ブリュトニツケ）は様似、幌泉等僅かで、十勝州広尾郡から釧路、根室海岸までは高原（プラトー）が発達する水成（ネピチユニツク）の地が多い。従って東地は西地に比して数百万年後の海岸であり、火脈は函館近傍砂原から有珠、樽前、両阿寒山、国後島の羅臼、チヤチヤノボリ、千島州我領へと西南—東北方向に走る。東地は鉱物少なく、白糠、厚岸間に石炭を見るのみである。

とその成果が総括されている。海岸通の限られた踏査にさまざまな文献、地図——十九歳で既に蝦夷の地図を入手しているのである——を参考にしてのことであろう、日高山脈等の南北方向に明確な火山の連なりのないことを見抜き、火脈が山脈を横切る形で東西に卓越するとしており、海を越えて千島州我領までの連属性を指摘していることにも注意したい。東西の区分は、その巡検経路からしても石狩—札幌—勇払のラインを境界としていると思われ、試みに神

保小虎の「北海道地勢と地質鉱物ノ話」（『東京地学協会報告』一二―一一、一八九〇）を見るに

> 本道はハ此凹地（イシカリ川口ヨリ南ニ走リタル広大ナル平原）ヲ以テ東西両部ニ区別シ得ベク地質学上東部西部ト区別スルハ敢テ不当ニアラザルベシ且此東西両部ハ地質上大ニ其趣ヲ異ニシ西部ハ面積ノ割合ニ火山岩多ク東部ニハ（中略）平原アレドモ西部ニハ平原甚ダ少ナシ（中略）チシマ帯ノ山脈ハチシマ諸嶋ニ連ナリテ北海道ヲ横ニ貫キタル一ノ火山噴出ノ大溝ニシテ

と、榎本説とよく一致し、現代の学説でも石狩低地帯は地体構造論的観点から最も重視されている。

plutonic, neputunic, あるいは「火脈」という火山帯の如き水平方向への広がりの概念は、ひたすら目先の鉱物資源を追いかけていた明治初期の日本としてはかなり高度な見識である。「東地は西に比して鉱物が少ない」という記述が、前年の渡島半島での鉱物探査を受けていることは容易に察せられ、これは即ち火成岩＝鉱床という火成説的鉱床学であり、火脈とも合わせ総じて火成論的な成因を重視していると言えよう。巨視的な地質の把握（マクロ）と、鉱物探査（ミクロ）との相関関係、これこそ榎本にとっての地質学の真価であった。

さて「北海道巡廻日記」を紐解くと一〇月二一日に

> 広尾ヨリ以東ハ行渾テ「プラトー」ニシテ其平地海ヨリ高キコト三尋ヨリ十仞（ひろ）ニ至リ西北ハ山ヲ去ルコト一里ヨリ四五里ニ至ル漠々タル郊野ナリ而シテ其「プラトー」（plateau 台地）ハ皆所謂古「アルユヱーレゴロンド」ニシテ上面ハ沃土ニ下面ハ鈔（しょう）沙ニ大少石塊及沙金ヲ含メルモノナリ（中略）其「プラトー」ト「プラトー」ノ間ハ当縁迄ノ処ニ七個ノ河アリ（中略）和名「ヒカタ」河（中略）（の）「プラトー」ハ何程東北ニ亙ルカハ他日記スベシ

とある。古アルユヱーレゴロンド（alluvial ground）は直訳すれば古沖積世の地であり、現在で言うところの洪積台地に相当しよう。イギリスのバックランドは一八二三年、現在の河川堆積物を沖積層（Alluvium）とし、北ヨーロッパに広く分布する特徴的な礫層をそれ以前、つまりノアの洪水の遺物であるとして洪積層（Diluvium）とした。後者はその後氷河によるものと分かり、ライエルは神学的香り漂うこれ等を認めず、更新世（Pleistocene）、現世（Recent）としたが、バッ

クランドの名称は後も使われ、氷河期に形成された河岸、海岸段丘等を洪積台地と称している。広尾から当縁川近辺までは現在大樹台地と呼称され、海岸の沖積地からの比高は五〜三〇メートルを測る。古沖積という用語の使用は、現在の沖積面より上位の、即ち古い面であるという理解の体現であり、ライマンも古、新沈（沖）積層という地質区分を用いている。そしてこの台地の表層（風化火山灰層であろう）下の砂礫層にこそ砂金を含有する点において榎本の眼光は否が応にも鋭くなっており、台地を開析する河川についても、河口と上流部との比高を測り水車の設置に適すとする（一〇月二五日）等よくその特性を把握している。特にヒカタ河（歴舟川）のプラトーに関する記述、これは現在光地園面と呼称され、他の面が東〜東南を向いている中北東に傾斜しており、榎本の慧眼には驚く他ない。考察はその成因にも及んでおり、鉱山地質学に止まらない見識の広さを物語っている。またこれ等の記述は①海底に土砂堆積②地面の隆起による陸化、台地（段丘）の形成、という地殻の上下方向のムーブメント、そして現在（沖積世）とそれ以前の時代（洪積世）との区分、即ち地質年代の理解を示している。

このような地質年代は地球の相対年代であり、絶対年代との対応は未だ手探りの状態にあったが、そのような中で榎本が数百万年という人間生活に比して遥かに長いタイムスケールを導入していることも地質学の成果と言えよう。現在の知見では勇払より西は主に新第三紀の火山岩よりなり、道東は広尾から根室までは第四紀の河成、海成層が分布するが、白糠丘陵から釧路にかけての榎本も記している石炭を伴う層は、古第三紀の堆積岩である。様似、幌泉を火成の地としているのは、そのすぐ北まで迫る中、古生界の日高帯を指してのことであろう。新旧判断の根拠は判然としないが、数百万年という値はそれほど悪い数字ではない。

榎本が述べた東西方向の火脈、西＝火成、東＝水成という考え方は、ナウマン（一八八五）、原田豊吉（一八八八）、小川琢治（一八九九）等による日本列島地体構造論（島弧論）における千島火山帯（弧）、内帯（火山帯）と外帯（非火山帯）を分かつ構造線に擬せられ、素朴な内容ながらよくその大要を示し、しかも彼等に先んじているのである。神保（一八八九）等により道央に南北に帯状に配列する中、古生界の存在が示され、青森、北上山地等本土北部の古生界との比定がなされるにつれ、榎本や小藤文次郎の千島線（一八八八）のような北海道を東西に縦断する火山脈は廃れ、北海道西部は東北日本弧の延長として那須火山帯に含め、千島火山帯とは個別に論じられることが多くなっていく。しかし近年の火山フロント説では、これ等の火山帯はプレートテクトニクスとの整合性において東日本火山帯として一括して論じられ、榎本説が蘇ったが如き観があるのは感慨深い。

榎本の地質学は鉱山地質学の意味合いが強いとは言え、時としてその範疇を飛び越えて構造地質学的な解釈を覗かせており、ヨーロッパでの習得が特定の目的に限定されたものではなく、より広範な内容を持っていたことを物語っている。このような概念、手法は従来の日本にはないもので、明治初年に日本人独自によりこれだけ気宇壮大な論が展開されている事実は、留学の大きな成果である。東大に地質、採鉱冶金学科が設立され系統的に地質学が教授されるようになるのが明治十（一八七七）年であることに鑑みてもその先進性が理解されよう。

ロシア公使、シベリア横断（一八七四―一八七八）――地質学の潮流の中で

この時代の著作としては『千島誌』（一八七五）がある。千島樺太交換条約により日本領となった千島に関する訳述であり地政学的傾向が顕著であるが、開拓使時代地質学的に東西方向（千島帯）を重視したこととの相関においても興味深いものがある。しかし何といっても「シベリア日記」、わけても豊富な鉱山資源を産出するペルムは、「流星刀記事」にもその名が見えるパラス（独）による造山運動研究、あるいは一八四一年にはマーチソン（英）がペルム系を提唱した地質学上重要な地でもあり、様々な記述を見出すことが出来る。明治十一（一八七八）年八月四日に

> ペルムよりヱカテリンブルグ迄は土質皆ケレイ（粘土）ニして灰色なり。フルハルデケレイの層粘土中にあるを多く見かけたり、所謂ペルム・フォルマーシーにして到処皆然り

とあり、前日に将校より得たペルムのゼオロヂカルマップ（geological map 地質図）を参考にウラル山脈の地質を観察している。「灰色のケレイ」はマーチソンが記載するところの泥灰岩（marl）のことであろうか。ペルム・フォルマーシー【蘭】Perm Formatie）は従来二畳系と訳されてきたが、この名称はドイツのダイアスに由来するので、ペルム層（Formation）あるいはペルム系（System）が好ましい。いずれにしても榎本はペルム系の――あるいは地質系統のと言ってもよいかもしれない――模式地を最初に見分けた日本人ということになろう。日本では地質学が系統的に教授されるようになって間もない

頃、遠く日本を離れた洋の東西の境で地質系統に想いを馳せる日本人がいたことは驚きであり、それが帰国途上の外交官であることに明治の時代性とでも言うべきものを見る思いがする。「欧亜の境界と為す名に聞へたるウラル山嶺を越」え五日にはエカテリンブルグに達し、閉店した宝石店を開けしめ、「トッパーズ〔所謂ウラルセ、ブリヤント〕」等を求めている。ウラルのトパーズは世に名高く、明治三十（一八九七）年万国地質学会のおり同所を訪れた巨智部忠承（こちべただつね）はその極めて大きくかつ高価なことに驚いている。翌日には砂金場を訪れ、地層断面図をスケッチしている。掘主からの話としてクワルツの片屑を多く含む層は砂金を孕めると記されているように通常の漂砂鉱床ではなく、金を含む石英（【蘭】kwarts）礫の堆積層を椀がけし、アマルガム法にて金を得ているようだ。石英が金を胚胎することは十勝の砂金洗いを想起した榎本にとって既知のことであり、砂金洗いのやらせを目ざとく見抜いている。八月二九日には「東西シベリヤ共に皆沙金にして、クワルツ金にあらず。クワルツ金はウラルのみ」とある。ペルムの砂金は赤松の留学日記にも見えるように一九世紀中葉ゴールドラッシュを迎え、榎本もその見学に大いに期するところがあったに違いない。

　バイカル湖を越え、黒竜江を船で行く時も両岸の地質に気を配り、上陸してはコングロメラート（【蘭】conglomeraat 礫岩）の礫種を確認（九月一六日）、あるいは望遠鏡にて露頭を観察し、おおよそ砂岩、粘板岩よりなりプリユトニック（火成、深成）、有機の地質の見当たらざることを書き留めている（九月二〇日）。この点については先学の言及が存するので詳細は略すが、plutonic の語に注意したい。これより先八月二九日には「シベリヤ火成地のこと」として「フォン・フンボルト氏はイルクーツクを以て火製の地と云へり。千八百六十年イルクーツクに地震ありて寺鐘自鳴れり。且つ毎年二三次位は小地震あり。多分は冬なり」とある。一八二九年ロシアを探検したドイツの地理学者フンボルトは、地震の原因を火山に求めたことでも知られる。十八世紀はドイツのウェルナーによる水成説、即ち①原始海洋から花崗岩等の初源岩が沈積②海水面の低下により陸化、風化堆積作用による二次岩（砂、石灰岩、玄武岩等）の形成、というプロセスが、宗教観念からも矛盾しないという点においても受け入れられていた。しかし陸地の隆起、沈降を否定し、花崗岩、玄武岩までも堆積岩であるとするこの論は、十八世紀末から十九世紀にかけてハットン、ブッフ（独）等が火成活動のさまざまな作用を明らかにし、一八四一年フィリップスにより古生物学的な年代層序区分が確立されるに及んで瓦解する。特にフンボルトは当初師ウェルナー流の水成説に立っていたが、後に火山、地震、造山運動等地殻内のさまざまな現象を地下のマグマとの関連において論じ、小川琢治等日本の地質学者にも大きな影響を及ぼした。榎本は彼の地震に対する火成論的解釈に思うところあり、近年の事例を徴しているのであるが、一八六〇年とあるのは蓋し誤りで、一八六二年一月の大地震を指すと思われる。一九〇一年構造地質学（tectonics）の旗手ジュースはその北に開いた地形からイルクーツク半円劇場と命名し、小川によりその弧状構造と深発地震との関連性が考察される等地震学との関わり浅からぬ土地である。この点について最初に言及した日本人も榎本ということになり、ここでも鉱山地質学に止まらない視野の広さを窺い知ることが出来る。

遠く日本を離れたシベリアの地に、neputunic から plutonic, そして tectonics へという地質学の大きな潮流を見ることが出来、地球規模の偉大な足跡を残した二人のドイツ人地質学者に挟まれて榎本が存するのである。ジュースの命名の翌年、榎本は「流星刀記事」を『地学雑誌』に掲載したが、同巻にて小川の「日本群島地質構造論」は完結し、その文頭には渡欧しジュースに親しく教えを請うたことが記されている。「流星刀記事」にはアメリカのデーナーの名が挙がっているが、フンボルトの火山地震説、ジュースの収縮説、デーナーの地向斜論は山脈成因論において一時代を画した理論である。

かくの如く榎本について語るとき、日本島弧に収まりきらない地理的広がりを呈し、その地球規模の活躍の証左として「シベリア日記」の価値はますます大きなものがある。

要職歴任～晩年——日本地学界の立役者

ロシアより帰国後の榎本は高級官僚、閣僚を歴任し、「自身ニ事ヲナス仕事師」として技術に直接関わることは少なくなっていく。その中でも日本地質学の発展に大きく寄与した東京地学協会では、「創設者中の最も有力なる一人」として「約三十年の久しき副社長及會長として本會を指導啓発」（「嗚呼会長子爵榎本武揚君」『地学雑誌』二三九、一九〇八）した。この会は当初地政学的側面が強かったが、「地質学、鉱物学ノ二大学科」をその主目的とする東大、地質調査所関係者からなる地学会を合併することにより理学傾向が強化されていく。地学会は和田維四郎（東大教授、地質調査所長）、巨智部忠承（地質調査所長）、小藤文次郎（東大教授）、横山又次郎（東大教授）、神保小虎（東大教授）、鈴木敏（地質調査所長）等日本地質学の形成において主導的な役割を果たしていく顔ぶれが並び榎本にとっても益するところ大であったが、彼等にとっても「諸種の學術技芸に關與しよく其の趣味を解し公務の余暇を以て常に其の研鑽を怠らず官を罷むるの後は専ら是等の奨励扶掖に勉め」た榎本は殿様芸の域を出た得難い指導者であった。明治二十六年四月四日製鉄技術者今泉嘉一郎宛書簡には「陳者兼て和田鍍山局長より依頼の北海道古武井産砂鐵三噸此程郵船會社汽船山城丸に積載せ函館出帆いたし候(中略)前日差上候砂鐵並に下歌臼内産石炭は古川市兵衛方にて「コークス」共焼に相成候事と存候、結果如何御序に御通報有之度候也」とあり、農商務省に設置され和田が委員を務める製鋼事業調査委員会の調査と思われるが、この時榎本は枢密顧問官の任にあり明らかに私的な依頼である。委員会の復申書「製鉄原料ノ調査」の「北海道の砂鉄」中には「函館古武井間　鉄鉱量四萬噸」(『實業・工業資料』)とあり、また和田は二十七年「本邦石炭の供給は如何」を『地学雑誌』六二に発表したが、その中で「空知炭山　上歌臼内及下歌臼内の二区に別れ其炭質佳良にして最も骸炭(コークス)製造に適当す」と述べている。今泉宛書簡の内容と合致し、地質学者の研究を陰で支える榎本像が浮かび上ってくる。自らが先鞭を付けた空知は二十四年の時点で六万トンを産出する北海道第二の炭鉱に成長していた。このように鉱山技術者として榎本は未だ現役であり、地質学者との人脈は二十七年地質調査所を統括する農商務大臣に就任することにより公的な性格を帯び、八幡製鉄所建造に大なる益をなし、あるいは「流星刀記事」執筆に関しても地質調査所の支援が確認できる。

また製鉄所建造という国家プロジェクトとともに個人としての鉱山調査開発にも熱心で、特に官を辞して後は自ら鉱区を申請し、あるいはその相談に乗り一技術者として鉱業の発展に尽力している。『日本鉱業会誌』によると榎本は明治三十六(一九〇三)—四十一(一九〇八)年にかけてたびたび釧路、手塩の石炭試掘願いを提出しているが、その最後の日付は四十一(一九〇八)年八月四日となっている。長男武憲の武揚臨終日記にも釧路石炭試掘、福島県の鉄鉱山増区願いの音信やり取りが記されており、最後まで鉄と石炭の人生であった。

「流星刀記事」一八九八/一九〇二——隕石学における功績*

「流星刀記事」は学術論文である点において稀有な存在であり、明治中期以降目立った著作のない榎本の学識を知るに格好の材料であるとともに、晩年に至っての著述であるため地質学者榎本の集大成としても位置づけられる。

判明した洋書参考文献は以下の通り。

①クエンステット『鉱物学ハンドブック』一八七七
②ダイバース「On Two Japanese Meteorites」『日本アジア協会雑誌』一〇、一八八二
③チェルマック『鉱物学綱要』一八八五
④フレッチャー『隕石学指針』一八八六
⑤ロックイヤー『隕石仮説』一八九〇
⑥デーナー『鉱物学体系』一八九二
⑦ベック『鉄ノ歴史』一、一八九四

これ等を睥睨すると、著名な研究者の名前を多く見出すことが出来、何れも高度な内容の専門書である。以下に著者の経歴と榎本が引用した内容を記す。

①独、地質学者、チュービンゲン大学、ジュラ系の区分やアンモナイトの研究で知られる／隕鉄刀の古例
②英、化学者、お雇い外国人／小城隕石
③墺、鉱物学者、ウィーンの自然史博物館、長石の研究で著名／隕石の特徴、母天体の想定
④英、鉱物学者、自然史博物館（大英博物館分館）／隕石落下の古例
⑤英、天文学者／シュミット、ニュートンによる流星の個数の研究
⑥米、鉱物学者、エール大学、地向斜の研究でも著名／隕鉄化学分析表
⑦独、製鉄技術者／隕鉄刀の古例

とくに目を引くのが③のドーブレー（仏）による地球の内部構造と隕石の種類とを比定した最新の学説の紹介であり、これは大筋において現在でも受け入れられている。総じて鉱物書の多いことが目を引き、その造詣の深さを示している。また「草稿」のメモにより、⑥は地質調査所分析課長高山甚太郎の提供になることが分かる。⑥は白萩隕鉄を分析した分析課員近藤会次郎の「隕石概説」にても使用され、また同論中の文章は榎本が③から引用した部分と酷似し、出典を一にすることは明らかである。榎本はこれ等の協力に所長巨智部に草野吉明の剣を贈って応えたことが、「草稿」冒頭の走り書きに見える。このことは榎本が地質学者達にとってどのような存在であったかを端的に表している。

さて「流星刀記事」が三十五年『地学雑誌』に抄出されたことは、地質学者榎本の研究において特筆に価する。これまでは対象となる史料は書簡、手記等が多く、論の展開は榎本個人の力量という範疇に押さえ込まれてしまうことが間々あったが、公にされたことによりその存在を科学史の中で定めることを可能としている。

日本の隕石は主に地質学者によって研究がなされ、神保「本邦天隕石の研究」（一九〇五）、脇水鉄五郎「美濃隕石附日本隕石略説」（一九一二）により総括がなされた。両者とも「流星刀記事」を引用しているが、神保は一九〇六年、和田発行の欧文雑誌『Beiträge zur Mineralogie von Japan』に「General Note of Japanese Meteorites」を発表し、日本の隕石学は世界的な枠組みの中で扱われることとなった。「流星刀記事」掲載の白萩隕鉄のニッケルの値は、この文献を介在して自然史博物館（大英博物館分館）発行の世界の隕石を網羅したCatalogue of meteoritesに採用され、例えば一九二三年版には以下のようにある。

〈K. Jimbo, T. Wada's Beiträge Min. Japan, 1906, no. 2, p. 49〉. Analsyed by Kodera〈l. c.〉, Ni＝9.30%〈n＝10〉. Main Mass in Tokyo〈in possession of Viscount Enomoto〉

以降Wasson（一九七四）まで半世紀以上にわたってカタログに掲載された唯一の分析値だったことひとつ取っても隕石研究に果たした榎本の役割が知れる。また分析値と並んで大きな影響を与えたのが小城隕石落下の記録である「小城鍋島御館日記」の存在である。これは②、小藤（一八八五）は無論のこと「草稿」にも引用されていないが、落下目撃隕石の記録として貴重であるという判断が榎本をして『地学雑誌』抄出時にこの史料を追加せしめたのであろう。これも神保の著述により海外の文献に盛んに用いられている。

このように「流星刀記事」は、加茂のラテン語参考文献説、日本初の隕石論文という過大な評価を差し引いても、日本ひいては世界の隕石学に確かな足跡を残しており、地質学者榎本の代表的な著作である。なお主に西洋との関わりの中でその意義を定めたが、『春秋』の注釈書『春秋左氏伝』（左伝）が引用されているように、東洋天文学においても慧眼を見せている。左伝は現在に至るも「隕石」とある最古の文献（紀元前三〇〇年頃）であり、徒に洋に偏重することのない確かな見識を示している。

結　語

(1)地質学観

榎本にとって「學理ハ工芸（技術）ニ応用」されるものであり、地質学も鉱物資源の探査、採掘という目的に供される鉱山地質学としての面が強い。その学識は海軍伝習を本義とするヨーロッパ留学に源を発し、殖産興業、軍事科学、つまりは社会との相関によりその存在が規定される学問としての認識―このスタンスを終生貫いている―がイギリス地質学を習得せしめた。それは外圧に対する国家意識という、幕末から明治初期の留学生に広く見出せる共通認識に起因するところが大きい。しかし地質学の意味するところがピンと来なかったのであろうか、イギリスを訪れ鉱山を見学する留学生は多いがその導入は他の学問に比して甚だ低調であった。その点榎本はその有用性を経験的に認識できた稀有な日本人であり、閣僚を歴任するようになっても常に技術者としての見地を忘れることはなかった。それは鍛冶屋大臣と揶揄されたように必ずしも正当な評価を受けてきたわけではないが、最終的には「国益」というところまで通観して地質学を必要としているのであり、何でも屋（ジェネラリスト）榎本の一翼を担う重要な存在であった。

(2)学　識

一九世紀前〜中期の地質学を概観すれば、火成論の勝利、地質系統の確立という二つの柱を立てることになろう。榎本も鉱山地質学的見地から火成説を重視していた。地質系統についてはAlluviumを用いているので、当時最もよく読まれたライエル『地質学原理』、『地質学提要』には依らなかったようだが、Perm Formationの語から一八四一年以降の、ほぼ在欧リアルタイムの知識を得ていたことが知れる。その源泉がイギリスにあることは疑いないが、明治以降はドイツ語経由の知識も大きな比重を占めていることはフンボルトや「流星刀記事」の参考文献に見えるとおりである。その学問は一言で言えば応用地質学であり、現在の分科した学問形態において敢えてその内容を問えば、岩石鉱物学、鉱床学、地形学、測地学、河川学、火山学、堆積学、土壌学、隕石学、戦争地質学等多岐にわたり、これ等は概ね鉱山地質学として機能しつつも、時としてその観点は構造地質学の如き狭義の地質学の様相を呈し、ヨーロッパ地質学の本流に沿った本格的で広範囲の学習を示唆している。

開拓使、ロシア時代は桧舞台であり、鋭い観察眼、地形の特性を一見して見抜く勘のよさを遺憾なく発揮しており、北海道あるいはシベリアの原野に立つ榎本は、己の足元から地平の彼方までをも見据え、あたかもその大地の如く広大である。しかし榎本の才能を一人地質学のみが独占するわけにもいかず、その後の学問の深化にどのような理解を示していたのか、こと狭義の地質学に関しては疑問の残るところであるが、鉱物学者としての力量は「流星刀記事」に表れており、鉱山技術者としても生涯現役にあった。

日本地質学史の中の榎本

以上榎本の人生を地質学というキーワードをもって通観してきたが、北海道においてヨーロッパ直伝の実力を発揮し、構造地質学的な見解を開陳している頃、日本の地質学は未だ揺籃期にあった。榎本が原田豊吉の父吾一とオランダで会っていることに象徴されるように、この後日本地質学界を背負って立つ彼等とは親子ほどの年齢差がある。あるものは洋書を頼りに、またあるものはようやくその端緒についた教育機関でお雇い外国人について学習の途上にあった。そのような中にあって一人直に地質学の英雄達が跋扈したヨーロッパで学び、日本へもたらした榎本は地質学界の先達であり、日本最初の地質学留学生と呼ぶも敢えて不当にあらざるものと思考する。無論原田や小藤のように地質学に限定された留学ではないので自ずから限界があり、「流星刀記事」という極めて特殊な論文を除けばその後の学理展開に与えた方向性は微小なものであった。しかし地質学者榎本を学術功績に限定して評価するのは妥当ではない。その本義は社会生活への応用にこそ求められ、明治日本の展開に尽力するところ大であった。その功績は概ね以下のようになる。

①明治初期の北海道地質調査——空知炭鉱の発見等
②東京地学協会創設——地学、地質学の学問基盤の整備
③砂鉄、石炭調査——和田維四郎の研究を支援する等、製鉄所建造にむけての地質学的探求に貢献。
④八幡製鉄所建造——応用地質学の最終目的の一つと言ってよく、農商務大臣あるいは技術者として関与。
⑤「流星刀記事」——白萩隕鉄分析値や小城隕石落下の記録が記されており、隕石学における重要な文献。

注

＊別項参照。
筆者による補足は〔　〕で示した。

隕石研究への貢献
――「流星刀記事」より――

吉岡学

はじめに

上野の国立科学博物館の隕石コーナーを訪れると、真っ二つに切断され鈍い光沢の平滑面を見せる金属塊を見ることが出来る。この白萩隕鉄が発見されたのは明治中期、富山県のことであったが、今より一一〇年前、榎本武揚は刀匠岡吉国宗に命じて一貫目を切り取り、五振りの隕鉄刀を作らしめた。名付けて流星刀、長刀一振りを皇太子に献じた。これは近年あまたの隕鉄製刀剣、ナイフが作られる中その嚆矢として、また現在に至るも唯一の国産隕鉄製鉄器として、その特殊性を保持し続けている。天降の鉄による刀剣というロマンあふれる話であるがゆえか、さまざまな風聞が飛び交い事実との区別が困難である現状に鑑み、本稿ではその真偽を正すことを指向した。「流星刀記事」の科学史における位置づけは地質学者の項にて行なった。なお『地質学史懇話会会報』二四、二〇〇五掲載の拙稿も参照されたい。

流星刀　本数と伝来

「北海道噴火湾で取得した隕石により作らせた」とする『読売新聞』の記事が採用されることがあるが、北海道への隕鉄落下の事実はない。これはむしろ、榎本がまず鉄、北海道という概念において想起されることを物語っている点において興味深い史料である。

本数も明治以来諸説あるが、まず明治三十一（一八九八）年に長二短二計四振りが作刀された。「流星刀記事草稿」（以下「草稿」）はこの時の手記である。この後刀子が

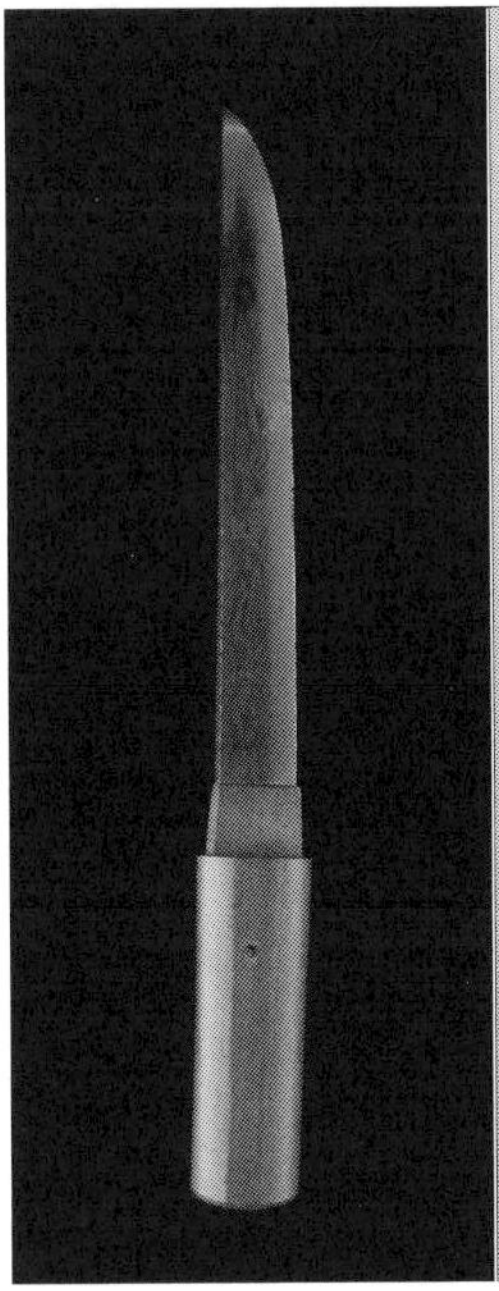

作られたとする説があるが、短刀であることは次男春之助の写本「第二回星鉄製刀身解説」により立証される。

流星刀の伝来は非常に複雑で不明な部分も多いが、要点を述べると、出来のよい長刀は皇太子に献上され、昭和十六（一九四一）年まではその存在が確認されている。今一振りの長刀は、長男武憲により帝室博物館に寄贈され、いったん武憲の子息武英のもとに戻った後改めて靖国神社遊就館に寄託された。短刀は一振りが春之助により東京博物館に寄贈され地質学者達の耳目を集めた後、同氏により遊就館に寄託され、現在は富山市文化センターが所蔵する。最後に作られた短刀は伝来経路がはっきりしないが、現在曾孫の隆充氏が所有している。白萩隕鉄は海外に売却されるところを武揚が大金を投じて購入し、武憲が帝室博物館に寄贈、東京博物館を経て国立科学博物館の蔵となった。「流星刀記事」に記載のある小城隕石が、一は大英博物館の有となり、一は戦災により亡失し現在国内に存在しないことを思うと感慨深いものがある。なお白萩隕鉄の分析は地質調査所に依頼されたが、〇・〇〇一%という硫黄の分析値が『地学雑誌』では誤植により〇・二一九となっている。後者の値が採用されることが多いため注意を喚起したい。

「流星刀記事」ラテン語説への反証

一「アグリコラ」氏ノ著書ニ拠バ波斯（ペルシャ）国「アウキセンナ」時代ニ於テ重量五十封度（我六貫目）ノ星鉄ヲ発見シ之ヲ以テ国王ノ宝刀ヲ鍛タルコトアリト

一「ギルベルト」氏ノ著書ニ拠バ往古「カリーフ」王（小亜細亜地方ノ主名）ノ宝刀中ニハ星鉄ヲ以テ鍛タ

ルモノアリト」(「流星刀記事」)

加茂はアグリコラを『デ・レ・メタリカ』(一五五六)で著名なドイツの鉱山学者Georg Agricolaに、ギルバートを『磁石論』(一六〇〇)を著したイギリスの物理学者William Gilbertに比定し、これ等の書はラテン語で書かれていることにより榎本はラテン語が読めるとし、またロシア語文献の使用もほのめかし、通説となっている。しかし地質学者の項で述べたように「流星刀記事」の参考文献にこれ等の言語による史料を見ることはない。実のところ「流星刀記事」の当該記述は彼等の著作から直接引用したものではなく、本書二三〇頁文献No. ①よりの孫引きである。さらに言えば、「アグリコラ」氏ノ著書は『地下の事物の起源と原因について』(一五四六)であり、ギルバートも『磁石論』とは別人のLudwig Wilhelm Gilbert(独)による『物理年鑑』五〇、一八一五である。ロシア時代の書簡に「手前ハ「ロシヤ」語は学バず暇が惜しければなり。」とあるようにその学習に熱心でなく、ロシア語文献についても積極的な証拠を見い出すことが出来ない。

「流星刀記事」の再規定

日本の隕石研究はお雇い外国人コルシェルトの「隕石」『地質調査報文分析之部』一、一八八一を濫觴とし、その後も地質調査所は榎本依頼までに竹内隕石(一八八一)、気仙隕石(一八九四)、白萩隕鉄(一八九五)の分析を行ってきた。日本人としては小藤文次郎が「天隕石」『東洋学芸雑誌』四〇、一八八五年で先鞭をつけている。したがって加茂が定義して以来広く受け入れられてきた「隕石に関する日本最初の科学論文」という説は否定される。筆者はこれに代わり「隕石に対して研究蓄積のある地質調査所と地質学者榎本との共同の産物」と規定した。同所の占める役割が、従来知られていた隕鉄の紹介、分析という枠を超えて大きなものであることは「日本地質学界の先達」(本書二一五頁)において述べたとおりであり、それと前農商務大臣という「奇妙な」組み合わせが、白萩隕鉄の国外流出を防ぎ、「流星刀記事」をより精度の高い史料へと昇華させていったのである。

Ⅳ　榎本武揚をめぐる人々

「余は文部大臣
諸君は小学教員
人為の階級こそ差はあれとも
其教育に対するに至りては
同じく共に責任を負ふものなり
同じ鍋の飯を食ふものなり」

榎本武揚

（私立小学校組合総会での文部大臣演説）

プチャーチン（1803–1883）とポシエット（1819–1899）

——卓越した外交手腕支えた知日派——

中村喜和

友好的で人気を博したロシア使節

エフィーミー・プチャーチン提督は幕末にわが国の開国を求めてロシアから派遣された全権大使である。米国のペリーに遅れること一月足らずにすぎなかった。コンスタンチン・ポシエット海軍中佐はプチャーチンの副官という格で使節団に加わっていた。ペリーが軍艦を江戸湾に進入させて強硬な談判を行なったのに対して、ロシア側は意識的に江戸を避けて他の港を選ぶなど、終始、比較的おだやかで丁重な態度をくずさなかった。プチャーチンはまず長崎に入港し、その翌年は伊豆の下田にまわって幕末の名勘定奉行川路聖謨らの幕府側全権と交渉を継続し、ついに日露通好条約を結んだのである。その結果、幕府の中には米国をにくみ、ロシアに親近感をいだく者が少なくなかったといわれる。

プチャーチンの来航はヨーロッパにおけるクリミア戦争の勃発と重なっていた。ロシアが戦う相手だったトルコには、英国とフランスが味方していた。したがってロシアの艦船は、極東海域では圧倒的に優勢だった英仏の艦隊から攻撃を受ける恐れが生じた。その上、下田湾にはいって幕府の役人たちと交渉をはじめた翌日には、歴史的な大地震と津波に見舞われた。ロシアの軍艦ディアナ号は大きな被害をこうむり、まもなく駿河湾に沈んでしまった。プチャーチンやポシエットらは条約を締結後、大急ぎで伊豆半島の西海岸にある戸田村で建造された日本で最初の洋式帆船へダ号に乗って、英仏の艦隊の目をかすめながらカムチャトカ半島にたどりついたものだった。

そのころ、榎本武揚は二十歳にもならず、釜次郎と呼ばれていて、昌平黌を卒業したばかりの若者だった。そしてどういう経緯があったものか、蝦夷地を巡視する目付の堀利煕の調査隊に参加していた。この幕吏の一行の足跡は北海道はもとより、サハリン（樺太）にまで及んだ。しかも箱館奉行となった堀は一八五四年の八月（当時の和暦）、これから南下して下田に赴こうとするディアナ号が箱館に寄港したとき、上陸したポシエットと会見する機会があった。（プチャーチンは軍艦にとどまっていた。）釜次郎はこのとききっとロシアの海軍士官を垣間見たにちがいないと私は想像する。

母国に帰ってから、プチャーチンはロシアの農奴解放の直後の時期に、文部大臣に任命された。だがこれはミスキャストだった。信仰心の厚い提督は、自由を求める学生運動がかつてない高揚をみせる時勢に反して、あらゆる学生集会を禁止するなどの保守的な政策を打ちだしたために、ついにはペテルブルグ大学の一時閉鎖のような事態をひきおこし、半年ほどで大臣の職を辞任した。その後は国家評議会の議員という名誉職的な地位についた。

ロシアに知られていた榎本の前歴

日露通好条約が結ばれてから一九年後にあたる明治七（一八七四）年、榎本は全権公使として新政府からペテルブルグに派遣された。榎本は非常に筆まめな人で、四年ばかりのロシア滞在中に妻をはじめ家族に宛てて手紙が一一五通も残っている。着任早々の七月三〇日付けで姉の鈴木観月院に書いた書簡の中に次のような一節がある。

去る一八日ロシア帝に謁見首尾よく相済み、帝には殊のほか御親切に御あしらいくだされ候こと、お喜びくだされたく候。手前のことはかねてより御承知の趣など、御話これあり候（読みやすくするため文字と仮名遣いを現代風に改めている）

要するに、ロシアの皇帝アレクサンドル二世は、初代の日本公使がかつて箱館にこもった反乱軍の首領だったことをあらかじめ知っていたというのである。そのことは右につづく文章を見ると一層はっきりする。

> 現在海軍中将のポシエット氏はかねてプチャーチンとともに日本に参りし人にて、一昨年箱館にて松平に手前のことをあれこれと尋ねたる人にて、目下ペテルブルグに罷りあり、夫婦ともごく親切な人に候。この人はあたかも旧友のごとくに御座候

プチャーチン
(1803- 1883)

ポシエット
(1819- 1899)

当時、ポシエットは交通大臣の要職に就いていた。ロシアは大河が多く、海軍の軍人が国内の水運や急激に発展中の鉄道網の整備の行政を担当していたのも不思議ではない。それに先だって、ポシエットは皇帝の四男のアレクセイ大公の教育係に任じられていた。大公が極東への旅に出たので、ポシエットも大公のお伴で軍艦スヴェトラーナ号に同乗して日本へ来航した。東京では明治天皇に招かれ、皇居で正餐をたまわった。スヴェトラーナ号は函館に立ちより、幕末からこの町といろいろ縁の深かったポシエットはその地で戊辰の役のことを問いただしたというのだ。話を聞いた松平というのは、五稜郭で榎本とともに戦い、明治五年には開拓使に奉職していた松平太郎のことである。ポシエットとは「あたかも旧友のごとく」だったのは、実際に古い因縁があったからこそ実感されたのであろう。

もと反乱軍の首魁という榎本の経歴は、明治政府の寛容さを示すよい材料になったことであろう。また榎本が以前幕府海軍の副総裁で、現在は新政府の海軍中将であるという個人的な経歴も大いにロシア皇室の興味をそそったようである。信任状を奉呈した翌々日になって榎本は首都の軍港のあるクロンシュタット見物に招待された。同じ手紙の中にこう書かれている。

> その後、二〇日に帝とともに御乗船にて参り、軍艦ならびに台場等も見物いたし候。このときは帝の御舎弟にて海軍惣大将コンスタンチン親王も御同船にて、午餐は

帝及び皇弟と一緒にいたし、親王より手前に酒を酌まれ
候ほど御丁寧なあつかいにあい申し候

榎本は言葉に不自由しなかったから、多分ドイツ語か英語で、話は大いにはずんだことだろう。

ロシア政界の親日派

これも榎本の手紙からわかることであるが、ペテルブルグの日本公使館では一年に何回か（おそらく三大節ごと。つまり、天長節である一一月三日、それに春分と秋分にあたる春季皇霊祭と秋季皇霊祭か）、宴会を催してロシア政府の高官を招くことになっていた。

たとえば、明治七（一八七四）年一〇月二六日の妻多津（たつ）宛の手紙の一節。

昨夜は当地の大臣達を手前宅に招き馳走いたし候。一同満足いたし帰り候。プチャーチン、ポシエットその他アドミラル、或はミニストル等も沢山参り申し候

プチャーチンもポシエットも日本へは幾度も来ているから、日本の事情に通じていた。実はプチャーチンの後任として文部大臣に就任したアレクサンドル・ゴロヴニンの父親は海軍士官で、文化年間にクリール（千島）列島で捕虜となり、二年間ほど松前の牢に投獄されていたことがあった。事件は無事に解決して士官はロシアへ帰国し、有名な『日本幽囚記』を書いたばかりでなく、のちに提督にのぼってロシア海軍の発展に功績があった。一八七〇年代にはプチャーチン同様に国家評議会の議員になっていた息子も海軍とは深いつながりがあったから、ひょっとしたら、ゴロヴニンも公使館の招待客に名を連ねていたかもしれない。

樺太・千島交換条約の交渉が締結されるのはこの翌年のことである。そのほか、南米のペルーとのあいだにマリア・ルス号事件という面倒な係争案件があり、両国がその裁定をアレクサンドル二世に要請していた。その判定の結果いかんによっては、当時の貨幣で五〇万ドルほどの金額を日本がペルーに支払わなければならないという状況が生じていた。そういう微妙な時期の外交交渉をすすめるにあたっては、政府の中枢に現職あるいはOBの親日派が存在することがどれほど心強いものか、充分に推察することができる。第一に榎本自身の外交手腕が卓越していたにはちがいないが、結局のところ彼はロシアの友人たちの助けもあっ

て、新政府から託されたむずかしい任務を見事に果たすことになるのである。政治家としてのデビューである。

明治九（一八七六）年三月二七日の妻宛ての手紙にはこういう文面がある。この手紙に榎本は自分の最新の写真を同封した。幼い長男に自分の顔を忘れられないようにとの配慮からだった。

> プチャーチン奥方の話に、同氏こと八年留守なりしとき、次男は写真にて父たることを覚えおり、帰国のとき直ちに認め候由

プチャーチンの妻のメアリは英国人だったが、これは多分、彼の家に招かれたときに聞かされた話であろう。彼の家に招待されることはしばしばあったようで、次のような文面も興味深い。明治十一（一八七八）年一月一八日付けで妻にこう書いているのである。榎本はロシア暦の正月の祝いの席に呼ばれたのであろう。時期は露土戦争の最終盤のことで、榎本自身の帰国も戦争が終わらなければ実現できないという事情があった。若い妻の多津は東京で榎本の帰りをまちかねていた。

> 一昨日はトルコ帝より露国へ電信にて和議のことを申越候由。昨夜、プチャーチンの宅にて晩飯馳走の節、工部卿より内談これあり候。どうか和議がととのえばよいと、当地の心ある者は一同申しおり候

ここからも判明するが、榎本は露都滞在中プチャーチンをはじめとする親日派知友との交わりを終始絶やさず、ロシア帝国の政治の機微にわたる情報に通じていたようである。

カッテンディーケ（1816–1866）

——優れた品性と絶大な熱心さを評価——

岩下哲典

長崎海軍伝習所で勝や榎本を指導

長崎海軍伝習から四〇年ほどたった明治三十（一八九七）年に勝海舟が語ったところによると、次のようなことがあった。伝習生の取締りのために長崎目付兼海軍伝習所監督の木村喜毅が、伝習所の門（長崎奉行所西役所、現長崎県庁本庁舎）に錠をかけた。

> それで、皆が困って、夜になると、塀を越して行く。中には、松の木に、船に遣う綱をかけてブラ下がる。スルト、榎本だったよ。塀の上の忍びガエシをコワして、夜大変な音をさせて、大騒ぎになったことがある（勝部真長校注『新訂海舟座談』岩波書店、一九八三年）。

榎本この時、二十二歳、なかなかのやんちゃ振りが目に浮かぶ。伝をたどって特別に入学した身としては、なんとも、ほほえましいと言うべきか。勝は木村に言う。

> 技術が出来れば、ソレで善う御座います。学が出来るか出来ないかで、お責めなさい。ソンナ、小節でかれこれ言うべきものではありません（同）。

勝のような、鷹揚な先輩に出会った榎本は幸せであったし、カッテンディーケ（ホイセン＝ファン＝カッテンディーケ）のような、これまた勝と同様に大風呂敷な教師に出会ったことも、榎本のその後の人生を考えたとき、幸福だったといえる。

　カッテンディーケは、一八一六年に生まれているから、榎本とはちょうど二〇歳年長であった。第二次長崎海軍伝習の指導者として、一八五六年、植民大臣付となり、安政四（一八五七）年八月、練習艦ヤパン号（後の咸臨丸、スクリュー式蒸気軍艦、オランダ・キンデルダイク造船所建造）で来日した（永田信利訳『長崎海軍伝習所の日々』平凡社、一九六四年）。オランダからイギリス、リスボン、喜望峰、ジャワ、マニラを経由して九七日かけて長崎に入港した。彼は長崎の「景色ほど美しいものはまたとこの世界にはあるまいと断言しても、あながち過褒では」（同）ないと賞賛してやまない。この印象は長崎を去るまで変わらなかった。出航の日、彼は「心の中でどうか今一度ここに来て、この美しい国を見る幸運にめぐり合わしたいものだとひそかに希った」（同）。

カッテンディーケ
（1816-1866）

　そして、一年余り長崎で勝や榎本など幕臣をはじめ諸藩の藩士を教育した。が、日本人に対してはまず、規律のなさ、部署の割り当てがないことから来る人手不足、飽きっぽい性格に不満を漏らしている。

　その教育は、軍艦の運用学を基礎にした、広く浅いものではあったが、日本人の興味・関心のあり所を押さえたもので、前任者のペレス・ライケンに比べて日本人にはたいへん喜ばれたという。たとえば、日本人が乗馬術、活版印刷術、羊毛の処理法まで学びたがっているという情報を得ると、教師団に、元陸軍騎兵伍長や印刷技術者、羊毛梳き職人を加えている。長崎では造船施設である長崎製鉄所や病院の長崎養生所の計画から実施までに関わり、日本側に感謝されている。前者は後に三菱長崎造船所となり後者は長崎医学校、のちに長崎大学医学部となったもので、カッテンディーケは長崎にとっても恩人なのである。

　彼は海軍伝習を総括して以下のように言う。

（前略）短期間に、四隻の蒸気船をもって、何の支障もなく多大の効果を収めて自ら満足し、今後は外国人の助力を借らずとも、やって行けると思うまでに上達したのに対し、むしろ驚嘆せずにはいられない（同）。

この自信が、無謀な咸臨丸太平洋渡航となったことは想像に難くない。

帰国後もオランダ留学を支える

さて、同六年、伝習事業は中止となりカッテンディーケは、オランダに帰国した。海軍を退役して一八六一年海軍大臣となり、一時期外務大臣も兼任した。翌年、榎本らがオランダ留学生として派遣されるとその指導・斡旋をおこなったが、一八六六年にわずか五十歳で病気で亡くなった。もうすこし長生きしていれば、徳川から改まった明治の代の日本を見ることが出来たかもしれないが、その過程で、教え子榎本が、蝦夷で新政府軍相手に奮戦した情報に一喜一憂したはずであるから、その心配は並大抵ではなかっただろう。

なお、一八六二年、オランダを訪問した文久遣欧使節団（開市開港延期交渉を目的とし、竹内保徳が正使）の議会訪問で案内したのは、当時海相だったカッテンディーケで、後日自宅での歓迎晩餐会も催している。使節らはオランダ人と極めて親しく懇談することができ、時間の過ぎるのも忘れたし、かなりの時間居残った日本人もいたという。カッテンディーケがいかに日本人を歓待したかうかがえる。

ところで、カッテンディーケは、榎本が優れた品性を有し、絶大な熱心さで学習したこと、純真で快活で、企画力に優れていたと評している。

榎本釜次郎次郎氏（武揚）のごとき、その先祖は江戸において重い役割を演じていたような家柄の人が、二年来一介の火夫、鍛冶工および機関部員として働いているというがごときは、まさに当人の勝れたる品性と、絶大なる熱心を物語る証左である。これは何よりも、この純真にして、快活なる青年を一見すれば、すぐに判る。彼が企画的な人物であることは、彼が北緯五十九度の地点まで北の旅行をした時に実証した（同）。

冒頭の勝の談話中に出てくる榎本とは一見雲泥の差がある。しかし、どちらも榎本の評価としては興味深い。両方をどうつなぐかは読者の想像力にお任せしたい。

参考文献（本文引用以外）
加茂儀一『榎本武揚』中央公論社、一九八八年。
藤井哲博『長崎海軍伝習所』中央公論社、一九九一年。
宮永孝『幕末維新オランダ異聞』日本経済評論社、一九九二年。

堀利熙(1818–1860)

――蝦夷地との縁結ぶ――

近江幸雄

詩を吟じ風月を愛でる

　榎本釜次郎武揚、生れは江戸下谷御徒町、柳川左近将監邸の隣り柳川横町、故に柳川、梁川と号する。柳川は柳川鍋に通ずるところから主として梁川(りょうせん)を使う。昭和六(一九三一)年、函館市は町名改正にあたり五稜郭附近を梁川(やなかわ)町と名付けたが、先人達の英智と見識に感服しているのである。

　柳川鍋と言うと、口入稼業をしていた野村熊吉が箱館奉行堀織部正が好んだ柳川鍋を上手に作るので愛されて姓を柳川に替えた。明治二(一八六九)年、箱館戦争終了後旧幕府軍戦没者の放置されていた遺骸を埋葬する美挙をなしており、柳川に関わる一脈の縁を痛感するのである。

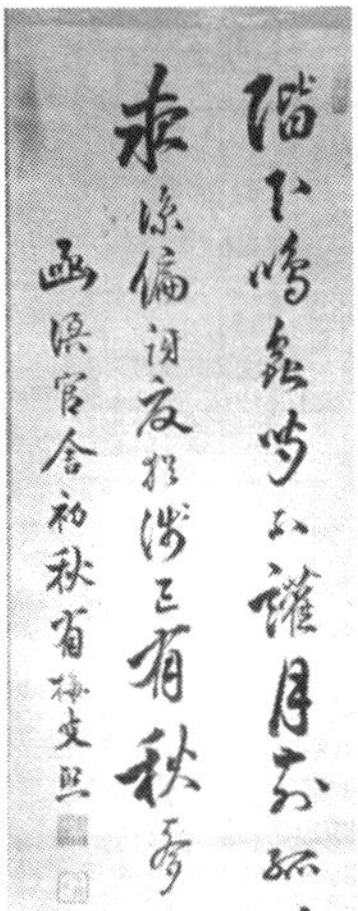

号を梅花山人、有梅。官舎から港を見下し秋の風情を詠んだ。筆者蔵

　武揚十二歳の時に父圓兵衛の推めにより昌平黌に入所したが、課程は五カ年で甲の成績は上吏採用、乙は幕府役人、丙は「学問出精の儀奇特なり」と表彰されるが、武揚は丙に該当した。この学問所の経営は林家で中興の祖と称される述斎の外孫が織部正である。

　その後、武揚は米国帰りの中浜万次郎の私塾に行き英語を学んだ。この万次郎、箱館奉行所にて捕鯨伝習を行ない新造船箱館丸に乗船して織部正と共に帰府している。

安政元（一八五四）年五月四日、当時目付であった織部正は、五百石船の栄通丸に乗船して青森三厩を出帆して松前に到着する。陸路を江差、熊石、瀬棚を通り奥蝦夷と称した樺太に向った。

織部正と勘定吟味役であった村垣範正一行の有様を文人として著名な横井豊山は「探暇録」に次のように記述している。

この行程に得難いものを三つ得たとして

一、江戸を出発して五月に梅花を見たこと

二、禁制の地である樺太の奥深く自由に行けたこと

三、一行は貴賤二百人余りの一団であるが、織部正は良く詩文を作り、多数の文人詩人はこれに唱和して至る所で品評し風月を賞でて、大行程も胸中常に潤然憂愁の念絶えて無く、遊行する旅行で古今絶無だ。

と賞讃している。久春古丹から白主に至り一行は、官舎の裏山弁天祠に宴を開いて織部正は、横笛を吹き範正は詩を吟じた。

従う幕吏は、皆詩文を作る文化人でいずれも名の通った人物であった。このような環境の中で十八歳の多感な青年武揚は感化を受けないはずがなく無題であるが

韃靼之山青一髪　我行至此漸堪豪　賓刀横處鬼加護
胡馬嘶時風怒嘑　短褐早天衝曉霧　孤帆殘月亂秋濤
扶桑南望三千里　頭上驚看北斗高

この詩作について『明治功臣録』の著者は奇景異風に接しては、そぞろに幽懐をひいて詩賦をもってあそび、殆ど空想的な企図を描くと評している。多趣味であり多才である。

青年・榎本の大きな指針に

織部正、範正の両人は七月に「唐太島境界取調見込書」を幕閣に提出して巡視の締めくくりをした。

蝦夷地が幕府再直轄となって、箱館奉行は開拓事業を立案、実行し諸産業を振興して繁栄の基礎を作った。奉行特に一頭地を抜く織部正の功績は、すこぶる大きい。

これを列記してみると、先ず基本である開墾を奨励して

亀尾、石川に御手作場を作り、西洋の学問を修養する諸術調所を開き西洋文化の旗手達を世に出した。貨幣の流通を容易にする「箱館通宝」を鋳造し、我国最初の洋式帆船「箱館丸」次いで「亀田丸」を造船した。更に生活必需品である制陶「箱館焼」を造り、鉱山の開発に積極的に取組んで金、鉛、銅、の採掘をしている。因みに明治五（一八七二）年赦免され開拓使入りした武揚の初仕事が函館附近の鉱物調査であった。

織部正、万延元（一八六〇）年一一月六日、自邸にて自刃。外国奉行としてプロイセンとの修好通商条約について責を負っての事であるが、唐突な死故に諸説紛々として後世に伝わっている。惜しまれる死というより他ない。墓碑は、東京都文京区小石川源覚寺にある。

明治元（一八六八）年、武揚は旧幕府艦隊を率いて蝦夷地鷲ノ木に上陸したのは、青年時代に織部正に随って来ており土地勘があったからである。また、五稜郭に無血入城して即ちに松前城攻略に向い吉岡峠に進む時に間道を選んだのは、以前に会った船問屋の佐藤半兵衛から地図を入手していたからだとのこと。事実半兵衛は、箱館奉行御用達である。武揚は、蝦夷共和国が樹立すると開拓奉行を設置し沢太郎左衛門を任命し室蘭に三〇〇人を派遣した。明治新政府に魁けて名実共に開拓を実施したのも織部正の精神を踏襲したものであろう。赦された武揚は、開拓使四等属に採用され明治五（一八七二）年五月三〇日、函館に到着すると松平太郎、榎本道章等かつての僚友達の出迎えを受け甲賀源吾等の墓に詣でたのであった。

武揚は、戦死した中島三郎助の遺族や、落魄した旧臣達への援助を惜しまず更に、函館山々麓に建立した戦死者の霊を慰める「碧血碑」への資金提供を行う等、陰徳は数多い。

織部正の蝦夷地開拓は勿論、外国奉行として他国と折衝し難問題に対処する姿勢や志は、武揚も外務の任に当り継承している。

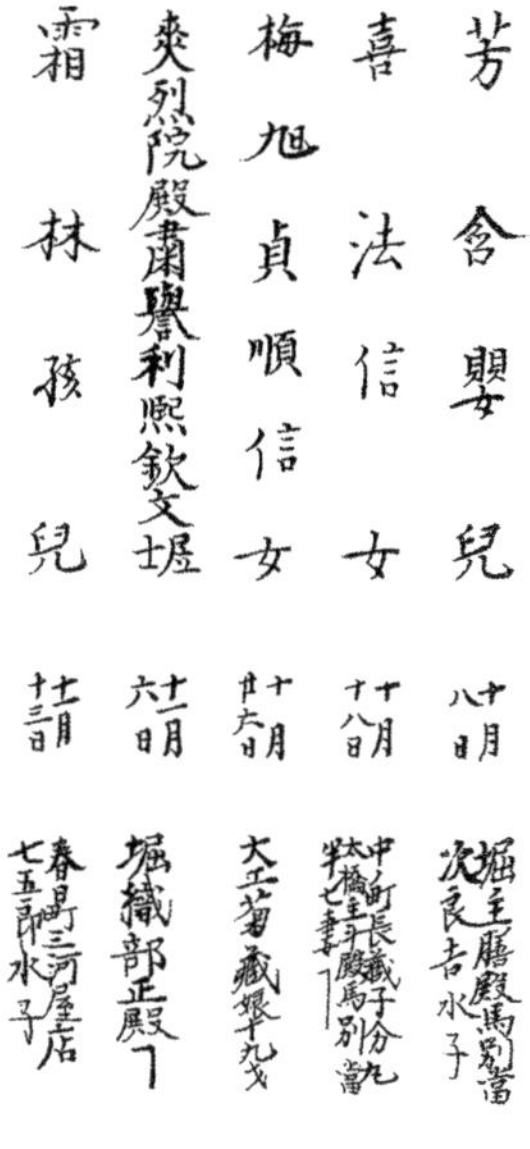
芳含嬰兒　十月八日　堀主膳殿馬別當　次良吉水子
喜法信女　十月十八日
梅旭貞順信女　十月廿六日
爽烈院殿書園譽利熙欽文居士　十一月六日　堀織部正殿
霜林孩兒　十一月十三日　春日町三河屋店　七五三郎水子

清水次郎長（1820–1893）

――咎めを恐れず部下を弔った恩人――

田口英爾

「仏に官軍も賊軍もあるものか」

清水港から一キロほどの高台にある禅寺梅蔭寺に「俠客次郎長之墓」が建っている。その墓碑銘は榎本武揚の揮毫によるものだ。

幕末明治を生きた次郎長が、七四年の生涯を閉じたのは明治二十六（一八九三）年六月一二日、その翌年の一周忌にこの墓は建てられた。百年余を超える今でも香華の絶えることはない。

榎本武揚の筆による石碑はもう一つ、ここから北に六キロほど距った興津清見寺境内の「咸臨丸殉難者慰霊碑」がある。明治二十（一八八七）年榎本、澤太郎左衛門、荒井郁之助ら旧幕臣により、篆額大鳥圭介、碑文永井尚志として建てられたものだ。

梅蔭寺にある清水次郎長の墓

当時、題額は榎本武揚が予定されていたが清国全権大使として出張中のため不可能となっていた。たまたま榎本が帰国し、急ぎ揮毫を乞うたところ「食人之食者死人之事」の九字が完成し、碑の裏面に彫られることとなった。「史記・淮陰公列伝」を出典とするこの書は、「徳川氏の食を食む者は、徳川氏の事に死す」の意である。

清見寺の山門を入ると、まず石碑の裏面になるこの文章が、訪れる人の目に入ってくる。福沢諭吉もこれを見て「瘦我慢の説」を草し、明治のジャーナリズムに一石を投じたのである。

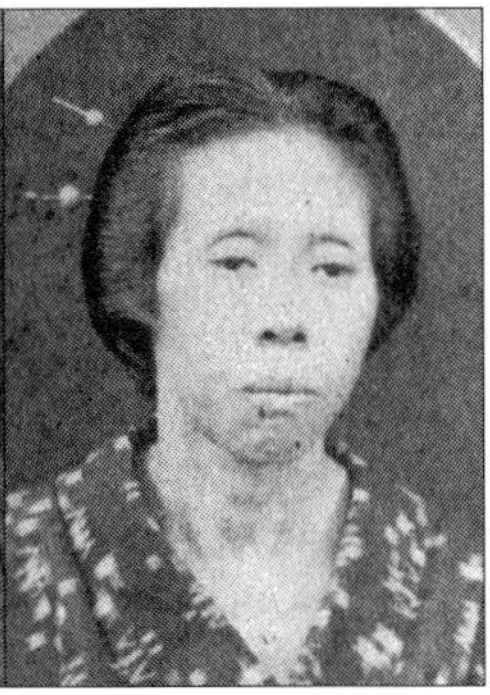

おちょう
(1837- 1916)

清水次郎長
(1820- 1893)

次郎長と榎本武揚を結びつけたのも「咸臨丸」である。次郎長の墓碑銘をなぜ明治政府の高官榎本武揚が書いたかを知るには、まず明治元（一八六八）年に清水港内で起こった咸臨丸事件から始めなければならない。

明治元（一八六八）年八月一九日、榎本武揚は旧幕府軍艦開陽丸を旗艦とし、回天、咸臨ら八隻からなる艦隊を率いて品川沖を脱走、箱館を目指した。途中、房総沖で暴風に遭い各艦離散、損傷の激しい咸臨丸は漂流の上、清水港に入り、修繕を進めていたところ、新政府軍に発見され、九月一八日、富士山丸、飛竜丸、武蔵丸の三艦による攻撃を受け、無抵抗のまま、乗組の副艦長春山弁蔵以下七名が斬殺され、死体は湾内に投棄された。これが戊辰戦争の一コマ「咸臨丸事件」である。

湾内に浮遊するのは、賊軍の死体である。当時、新政府からは、「賊軍に加担する者は断罪に処す」とのきびしい布告が出されており、誰も手をつける者はいない。関わりのおそれがあるため漁師は漁に出ることが出来ない。

漁師たちから窮状を訴えられた次郎長は、きっぱりと言った。

「死ねば仏じゃないか。仏に官軍も賊軍もあるものか。」

彼は子分たちに命じて七体の死体を収容し、砂浜に埋葬、自分の菩提寺梅蔭寺の住職宏田和尚の読経により手厚く供養した。後に山岡鉄舟の揮毫による「壮士墓」と彫られた墓石が建てられたのも、次郎長によるものだ。

榎本武揚にとって次郎長は、賊軍である彼の部下たちを、咎めを恐れず無償で手厚く弔った恩人なのである。

次郎長の恩忘れなかった榎本

次郎長が亡くなった後、その妻おちょう（三代目。天保八〈一八三七〉年生。西尾藩士篠原東吾長女）は、夫の墓碑銘の揮毫者として、迷うことなく榎本武揚を選んだ。彼女は息子の清太郎（次郎長と再婚する時の連れ子）を連れて上京し、農商務大臣官邸を訪ねる。恐らく榎本が農商務大臣に就任した明治二十七（一九五二）年一月からほどない頃と思われる。おちょう夫人の回想記（明治四十二〈一九〇九〉年六月、「報知新聞」静岡版に連載の「侠客寡婦物語」）にはおおよそ次のように記されている。

「はるばるよく来てくれたな」と気軽に申されましたから、「実は御前にお願いがあって参ったのでございます。まことに申上げにくいのですが、一筆書いていただきたいものがありまして」と言いますと、榎本さんは手を横にお振りになり、「書くもんじゃ降参だな、実に手が悪いからな、せっかくじゃが」と仰っしゃる。

私は重ねて、「長五郎の一周忌にその石碑を建てるんですから、是非お願い致しとうございます。長五郎のことについては、これが最後なんでございますから」と涙とともに申上げますと、榎本さんの様子がすっかりお変わりになり、「うむ、そうか。それなら書くとも。喜んで書く。長五郎には多くの友達が大変世話になったからな」と榎本の御前が親切におっしゃります。

書く文字も「侠客次郎長之墓」ときまった。榎本はさらに言った。

「俺は大変手がわるい。これから三〇日くらい手習いの間がほしい。手は悪くても親分のためにきっと書いて送ってやるから安心せい」

こうして武揚の名が入った次郎長の墓碑は明治二十七（一八九四）年六月一二日の次郎長一周忌には見事に完成した。墓石は荒々しい駿河湾に面し、黒潮打ち寄せる焼津当目ヶ浜でとれる自然石で、船乗りの血をうけた次郎長に相応しい。

勝海舟（1823–1899）
——胸襟開いて語り合った仲も維新後は疎遠に——

進藤咲子

館山沖で艦隊を引渡すよう説得

榎本釜次郎（武揚一八三六―一九〇八）は御家人榎本園兵衛の次男として江戸御徒町に生まれた。園兵衛は「子供は家の鍋釜だ」と言って弟に釜次郎と名付けた。その彼は十二歳で昌平黌に合格するほどの秀才であった。幕臣としては江戸開城の際には海軍副総裁という要職にあった。官軍に軍艦引渡しを拒否、慶喜から全権を委任されていた勝海舟の説得にも応じず「朝廷に背くわけではない。ひたすら旧幕臣の生活救済のために蝦夷開拓を許してほしい。」と海舟に決意を示して、艦隊を率いて江戸湾を脱走、幾多の艱難に遭遇しつつ箱館五稜郭に依り官軍と抗戦、一時共和政の新政府を樹立、黒田清隆の降伏勧告を受け入れて帰順、明治政府の下で海軍卿他諸大臣を歴任、特命全権公使として樺太・千島交換条約を締結。のち枢密顧問官、子爵に列せられ顕官としてその身を全うした異色の人物である。妻多津は幕医林洞海の娘、社交界に声望があった。

勝海舟
（1823- 1899）

勝麟太郎（一八二三―一八九九、義邦のち安房、海舟）は江戸本所亀沢町生まれ。旗本小普請組勝左衛門太郎（隠居後夢酔）の長男（旗本と言っても曾祖父が旗本株を買った家系）。少年時代島田虎之助に剣と禅を学びその忠告で西洋兵法を学ぶ。永井青崖について蘭学を習得。赤坂に蘭学塾を開く。大久保越中守の推薦で蕃書翻訳に従事。海軍伝習生頭取となり長崎に滞在すること三年余、江戸に帰り軍艦操練所教師方頭取を命じられ、咸臨丸を指揮して初めて太平洋を横断。幕軍敗退後、慶喜恭順の意を受け征討軍の西郷隆盛と交渉し江戸を無血開城に導く。維新後駿府に退いたが上京し新政府の海軍大輔に就任、伯爵、枢密顧問官などの待遇を受ける。近代海軍の創設者。旧幕臣の面倒をみ、維新三〇年後、前将軍慶喜の宮中参内の実現に尽力。

武揚も海舟も江戸下町の貧乏幕臣から立身した海軍の軍人で生っ粋の江戸っ子。江戸言葉を使い時に巻舌のべらんめえ口調で喧嘩する向う意気の強い性格で、ともに新政府で大臣、枢密顧問官となり爵位も授かった。

「海舟日記」には帰国後の武揚について任官の上申をしたり、収監中の留守宅に見舞金を贈ったり、榎本が海軍卿になった時は「榎本、向島邸へ訪(おと)なわる。大砕」とあり胸襟を開いて語り合ったことなどが散見する。榎本からの来信中には長崎の海舟宛に「扨帰府後、早速尊宅伺い罷り出で御北堂その外御子息にも御目通り仕り、御一同様御恙なくいらせられ候段、御省慮遊ばされ候よう存じ奉り候。小鹿様（海舟長男）御いたづら等の事、御北堂より承りその節御目通りいたし候処、至極御勇壮にて食牛の気象祝仕り候。」（安政五（一八五八）年ごろの来信の一節）のような親しげな書簡もあったが、維新後海軍関係者の宴会に海舟も出席したが、視線が合ってもそらしてしまい互に胸襟を開いて語り合うことはなかったと言う。「勝はあれで人の好き嫌いが激しかったから――」（子母沢寛『ふところ手帖』中央公論新社、一九七五年）。また『氷川清話』に「榎本でも大鳥（圭介）でも、昔はおれを殺そうとした連中だが、今になってはかえって、頭を下げておれの処へくるのがおかしい。しかしおれも『皆さんえらくなった』といっておくのさ。」とある。

「瘠我慢の説」には切先鋭く

この二人の維新後の行動を激しく非難したのが福沢諭吉である。福沢は明治二十三（一八九〇）年一一月興津の清見寺に参詣し境内にある咸臨丸乗組員戦死者の記念碑の背面に「食人之食者死人事(ひとのしょくをはむものはひとのことにしす)　従二位榎本武揚」とあるのを見て感ずる所があり翌二十四（一八九一）年一一月二七日に「瘠我慢の説」を脱稿。海舟、武揚など数人に示した外は筐底に秘して余人に示さなかったが栗本鋤雲あたりから洩れたため公表。一〇年後に『時事新報』に掲載した。写本を送る際、海舟と武揚に返書をうながした（参照、富田正文『考証福澤諭吉』下、岩波書店、一九九二年、河北展生「『瘠我慢の説』起草の動機再考」『福澤手帳』一〇三〇号、福澤諭吉協会、一九九九年一二月）。

（武揚返書）

拝復。過日御示被下候貴著瘠我慢中、事実相違之廉（かど）竝に小生之所見もあらば云々との御意致拝承候。昨今別而多忙に付いづれ其中愚見可申述候。先は不取敢回音如此に候也。二月五日／福澤諭吉様／武揚

（海舟返書）

従古当路者古今一世之人物にあらざれば衆賢之批評に当る者あらず。不計も拙老先年之行為に於て御議論数百言御指摘、實に慚愧に不堪ず（ママ）、御深志忝存候。〇行蔵は我に存す、毀誉は他人の主張、我に与からず我に関せずと存候。各人え御示御座候とも毛頭異存無之候。御差越之御草稿は拝受いたし度、御許容可被下候也。二月六日／福澤先生／安房（『福澤諭吉全集』第六巻所収「瘠我慢の説」掲載文に依る。岩波書店、一九七〇年再版）

海舟は前半は穏かに後半は切先鋭く打ち込んだ。榎本のそっけなさはいまだに小馬鹿にしていたためか（前出『ふところ手帖』）。「福沢は学者だからネ。おれなどの通る道と道が違ふよ。つまり『徳川幕府あるを知って日本あるを知らざるの徒は、まさにその如くなるべし、唯百年の日本を憂ふるの士は、まさにかくの如くならざるべからず』サ」、と海舟は『氷川清話』で述べている。海舟も福沢を小馬鹿にしていたが、このころは学者として認めていたと思われるし、福沢の業績に注目していたのではないか。宛名に「福澤先生」とあるのは皮肉でも揶揄でもないと思うがどうであろうか。

いずれにしろ私たちは謙虚にこの三傑から彼らの歩いた道を学び後世に伝える務めがあると思う。

李鴻章（1823–1901）
――「瀬戸際外交」を展開した好敵手――

栗田尚弥

甲申事変

明治十七（一八八四）年一二月四日、朝鮮独立党（親日派）の金玉均、朴泳孝らは京城において朝鮮国王高宗を奉じてクーデターを決行、高宗はクーデター発生を名目に日本に保護を依頼し、駐朝鮮公使竹添進一郎に率いられた公使館守備隊は王宮に入った。翌五日、金、朴等は清国寄りの皇后閔妃派（事大党）の重臣を処刑、独立党による新政権を樹立した。クーデターの目的は、明治維新をモデルとした近代的立憲君主制の樹立と日本のバックアップのもとに国内の近代化を推進することにあった。

だが、新政権は「三日天下」に終わる。事大党の要請に応じて袁世凱率いる清国軍が出動、戦闘となり独立党・日本守備隊側は敗北し、七日には高宗が袁軍に「保護」されたからである。

日本で甲申事変と呼ばれているこのクーデターの二年前にも、朝鮮では兵士による反乱事件（壬午事変）が発生していた。この時には、高宗の実父大院君に煽動された事大党の軍人たちが、兵士を率い政権の中心にあった閔妃一族（当時は独立党・日本寄り）や日本人軍事顧問らを殺害した。事態を重く見た日清両国はともに軍を派遣したが、反乱鎮圧を巡っての主導権争いが生じ、最終的には宗主権を盾に清国軍が鎮圧するという結果になった。事変後、これまで独立党・日本寄りであった閔妃派が事大党・清国寄りとなったこともあり、朝鮮の「独立」を巡る日清間の確執は深まっていった。それ故、甲申事変はその事後処理如何によっては、日清間の本格的紛争へとエスカレートする可能性を充分はらんでいたのである。

　明治十八（一八八五）年四月三日、天津において甲申事変を巡る日清間の善後交渉が開始された。日本側全権大使は参議伊藤博文、そして伊藤全権の傍らにあって終始彼を助けたのが、駐清国特命全権公使榎本武揚である。では、清国側の全権は？　誰あろう、当時清朝一の政治家と目されていた李鴻章その人である。

　実は、榎本と李は一年以上も前から相知る仲であり、榎本は伊藤—李交渉の円滑化を図るため、明治十八（一八八五）年三月一六日、天津の日本総領事館において宴を催し、伊藤と李を引き合わせている。だが、交渉の本番において、榎本はそれまでとは異なった「怜悧にして奇智あり、妙に事機の利害得失を視て用捨、行蔵するの才気あり」（陸奥宗光『蹇蹇録』）という李のもう一つの側面を見ることになる。

李鴻章
(1823- 1901)

李鴻章との邂逅

　榎本武揚が李鴻章に初めてあったのは、明治十六（一八八三）年一二月一一日天津の近郊太沽でのことである。当時、清朝政府の形式上の〈外務省〉である北京の総理各国事務衙門（総理衙門）と直隷総督兼北洋通商大臣（任地は天津）として外交・通商の実権を握っていた李鴻章との関係は、良好とは言い難いものがあった。榎本が駐清国特命全権公使として北京に赴任（明治十五（一八八二）年九月）後一年以上も李に面会しなかったのは、このあたりに原因があるのかもしれない。

　実は、面会以前の榎本の李に対する評価はあまり芳しいものではない。例えば、現在国立公文書館に所蔵されている榎本と駐清国米公使ヨングとの間の榎本自身による会見記録（「在北京公使榎本武揚報告米公使ヨング氏談話清仏両大臣安南事件談判ノ大要及該件目今景況ノ件」明治十六年八月一二日、アジア歴史資料センターA〇三〇二三六六〇〇〇）によれば、榎本は、当時清国とベトナムを巡って係争中であったフランスが日本が連繋することを疑った李が（実際、フランスから日本に打診はあったらしいが）、「日本ハ悪ムベシ伐タザルベカラズ」と述べたと聞いているとヨングに語り、さらに「李氏ノ妄言」はこれまで何度も聞いているが、「此種ノ語ハ真ニ二国ノ交誼ヲ傷フノ資ヲ為ス者ニテ予モ甚タ不快ノ感ヲ起セリ」「（李が）我ニ兵ヲ加ント欲スレバ我亦兵ヲ以テ応スベキノミ」と続けている。これに対し、ヨングは李が日仏連繋を疑っているなどということは、「信ヲ措キガタ」き話であり、李にとっても「思モヨラヌ事」と答えているが、このヨングの言葉だけで榎本の李に対するある種の不信感が拭い切れたとは考えにくい。

しかし、太沽での会見後、榎本の李に対する評価は一変する。初会見後、榎本は屡々天津に赴き李を訪ねるようになるが、その度に李は榎本に清国の政治外交の実情を涙ながらに語り、榎本はそれに「趣意」を感じつつも同情し、相談に応じている。例えば、清仏戦争さなかの明治十七（一八八四）年八月二六日と二七日に渡って二人は「長話」をしているが、榎本はその時の様子を、妻多津宛と長男武與及び姉観月（らく）宛書簡に於いてそれぞれ次のように書いている。

扨て昨日は李鴻章を訪ひ一時半許りの長話いたし今日は同氏参られ二時半餘の長話（原註 差向ひ）いたし候　同氏は拙者の厚意を感じ殆んど涕を浮かべ何事も隠さず打明て話し北京着の上は劻貝勒（原註 是ハ恭親王の跡役即ち総理衙門の親方）を暁し呉よと達て懇願いたされ候　又李氏には朝廷に人物なく己れの建言は行はれず仏艦荒れ廻り実に処置に苦む何とか致し方はこれある間敷く哉と実情を以て相談これあり実以て気の毒千万に存じ候　其事柄と答振りは長々敷き事且つ宅状に認むべき事にあらざるを以て略す何に致せ拙者の機嫌を取り格別手厚にモテナスは素より趣意ある事なるは拙者も承知いたし居り候へ共是は重々拙者上海に於て電信にて総理衙門へ吉田を以て申入れ置きたる事（多津宛、明治十七（一八八四）年八月二七日、榎本隆充編『榎本武揚未公開書簡集』）

今度清廷の決意は実に案外に出て人を驚し候へ共詰り前途暗迷にて行当りバッタリたるを免れざるべし　流石李鴻章は左相棠の愚頑と違ひ過日野生天津経過の節長々と国事を憂て内幕の話これあり　拙者も気の毒に付き彼此助言致し候処貴見は全く予が意見と符号せりとて種々述懐話これあり其の末帰京の上は郡王奕劻（原註 清帝の叔父にて

現下総理衙門の総裁即ち恭親王の後役也）へ暁し呉れよと懇々依頼これあり候　此の対話は八月廿六廿七日の二日間にて拙生と李鴻章とは餘程懇意に相成り原領事の為には殊に大仕合せに候　李は一句の体言もこれなく全く打明ケ話にて清廷には人物なしとて只管嘆き居り候（武與・観月宛、同九月九日、同書）

陸奥宗光は先の『蹇蹇録』のなかで、李を「彼が平素外間の他人に接するや、他の一般清国人がなにごとにも区々たる虚儀にこだわり左顧右眄するに似ず、つねに放逸不羈、無頓着にその言わんと欲するところを言い、その往かんと欲するところに往くがごとき風采あるをもって、欧米外国人の中には彼を目して世界希有の一大人物なりと過賛するものあるに至りたり」とも評しているが、榎本もまた「放逸不羈」の英雄李鴻章に最大限の評価を与え、李と「餘程懇意に相成」ったことを素直に喜んでいる。あるいは、落日の大清帝国を一人で支えようとしている李の姿の中に、二〇年近く前の海軍副総裁榎本和泉守の姿を見ていたのかもしれない。

天津善後交渉

だが、翌明治十八（一八八五）年四月、李鴻章は最大の敵として榎本の前に立ちはだかることになる。先述したごとく甲申事変により日清間の関係は一触即発の状態となった。そして、李の口からも竹添駐朝鮮公使や日本に対する批判が出るようになり、榎本がこれに憤慨するということもあった。ただ、榎本の李への信頼もしくは尊敬の念が失われなかったということは、天津善後交渉開始以前に榎本が伊藤全権を李に引き合わせていることからも想像がつく。そもそも、天津が交渉の場に選ばれ、李が清国側全権となった背景には、北京の総理衙門よりも李鴻章の実力を評価し信頼する榎本駐清国公使の存在があったのである。

しかし、交渉の場に現れたのは、「涕を浮かべ何事も隠さず打明て話」す「放逸不羈」の人ではなく、「怜悧にして奇智あり、妙に事機の利害得失を視て用捨、行蔵するの才気」を有する直隷総督李鴻章であった。李は日本側が提示した条件を断固として拒絶、特に日本公使館守備隊への発砲と日本人居留民殺害の責任者及び実行者の処罰に関しては、発砲については正当防衛を主張し、居留民殺害については証拠がないとしてその事実すら否定した。さらに、榎本に対しても、例えば、この年初め全権として京城を訪問していた井上馨外務卿に、榎本が北京から朝鮮の略取を進言したのではないか、と詰問した（榎本は時間的に無理と反論）。特に前年来戦争状態にあったフランスとの間で停戦に関する取り決めが成立した四月五日（正式の和平条約は六月九日）以降、俄然李の発言は強気のものとなっていった。四月八日、榎本は李に面談、その内意を探ったが、李は「伊藤大使より申出され候三ヶ条の中一ヶ条の外は同意致し難くと断然答これあり右にて大使不承知とアラバ是非なき次第ゆへ戦争の用意に取掛る外これな」（多津宛書簡、四月九日、前掲書）しと語り、開戦の決意があることを伝えた。交渉は、決裂の一歩手前であった。「昨今は其表に於ては定て破談に相成たるの説　盛に行はれ居り候事と察せられ候訳これあり候実に破談に相成るかもしれず」、四月一一日榎本は姉観月にこう書き送っている。

だが、李鴻章も伊藤博文もその真意は戦争回避にあった（李は日清戦争にも反対）。結局、四月一五日両者の間で妥協が成立、一八日天津条約が締結された。妥協が成立した翌日（一六日）、榎本は妻多津に次のように書き送っているが、そこには「瀬戸際外交」を展開した好敵手李鴻章に対する畏敬の念を感じ取ることができる。

昨日午後迎賓館にての談判は弥両国和戦の分れ目とも申すべく程の処流石は李鴻章丈ケ空力身を出さず　遂に折合相付先づ双方国家の威光に傷けず圓く纏り候間何寄り大慶に御座候（同書）

七月一日、榎本は井上外務卿の訓令を受けて二カ月半ぶりに天津に李鴻章を訪ねた。その時の李鴻章は、すでに「放逸不羈」の人に戻っていた。

中浜万次郎（1827–1898）

——中浜塾が生涯の友と出会う場に——

小美濃清明

榎本に英語を教える

土佐の漁師・万次郎はアメリカから戻り、嘉永五（一八五二）年土佐藩・新規定小者に召し抱えられ、一人扶持一石二斗取りとなった。翌六（一八五三）年、幕府直参、御普請格、二〇俵二人扶持となり、中浜万次郎と名乗る武士となった。

中浜万次郎
（1827- 1898）

その直後、江川太郎左衛門の手付となり、「蒸気船製造方」として働くことになるが、〈他国出は勿論他向の出会等〉は禁止され、厳重に取締るよう老中・阿部正弘から江川へ申し渡されていた。

嘉永六（一八五三）年、榎本武揚が中浜万次郎の塾へ通い英語を習ったという説が定説化されているが、塾を開くような状況ではなかったと分る。英語、英学を教えるようになるのは江川が安政二（一八五五）年一月一六日病死した後からであり、江川邸に住み続けて教えることになる。

中浜万次郎の長女（寿々・正しくは鈴）が通って来る榎本武揚を覚えていた。

習いに来るのは英語だけとは限らず、ある人は数学、ある人は航海術といったように希望する学科も人によって違っていたので、それぞれの人たちにいわゆる個人教授をしていたようである。それ故、皆を一堂に集めて一緒に教える学校の形式とは違っていたが、習いに来る人たちは、ここを『中浜塾』と言っていたという。

その頃のことである。万次郎が教えていると、まだ幼い長女の寿々（すず）がちょこちょこ教室に遊びにやって来る。母親の鉄が幼い頃に亡くなっていたので、寂しくて父親のそばにいたかったのだろう。万次郎は教えるのに忙しかったので相手にすることができず、その度にいつも、「連れていって、少し庭で遊んでやってくれ」と自習している学生に頼んだ。頼まれた塾生は小さな寿々を連れて庭に出てお守りをし、遊ぶことにあきると、することがないから、背負ったりした。寿々はそのような一人について「榎本さんの肩は悪い」と言った。痩せていてゴツゴツしていて、おぶさっていて具合が悪かったというのである。「でも、あれは偉い人になった。函館で戦争をしたんだってね。大きなことをする」と後で言っていたそうだから榎本武揚のことである。（「私のジョン万次郎」中浜博著）

中浜万次郎が剣術指南・団野源之進の次女・鉄と結婚したのは安政元（一八五四）年二月一二日である。長男・東一郎が誕生したのは、安政四（一八五七）年七月七日である。寿々は第一子だが、誕生年月日が不明である。安政二（一八五五）年か三（一八五六）年と推定される。寿々が榎本を記憶することができる年齢に成長することを考えると、安政五、六（一八五八、五九）年頃の話である。

寿々を背負う武揚の姿は家族を大切にした〝愛妻家・榎本武揚〟を彷彿とさせて微笑ましい。

中浜塾で出会った生涯の友

榎本は長崎海軍伝習を安政五（一八五八）年二月に終了し、その後江戸へ戻って万次郎が通訳として咸臨丸でアメリカへ出発する安政七（一八六〇）年一月までの間に、英語・英学を学びに中浜塾へ通学したと思われる。別稿「英語・英学事始め（一四一頁）」に史料を載せたので参照されたい。

万次郎の「日記」が安政六（一八五九）年七月から一〇月まで残っており、榎本と同時期に中浜塾へ通った青年たちの名が分る。

箕作貞一郎、根津欽次郎、大鳥圭介、細川潤次郎、甲斐直次郎、手塚律蔵の名が記述されている。こうした人たちとの交流が榎本に少なからず影響を与えていると思われる。特に大鳥圭介は箱館戦争を共に戦い、降伏して投獄され、その後明治政府に出仕するという同じ道を歩いている。こうした生涯の友と巡り合ったのも中浜塾であった。

嘉永五（一八五二）年初冬に刊行された『漂客談奇』という本がある。土佐へ帰った万次郎の談話を吉田正誉がまとめたものであり、漂流、アメリカの風俗、生活、習慣などが語られている。この中に〈テレカラーフ〉という電信を説明した絵図が載っている。万次郎は電信について、榎本に語っていたのではないだろうか。

榎本はオランダ留学中に、電信について学び、自身でもモールス信号を習い、その技術を修得していた。帰国時には最新型の〈ディニエ印字電信機〉二台を持ち帰っている。

長崎海軍伝習所で榎本は「船具学」「造船学」「蒸気機関学」「航海学」「地理学」「砲術」「算術」「オランダ語」をオランダ人教師から学んでいるが「電信機」「通信」などいう講座はなかった。

モールス電信機は一八三七年にアメリカで発明されており、一八四四（弘化元）年、万次郎がフェアヘーブンのバートレット・アカデミーで教育を受けた時、その知識を得たのではないかと云われている。

万次郎は電信機について、専門的な構造といった知識は持っていなかったと思われるが、電信機という機械に榎本の技術系思考力は強く刺激を受けたのではないだろうか。

西周（1829–1897）

――近くにいるものの活躍の場異なる――

小泉　仰

異なる関心持ちオランダへ留学

西周は、津和野藩医家の森村堀家の長男として文政十二（一八二九）年二月七日に生まれ、榎本武揚は、徳川家の御徒士衆の家の次男として江戸で天保七（一八三六）年八月二五日に生まれた。西が榎本より七歳年上で、生地も津和野と江戸と異なっている。西は青少年期に朱子学、荻生徂徠学を学んだが、嘉永三（一八五三）年ペリー来航を機に江戸に出て洋学に接し、脱藩してオランダ語と英学を学び、安政四（一八五七）年蕃書調所教授手伝並になった。榎本は、十八歳で昌平黌に入学し、漢学を修めると同時に、中浜万次郎の英学塾に通い、異国文明への関心を高め、安政二（一八五五）年長崎伝習所二期生として入所してオランダ海軍の技術を修得した。

文久二（一八六二）年幕府留学生に選ばれた二人は、南北戦争勃発のため留学先を米国からオランダに変更したが、留学には同じ船に乗った。榎本の『渡蘭日記』(1)によれば、乗船中の彼は船の航路計測に関心を集中して、西とあまり交わりを持たなかった。西の『和蘭紀行』(2)によれば、榎本の目的は幕府がオランダに註文した軍艦の製造過程を含めた海軍技術の知識を深めることであり、西は津田真道と共に社会科学・人文科学を学ぶ目的であったので、両者には関心の相違があったと記している。

留学中の西は文久三（一八六三）年八月から慶応元（一八六

五）年一〇月まで万国公法（国際法）、性法（自然法）、国法、制産之学（経済学）、政表之学（統計学）の五教科についてレイデン大学教授シモン・フィッセリングの個人教授を受けた。これに対して、榎本は、航海術、砲術、蒸気機関、機械製造、化学を含めた科学技術を研究して、当時日本の第一級の技術者・応用科学者となり、また戦時・平時の海事の国際法規をも学び、さらにプロシャ・デンマーク戦争の観戦武官として観戦し、英仏の地をも訪れて知的行動範囲を拡げた。二人の留学経験は質的にかなり異なっていた。

親戚関係のつきあいにとどまる

帰国後、西は幕府の開成所教授として京都にいた徳川慶喜に随行したが、明治元（一八六八）年鳥羽伏見の戦いに破れて慶喜が江戸に戻ると、西も別路で江戸に帰り、慶喜の東叡山閉居と水戸隠居の際、慶喜の側近として仕えた。一方、慶応三（一八六七）年帰国した榎本は同じ留学生林研海の妹たつと結婚した。林研海は沼津病院副長の父林洞海の長男で、後静岡藩病院長、陸軍軍医総監になった人であり、西は洞海六男紳六郎を養子に迎えたので、西と榎本は林を通じて縁威となった。一方、榎本は慶応四（一八六八）年幕府海軍の副総裁となったが、薩長政府への慶喜の恭順の態度を喜ばず、武士の意地を貫いて函館反乱の長として官軍に抵抗した。後官軍に捕えられ、明治二（一八六九）年六月から明治五（一八七二）年まで兵部省糾問所牢獄に投獄された。

西周
（1829- 1897）

西は、徳川家が静岡に移邦されると共に、明治元（一八六八）年一〇月沼津兵学校頭取となった。榎本が最初から静岡藩と行を共にしていれば、沼津兵学校で西の同僚になった可能性があるが、榎本は別の道を選んだ。一方西は、沼津兵学校を陸軍・海軍・医学所の総合大学にしようとしたが[3]、達成できないうちに、明治三（一八七〇）年九月、明治政府の召により東京に出て兵部省少丞准席及び大学学制取調掛になった。一方、明治五（一八七二）年放免された榎本は、翌年北海道開拓次官黒田清隆の引きで開拓使中判官となり、鉱山開発を含めた北海道開拓事業に専心した。榎本は鉱山技術にも長けていて、この方面でもめざましい業績をあげた[4]。

西は兵部省、陸軍省の高級官僚として活躍すると共に、明治七（一八七四）年明六社に参加し、『明六雑誌』に『知説』『教門論』などを投稿し、また明治七（一八七四）年『百一新論』を公刊した。これらの著書を通じて西は、自然科学を基礎とし、その上に社会科学・人文科学を構築する学問体系を構想し、百学の統一的原理を明かにすることを「哲学」と呼び、日本で最初に西洋哲学的思考を展開した学者でもあった。[5] また西は、山県有朋の命で明治十三（一八八〇）年『軍人勅諭草案』を起草して、軍人の行動規則を立案した軍事理論家でもあり、明治二十年代には、元老院議員、学士院会長、東京師範学校長、貴族院議員を歴任し、教育活動や法案審議に挺身した。一方、榎本は、明治八（一八七五）年五月、日ロ間の千島樺太交換条約締結に成功し、明治十五（一八八二）年駐清公使を勤め、明治二十年代には逓信省、文部省、外務省、農商務省各大臣、枢密顧問官などを歴任した幅広い政治家・実践家であった。

明治二十（一八八七）年〜二十三（一八九〇）年の『西周日記』[6]は、西や家族が榎本宅へ年賀に訪れたことや、明治二十（一八八七）年五月榎本が子爵になったとき、養子紳六郎が榎本宅へ祝賀に訪れたことを記しており、西と榎本は個人的に交わりを結んでいたが、公人としては活躍の場を異にしており、一緒に公的活動を行うことは無かったのである。

参考文献

(1) 加茂義一編『資料　榎本武揚』新人物往来社、一九六九年。
(2) 大久保利謙編『西周全集』全四巻、宗高書房、一九六〇—一九八一年。
(3) 樋口雄彦『旧幕臣の明治維新』吉川弘文館、二〇〇五年。
(4) 井黒弥太郎『榎本武揚傳』みやま書房、一九六八年。
(5) 小泉仰『西周と欧米思想との出会い』三嶺書房、一九八九年。
(6) 川崎勝編『西周日記明治二十年一月〜明治二十三年六月』南山経済研究、第一四巻〜第一七巻、二〇〇〇年三月〜二〇〇二年六月。

ポンペ（1829–1908）
――化学の魅力教えた恩師――

芝 哲夫

ポンペに化学の魅力を教わる

化学者としての榎本武揚はあまり世に知られていない。武揚の幅広い人間性の一面として生涯、化学に特別の関心を持ち続けていた事実を紹介したい。

徳川家直参の身分の榎本円兵衛の次男として生まれた武揚は幼名を釜次郎といい、儒者に育てようとした父の命で昌平黌に入学した。しかしその儒学の気風には肌が合わず、将来の仕官の道を自ら絶って昌平黌を去り、嘉永七（一八五四）年、十九歳の時、函館奉行堀利熙（としひろ）の小姓として蝦夷地の探索に赴いた。この北行には父円兵衛がかって伊能忠敬に従って日本各地の実測に従事し輿地全図の完成に貢献したという履歴と関連し、あるいは父の斡旋があったかとも想像されるが、いずれにしても科学者としての家の血が武揚を駆り立てたものと思われる。蝦夷地から帰ってきた武揚は江川太郎左衛門塾に入ってアメリカ帰りの中浜万次郎に英語を学び、将来の天才的な語学の才能を育てた。

嘉永六（一八五三）年のペリー来航が動機となって、日本海軍の創設に備えて、長崎に開設されたオランダ人教師団による海軍伝習の第二期生として武揚が参加することが許された。この海軍伝習の指導士官であるカッテンディーケはその日記に武揚のことに触れ、家柄がよいのに火夫、鍛冶工、機関部員として実務に熱心に働いた純真な青年として特に注目している。

オランダ留学

この第二期伝習に医官として来日したポンペ（ポンペ＝ファン＝メールデルフォールト）に幕府は西洋医学を日本人に教える医学伝習を依頼した。それを受けて開いた医学講義でポンペは日本人医学生に科学の基礎知識が欠如していることを知り、安政五年一一月二八日（一八五九年一月一日）より新カリキュラムを発表し、基礎科学としてまず化学の講義を開講した。この化学講義を武揚が聴講し熱心に化学を習得した。因みにこの時のポンペのオランダ語による化学講義の筆録が平成十二（二〇〇〇）年に松江で発見されて、筆者により『ポンペ化学書――日本最初の化学講義』二〇〇五年として翻訳、出版された。その内容を見るとポンペの講義はR・ワグネルによるドイツ書『化学』一八五六年のオランダ語訳本を底本とする当時最新の欧州化学の紹介である。武揚はこの講義に触発されて、はじめて化学の魅力に取り付かれて、後に述べるように化学の専門家といってよい見解と自負を持つに至るのである。

長崎から江戸へ帰った武揚は文久二（一八六二）年に幕府留学生としてオランダに派遣される幸運に恵まれた。喜望峰を廻る欧州への長い船旅の船中で同船の医者エセレンと物理学、化学について話し合い、当時光素がナトリウムとカリウムという元素から成り立つという新説を論じ合い、信じられないという一家言を『渡蘭日記』に書き残している。オランダへ着いた日本人一行を迎えた世話役は旧師ポンペで、ハーグでの武揚の下宿を毎朝見回って面倒を見てくれて師弟の絆を深めることができた。この時の武揚の勉学目的は機関学であったが、おそらく武揚の希望でポンペが斡旋してくれたのかどうか、フレデリックやF・B・スチュルテルハイムという教師について特に化学を学んでいる。武揚が後年専門的な知識で殖産物や鉱産物に取り組む素養はこの欧州留学の三年間で培われたものと思われる。

慶応二（一八六六）年オランダを去るに当って、武揚は化学の師のスチュルテルハイムにオランダ語で礼状を書いた。「化学の知識は各種の学問や国民の繁栄を企図する上で真に欠くべからざるものである。私は帰朝の暁にはこれをわが国に紹介して日本の物質的利益の増進をはかる責任を取るつもりである」と。

慶応三（一八六三）年三月に帰国した武揚の心にはオランダ留学で蓄積した知識を航海術や機関術のみならず化学を基礎とした殖産技術の開発によって日本の近代化に貢献し

たいという思いがあったに違いない。しかし日本の政治情勢がそれを許さず、武揚は幕府海軍を率いて蝦夷地に移り五稜郭の戦いを主導する運命に見舞われた。

獄中における化学への関心

五稜郭で敗れた後、東京辰之口での二年半の入獄生活は武揚にとってはまたとない勉学の時間となった。差し入れが許されるようになってから武揚は多くの洋書の入手を頼んでいる。その中では化学書が際立っている。福沢諭吉に何かよい化学製造を主とした分厚い化学の英書があれば借りたいと申し入れている。送られてきた書を見てこれは福沢流の学者の翻訳する書で自分の筆を弄する代物ではないとして、福沢はもう一寸学問のある人物かと思ったと、その不見識に驚いたことを姉宛の手紙に述懐している。それほどに武揚の化学の実力は福沢もはるかに及ばない専門家の域に達していたことを物語っている。また義弟の赤松則良には〝Gas Works〟という化学英書一冊とオランダ化学分析書二冊の差し入れを頼んでいる別の手紙に、「セーミ学（化学）では日本国中、自分にならぶ者はなく、同獄の大鳥（圭介）や荒井（郁之助）にも教授している。彼らはよほど上達した」と自負している。さらに獄中からの兄の勇之助への手紙では石鹸、蝋燭、鶏卵孵化器、茶などの製法を教えて殖産事業を興すことを勧めている。放免される二カ月前の妻宛の手紙にも伊東玄伯宛に「シケイキュンデ（化学）」に関するどんな本でもよいから借りてくれるように頼んでいる。こうして見ると武揚は出獄後は化学工業家として維新後の日本のために働いて五稜郭の罪滅ぼしをしたいと強く考えていたのではないかと想像される。

ポンペ
(1829- 1908)

放免された武揚を待ち受けていたのは、武揚の助命運動をしてくれた黒田清隆からの北海道開拓使としての出仕の要請で、北海道の鉱山調査に従事することになった。そこで米国から招聘されたH・ケプロンらの調査団と武揚との間の意見が合わず、北海道開拓の最初の功はケプロンに与えられる事になったが、武揚の炭鉱調査、殊にイクツベシ、今日の幌内炭鉱の発見は大きい貢献を後にもたらした。石炭以外でもこの時武揚は鉛、硫黄、石油などの調査も行っ

ポンペとその弟子たち

て後の北海道開拓に大きい寄与を果たした。

ロシアにおける武揚

その後武揚は特命全権公使としてロシアへ赴き、樺太、千島の日露国境確定の外交の任務を要請された。ロシアに着く前に武揚はオランダへ立ち寄り、旧師ポンペにロシアとの交渉における日本側の顧問就任を依頼した。師弟の関係は最初の化学講義の聴講から政治の舞台での強い絆に発展した。ポンペは日露の政治折衝の文書翻訳などに従事して武揚を援けた。次のような文書も残っている。シャーレル・ダレ著、ポンペ抄訳、榎本武揚重訳『朝鮮事情』明治十五（一八八二）年八月集成館刊行である。これは朝鮮に滞在したフランス人牧師の朝鮮についての情報をまとめたもので、後に起こる日朝関係の外交問題処理に役立った。

武揚はロシア滞在中にかつて長崎時代に親しくなり、日本の最初の化学専門の留学生としてドイツに滞在していた松本銈太郎をベルリンに訪ね旧交を暖めている。二人はおそらく近代化に向う日本における化学研究と化学工業の将来について語り合ったと思われる。松本とは度々手紙をやりとりしているが、惜しい哉、松本は武揚の帰国前の明治十（一八七七）年に下肢脱疽になって亡くなった。

武揚はロシアからの帰国に際し、馬車でシベリヤを横断する計画を立てた。この時の『シベリア日記』には日本人としてはじめて見るシベリヤの風物についての科学的観察が書き残されている。途中至るところで、製鉄所、砂金採取所を見学した記述もある。バイカル湖の近くでは馬がしきりに泥を食うことからその土の水溶液を分析し、硝酸銀で白色沈殿を生じる実験まで行っている。そのためのラピスという硝酸銀溶液を持参していたとは驚きである。

工業化学会長と隕石分析

帰国後の武揚は明治政府の重鎮として逓信、文部、外務、農商務各大臣を歴任して、若き日に夢見た化学殖産家としての道とは全く異なる道を歩んだ。しかし明治三十一（一八九八）年の工業化学会の創立に際しては、会員の投票によって武揚が初代会長に選出された。武揚はその後この会長を五度にわたって務めている。この工業化学会は昭和二十二（一九四七）年に旧日本化学会と合併して会員三万二千人を擁する現在の日本化学会に発展している。武揚が工業化学会の会長に選ばれた年に唯一の化学論文を残している。武揚は明治二十三（一八九〇）年に富山県白萩村の砂礫中に発見された鉄塊を農商務省鉱山局の高山甚太郎に依頼して化学分析を行い、鉄八九、四六七、ニッケル九、三〇三パーセントより成る星鉄（隕石）であることを報告している。武揚はこの論文で隕石発見の歴史、成分などについても詳しく述べ、その一部を切り取って刀工に鍛錬させて三振の流星刀を作り、内一刀を時の皇太子に献上した。

武揚は化学への思いを残したまま明治四十一（一九〇八）年に七十三歳の生を終える。

松本良順（1832–1908）

――武揚の妻多津の叔父で、西欧式衛生の先駆者――

酒井シヅ

長崎でポンペに医学を学ぶ

松本良順（一八三二―一九〇七）は幕末から明治時代に活躍した医政者である。かれは西洋医学教育の導入、陸軍軍医総監として軍医制度の創設に当たり、退官後は衛生局関係の諸委員会の委員ならびに貴族院議員を歴任し、西洋の養生思想の普及、啓蒙に力を尽くしたことが高く評価されている。かれの交友関係は医療だけでなく貴顕高官から新撰組、歌舞伎役者、弾左衛門など広範囲に及んでいることが語るように、信望の厚い人でもあった。また、書画彫刻にも秀でていた。

良順は天保三年（一八三二）に江戸の麻布我善坊で、佐藤泰然の次男として生まれ、幼名を順之助といった。父泰然は順天堂を創始した蘭学者である。その一族は明治に活躍した医師、学者、技術者、資本家を輩出し、榎本武揚もその一人であった。武揚の妻多津の父林洞海が泰然の高弟であり、多津の叔父に松本良順、林董がいた。

良順は長じて父泰然、義兄林洞海について蘭学を学び、嘉永二（一八四九）年十八歳のとき、泰然の盟友で、幕府の奥医師松本良甫の養子となるが、この頃、蘭学隆盛の兆しを警戒した幕府は、医官が外科、眼科以外に蘭方を用いることを禁じていた。松本家と佐藤家の養嫡子縁組みに際し、奥医師が良順に漢方の難問を課して知識を質し、合格を養子縁組を許す条件とした。良順は漢方のにわか勉強をして合格した逸話が残る。幕府の医官になってからは、蘭方医坪井信道、竹内玄洞に学び、蘭学の研鑽を積んでいた。

安政四（一八五七）年、二十六歳の時、長崎で行われる第二次海軍伝習に海軍軍医が来日する情報を得た。それを知った良順は長崎行きを決意したが、奥医師は激しく反対する。同年閏五月一八日、内密に長崎に向かった。来日した軍医ポンペ＝ファン＝メーデルフォールトは長崎で医学教育を始めるに先立ち、幕臣の良順を生徒の代表として生徒の監督をさせ、ポンペに代わって長崎奉行所とのさまざまな交渉にあたらせた。ポンペは五年間の滞在中、コレラ大流行時に対策を教え、衛生思想を伝え、人体解剖を実施し、日本に最初の西洋病院を建てて臨床医学を教え、はじめて系統的な西洋医学教育を成功させたが、それらはポンペの力だけでなく、かれが強い信頼を置いた良順の助力なしには出来なかったに違いない。ポンペから多くのことを学んだ良順は、文久二（一八六二）年に弟子とともに江戸へ戻った。

松本良順
（1832- 1908）

西欧式衛生を広める

江戸では奥詰医師と医学所頭取助になったが、まもなく奥詰医師を辞任している。翌年六月、頭取緒方洪庵が急逝したため、九月から医学所頭取に昇任して、ポンペに学んだカリキュラムに従う実践的な教育を実施した。ところが洋書の読解を学問としてきた旧来の学習法に馴染んでいた生徒らはひどく反発した。

そして、道理のある良順の方法が次第に理解されて、講義が順調に進み出したが、それが成果を上げる前に幕末の混乱に医学校は飲み込まれてしまった。良順自身も将軍の侍医として勤めに追われるようになったのである。

元治一（一八六四）年将軍補佐役慶喜公が京都で倒れた報せに、良順は上洛して治療に当たり、完治させた。それを機に将軍から良順へ厚い信頼が寄せられて、奥御医師兼医学所頭取、歩兵奉行並・海陸軍医総長に任命された。そこで京、大坂に出かける機会が増えた。慶応一（一八六五）年は将軍家茂が上洛し、翌年、大坂城で崩御されたとき、良順はずっと家茂将軍の側にいて、臨終にも立ち会ったのであった。この頃の良順は新撰組の交流を深めて、軍陣衛生を説いている。

家茂の没後、将軍慶喜の侍医となったが、大政奉還後、医学所で軍陣医学を教え、負傷兵の手当を行っていた。江戸開城後は幕府軍と行動を共にして、会津討伐軍を迎え撃つが、敗退して、仙台から横浜に戻り、潜伏中に官軍に捕らわれ、幽閉される。

明治三（一八七〇）年五月に釈放されると、同年一〇月に早稲田に蘭疇医院を開院して、ここで長崎で行ったように医学教育と診療を実践した。しかし、翌四年三月、開院からわずか半年後に、兵部少輔山縣有朋の依頼で兵部省の軍医頭となり、蘭疇病院は仮軍病院として借り上げられた。なお、この頃から良順を順と改めている。

明治十年戦争官軍医連　松本順（中央）国会図書館所蔵アルバムより

明治十八（一八八五）年陸軍軍医総監を退官後、各地を回って衛生思想を説き、西洋式衛生の実践を勧めた。中でも牛乳の普及、大磯をはじめとする各地に海水浴場の開設などによって日本人の生活が大いに変ったことは特筆に値する。晩年は大磯に住み、全国各地で衛生思想を啓蒙した。良順はポンペが滞日中は忠実な協力者であったが、去った後はその医学、思想を継承して、日本全体に広めた人であった。明治四十（一九〇七）年三月一二日に死去。享年七十六。大磯の鳴立庵の家族の墓に葬られたが、後に町民等によって妙大寺に墓が建立された。

参考文献

松本順・長与専斎著、小川鼎三・酒井シヅ校注『松本順自伝・長与専斎自伝』東洋文庫三八六、平凡社、一九八〇年。
鈴木要吾『蘭学全盛時代と蘭疇の生涯』東京医事新誌局、一九三三年。

大鳥圭介(1833–1911)

——徒に死ぬのはよそう、と降伏を主張——

福本　龍

幕府軍率い仙台で合流

　大鳥圭介率いる旧幕府軍は仙台の南十数里のところまで来たものの、進むもならず、退くもならず窮まっていた。奥羽越列藩同盟を結び協力的であるはずの米沢藩、仙台藩の態度が不信である。もはや北日本に大鳥たちの拠るべき地はなかった。

大鳥圭介
(1833- 1911)

　そのとき大鳥のもとに榎本武揚の海軍が仙台湾に到着したとの知らせが入った。早速大鳥は仙台に榎本を訪ね、今後の方策を講じることとした。

榎本ノ見込ニテハ奥羽斯ク形勢変リタル上ハ仙台ニ滞留スルモ栓ナシ是ヨリ軍艦支度次第陸軍ヲ諸艦ニ載セ蝦夷ニ赴き天長ヘ嘆願シ脱走ノ者ニテ彼地ヲ開拓セムトノ事ナリ　何レモ同意シテ諸隊ノ病人手負ヲ省キ乗組ミテ北航ノ事ニ決定セリ（大鳥の自筆伝記『南柯紀行』（九月一五日））

　ことここに至っては榎本の案に従って蝦夷地へ行く以外の策はない。大鳥以下旧幕軍は全員同意して榎本の艦隊に分乗、蝦夷地へ向かった。

大鳥圭介は天保三（一八三二）年播州の山村の医家に生まれた。榎本より四歳年上である。

十三歳より五年間、備前の閑谷学校で漢学を学んだあと、西洋には優れた文化のあることを知り、二十歳で大坂の緒方洪庵の適塾で蘭学を学ぶ。二年目のときに黒船の来航あり。

江戸へ出て大木忠益塾で学ぶこと四年、二十五歳で江川塾の教授に招聘され、西洋の近代兵学を勉強しながらそれを教授するという状態が一〇年間続いた。

慶応二（一八六六）年二月、三十四歳で幕臣に取り立てられた。翌三年の三月には歩兵奉行となる。フランスから来た軍事顧問団の指導のもと、伝習隊という優秀な部隊を作り上げてもいた。

ここまで取り立ててくれた徳川幕府に対する恩義もあったが、近代陸軍を身につけた部隊は薩長に負けるはずが無いという自負もあった。

江戸城無血開城に反対して大鳥は慶応四（一八六八）年四月一一日、江戸を脱出した。

市川に集まった同志の者は二千名、新撰組土方歳三もいた。寄合い所帯である。大鳥は幕府の歩兵奉行であったということでやむなく都督を引き受けた。

とりあえず家康公の廟所である日光へ拠り、世情を見ることにした。

ところが日光では、家康公の廟前での争いは恐れ多い、食料も少ないので滞留は迷惑だと言う。次に向かった会津では混乱のさ中にあった。とても協力できる状態にないと判断して立ち去った。

東日本の各藩では、会津藩を援護するべく「奥羽越列藩同盟」を結成していた。当初は薩長に対抗して東日本政権の樹立をも夢見る勢いであった。大鳥たちはこの同盟を心頼みにしていた。

隊勢を立て直すために米沢へ行ったところ、非協力的である。最初は門も開けない。「奥羽越列藩同盟」はすでにその破綻が始まっていた。やむを得ず仙台に向かい桑折まで来たところ、今度は仙台藩が関門の通過を容易に許さない。

もはや大鳥以下旧幕府軍二千名、奥羽に拠るべき地はなかった。そこに榎本の海軍が仙台に到着したとの知らせが入ったのであった。

我々の戦争は兄弟喧嘩。御詫びに何の恥もない

榎本の艦隊に分乗して蝦夷地に向かったのは二五〇〇人以上になるという。全員、箱館の五稜郭に拠った。

蝦夷地を平定して共和国を設立した。選挙が行われ、総裁には榎本が就任した。大鳥は陸軍奉行に就いた。

榎本は、徳川の臣に蝦夷地を任せてほしい、北方の警備も引き受ける、との上奏文を出したがこれは天長まで届かずに無視された。

春を待って明治二（一八六九）年四月九日、官軍は乙部に上陸して箱館・五稜郭に向かって進撃を開始した。箱館湾の甲鉄艦の三百ポンド砲弾は五稜郭に命中、猛烈を極めた。一カ月あまりで五稜郭は全員討ち死にか降伏かに追い込まれた。

このとき、徒に死ぬのはよそう、と降伏を主張したのは大鳥であった。

四〇年後、大鳥は国府津の別荘でこの降伏時の様子を新聞記者に語っている。

五稜郭が、そりやイザ降伏と言ふ迄には種々な説もでた。（略）我々の戦争は云はゞ仲間同士兄弟同士の喧嘩ぢやから、畏れ多いが親たる陛下に私共は兄弟喧嘩をして居まして相済みませんでしたと御詫をするのぢゃから、何の不思議もなければ恥も無いと説いた（以下略）。（明治四十一年九月五日『東京日日新聞』）

この日は結論が出ず、翌五月一七日になって旧幕府軍の将はみな降伏と決定した。大鳥は榎本個人にも念を押して降伏の意思を確認したという。

共に牢に居ること二年半、明治五（一八七二）年一月に放免（榎本は三月）になった。

明治の榎本武揚は対ロシア外交から大臣を歴任、政治家として活躍したが、大鳥圭介は牢を出た直後に当時世界最高の英米の産業を見学する機会に恵まれた。帰国後は工部大学校長など明治初期の日本の産業近代化の指導者として活躍した。そのあとは学習院長、清国公使、日清戦争勃発時の朝鮮公使、枢密顧問官を歴任した。七十九歳で没。

福沢諭吉（1835–1901）
——同時代を生き、それぞれの道で活躍——

寺崎　修

箱館戦争では「天晴の振舞」と賞讃

福沢諭吉は、近代日本を代表する啓蒙思想家の一人として、また慶応義塾の創立者として知られている。その誕生は、榎本武揚より二年ほど早い天保五（一八三四）年一二月一二日のことであった。それゆえ福沢と榎本は、ほぼ同世代人として同時代を生き、それぞれの道で活躍していくことになる。

文久元（一八六一）年、福沢は中津藩士江戸定府土岐太郎八の次女錦（きん）と結婚した。福沢夫人の錦の実家土岐家と榎本の母親琴（こと）の実家林家は遠い親戚関係にあたることから、福沢はこの結婚によって、榎本と縁戚関係を結ぶことになったのである。しかし、福沢が「私は榎本と云う男は知て居ることは知て居る、途中で遇て一寸挨拶したぐらいな事はあるが、一緒に相対して共に語り共に論ずると云うような深い交際はない」「榎本の家内の者も此方に来たことがある。又私の妻も小娘のときには祖母さんに連れられて榎本の家に行たことがあると云うので、少し往来の道筋が通て居て全く知らぬ人でない」（『福翁自伝』『福澤諭吉著作集』第一二巻、慶應義塾大学出版会、二〇〇三年）と語るように、福沢と榎本の関係は、さほど親密な関係ではなく、互いに知らない間柄ではないという程度の関係にとどまっていたようである。

それでは福沢は、幕臣のエリート榎本をどのように観察し、どのように評価していたのであろうか。福沢は、次のように述べている。

……飽くまでも徳川の政府を維持せんとして力を尽し、政府の軍艦数艘を率いて箱館に脱走し、西軍に抗して奮戦したれども、遂に窮して降参したる者なり。……榎本氏の挙は所謂武士の意気地即ち瘠我慢にして、その方寸の中には窃に必敗を期しながらも、武士道の為に敢て一戦を試みたることなれば、……北海の水戦、箱館の籠城、その決死苦戦の忠勇は天晴の振舞にして……（「瘠我慢の説」『福澤諭吉著作集』第九巻、慶應義塾大学出版会、二〇〇二年）

これをみると福沢は、明治二（一八六九）年五月箱館五稜郭の戦で敗れた榎本を「武士道の為に敢て一戦を試みたる」勇士とみなし、彼の行動を「天晴の振舞」と賞讃していたことがわかる。それゆえ福沢は、榎本の義弟江連尭則の依頼もあって、辰の口

福沢諭吉
(1835- 1901)

の糾問所に収監されていた榎本を放置できず、その助命嘆願運動に熱心に奔走することになる。実際福沢は、榎本の母が兵部省へ提出した嘆願書の案文を起草したり、官軍の参謀だった黒田清隆をたびたび訪ね説得を重ねるなど、榎本の処刑を食い止めるために必死だった。福沢はその時の心境について「只仙台藩士の腰抜けを憤ったと同じ事で、幕府の奴の如何にも無気力不人情と云うことが癪に障ったので、ソコでどうでも斯うでも助けて遣ろうと思て駆廻わりました……」（『福翁自伝』）と述懐している。

榎本の出処進退に苦言

明治五（一八七二）年三月、榎本は、黒田清隆や西郷隆盛の尽力により特旨をもって罪を赦され、開拓使に出仕、のち海軍中将兼特命全権公使、海軍卿、逓信大臣、文部大臣、外務大臣等を歴任するが、福沢は、出獄後の榎本の出処進退については、納得がいかなかった。福沢は、明治二十四年一一月に脱稿した『瘠我慢の説』のなかで、勝海舟の出処進退とともに榎本の出処進退を瘠我慢、すなわち抵抗の精神を欠くものとして批判、「凡そこの種の人は遁世出家して死者の菩提を弔うの例もあれども、……唯その身を社会

の暗処に隠してその生活を質素にし、一切万事控目にして世間の耳目に触れざるの覚悟こそ本意なれ」と述べた上で、「その首領の地位に在る者は、成敗共に責に任じて決して之を遁るべからず、成ればその栄誉を専らにし敗すればその苦難に当るとの主義を明にするは、士流社会の風教上に大切なることなるべし。即ち是れ我輩が榎本氏の出所に就き所望の一点にして、独り氏の一身の為めのみにあらず、国家百年の謀に於て士風消長の為めに軽々看過すべからざる所のものなり」(『瘠我慢の説』)と断じたのであった。

『瘠我慢の説』の執筆動機は、明治二十三(一八九〇)年に興津清見寺を訪ねた福沢が、「咸臨丸殉難諸氏記念碑」の背面に「従二位榎本武揚」と大書されているのを見つけ、釈然としなかったことにあったとも、勝海舟が明治二十二(一八八九)年に出版した『海軍歴史』のなかで福沢の恩人である木村摂津守芥舟がほとんど評価されていないことに不信感をもったことにあったともいわれるが、いずれにせよ、『瘠我慢の説』は、完成後も榎本、勝、木村芥舟、栗本鋤雲に写本を渡し意見を求めた以外、一切公開されなかった。しかし、その後栗本鋤雲の手元にあった写本から内容が漏れたことから秘匿の意味もなくなり、明治三十四(一九〇一)年一月一日と三日の『時事新報』に全文が掲載され、大きな反響を呼ぶことになった。榎本は写本受領後福沢に、「いづれ其中愚見可申述候」と返書していたが、福沢が三十四年二月三日に病没したため、その機会は失われた。榎本は一体いかなる「愚見」を述べるつもりだったのだろうか。

ブリュネ（1838–1911）

——蝦夷共和国を支援し共に戦う——

関口昭平

共鳴し合う人生

人の出合いの妙は様々である。しかし、この両者の出合いは、正に天命であると言っても大袈裟でない。

時は一九世紀中葉、世界中が征服者と被征服者に分れ、国家が、民族が弱肉強食の大混乱を呈している時、六千哩も離れたフランスと日本に生を受けた男達が、日本の市民戦争（国内戦争）に捲き込まれ、北辺の小都市、箱館を舞台に、約二五〇日間に亙って生死を共に戦い、共に目的を達することなく挫折し、運よく生き残った者は戦いの中に生れた友情を胸に秘めて、再び六千哩の別離を味わっている。特に榎本とブリュネの場合は、共に戦った中で育まれた夢と、義に殉ずる価値観を失うことなく自らの能力を母国で発揮し、国家と国民の尊敬を受ける立場まで昇りつめて、同じ頃に世を去っている。

ブリュネ
（1838-1911）

榎本武揚　一九〇八年一〇月没　七十三歳

ジュール・ブリュネ　一九一一年八月没　七十四歳

函館の桜の名所の一つ、「函館公園」は、「横浜公園」と共に、わが国で最も古い都市公園で、私の子供の頃からの遊び場である。この公園の略中程に一九二八年、「市立函館図書館」が建てられたが、「北方資料の宝庫」と呼ばれる程の膨大な資料の収蔵は、国内外の研究者の糧となっていたが、二〇〇五年、函館の今一つの桜の名所である、特別史跡五稜郭の傍に「函館市中央図書館」として新生開館し、私を含めた函館市民を喜ばせている。私も新旧両図書館に通い始めて、そろそろ五〇年になるが、当初から二つの謎解きの目的を持っていた。その一つは「ブリュネ大尉は何故箱館まで来て戦ったのか……?」であり、今一つは「五稜郭のルーツと、世界の五稜郭の調査」であった。

五稜郭の符合

ブリュネの生れたベルフォールは、フランスの東端、スイスの国境に近い小都市で、軍事的要衝の地である。因に彼の出生並に、洗礼証明書は次の通りである。

ジュール・ブリュネ

A　ベルフォール市役所の出生証明

氏名　ブリュネ　ジュール

生年月日　一八三八年一月二日

父　ジャン・ミシェル・ブリュネ　三十一歳

母　ルイーズ・アディーヌ・ロシェ　十六と一／二歳

証人　ジャン・バプティスト・コロワ

ヴィクトール・ドツェ

B　洗礼証明書　ベルフォール教区サンクリストフ教会

一八三八年

一八三八年一月、嫡出子ジュールの洗礼が行われた。父の名は、ジャン・ミシェル・ブリュネ、獣医。ベルフォール守備隊、竜騎兵第三連隊勤務。母の名はルイーズ・アディーヌである。この子は、代父として、フランソワ・フィリップ・プラナール（第一連隊勤務の獣医）、代母としてヴィクトリーヌ・ルイーズ・ジョセフィーヌを持ち、父親と同様署名を行った。　神父　ダニエル・ジャコ

ブリュネの出生証明と洗礼証明を確認するためにベルフォールへ飛んだ少し前、興味ある事実を私は経験していた。白山友正教授の資料を頭に入れて、パリのアンバリッドへ行き軍事博物館へ入館した。案の定、五階の屋内体育館の様な広大なスペースの中に、三十数台の城砦の六〇〇分の一の精密模型が並べてあり、四稜郭、五稜郭、六稜郭等、

名前も付けてある。一つ、一つメモして歩いていると、ベルフォールと名前あり、思わず三畳間位のガラスの支切りの中を見ると、函館五稜郭とそっくりの「ベルフォール城」が展示されていた。沢山の城砦を見学、調査して来たが、この時程、感激したことは無かった。私の偏見と独断が「何故ブリュネは箱館まで来て戦ったのか……?」との謎の答えに見えた様に感じさせた。

ブリュネが五歳の時、ブリュネ家はパリに転居した。ブリュネの五年間のベルフォール五稜郭の幼児体験が果して箱館五稜郭の戦いにどの様に影響したかが問題である。

ベルフォール五稜郭はフランス築城学の権威ヴォバン将軍が設計した典型的な五稜郭で、一六八六年完成、その後改良。武田斐三郎は同じ設計図を参考にしている。

更に此の考えと平行して、榎本武揚の五稜郭城に対する強烈な思い込みが在るのを忘れてはならない。

一八五四年、武揚は、尊敬する箱館奉行、堀利熙の小姓として、蝦夷、北蝦夷を随行視察し、その広大、重要さを認識した。更に箱館に戻ってからは、開明派の奉行、竹内、村垣両奉行の教育を受け、その上、最高の先輩である、武田斐三郎からは、外国の侵略から守るための箱館地方の防備、要塞化と五稜郭築城の説明を直接受けて興奮した弱冠十八歳の武揚である。彼にとっては、世界を観る日本一の環境だったのである。

箱館を去るにあたり、斐三郎夫妻の送別の宴に武揚は蝦夷を守る覚悟を述べたと言う。武揚の青春の箱館は、ブリュネの心象と相通ずる処があったのではと思われる。

箱館戦争は終結し、両者は各々の祖国の罪人となったが、数年で名誉を回復し、以前より増して祖国のために働き始めた。又、それ以上に相手の国のため、又、留学生のために世話をしたのである。ブリュネは明治政府より三回にわたって叙勲を受けているが(明治十三、十五、二十八年)、榎本武揚の強い推薦があったと言われている。

ブリュネ大尉、並びにブリュネ家に関しては、研究家である、クリスチャン・ポラック氏より多くの情報を戴いて来た。特に、一九八八年、北海道道立函館美術館に於て、ポラック氏の発見、所蔵になる「フランス士官ブリュネのスケッチ展」が函館日仏協会後援の下に華々しく開催された。そして、錦上花を添う様に、榎本隆充氏とブリュネ大尉の孫、カトリーヌ・ブリュネ女史との一二〇年振りと言う歴史的御子孫対面が実現されたのである。

黒田清隆（1840―1900）

――榎本を救い、榎本に支えられた男――

合田一道

頭を丸めて助命を懇願

黒田清隆
（1840- 1900）

箱館戦争も終焉に近づきつつある明治二（一八六九）年五月一三日、新政府征討軍陸軍参謀黒田清隆は、五稜郭の敵将、榎本武揚に使者を遣わし、「弾薬は足りるか、食料はあるか」と訊ねた。これまで二度、病院頭取の高松凌雲を通じて降伏勧告書を届けているが、榎本は拒絶し、抗戦の姿勢を見せている。しかし今度わが軍が攻撃を加えたなら、ひとたまりもないはず。戦いを交えてまた武人としてせめてもの餞のつもりだった。

だがこの申し入れを榎本は丁重に断り、その代わりに、「兵火に焼くのはしのびない。日本海軍のために使ってほしい」とオランダで学んだ『海律全書』上下二冊を差し出した。フランス語の原書をオランダ語に訳して筆記した貴重なものだった。

黒田が榎本に心底惚れ込んだのはこの時、と筆者は考えている。

一五日、孤立していた弁天岬砲台が降伏し、翌一六日朝、千代ヶ岡台場が壮絶な戦いの末に落ちた。この日、黒田は五稜郭の榎本に、『海律全書』の返礼として酒樽と肴を贈った。榎本が切腹を図ったのは同夜遅く。だが近習に止められて断念し、降伏を決意する。

翌日、榎本は黒田のもとを訪れて謝罪し、黒田はごく簡単な講和条件を示して翌日、五稜郭は開城となる。

東京に送られた榎本の処置をめぐって、長州、土佐藩などは断罪を叫んだ。しかし黒田は、榎本こそ欧米と対等に渡り合える人物であり、殺すわけにはいかないと主張し、頭を丸めて会議に臨み、「この通りだ。この頭に免じて許してくれ」と懇願した。

この黒田の主張を支持したのが西郷隆盛である。西郷は、勝海舟が江戸城攻めの中止を訴え、慶喜の水戸藩お預けを願った時、イギリス公使パークスの意見を聞いた。パークスは「恭順している慶喜に追い打ちをかけるのは道理に反する」と答え、江戸は戦火から免れている。岩倉具視一行が欧米旅行に旅立とうとしているいま、榎本を断罪にしたら欧米諸国の非難を浴びるのは明らかだった。西郷の決断が榎本を救うことになる。

互いに信頼し深い絆で結ばれる

罪一等を減じられ、親類宅で謹慎していた榎本が赦免になったのは明治五（一八七二）年三月六日。開拓使次官のポストにいた黒田は翌日、榎本に開拓使へ出仕するよう伝える。榎本は「二君に仕える」ことに苦しみながら、黒田の好意に感謝した。

榎本は北海道へ旅立つ。箱館は函館と名を変えていたが、つい三年前まで新政府軍を相手に戦った町だ。榎本はそんな思いを捨て、心機一転、北海道内を回り、石炭開発をはじめ数々の事業を展開していく。

これより早く開拓使は、北海道開拓を進めるため顧問にアメリカ人ケプロンを招聘していた。そのケプロンと中判官になった榎本が開拓方針をめぐって対立する。黒田は困惑した。

このころ樺太はわが国とロシアの雑居の地で、紛争が絶えなかった。黒田は榎本を東京へ呼び寄せ、難題である対露北方問題処理に振り向ける。海軍中将を拝命した榎本は、特命全権公使としてロシアに赴く。この段階で黒田は陸軍少将だから階級は榎本の方が上だ。黒田がそこまでして榎本を外交の表舞台へ送りだした陰に、強い信頼関係がのぞく。

榎本がロシアからいまは開拓長官に昇進した黒田に送った便りに、ロシア女性が黒テンを襟巻きなどに好んで用いており、黒テンが北海道に存在するなら特産にするよう進言している。榎本の黒田に対する思いがうかがえる。

樺太を放棄し、千島を所有する千島樺太交換条約に調印した榎本は、やがてロシア経由で帰国する。黒田はロシアのウラジオストクまで出迎えの官船を出して榎本の労をねぎらった。

黒田はこの後、開拓使官有物払い下げ事件により失脚するが、榎本は初の伊藤博文内閣の逓信大臣に就任する。そして明治二十一（一八八八）年、黒田が伊藤内閣の後を受けて二代目総理大臣に就任すると、榎本を農商務大臣兼任とし、その後、文部大臣に任じた。

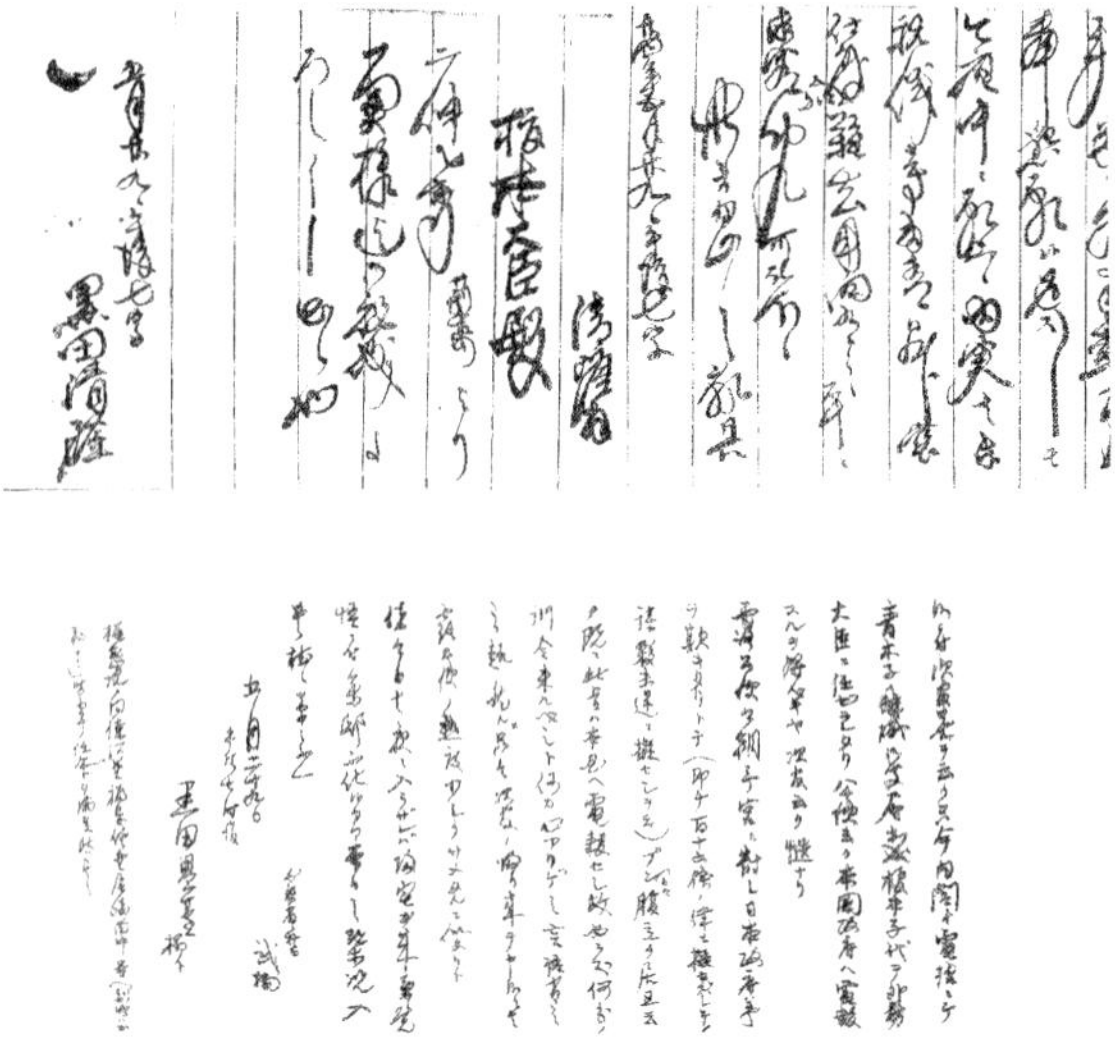

黒田と榎本がそれぞれ同日の同時刻に送った二通の便り（榎本家蔵）

この間に、黒田の長女梅子と榎本の長男武憲が結婚し、両家は固い絆で結ばれていく。後の話だが、この夫妻の養女千代子が黒田家に嫁いでいる。黒田はことあるごとに榎本の意見を聞き、榎本もまたつねに黒田を支えて、明治という〝時代の荒波〟を乗り切った。

黒田と榎本がどれほど信頼しあっていたかを示すエピソードを紹介する。明治二十四（一八九二）年五月一一日、来日中のロシア皇太子が警備中の警察官に刺される事件が起きた。「大津事件」である。政府は震え上がり、国内はいまに強国ロシアが攻めてくるとおののいた。明治天皇は驚愕し、自ら京都へ赴いて皇太子を見舞った。この判決をめぐって外相、内相、法相が引責辞任する騒ぎになった。

この時、枢密顧問官だった黒田と榎本がたがいに便りを出しているが、その日時が偶然だが「五月一九日午後七時」とともに同じなのだ。二人は大津事件を収拾しようと、同じ日の同じ時刻に相手に便りを書いていたのである。

黒田の筆太の文字と、榎本の几帳面な細字が対照的に見えるが、そこに書かれているものは、この危機をどう乗り切るべきか、という緊迫した内容である。

安藤太郎（1846–1924）

——箱館で共に戦い、明治政府でも活躍——

釣洋一

箱館戦争の後収監される

朝日に輝くステンド・グラスが眩（まばゆ）く映えて、異国情緒を醸（かも）し出す教会がある。それは、東京都港区元麻布の仙台坂を上（のぼ）りつめた右手の安藤記念教会である。この安藤とは、榎本武揚とともに箱館へ渡り、箱館戦争の硝煙弾雨を潜り抜けて生還した安藤太郎のことである。しかも、明治二年三月二五日（一八六九年五月六日）の宮古湾の海戦に、甲賀源吾を艦長とする回天鑑の乗組員として、荒井郁之助や土方歳三などと、西軍旗艦の甲鉄鑑接舷奪取の殴り込み作戦に参加し、被弾にも負けずに生還した猛者（もさ）だった。

安藤太郎
(1846- 1924)

箱館戦争の終結後の安藤は、紆余曲折の後にクリスチャンになり、大正六（一九一七）年八月一二日、当記念教会を竣工した。関東大震災や戦災によっての大被害にもめげることなく、その都度、大修理が行われて、竣工当初の原形を保っているという。現在、その礼拝堂の壇上に、さりげなく置かれている花台こそは、榎本武揚の安藤に対する雅量の深さを示す証拠であり、且つ又、安藤が榎本を敬愛する証拠の品でもある。その故事来歴を語るには、先ず安藤の異彩ぶりを話さなければならない。

安藤は、弘化三午年四月八日（一八四六年五月三日）志摩鳥羽三万石の稲垣対馬守の藩医安藤文澤の長男として生まれたといわれる。稲垣対馬守といえば、稲垣五代当主長剛のことであるが、この時、長剛はすでに隠居していた。太郎が生まれた時の藩主は、天保十三年五月一一日（一八四二年六月一九日）六代目を継いだ、長剛の長男長明であった。

父安藤文澤は、日本で最初に種痘を行った人といわれる。父文澤は息子太郎の教育にも熱心で、幼児期には安井息軒の塾で漢字を学ばせ、十代も半ばになると箕作秋坪の塾にも通わせて、蘭学や英語も学ばせた。海軍操練所から陸軍伝習に入り、幕府に出仕して騎兵指図役となった。そして、大政奉還から王政復古の大号令がかかり、戊辰戦争の突入後の安藤は、前述の如く箱館五稜郭の榎本軍に加わった。宮古湾の海戦に参戦して、その実録「美家古廼波奈誌」を『旧幕府』に認めている。

明治二年五月一八日（一八六九年五月六日）箱館戦争の終結により、安藤は降伏人として箱館称名寺に収容された。その後、青森、弘前さらに弁天台場と収監された。明治三年正月五日（一八七〇年二月五日）明治政府は、旧幕府麾下士及び元会津、仙台、盛岡、二本松、桑名、結城、村松、請西藩士及び各藩脱走兵並に戊辰、己巳の降人総計六千六十余人の罪を赦し、元会津藩士四千余人を旧主家松平容大に還付し、容大に現米四万五千石を給与するとの発令があった。

安藤は五月に赦免され、東京へ戻った。翌四（一八七一）年には、安藤の上司であった荒井郁之助の妹婦美と結婚した。その年、安藤は大蔵省官吏として採用された。その後間もなく外務省へ転じ、さらに、特命全権大使岩倉具視や木戸孝允、大久保利通に伊藤博文など四八人の使節団の一員として選ばれ、同年一一月一二日（一八七一年一二月二三日）アメリカへ向かって横浜港を解纜した。

旧幕脱走軍兵士としては、万延元（一八六〇）年の日米修好通商条約批准のアメリカ艦ポーハタン号に搭乗随行し、「トミーという名の日本人」として人気を博した立石斧次郎と安藤の二人だけである。もっとも、立石は五稜郭の榎本軍には参加せず、実兄小花和重太郎と共に米田桂次郎の名で宇都宮で戦い、岩倉使節団では長野桂次郎の名で選ばれた。安藤は四等書記官の外務大録、安藤忠経となっている。

当教会では、安藤太郎が実名で忠経は字名、つまり別名としているが、太郎は通称で忠経が実名である。安藤は帰国後、通称廃止の令に従って、実名の忠経を棄てて、通称の太郎を名にしたものなのだ。

榎本が贈った酒樽を棄てる

安藤太郎

明治七（一八七四）年安藤は香港の副理事に任命された後、上海総領事からハワイ駐在総理事を任じた。明治十九（一八八六）年二月一四日、移民労働者九二八名とともにホノルルに着いた安藤は、以後、酒と博奕に明け暮れる移民労働者たちのトラブルに苦慮した。そんな折も折、美山貫一というメソジスト教会牧師と出会い、彼の説教によって、徳利や盃、骰子や壺を牧師の前に差し出し、禁酒を誓い、博奕から足を洗うことを誓って、郷里の妻子へ送金するようになる。鯨飲家として知られる安藤ですら、禁酒の道へ分け入り、嫌いであったキリスト教への入信に向かって直走っていった。ただ禁酒にあたっては、何度となく試みてはみたが、その都度挫折、失敗を繰り返していた。

明治二十（一八八七）年一二月一一日、安藤はまた禁酒をしようと思っていた矢先、逓信大臣の榎本武揚から身を粉にして働く安藤への慰労と感謝の意を込めた、新春の進物として、日本から酒樽が二個届けられた。ご機嫌な安藤の姿に、妻の文子は眉をひそめた。移民の人たちが心を入れかえ、禁酒励行に立ち向かい始めた折から、例え長官閣下から贈られた進物とはいっても、酒樽を領事館内に飾り置くわけにはいかない——との思いが強かった。安藤の留守を見計らって、文子は馬丁に二樽の酒を領事館裏の空地に棄てさせた。外出から戻った安藤に、酒を棄てたことを文子は敢然と告げた。

安藤は思わず激怒、拳を振りあげたが、日本政府を代表して海外にあり、移民たちの範とすべき身分を思って、拳を振り降ろすことなく、そっと拳を握りしめた。気が鎮まると、自分を諌める妻の心が身につまされた。これこそ禁酒の好機と悟り、妻の賢明な処置に感謝し、生涯、禁酒を続けたのである。安藤は酒の棄つには触れずに秘し、酒樽の礼状を榎本大臣に認めた。

ところが、「安藤総領事酒を棄す」と『時事新報』に報じられたばかりか、アメリカの新聞に転載され、且つ賞讃されていたことが、榎本の知るところとなった。

「貴兄の御禁酒と敬神の二大件は実に感服の至り也。過日、大隈内閣に於いて、談、布哇（ハワイ）移民の事に及び、貴兄大御奮発の状を賞讃いたし、小生に於いても誠に心嬉しく存じ候」

榎本武揚が贈った酒樽から作られた花台

この手紙を受け取った安藤は、榎本の雅量と思いやりの深さに感泣。壊した酒樽の蓋二枚を禁酒断行の記念に残し、花台に作り変えて現存している。明治二十二（一八八九）年一一月四日、安藤はハワイから帰国した。その後、榎本武揚が外務大臣を任じた時、安藤は榎本のお声がかりで、外務省通商局長兼移民課長に起用された。そして、榎本の外務大臣の辞任に伴って安藤も辞任したが、榎本が農商務大臣に就任すると、農商務省通商局長に安藤が再起用された。

明治三十（一八九七）年に退官した安藤は、終生禁酒と福音の宣伝に専心、妻文子の没後、教会堂の建立に全神経を注いで完成させた。大正十三（一九二四）年一〇月二七日、七十九歳で没した。遺骸は東京都港区青山霊園一種イ二〇号三側一番に葬られ、五年後に「大日本禁酒爺」という碑が建立された。安藤太郎と妻文子が並刻された墓碑は、平成十三（二〇〇一）年六月二七日、青山霊園の一種イ二〇号一一側三番に改葬された。尚妻の名は墓碑に文子と刻まれているが、戸籍上は婦美になっている。

林董（1850–1913）
——五稜郭で仲間を見捨てなかった——

酒井シヅ

五稜郭の戦いに参加

林董は明治時代の代表的な外交官の一人であった。嘉永三（一八五〇）年二月下総国佐倉に生まれた。幼名が信五郎、藤三郎ともいった。順天堂の創始者佐藤泰然の五男。泰然の次男が松本良順。佐倉順天堂で医学を学び、文久二（一八六二）年隠居後の泰然が江戸から横浜に移り住んだとき、母とともに佐倉から横浜に移住。泰然は英学の必要を痛感して、慶應元（一八六四）年息子信五郎にヘボン夫人から英語の手ほどきを受けさせた。それが明治学院の始まりで、その最初の生徒が信五郎であった。

林 董
(1850- 1913)

信五郎は慶応二（一八六五）年、幕府が一四名の海外留学生を募集したとき、八〇〇名余の受験生からは最年少（十六歳）で合格して、英国に派遣された。この頃、名を藤三郎と改める。英国ではユニバーシティ・カレッジ（ロンドン大学）に学び、武器庫、弾薬庫、造船所を見学している。

明治元（一八六八）年幕府倒壊によって帰国命令が出たとき、帰国旅費の工面がつかない留学生は、おりしもパリで開催されていた万国博覧会に参加していた水戸藩主徳川昭武を長とするヨーロッパ派遣使節の一行に合流して、昭武の援助で帰国した。そのとき集まった留学生に林董ら英国留学生の他に、林研海、赤松則良、西周ら和蘭留学生、山内作左衛門（ロシア）箕作麟祥（フランス）など佐藤泰然一族と後に縁がつながる者がいた。

帰国後、榎本武揚の率いる幕府の海軍に入り、函館での五稜郭の戦いに参加。この頃、佐藤藤三郎と名乗っていた。戦いに破れ、捕縛されて弘前藩あずかりの身となったとき、官軍側は董の抜群の英語力に注目して、董一人だけを先に釈放しようとしたが、董は全員の釈放を求め、応じなかったが、その心意気に官軍の兵士を感心させた逸話が残る。

明治三（一八七〇）年に釈放されると、横浜に戻り、翌四年九月神奈川県に出仕したが、翌一〇月に明治政府に出仕して、岩倉具視遣外使節団の随員に加わり、欧米に出発した。このとき林董三郎を名乗った。ロンドンでは明治政府の御雇い外人一一名を選び、推薦している。このとき工部大輔伊藤博文の依頼で海外の工学について調査したが、それで、明治六（一八七三）年五月帰国すると、工部省に出仕し、工部工学校（東京大学工学部の前身）の設立に従事。明治十（一八七七）年に土木、建築、機械、電信、化学、鉱山の六学科をもつ工部大学校の誕生に携わった。

董が再び欧州に旅立ったのは明治十五（一八八二）年四月であった。有栖川宮熾仁親王のロシア派遣に随行した。

外交官として活躍

明治十八（一八八六）年工部省の廃止により逓信省大書記官となり、翌十九年に逓信省駅逓局長になったが、このときの内閣は第一次伊藤博文内閣で、逓信大臣は榎本武揚であった。

明治二十（一八八八）年、逓信省内信局長から香川県知事に任命され、明治二十三年には兵庫県知事を歴任して、明治二十四年に第一次松方内閣の外務次官になったが、このときの外務大臣は榎本武揚であった。

明治二十八（一八九五）年日清戦争の講和条約締結に当たり、林董は独、仏、露の三国公使が遼東半島を中国に変換することを勧告（三国干渉）したとき、病であった外務大臣にかわって外務次官であった董が交渉に当たった。ついで清国駐在特命全権公使になって、清国に赴任。同年一〇月に日清戦争の功績により男爵を授爵し、勲一等瑞宝章を叙勲授章した。

明治三十（一八九七）年第二次松方正義内閣の露国駐在特

命全権公使となり、スウェーデン・ノルウェー特命全権公使を兼任した。明治三十二年に勲一等旭日大綬章を叙勲授章している。

明治三十三（一九〇〇）年、英国駐在特命全権公使になって滞英中、独代理大使が林董に日独英の三国同盟を提案した。これを契機に日英同盟の交渉が始まり、明治三十五（一九〇二）年、日露協商論、満韓交換論の立場からロシアとの不戦を説いていた伊藤博文の反対を抑えて日英同盟帰結の成功させた。これが日露戦争の勝利につながったことは周知の通りである。この功績によって董は子爵に昇叙した。

英国大使時代　操夫人と

明治三十七（一九〇四）年から董は不平等条約の改正交渉に活躍し、翌三十八年、英国駐在特命全権大使に任命されて滞英仲、ときの英国外務大臣から日英同盟対案を提示され、日本側より第二次草案を提出。八月一二日ロンドンで第二回日英同盟協約の調印が行われ、即日実施された。このとき董の活躍に対して明治三十九（一九〇六）年に勲一等旭日桐花大綬章に叙勲授章。同年一月第一次西園寺公望内閣の外務大臣になった。その後、日仏協約、日露協約、第三次日韓条約をつぎつぎと結び、外交官として華々しい活躍をみせていた。

明治四十（一九〇七）年伯爵に昇叙。明治四十一年西園寺内閣総辞職によって外務大臣を辞任。明治四十四（一九一一）年第二次西園寺内閣の逓信大臣となり、外務大臣を臨時兼務した。大正元（一九一二）年西園寺内閣総辞職により逓信大臣を辞任して、董の官職は終わった。引退後は大磯の別邸に住んだが、大正二（一九一三）年七月一〇日に死去。享年六十四であった。墓は神奈川県大磯町の明大寺と東京港区の青山墓地にある。

奥刕箱館之圖

奥州箱館之図

〔附〕榎本武揚小伝

榎本隆充・高成田享共同執筆

＊本書所収の論考とかかわりの深い箇所は太字で示した。

一　生い立ち

榎本武揚は天保七（一八三六）年、幕臣、榎本円兵衛武規の次男として、江戸下谷御徒町、通称三味線堀組屋敷で生まれた。幼名は釜次郎。号は梁川。

父円兵衛は、備後国箱田村郷士、細川園右衛門の次男として生まれ、細川家が一時、箱田姓を名乗っていたので箱田良助と称した。幼い頃より秀才の誉れが高く、十七歳の時江戸に上り伊能忠敬に入門、暦法・天文学・測量術を学んだ。後に忠敬の筆頭内弟子として、測量及び地図の作成に尽力した。

文政元（一八一八）年、榎本家の養子となり、榎本円兵衛武規となる。伊能忠敬の死後、文政四（一八二一）年に「日本沿海輿地全図」が徳川幕府に献納されたが、これには榎本円兵衛の力が大きく貢献したと言われている。

文政六（一八二三）年、天文方出仕。その後、西丸御徒目付、本丸勤務を経て、弘化元（一八四四）年には御勘定方に昇進し、旗本の身分となる。この間、将軍家側近の御用に精進し、将軍家の覚えもめでたく、紅葉山の将軍家御廟の修繕など、当時徳川家臣として栄誉ある仕事も成し遂げた。そして徳川家との密接な関係により、円兵衛は将軍家に対し並々ならぬ恩義と忠誠心を抱いていた。

このような家庭に育った榎本は、幼い頃より「主家」に対する敬愛の念を持っていたに違いない。幕末に榎本が徳川家に対する忠節を固く守ったのも、家庭環境の影響と考えられる。

幼少時の榎本は、頭が良く、温和で学問好きとの評判だったが、一方、悪戯好きの腕白小僧で、餓鬼大将だったとも言われている。

天保十二（一八四一）年、六歳の頃より、儒学・漢学を学び、弘化四（一八四七）年、十四歳の頃、昌平黌（昌平坂学問所）に入学。嘉永六（一八五三）年、十八歳で卒業**（この頃江戸川太郎左衛門塾でオランダ語、また中浜万次郎に英語を学ぶ）**。卒業時の成績が良ければ官吏として登用されるが、榎本の成績は丙であり、官吏の道は閉ざされた。当時は評定者に賄賂を贈ることが公然と行われており、実際には大変な勉強家で甲の成績間違いなしと言われていた榎本がそれをしなかったために評価が悪かった、とも言われている。

安政元（一八五四）年、箱館奉行・堀織部正の私的な従者として、蝦夷、北蝦夷を探索する。後年の品川沖脱走に際して蝦夷地を目指したのも、この時の経験が一因になっていると思われる。

二　長崎海軍伝習所

嘉永六（一八五三）年のペリー来航以来、徳川幕府も国防の第一は海軍力の整備、増強にあると、安政二（一八五五）年長崎に海軍伝習所を設立する。

榎本は当初より海軍の勉強を強く望み、設立と同時に長崎海軍伝習所に入学する。一期は聴講生の身分だったが、二期からは正式な伝習生として参加する。一期は主に、航海術・船具運用・戦術に主眼がおかれたが、二期からは主任教授が**ファン・カッティンディーケ**になると、教授法・教務内容も充実する。

榎本はすぐに頭角を現し、カッティンディーケの著書『長崎海軍伝習所の日々』にも、名指しで「大変優秀な生徒」と評されている。

この長崎海軍伝習所には、優秀な幕臣が選抜されていたが、後に榎本と深い係わりを持つ人物も多く含まれている。

初代総監の永井尚志は、幕府の実力者で、後に大目付、若年寄も歴任している。戊辰戦争では主戦派で、最後まで官軍に抵抗し、「蝦夷共和国」の箱館奉行となった。箱館では榎本と共に戦い、獄中時も共に在り、明治に入ってからの榎本の書簡の中にもしばしば登場するなど、同志的な交友が続いた。二代目総監は、後に咸臨丸指揮官として、初めてアメリカに渡った木村図書守。

また一期生の学友には、**勝海舟**、小野友五郎、矢田堀景蔵、中島三郎助、浜口興右衛門、二期生には、井沢勤吾、松岡盤吉、肥田浜五郎、三期生には、赤松大三郎、内田恒次郎、田辺太一、沢太郎左衛門、小杉雅之進らがいる。

さらに、**併設されていた医学所には、主任教授ポンペがおり、後に榎本が初代駐露特命全権公使としてサンクトペテルブルグに駐在した際、顧問として榎本を助けた。**

医学所には**松本良順**、伊藤玄白、林研海の名前が見られる。前述の永井尚志同様、彼等の多くは、オランダ留学、箱館戦争獄中、明治時代を通じ榎本と深い係わりを持つ人達である。

榎本はこの後、波瀾万丈の生涯を送るが、人脈も含め、海軍士官として出発したこの長崎海軍伝習所が、彼の人間形成の原点となった。

三　オランダ留学

安政六（一八五九）年、榎本は約三年間学んだ長崎海軍伝習所を卒業。当時、築地に在った海軍操練所の教授方として江戸に戻る。榎本が初めて幕府の禄を得た時である。

当時の幕府は、通商条約の履行を求める各国からの外圧、安政の大獄の後に激化する攘夷運動などを背景に、倒幕の勢力に対抗するため海軍力の充実を図っていた。文久二（一八六二）年、当時としては世界最大、最強級の軍艦「開陽丸」をオランダに発注し、同時に、**榎本を含む一五名の留学生を派遣した。**この中には、法律・医学を専門に学ぶ者四名が含まれている。幕府は、海軍専門の留学生たちには、広範な科学技術の修得も命じていた。

文久二（一八六二）年六月一八日、横浜を咸臨丸にて出港したものの、麻疹が発生するなど、前途多難な船出になった。九月一一日、長崎をオランダ商船カリプソ号で出発したものの、ジャワ島北海上で座礁沈没。なんとかバタビアまで行き、そこで客船テルナーテ号に乗船。喜望峰廻りで翌文久三（一八六三）年四月一八日、実に約三百日をかけロッテルダムに到着した。この間の記録には、榎本の『渡蘭日記』があるが、何故かセントヘレナ島で終わっている。

留学生らがオランダに到着した当時、長崎海軍伝習所で教官だったカッティンディーケは海軍大臣であり、ポンペも健在で一同は二人に温かく迎えられる。初めての異郷の地で学ぶ彼らにとって、これはさぞ心強かったことと想像できる。各人直ちに専門の勉強を始めるが、榎本は航海術・蒸気機関学と共に、鉱物学・機械工学・冶金学・化学・電信技術等々を学んだ。

元治元（一八六四）年、京都では寺田屋騒動や禁門の変などが起きたが、ヨーロッパではプロシア、オーストリーとデンマークの間で戦争が起きた。榎本は赤松大三郎と共に観戦武官としてプロシア、デンマーク両陣営に行き、つぶさに観察、最新の兵器による新戦術の近代戦争を目の当たりにしている。さらに、大砲の威力に注目して、帰りにドイツのクルップ社に寄っている。

当時、オランダのヒップス造船所で建設中の開陽丸には、ベルギー製の三〇ポンドカノン砲二八門を搭載する予定であった。しかし、カノン砲が無線条なのに対してクルップ社で見たクルップ砲が優秀な線条砲であることを知った榎本は、早速オランダに変更を求め、結果的にカノン砲八門、クルップ砲一八門を搭載することになった。内田恒次郎の大砲交換依頼書が現在残っているが、榎本の指示であることは明らかであり、実践的な判断を優先させる榎本らしい行動だったといえる。

そして慶応元（一八六五）年、榎本は当時わが国で最も遅れていた国際法を勉強する。この分野の学問は鎖国の影響で、国内ではほとんど学ばれていなかった。だが、ヨーロッパで国際社会における各国の事情、情勢を見聞して、将来日本でも必ず必要になると判断する。フランスの法律学者・オルトランの書いた、海洋の平時、戦時における法律の本をオランダ語に訳したもので学ぶことになる。この国際法をマスターしたことが、後の榎本の生涯に大きな影響を与えることとなる。

慶応二（一八六六）年開陽丸が完成。進水後、機関と諸装備の搭載が行われる。完成した開陽丸は、一〇月二五日フリシンゲンを出航、南米ブラジルのリオデジャネイロ経由で、翌年三月二六日、横浜に投錨した。往路の二九六日に比べ、復路は約半分の一五七日であった。

四　幕末の動乱と戊辰戦争

榎本が帰国した当時の国内は、太平の世が二六〇年続いていた徳川幕府にとって、未曾有の困難に立ち向かっている時期であった。

文久二（一八六二）年の生麦事件の頃から攘夷運動が活発化し、同時に王政復古の思想も台頭する。翌年七月には薩英戦争が行われ、この戦後処理の結果、薩摩と英国が接近する契機ともなった。その後、薩摩は英国商人から銃砲、軍艦などを購入し軍備の近代化を図った。一方、長州は慶応二（一八六六）年、幕府の第二次長州征伐の前に、坂本竜馬などの仲介により薩長連合を結び、さらに、王政復古派の公家勢力がこれに合体、ここに倒幕の一大勢力が出現した。

このような時期に帰国した榎本は、幕府

内で異例の昇進を遂げ、軍艦役、軍艦組頭、軍艦奉行、従五位下認官榎本和泉守武揚となり、開陽丸艦長になる。同年五月には、同じオランダ留学生仲間の林研海の妹、多津と結婚する。

翌年になると、京では将軍慶喜と朝廷・薩長との激しい駆け引きが行われ、一〇月一四日には大政奉還、一二月九日には王政復古となる。

この大政奉還の折に慶喜は、朝廷にはまだ政権担当能力は無いと考えて、再度の巻き返しを図っていたと思われる。その結果、慶応四（一八六八）年一月三日、鳥羽伏見において戊辰戦争の火蓋が切られることになる。この戦では、薩長に対して三倍の兵を持ちながら指揮系統の欠如、また「錦の御旗」に抵抗する「賊軍」という心理的圧迫により、幕府軍は敗退を余儀なくされ、大阪に退いた。

妻・多津

一方、榎本の率いる幕府海軍は、阿波沖に於いて我国初の洋式艦船による砲撃戦を薩摩の春日丸との間で行っている。この戦の結果、春日丸は薩摩に退き、同じく薩摩の翔鳳丸は自沈するという幕府海軍の勝ち戦であった。

しかし、大阪に引き上げて来た榎本を待っていたのは、幕府軍総崩れの知らせであった。榎本は海戦の勝利を告げるため大阪城に向かったが、将軍慶喜は、城を脱出、開陽丸で江戸に帰ってしまう。落胆した榎本は、大阪城の後始末をした後、新撰組の隊員と富士山丸で一月一四日には江戸に戻る。

この時大阪城にあった古金一八万両（一説には三〇万両）の金を持ち帰ったといわれている。後に、大政奉還の混乱でヨーロッパに取り残された留学生たちの帰国資金に一部使われたという記録などがこれを裏付けているが、全貌は明らかになっていない。

榎本の帰京後、江戸城で、抗戦派と恭順派の間で激論が戦わされる。一時再戦の構えを見せた慶喜は、その後徹底した恭順を唱え、水戸に隠居、謹慎する。薩長を主とする「官軍」は江戸を目指して進軍、三月一三日、勝・西郷会談の結果、江戸城の無血開城が決まる。

五　品川沖脱走～箱館戦争

その結果、四月一一日には官軍が江戸城に入る。五月一五日、上野の山で彰義隊が官軍と戦うが一日で敗退、五月二四日、徳川家は田安亀之助（家達）が後を継ぎ、七〇万石で駿府に移封と決まる。七月、慶喜が水戸より駿府に移り、八月一五日には亀之助も駿府入りした。そして八月一九日、徳川家の行く末を見届けた武揚は、旧幕艦隊八艘（開陽、回天、蟠竜、千代田形、長鯨、神速、咸臨、美加保）を率いて品川沖を「脱走」する。

脱走を決めた時期は、江戸城開城の前後とみられ、榎本の宅状によると四月一六日に勝家訪問とあり、『勝日記』によると「榎本釜次郎来訪、軍艦箱館行きの談あり。不可然と答う」とある。この時期にはすでに箱館（現在は函館と表記）行きを決めていたと推測できる。

さて、榎本はどのような考えで蝦夷行き

を企てたのか。この間の事情を、もう少し詳しく述べておきたい。

前述の如く、四月一一日、官軍は江戸城に入るが、同日、幕府艦隊も引き渡されることとなっていた。しかし、当日は海が非常に荒れていたため、艦隊の引渡しを翌日としたい旨の幕府艦隊側の要求で四月一二日引き渡しとなった。この艦隊引取りのため、薩摩海軍の藩士が高輪藩邸に入っていた。彼らは眼下に品川沖にある幕府軍を一望の下にしていたが、翌朝になって薩摩藩邸から海を見やると、忽然として幕府艦隊は消えていた。

この時、榎本は総監府宛に一書を残している。艦隊の乗組員が動揺をきたし、不測の事態が起こることを避けるため、一時艦隊を房総沖に移す、という内容である。激怒した薩摩藩は旧幕府に抗議。これを受け、勝海舟が艦隊を品川沖に戻すため、一人で館山沖の開陽丸にやってくる。勝の説得を受けた榎本は一七日、全艦隊を品川沖に戻した。そして、二八日、旧幕府艦隊のうち、富士山、翔鶴、観光、朝陽の四艦が新政府側に引き渡された。

さて、本来は全艦引渡しの予定が、なぜ四艦になったのか。榎本はとりあえず四艦を引き渡すと新政府側に告げるが、勝海舟も、まず四艦で手を打ったらどうかと、新政府側に話をする。これは、強力な幕府海軍に対し引き渡しを強要すると、反発された時に困るのではないかという、双方の判断の結果である。

引き渡された四艦のうち、翔鶴、観光、朝陽の三艦は、運搬船や老朽船で、軍艦としては無力のものであり、使用に耐え得るものは富士山丸一艦だけであった。ところが、幕府艦隊が館山沖に移動したときに富士山丸に改造が行われる。

富士山丸は一八六三年にアメリカで作られた新鋭艦で、強力なダルグレン砲二門を搭載していた。ところが、昭和五十四（一九七九）年から五十七（一九八二）年にかけて行われた開陽丸の引上げ作業により、開陽丸には装備されていないダルグレン砲が出土品の中にあったことが明らかになった。明治十二（一八七九）年の富士山丸の調査によると、このダルグレン砲がなく、代わりに開陽丸が積んでいたはずのクルップ砲が搭載されている。

つまり、富士山丸に搭載された砲のうち最優秀砲であるダルグレン砲と開陽丸のクルップ砲とが交換され、新政府に引き渡されたというわけだ。前述の様に、品川沖では高輪の薩摩藩邸からの視線を遮るものが無いため行えず、この交換作業は、館山沖に移動してから行ったと考えられる。開陽丸の建造時に主砲を換えさせたときと全く同じ軍事技術への榎本のこだわりがここでも発揮されたのだ。

このような経緯であったとすれば、徳川家に迷惑が及ぶことを考え、大砲の交換は秘密裡に運ばれ、公式記録に残されないよう配慮したものと思われる。

では、榎本はなぜ艦隊による脱走を企てたのか。武士の意地もあるが、徳川家が実禄四百数十万石から七〇万石になると、幕臣の八割以上の人が禄を失うため、この人たちを救済するのが最大の目的だったと思われる。

その後、榎本が書いた新政府宛の嘆願書には、封禄激減のため生活できなくなった旧幕臣を北海道に送り、北方警備に充て、また、産業を興して皇国のために役立たせたいとある。これが榎本の考えである。

八月一九日夜、榎本艦隊は脱走を強行し

たが、台風並みの激しい風雨に巻き込まれ、ついに各艦は離散、**開陽はマストを折り舵も失って二六日、石巻に入り、その後、千代田形、神風、長鯨、回天も石巻に集合した。修理している間に奥羽を転戦してきた松平太郎、大島圭介、人見勝太郎ら旧幕陸軍、そして、土方歳三率いる新撰組らが石巻に集結する。**そして仙台の額兵隊、仏人ブリュネらも榎本艦隊に合流、二千五百余の将兵となり、蝦夷地へ渡ることとなった。

明治元（一八六八）年一〇月二〇日、箱館を通過して、鷲の木に到着。これは、当時、外国艦船も停泊していた箱館港内での戦闘行為を回避したかったためである。そして、箱館の総監、清水谷公考に、朝廷宛の嘆願書を渡すため陸路、人見勝太郎、土方歳三らに箱館に向かわせた。

しかし、**彼らは政府軍と衝突、これが箱館戦争の発端である。戦いは当初、歴戦の旧幕軍の優勢となり、清水谷が青森に退陣したため、五稜郭も無血開城となる。**その後、抵抗する松前藩を追い一一月一一日、土方隊が福山城を落とし、江差に迫る。

海上より陸兵応援のため、開陽丸は江差に向かい一五日に到着するが、暴風雪となり、夜一〇時に錨鎖が切れ座礁、一日後に沈没。この開陽丸こそ旧幕府軍にとって最大の戦力であり、精神的な柱でもあり、榎本の落胆は計り知れないものがあった。

一二月一五日、蝦夷地平定の祝賀会が催され各国領事も参加した。**そしてこの日わが国初の選挙により蝦夷共和国の閣僚が選出され、総裁に榎本武揚が選ばれた。**以下、副総裁・松平太郎、海軍奉行・荒井郁之介、陸軍奉行・大鳥圭介、同並土方歳三、箱館奉行・永井尚志、松前奉行・人見勝太郎、開拓奉行・沢太郎左衛門、江差奉行・松岡四郎次郎、同並・小杉雅之進、会計奉行・榎本対島、川村録四郎らが選ばれる。この蝦夷共和国は国家として存在したわけではないという見方もあるが、短い期間とはいえ存在していたと考えられる。

共和国とは「国民に選挙されたものを元首とする国家形態」（三省堂　実用新国語辞典）とある。厳密に言うと蝦夷共和国総裁は、旧幕府軍内の選挙によるもので、総ての国民に選ばれた元首ではないが、少なくともそれまでの我国には全く無かった、選挙により選ばれた総裁を持つ独立した組織であった。また、外国に認められた国際法上の国家であることが要求されるが、当時日本を取り巻く米、英、露、仏、独、伊は、慶応四（一八六八）年一月二五日に、内戦時における国際法により、戊辰戦争に対して局外中立の立場をとっていた。そして一二月九日、榎本は箱館在住の英仏海軍司令官に対し、蝦夷地を統治したことを告げた。これに対し、英仏両国は、蝦夷共和国の交戦団体権は認めないが「事実上の政府」であることを認めた。

当時榎本は、徳川家の血縁者を蝦夷地に招き、蝦夷政府の統領とする予定であったが、それが実現不可能と知り、選挙による蝦夷共和国を設立した。前述の交戦団体権とは、一定の地域に軍隊を持ちその地を統括できる独立国と認定する事であり、英仏はそこまでは認めなかったが、「事実上の政府」とは認めたことで、榎本らは国作りに向かうこととなる。

アメリカは榎本の蝦夷共和国に英仏よりもさらに好意的だった。当時の在日アメリカ公使ヴァン・ヴァオールクンヴァークが蝦夷共和国の選挙直後に本国に送った通信では、北海道に事実上の新政権が誕生したことに言及し、榎本とその部下に対して交戦団体権を認めている。少なくともアメリカの目には、明治新政府とは別の政府が日本に存在していると映っていたのである。

しかし、その後、開陽丸沈没の報などにより各国の局外中立も撤廃され、米国も蝦夷共和国を交戦団体とする立場を正式に否定した。

こうした経緯を考えれば、外国からも短い時期ではあるが、蝦夷共和国は存在していたと見るべきだろう。

ここで、なぜ、榎本が北海道を選んだのか、あらためて考えてみると、複眼的な思考を身につけた榎本の人間像が浮かび上ってくる。

その第一は土地勘だ。榎本は、安政元（一八五四）年、後の函館奉行、堀織部正利煕の私的な従者として、蝦夷（北海道）、北蝦夷（樺太）巡視に随行している。昌平黌卒業後、長崎海軍伝習所に行く間の出来事であるが、公的な資料が無く、従来疑問視する向きもあったが、樺太で作った漢詩があり、カッテンディーケの『長崎海軍伝習所の日々』の中にも、榎本の性格を褒めながら「彼が樺太の五七度線まで行ったのは、その敢為な気性をあらわすものである」という記述もある。

明治三十（一八九七）年、榎本は箱館戦争を懐古して次のように語っている。

箱館戦争ノ時、鷲ノ木ヘ兵ヲ上陸セシメ、本道ト間道ノ二タ手ニ別レテ進ミ、或ハ松前ヲ撃チシ時、吉岡峠ノ敵ヲ破ル為ニ間道ニ兵ヲ送リシモ、蝦夷ニ地理ヲ知リシガ故ナリ。コノ地理ヲ知リシハ、ベルリノ日本ヘ来リシ時分、余ハ蝦夷ヲ跋歩シ箱館ノ船問屋佐藤半兵衛ト言ウ者カラ、地図ヲ得シガ故ナリ（『旧幕府第五号』）

榎本が箱館戦争のときに、一四年前の経験を生かしたというわけだ。この折、榎本は北海道の豊富な地下資源、海産物のことも調べていた。その知識が後に北海道開拓使になったときにも生かされることになる。

そして、榎本の土地勘には、蝦夷が新政府の最も手の及びにくい土地柄だということも考慮に入っていたと思われる。

榎本が蝦夷を選んだ第二の理由はオランダ留学時に得た知識だ。箱館の緯度が北緯四二度なのに対し、オランダの留学地はおよそ北緯五二度である。そこでも農作物ができることを知っていた榎本は、北海道でも充分農作ができ、将来は自給できると思っていた。**明治二（一八六九）年、プロシアのガルトネルに対し、箱館に隣接する七重村（現、七飯町）に七万坪の土地を貸与した。**これは、欧式開拓方に着目したものであるが、この時ガルトネルと交わした「蝦夷地七重村開墾条約書」の第一条には、有志の者一二人を三年毎に交換しながら洋式農法を教えること、というものがある。

箱館戦争後、明治政府はこの貸与契約を解除するのに苦労することになるが、洋式農法をマスターして、北海道に定着させ、農産物の増作を図り、将来自給自足できるようにするという榎本の意図は、蝦夷共和国の持続力にもかかわっていた。

第三の理由は貿易立国だ。当時、諸外国は、立地条件的見地から箱館に注目し、特にアメリカとロシアは、ここを重要と考えていた。ペリーもプチャーチンも、親和条約が締結されると、直ちに箱館を訪れている。アメリカは捕鯨船の補給基地、また将来太平洋航路が確立された時、中国との航路中継地として注目している。もとよりロシアにとっては、南下政策の重要拠点として、箱館は無視できない場所である。各国も、競って領事館を開いたことでも箱館の重要性がわかる。

榎本は、こうした事情を知ったうえで、得意の外交術を駆使すれば、豊富な地下資源、海産物をもとに貿易立国として自立できると考えたのだろう。

函館戦争図

しかし、旧幕軍の壊滅を求める新政府軍は明治二（一八六九）年、雪解けを待ち、三月には青森に一万弱の将兵を集結させていた。四月九日に乙部に上陸。これより第二次箱館戦争の幕開けとなる。戦争そのものは、一カ月余で終結し、榎本の蝦夷共和国の夢は消えたが、榎本の先見性を示す二つのエピソードを記しておきたい。

その一は、高松凌雲が頭取を務めた箱館病院である。高松は、幕末にヨーロッパで医学を学び赤十字精神を良く理解していた。榎本もヨーロッパで戦場の様子を検分し、捕虜の取り扱いも熟知していた。箱館病院では戦争当初より敵（長州藩、福山藩等）の負傷兵も治療し、傷が癒えると希望により本国に送り返していた。この二人の国際感覚により箱館病院はわが国初の赤十字精神に則った病院になったということができる。

その二は、**敗戦間近の五月一四日、政府軍参謀、黒田清隆が榎本に降伏を勧告し榎本はこれを拒否するが、この時使者に「皇国無二の書」と添え書きをし、ヨーロッパで学んできた国際法の『海律全書』を送る。**この本はこれからの日本にとって大切なものであり、灰燼に帰してはいけないという意味であった。

黒田もこれには感激して「将来の日本のために必ず役に立てます」という趣旨の返書と共に、酒肴を送っている。この時、武器弾薬も足りなければ送りますといっているのは、いかに勝ち戦とはいえ、これから戦う相手に向かっての台詞としては異例であり、当時はまだ武士道精神も健在であったと思わせるものである。

五月一六日に至り将兵は疲れ、戦意を喪失しているのを見て、これ以上生命を無駄に失する事を非とした榎本は降伏を決意、自刃を試みたが果たせず、主だった者の命の代わりに将兵を助けることを願い、一八日になって五稜郭を開城した。二一日、榎本以下、松平、大鳥、荒井、永井、松岡、相馬らは、細川藩兵護衛のもと、網籠で江戸に送られた。

六　獄中時代

明治二（一八六九）年五月一八日、五稜郭開城によって、鳥羽伏見の戦で始まった戊辰戦争は、約一年半で終結した。箱館戦争で敗れた榎本ら首謀者八名は、青森より陸路東京へ送られる。六月三〇日、東京到着。直ちに辰の口牢獄（千代田区大手町）に収監される。なお、青森より東京までの道程・模様などは、これまで正確な記録が残されていなかったが、先頃、当時の大鳥圭介日記が発見され、その道順が解明された。

新政府軍への反発が強いとみたのか、仙台や会津は避けた道を選んでいる。それでも網籠で護送される榎本の人気は高く、道中のどこでも鄭重な扱いを受けたという。

辰の口の牢獄は、もともと幕府により兵部省の糾問所として建てられていた。しかし、小伝馬町の本牢で囚人を収容しきれず、軍事と関係のない一般のスリから強盗殺人犯までもが入牢していた。ここに榎本が連れて来られる。当時の牢獄は江戸時代の名残で囚人たちはそれぞれの役職に従って、畳を積み重ねた上に座っており、中でもひときわ高く積み重ねた上に牢名主が座っていた。牢名主が榎本に対して、どんな悪事を働いてきたのか、名を名乗れと怒鳴ったので、榎本は「箱館戦争の榎本武揚じゃ」と答えると、牢内は一瞬水を打ったように静かになり、顔を見合わせていた囚人たちは、次の瞬間、バタバタバタと畳の上から降りてきて、そこに手を仕えた。この日から榎本が牢名主である。

当時の江戸は、まだ「公方様」の御威光もあり、そこに進駐してきた薩長の兵士たちは、江戸っ子にとって歓迎すべき相手ではなかった。その薩長と最後まで戦った榎本は、当代きっての英雄である。その有名人がいきなり目の前に現れたので、みな平伏したわけである。

芝居がかった伝聞だが、明治三（一八七〇）年三月一六日付けの母宛の書簡には次のよ

榎本武揚の移送の道程（青森→東京）

①五月二二日　青森泊
②　二三日　浪岡泊
③　二四日　弘前泊
　　二五日　弘前泊
④　二六日　碇ヶ関泊
⑤　二七日　大館泊
⑥　二八日　綴子泊
⑦　二九日　飛根泊
⑧六月一日　森岡泊＊
⑨　二日　一日市泊
⑩　三日　湊泊＊
⑪　四日　豊島泊＊
⑫　五日　神宮寺泊
⑬　六日　横手泊
⑭　七日　湯澤泊
⑮　八日　院内泊
⑯　九日　金山泊
⑰　一〇日　新庄泊
⑱　一一日　尾花澤泊
⑲　一二日　楯岡泊
⑳　一三日　山形泊
㉑　一四日　楢下村泊
㉒　一五日　関泊
㉓　一六日　小坂泊
㉔　一七日　福島泊
㉕　一八日　二本松泊
㉖　一九日　郡山泊
㉗　二〇日　須賀川泊
㉘　二一日　白河泊
㉙　二二日　蘆野泊
㉚　二三日　太田原泊
㉛　二四日　喜連川泊
㉜　二五日　宇都宮泊
㉝　二六日　小金井泊
㉞　二七日　古河泊
㉟　二八日　粕壁泊＊
㊱　二九日　千住泊
＊は該当地名未確認

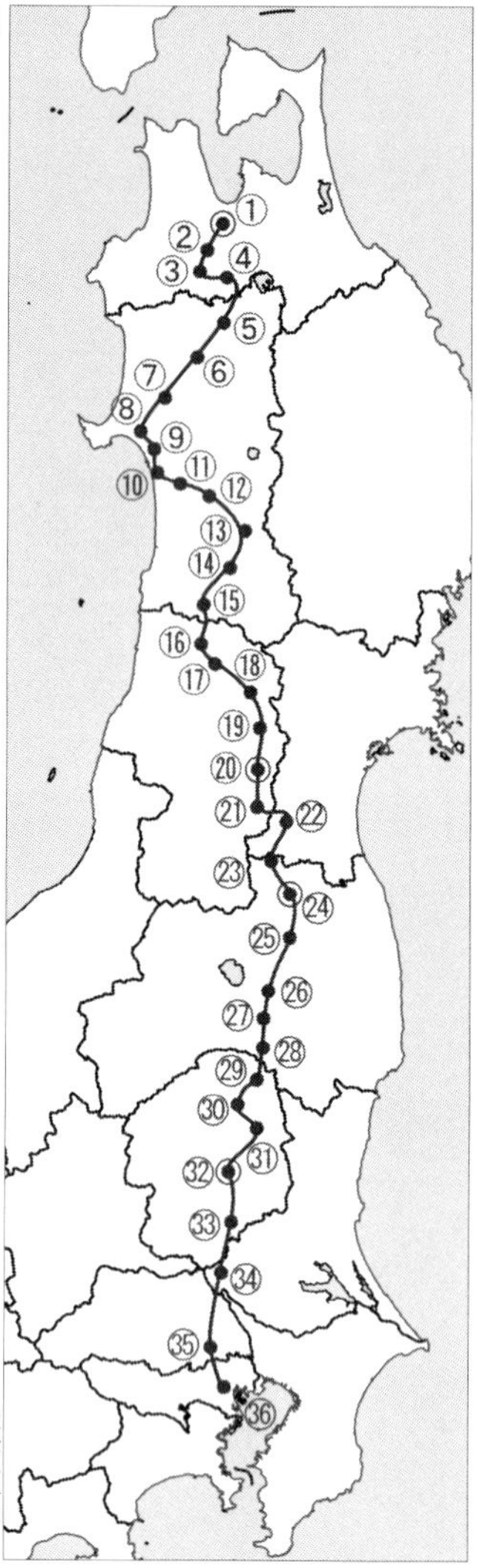

（国会図書館所蔵の「大鳥圭介文書」を畑山雄三郎氏が解読し東京農業大学の榎本・横井研究会が作成した地図をもとにした）

うに書かれている。

さて私事は爾後弥壮健罷り候間、決して御心配下され間敷く候　何事も不自由これなく揚り、屋内諸人も皆弟子の如く家来の如く所謂牢頭様にて消光罷り在り候、おかしく存ぜられ候

房内の囚人は弟子や家来のごとく、「いわゆる牢頭様」というわけだ。さらに、こんな下りが続く。

箱館表にて私写真像盛に売れ、外国人争ひて買い求め候由、近来箱館より参り候人申聞き一笑仕り候

榎本のブロマイドを外国人が争って買っているのを聞き、笑ってしまいました、というのだ。

自分は斬罪になると思っていた榎本は、盛んに科学技術書を執筆、牢外へ送り出していた。これは、ヨーロッパ滞在中に欧米の先進国がアジアの後進国に対してどのように接してきたか良く知っていたからである。我が国も早く新しい科学技術で産業を興し、国を豊かにし、近代化を図ることが肝心であり、それを怠ると日本も、先の清国のアヘン戦争のように、先進国に飲み込まれてしまう。このような危機感を榎本は常に持っていたからである。

この論文の中には、大規模な鶏卵の人工孵化器の製造法を図入りで示したものとか、金や銀のメッキの製法、新式の養蚕方法、ビードロ鏡、硫酸の製法、ブランデーなどをつくる蒸留器の作り方なども書かれている。

獄中の榎本の考え方が良く現れているものに『獄中詩』がある。『獄中詩』とは一二×一七センチほどの和紙を綴じたもので、榎本が獄中でいつも懐に入れており、何か気の付くことがあると、書き留めておいた。科学論文以外にも、漢詩が沢山入っている。この中に次の七語絶句が入っている。

母・こと

七十老親鬢似銀
荊妻臥病守清貧
君恩（国為）未報逢今日
孤負忠孝両全人

母親は老いて病に臥し、自分は幕臣として官費で留学したもののまだ君主（徳川家）に対する恩返しが出来ていない。君主に対する忠、親への孝を自分は背負っているのに、といった、榎本の嘆きであろう。

そして、この君恩に「国為」というルビが振ってある。榎本の思いは、君恩と同様に、日本の為という意識があったのだろう。だからこそ、獄中から自分の学んできた最新の科学技術を伝えておかなければならないと考えたのだろう。『開成雑俎』という論文をまとめ牢外に出している。

「君恩」の背後に「国為」があるという榎本の考え方は、箱館戦争の最後の時期に、榎本が留学時に入手したオランダ語版の「海律全書」を敵方となる新政府軍の黒田清隆参謀に託したエピソードにもよく表われている。こうした考え方は、後に放免され明治政府に仕官してからも変わらず、自分の持っている学問や知識は、立場がどうであ

れ、世の為、国の為に尽くすという姿勢を貫き通した。

明治四（一八七一）年になると、牢内に彼らが放免になるかもしれないという情報が入ってくる。黒田が頭を丸めて榎本の助命嘆願をしたことは有名である。「海律全書」をきっかけに、黒田が榎本の国際法を熟知していること、科学技術に造詣の深いことを知るにおよび、近代化を目指す日本の行く末に欠くことのできない人物と判断したからである。長州の出身者からは早く引きずり出して首をはねてしまえ、という声が大勢を占めていたが、薩摩出身の黒田は「榎本の首をはねるなら、自分の首をはねてからにしろ」と詰め寄り、加えて西郷隆盛の「榎本は生かして使え」という声により、放免に至ったといわれている。

また、明治四（一八七一）年、岩倉使節団が欧米に旅立つが、外国で榎本武揚の処置を聞かれた時に「首をはねた」と答えた場合、国際人として知名度が高かった榎本だけに、日本はまだ野蛮な国だと思われはしないか、という議論が政府内で起きたことも、放免の背景にあったようだ。

七 北海道開拓使時代

明治五（一八七二）年一月六日、辰の口牢獄より禁錮をとかれ出獄した榎本は、親戚のもとで謹慎していたが、その間、黒田は榎本に仕官するよう交渉し、三月六日に放免された直後に北海道開拓四等出仕に任官する。

榎本自身は「朝敵」の首魁でもあり、明治政府に任官するよりも、鉱山技術などを活用した科学技術者として民間で働きたいと考えていた。一方、北海道開発に力を注ぐ黒田清隆は、当時の日本で飛びぬけた科学技術の持ち主である榎本の開拓使任官と熱望した。榎本も命の恩人である黒田の要請を断ることはできなかった。四等出仕とは県知事クラスの高官で、人力車付という身分である。

当時、北海道開発は、未開の地を開拓して富裕の土地とし、またロシアの北からの脅威に対する護りを固めることなど、明治政府にとって、最重要の課題であった。そして榎本は、黒田と開発方針について細密な打ち合わせを重ねた末、五月二五日に準備を整え、北海道に向かった。同二九日、四年前の激戦地であり、箱館から函館に改称されたこの地に着いた。この時の榎本の心境は如何ばかりだったであろうか。戦友の墓参りを済ませ、直ちにテントを担いで石炭、石油などの地下資源の調査開発を始める。この間の出来事は『北海道巡回日記』に詳しい。

これまで北海道では、開発の功労者として、米国から顧問として招かれたケプロン、ライスマンの二人を顕彰してきたが、近年の研究により、実際の調査で石炭などの資源を確認した榎本の業績が見直されている。

榎本らの現地調査もあって、幌内石炭層が発見されると、その積出港に小樽が適していることを榎本は指示、その結果、明治十三（一八八〇）年には札幌、手宮間の鉄道が開通、これが札幌、小樽の発展の基礎となっている。榎本と小樽の縁はその後も続き、北垣国道と共同で興した「北辰社」は、当時谷地や沼地であった小樽に広大な土地を所有した。後に鉄道の開発、港湾の開発などにより、小樽は急速に発達したが、現在、その跡地の一つである「稲穂町商店街」では、榎本を小樽の開発の功労者として顕彰し、町興しの一つにしている。さらに海の守り神として「北海鎮護」という榎本揮毫による額のある竜宮神社は榎本が生みの親であり、平成二十（二〇〇八）年の榎本武揚没後百周年の記念祭もこの竜宮神社で開かれることになった。

八　ロシア公使時代

千島列島では、十八世紀初頭より、ロシアがカムチャツカ半島より飛び石伝いに南下、明和二（一七六五）年には得撫（ウルップ）島まで到達する。わが国では寛政十（一七九八）年、近藤重蔵が択捉（エトロフ）島に「大日本恵登呂府」という標木を建てる。この時から日本とロシアは、択捉と得撫を挟んで対峙することとなる。

ロシア公使時代、長男の武憲と

一方、樺太（サハリン）では文化五（一八〇八）年、松田伝十郎と間宮林蔵が幕府の命を受け樺太の踏査に来る。伝十郎はラッカ岬で黒竜江の落口を発見、この地が大陸と分離して島であることを確認し、日本領土の標木を建てる。

翌年、間宮林蔵がさらに北上し、海峡の最も狭い部分を発見。後にこれが間宮海峡となる。嘉永六（一八五三）年にロシア人もクシュンコタンに上陸。そして六月にペリー、七月にプチャーチンが来航、開国を要求する。

安政元（一八五四）年、日米和親条約に続き日露和親条約が締結される。日露の国境は、千島列島では得撫と択捉の間に境界線を引き、樺太では、プチャーチンの提案で敢えて国境を設けずに、両国民が混在という形になる。

このプチャーチン提案はなかなか狡猾なものであり、その後ロシアは、樺太に移民・軍隊を送り込み、実績を積み上げ、事実上のロシア領にすることを試みた。

日露和親条約が結ばれた時の日本側代表は筒井肥前守と川路左衛門尉であり、ロシア側はプチャーチンとポシェットである。日本代表の二人は人格も外交術も優れ、この時プチャーチンと同行していた後の文豪ゴンチャーロフは、とくに川路を評して次のように書いている。

> 川路は非常に聡明であった。（中略）その一語一語が、眼差の一つ一つが、そして身振りまでが、すべて常識と、ウィットと、烱敏と、練達を示してゐた。明知はどこへ行っても同じである。民族、服装、言語、宗教が違ひ、人生観までも違っていても、聡明な人々の間には共通の特徴がある。馬鹿には馬鹿の共通点があるのと同じである（ゴンチャローフ『日本渡航記』）

それでも、国際外交の経験に乏しい日本の外交官にとって、条約の結果は厳しいものであった。しかし、伊豆の下田で行われた条約交渉をめぐり日露間に思わぬ副産物がもたらされた。

条約締結後の安政二（一八五五）年二月四日、安政の大地震が起き、この折の津波の影響でプチャーチン一行の乗って来た「ディアナ号」が大破してしまう。この時、日本側の川路聖謨や目付の岩瀬忠能らの斡旋により、東伊豆の戸田で、スクーナ船を建造した。ロシア人技師の設計によるこの船は、地元の船大工、上田寅吉や一般民の協力を受け、鎖国後の日本で初めて造られた二本マストの外洋向き西洋帆船になった。

地名により、戸田号と命名されたが、その後、この造船技術は幕府の採用するところとなり、郡名を取った君澤型スクーナとして量産されることになる。

また、この時プチャーチンの部下ゴシケビッチが、一人の日本人と仲良くなり、ロシア語を教え、この増田耕斉が我が国初の『日露大辞典』を作ることになる。これが後に日本とロシアの文化の架け橋となる。

さらに、戸田号で無事帰国できたプチャーチンとポシェットは、このことで徳川幕府に大変感謝した。何故ならば、当時ロシアはトルコと戦争状態になっていたからだ。「クリミア戦争」である。

従来ロシアは西側への進出を望んでいたが、黒海でいつもトルコに阻まれていた。そこで両国はたびたび衝突を起こしていた。この戦いは国際的に考えると非常に特異なものであった。歴史的にも戦争時にキリスト教国家が回教国を庇護することは、滅多にないことである。が、この時はロシアの西方進出を嫌ったイギリスとフランスが、トルコと同盟を結んだ。当時の日本近海には、イギリス・フランスの海軍艦船が多数いたので、プチャーチン一行にとっては、敵中に取り残されたという状況であった。このような状況下で、徳川幕府の配慮で戸田号が作られ無事帰国できたのである。このことはまた、二〇年後の榎本にとっても良い結果を与えている。

嘉永六（一八五三）年は、榎本が昌平黌を卒業した年と推察されるが、前述の如くロシアは続々と人を樺太に送り込む。そのため、明治に至るまで、日本人との衝突事件が度々起こるようになる。そして明治三（一八七〇）年、北海道開拓次官の黒田清隆が樺太を視察し、ロシアと対抗して樺太を経営するよりも北海道開発に力を注いだ方が得策と建議する。明治六（一八七三）年に至り、明治政府は樺太を放棄、代わりに千島列島を日本の領土とする方針を立てる。

そこでロシアとの間で領土交渉を進めることが必要になるが、時の明治政府は国内問題に忙殺されており、まして国際法に明るく、外国語に堪能な人選は困難を極めた。ここで、それなら打って付けの人物がいると、黒田が榎本を推薦する。同六（一八七三）年一二月、榎本は急遽東京に呼び戻され、翌年一月一八日、駐露特命全権公使を拝命する。これに先立ち、一月一四日、海軍中将を拝命する。これは当時、ヨーロッパの外交界に於いては、外交官が軍人の官位を持つことが必須条件であり、そのための処置である。当時日本の海軍では少将が最高位であり、戊辰戦争で戦った薩摩出身の軍人が任官していた。そこに負けた側の人物を彼らの上位である中将にしたのである。如何に榎本にかける期待が高かったのか、これによって解る。

榎本に課せられた使命が領土問題の解決であることは言うまでもないが、そのほかにマリア・ルス号事件の解決という課題があった。

明治五（一八七二）年七月、ペルー船籍の船が横浜港に停泊する。暴風による船体破損の修理のための緊急入港であった。その折、一人の清国人が船から逃げ出し、船内の窮状を日本政府に訴えた。調査の結果、このマリア・ルス号には多数の清国人クーリーが乗せられており、奴隷売買を禁じた国際法に抵触するとして、明治政府は奴隷を解放して、本国に送還した。これに対してペルー政府は損害賠償の国際裁判を提訴する。明治政府にとって、初めて直面する国際裁判である。この裁決を一任されたのが、ロシアの皇帝アレキサンドル二世である。

榎本は初の駐露特命全権公使として、領土問題だけではなく、この国際裁判を日本に有利に導く使命を受け、ペテルブルグに赴くのである。

明治七（一八七四）年三月一〇日に横浜を出発、途中香港に三泊し、インド洋からスエズ運河を通り地中海に入る。次にイタリアのベニスに上陸、汽車でスイスを経由、フランスのパリに到着する。パリでは露帝謁見用の大礼服を誂え、オランダに向かった。一〇日ほど滞在し、留学中に世話になった人々と旧交を温める。その後ベルリンに行き、ここで一〇日ほど過ごし、六月一〇日、ロシアの首都ペテルブルグに到着する。この時は横浜からオランダまで七〇日弱で着いており、一二年前の留学時には三百日余り掛かっていることを考えると、当時も時間の経過と共に地球が狭くなっていることがわかる。

ベルリンから家族あてに出された六月四日付の手紙では、オランダでかつての恩師ポンペに会えなかったことが書かれている。後にポンペは、ペテルブルグの日本公使館に招かれ樺太・千島交換条約などの締結に貢献している。また、十数人の日本人が面会に来たことが書かれている。先ず、上野の宮（北白川の宮）である。戊辰戦争の折、上野の山の戦いの時「輪王寺の宮」として幕府側で戦い、後に榎本が船で仙台方面に御送りしたこともあり「久し振りに御目に掛かり、食事を御馳走になる」と書いている。北白川の宮と榎本は相当親しかったようで、明治十二（一八七九）年に「地学協会」を創立した折には、榎本が副会長であり、会長は北白川の宮であった。

手紙のなかで上野の宮の次に出てくるのは酒井左衛尉兄弟で、戊辰戦争の折、奥羽越列藩同盟の庄内藩主として幕府側で戦った兄弟である。さらに手紙に登場するのは松本桂太郎と佐藤進である。二人ともベルリン在住の医学留学生だ。松平桂太郎は、妻多津の叔父に当たる松本良順（将軍の侍医であり、明治には初代の陸軍軍医総監、又、新撰組近藤勇とは義兄弟）の長男である。後に、化学では日本最高の学者と言われたが早世した。佐藤進は榎本家とも親戚筋で三代目、順天堂の堂主である。

この手紙によると、パリでそろえた大礼服の値は七百円以上とあり、その高価なことに驚かされる。ちなみに、明治七（一八七四）年の巡査の初任給は四円である。

明治八（一八七五）年五月七日、樺太・千島交換条約は締結される。この時ロシア側の代表はヨーロッパの外交界では有名な宰相兼外務大臣のゴルチャコフである。この一年数カ月の間、熾烈な外交交渉が繰り広げられていたが、無事調印となる。また、マリア・ルス号事件の国際裁判も同年六月二〇日に日本の勝訴と決まる。こうした交渉は、主にロシアのアジア局長（ストレモーエフ）との間で行われたが、諜報戦も含め激しいものであった。記録によると、しばしば榎本がストレモーエフとの論戦をリードしている様子もうかがえる。国際裁判も勝訴となり、榎本は明治政府の要請を満たしたといえるが、世間一般では、樺太の譲渡は軟弱外交だと評判は良くなかった。

とはいえ、交換条約を国是としていた政府・外務当局はこの結果に満足していたはずであり、諸外国の外交筋は、日本が大国ロシアと対等の地に立って条約締結した初めての例として、榎本の外交手腕を高く評価した。

駐露公使として着任した榎本は明治七（一八七四）年六月一八日、ロシア皇帝アレキサンドル二世に信任状を提出するが、その時から皇帝より好感を持たれていたようで、信任状奉呈直後の二〇日には、クロンシュタットにある軍港に招かれている。明治七（一八七四）年七月三〇日付の書簡に、当日のことが書かれている。

去る一八日ロシア帝に謁見首尾よく相済み、帝には殊の外御親切に御あしらい下され候事。面目之至り御悦び下さるべく候。手前之事は兼て御承知之趣抔御話これあり候。其の後二十日に帝と共に「コロンスタット」と申す処へ帝の御乗船にて参り軍艦並びに台場等も見物いたし候。此の時は帝の御舎弟海軍惣大将「コンスタンテイン」親王も御同船にて、午飯は帝及び親王と一所にいたし親王より手前に酒を以て酌み下され候程、ていねいのあつかいにあい申候

当時海軍中将「ポシエット」氏は兼て「プーチャチン」と共に日本に参りし人にて、即ち一昨年箱館にて松平に手前之事をあれこれと尋ねたる人にて当時ペテルブルグに罷在夫婦とも極親切なる人に候。この人は恰も旧友之如くに御座候

この中で、帝の弟（海軍総大将）「コンスタンティン」親王にも丁寧な扱いを受けたとある。親王にはこの後も海軍同士ということで親交を深めている。

そして、日露和親条約締結の折、日本に来ていたあの「ポシエット」である。プチャーチンとポシエットは戸田号で帰国の後、プチャーチンは文部大臣、ポシェットも海軍中将となり、二人でロシア政界に親日派グループを形成している。二人とも、榎本とは親子ほども年の離れた年長者であるが、榎本が幕臣であり、海軍の後輩であることも含め、榎本のロシア滞在中は何くれとなく便宜を図ってくれることとなる。

その後の書簡の中には、「到着以来度々帝城の御招にあずかり」とか「ウラジミール大公の結婚式に参内」とあり、さらに「過る明治七（一八七四）年七月一一日には露帝に御目見えいたし〝マリア・ルス号船一件〟の御礼をのべ候。其節、露帝殊の外御満足にて暫らく御話いたし」など、帝城に招待を受け皇族方とも親しくしていたことがうかがえる。

明治九（一八七六）年一一月三日の天長節の日本公使館のパーティーには、皇帝の御使いが参り、晩餐会には各省の大臣、海陸軍の将軍等が多数お祝いに集まった。このような祝典には、必ずプチャーチン、ポシェット両氏が参加していた。

このように、公帝や政府高官との良好な関係が、外交交渉、国際裁判にも強い影響を与えていたことは容易に想像できる。さらに、帰国時に困難なシベリア横断旅行を敢行した折に支障なく調査・研究ができたのも、このような背景によるものである。

九　シベリア横断旅行と「シベリア日記」

榎本は駐露公使を退任後ペテルブルグよりシベリア大陸を横断し、帰国している。

樺太・千島交換条約を締結させた榎本は明治十（一八七七）年にロシアとトルコの間で戦争が勃発すると帰国を延ばし、現地で戦争の状況を分析し、わが国やヨーロッパの各国にどのような影響を与えるかを調査した。榎本が帰国するのは四年余りのロシア滞在の後で、明治十一（一八七八）年七月二六日にペテルブルグを後にした。この時、時間的も速くて楽な船旅を選ばず、なぜ、困難なシベリア大陸横断を選んだのか。二つの理由が考えられる。

第一に、私的な好奇心と冒険心である。榎本は、常に未知なるものに挑戦したいという性癖があるが、明治十（一八七七）年七月一〇日の書簡の中に『シベリア』旅行は誠に楽しみにて見るべき事定めて多からんと存候」とある。また、シベリアの気候、風土、農作物、植物の分類などを調査することが、榎本の長年の課題である北海道開発のために役立つと考えていた。

第二に、このことは事前に日本政府に対して許可願が出されていたが、「政府もことのほか興味を示し、山縣陸軍卿が、頗るこゝに注意いたし候」と書簡にも書いてある。つまりこの旅行は、調査報告という公的な目的もあったのである。

そして、このシベリア旅行は七月二六日から九月二九日まで、六六日間かけて行われた。この克明な記録が榎本の『シベリア日記』である。その書き出しに「駅にはポーシェット氏の命にて鉄道掛の士官出迎え、エキストラワゴン一輌予が為に出せり」とある。例のポシェット氏はこの時運輸大臣であり、榎本のために特別列車を一両連結してくれたのである。また、内務大臣より、各県令、鎮台へ「万事周旋すべし」という通達が出ている。このため各宿場では、警察署長が出迎えに立ち、宿舎には番兵がつく。そして、各地の工場、軍隊などの視察では、かなり包み隠さず調査に応じてくれた。

調査の内容は、**①シベリアの自然地理や人文地理②ウラル山脈や地方の冶金業など工業の実態③中国との茶などの貿易状況④各地の軍隊の兵員や装備、志気などの情報⑤タタール人など少数民族の分布⑥パンや牛乳など生活必需品の価格を中心とする物価の六項目だ。**

全行程一万三千キロに及ぶ榎本の旅には三人の同行者がいた。公使館通訳の市川文吉、銅板技術を学んでいた大岡金太郎、それに留学生の寺見機一である。七月二六日かにペテルブルグを出発した一行はモスク

榎本公使帰国の旅要図

明治11年(1878)7月－9月

＊本書巻末にこの図の拡大版を収録。

ワを経てニージニイ・ノブゴロドまでの約千キロを鉄道で南下。そこからヴォルガ川とカマ川を汽船で上り、ベルミに着く。そこからストレチェンスクまでの約四千キロは主に馬車だ。一行はタランタスという二人乗りの馬車を二台購入、六六日間の旅行のうち四〇日間は馬車を使った。そこからはアムール川やウスリー川を汽船で下り、九月二九日にウラジオストックに到着する。

馬車は昼夜兼行の日も多く、悪路だったこともあり、榎本は「車中の動揺は実に言語を絶し、少しも眠るを得ず」と日記に書いている。また、**シベリア名物のブヨや蚊などにも悩まされたようで、南京虫との戦いでは、「敗北せり」ということになった。**

「シベリア日記」は、榎本の生存中に発表される事はなかった。彼が生涯を通して自分の行動・実績をほとんど語らなかったからでもある。しかし、当時の最新のシベリア報告書として政府の要人に見せるか、あるいは見せる意図を持っていた可能性はある。というのは日本にとって戦略的な意味を持つシベリアの軍事情勢、産業、少数民族の動向などの記述が十分に盛り込まれているうえに、日記の末尾には道中に支払われた費用が詳細に記されているからだ。

日記の存在が明らかになるのは死後一六年を経た関東大震災の折で、崩壊した住居の中から偶然発見された。昭和十（一九三五）年代に三回出版されたが、うち二回は非売品であり、戦争中のこともあって、あまり注目されなかった。しかし、一部の識者には高く評価され、金田一京助氏は、民俗学の描写について「貴重な資料であり、現在でも色褪せていない」と評している。榎本の評価の中に「優れた言語力」が挙げられるが、「シベリア日記」の中にも、蘭、露、独、仏、英の各語を使っており、「インテリゲンチヤ」とか「デモンストレーション」という言葉は、わが国ではこの日記の中で初めて使われたといわれている。

地勢学、外交などにも詳しい考察があり、まだ研究の余地が多々あると思われる。今年度、講談社学術文庫で出版が予定されており、「日記」の研究や再評価も進むものと思われる。

一〇 明治十一（一八七八）年～明治十五（一八八二）年

ロシアから帰国後、明治十二（一八七九）年二月一二日条約改正取調御用掛となる。当時、欧米諸国と結ばれていた条約は治外法権や関税の扱いなどで、日本にとって不利な状態にあり、明治政府も対等な条約を早く結ぶ必要に迫られていた。一〇月には外務大輔となり、条約改正にも力を注いでいた。

この当時の出来事で、榎本と土方歳三との出会いが判明したエピソードを紹介しておく。

明治十二（一八七九）年三月、九段下今川小路（外務省公館と思われる）の榎本の所に、平忠次郎と名乗る男が訪れる。

「自分は土方歳三の親戚に当たります」ということで座敷に招き入れると、御染筆を願いたく」というので、榎本はシベリア横断中に作った漢詩を揮毫した。また、この時出入りの写真師を呼び、揮毫したばかりの漢詩の前に忠次郎氏を座らせ、写真を撮らせると、その写真のガラス乾板を彼に与えている。この忠次郎氏は、当日の榎本との会話を日記に残している。後年、明らかになった日記（『平忠次郎日記』）のなかで、榎本談として次のように書かれている。

文久ノ頃（実際は慶応二〔一八六六〕年）帰朝ヲ命ゼラレ伏見ノ戦争ニ加ハリタリ。其時、始メテ土方ト淀川ヲ舟ニテ下ル時ニ、コン意トナレリ

従来、榎本と土方が初めて会ったのは慶応四（一八六八）年に大阪城でといわれてきた。

土方は、鳥羽・伏見の後、一月七日に大阪城へ入る。一方、榎本は阿波沖海戦の後同じく一月七日に大阪城に入る。将軍慶喜が前日、城を抜け出し、開陽丸で先に江戸に帰ってしまったので、大阪城の後始末をして、富士山丸で江戸に帰ることになる。土方は、負傷した近藤をはじめとした新撰の隊士を同船させて帰京するように、榎本に依頼する。これが榎本と土方の初出会いということになっていた。

ところが、「大阪城」ではなく「淀川」となると、いつ出会ったのか。榎本は阿波沖海戦の後、由岐浦で自沈した薩摩の翔鳳丸を検分し、このことを松平阿波守（蜂須賀茂韶）に宛て、公文書として由岐浦の奉行所に残している。日付は一月五日である。これから推測すると、大阪城に上るべく天保山沖に到着した開陽丸から小舟で八軒家（淀川河口、天満橋付近）に来たのが六日夕、ないし は夜である。一方、土方は三日に伏見で開戦となり、苦戦のなか六日に淀城に入ることを拒否され、藤堂藩からも攻撃されることになり、全面撤退を余儀なくされる。その時の様子を新撰組隊員、島田魁は次のように記述している。

六日暁天に敵亦進来す。我軍橋本口に胸壁を築き互いに砲撃す。然るに山寄の関門、藤堂藩返して大小銃を激しう放つ。故に我軍大瓦壊、遂に大坂迄退く。当局八軒家に陣す（『島田魁日記』）

土方隊は六日の夕方、橋本口から船で淀川を下り、八軒家には、夜、到着したと思われる。つまり、一月六日夜には二人とも、翌七日に大阪城に上るべく、八軒家に（当時八軒家には船宿が多数あった）いたことが判る。二人はこの時、淀川の水面で懇意になったのである。

明治十三（一八八〇）年二月、榎本は、外務省から離れ、海軍卿となる。榎本の生涯の出発点は海軍士官であり、日本海軍の創立者の一人でもあるが、箱館戦争以降、辰の口の牢獄仲間の間で、お互いに軍籍につかないことを誓っていた。海軍中将になったのもロシア公使としての権威付けであり、海軍卿も一年二カ月で辞任しているのは、軍籍にいることへの居心地が悪かったのかもしれない。

在任中、海上法規を調査し、日本海令草案を政府に上程している。「海律全書」を日本に紹介し、海上法規の第一人者でもあった榎本にとって当然の仕事といえる。なお、箱館戦争の折、黒田清隆の手に渡った「海律全書」は、後に黒田が海軍省に収め、海軍卿となった榎本が同所で発見することとなり、家に持ち帰っていた。榎本の死後、大正末期に、榎本の孫、武英が「個人の所有すべきものではない」との判断から、宮内省（当時）に寄贈した。この折、国宝にする案が出されていたが、現在は宮内庁書陵部にある。

海軍卿を辞任した直後の明治十四（一八八一）年、皇居造営御用掛となる。造営に関する一切を監督する立場となるが、これはヨーロッパ、特にロシアの宮廷内の生活様式をよく知っている榎本には適役であった。翌十五（一八八二）年五月には皇居造営事務副総裁となる。この頃より、皇室と榎本の

関係は深いものとなった。明治天皇は、榎本の私心のない、常識をわきまえた気質を好まれ、後年榎本が政界を離れてからもよく声をかけ、御酒の相手を仰せつけになったと言われている。

一一　清国公使時代

明治十五（一八八二）年、清国特命全権公使となる。この年の七月、朝鮮京城において親清派と親日派との間で争いが起きる。これにより日本と清国が対立する。その関係修復と動静監視のため、清国に榎本が派遣されることとなる。

明治十八（一八八五）年四月、天津条約が締結され、朝鮮から日清両軍隊が撤退し、両国は朝鮮に軍事教官を派遣しないこと、朝鮮に重大事が起こり両国あるいは一国が出兵の必要があれば、事前に交渉し事変後撤退することなどが盛り込まれ、日清間の当面の紛糾は解決した。

この時の清国側の交渉者は、李鴻章であった。伊藤博文大使が最終的交渉と調印のため天津に来るが、その直前に戦争状態にあった清仏両国の間で和議が成立。このために、それまで協調的であった李鴻章は一転、かたくなになり交渉が決裂しそうになる。しかし、**北京滞在中に李鴻章と気心の知れる間となっていた榎本が仲に入り、締結にこぎつけた。**

榎本は、この時の様子を家族に宛てた書簡の中に次のように書き送っている。

三日前はとても今般の談判はまとまるまじと決心せし者と見へ、頭痛鉢巻の景色これあり、面白さと気の毒さと相半し候、

当時の伊藤は、明治政府における最高実力者であり、条約締結の立役者であるが、こと外交問題に於いては榎本から見ると、対等と言うより後輩のように見えていた。榎本の余裕の裏には、かねてより李鴻章の相談相手になり、助言などを与え、信頼感を得ていたことがあり、最後は締結できるとの自信があったからだろう。その意味では、榎本こそ、この条約締結の「縁の下の力持ち」となっていたといえる。

明治十七（一八八四）年八月二七日付で天津の榎本が多津に宛てた書簡のなかでは、その前日に榎本が李鴻章を訪ねた際に一時間半も話し合ったのに引き続き、この日は李自身が榎本のところに来て、二時間半も話したとあり、「同氏は拙者の原意を感じ殆ど涙を浮かべ、何事も隠さず打ち明して話し」とある。

この時、清はフランスと戦争状態にあり、李鴻章は清に当事者能力のある人物がいない一方で、フランスの艦船が暴れ回っていることなどを榎本に相談していた。こうした蓄積が日清間の交渉で実を結んだといえる。

前述の明治十八（一八八五）年四月一六日付の書簡で榎本は天津条約について次のように評価している。

双方国家の威光を傷けず、円くまとまり候間、何より大慶に御座候、併実は支那の方の損はこれあれども、日本の方には国権をおし拡めたるにまとまり候に付き、拙者においても満足に存候

相手国の威光も傷けず、それでいて実質は日本の国権を拡大しているというわけで、一方的な勝利を求めないという榎本の外交に対する心得（ポリシー）がよく出ている。

一二　明治十八（一八八五）年～明治四十一（一九〇八）年

明治十八（一八八五）年一二月二二日、明治政府は太政官制を廃止して内閣制を制定、第一次伊藤内閣が発足した。内閣の顔ぶれをみると、長州出身が内閣総理大臣・伊藤博文、外務大臣・井上馨、内務大臣・山県有朋、司法大臣・山田顕義の四閣僚で、薩摩出身が大蔵大臣・松方正義、陸軍大臣・大山巌、海軍大臣・西郷従道、文部大臣・森有礼の四閣僚で同数、薩長以外は土佐出身の農商務大臣・谷干城と幕臣出身の逓信大臣・榎本武揚だけである。

薩長にあらざれば人にあらずという時代、しかも新政府と最後まで戦った榎本が入閣したのは清国大使時代に武揚の助言を受けた伊藤の強い推挙があったものとみられるが、榎本のバランサーとしての能力が薩長の実力者にも期待されていたことがわかる。

その後明治四十一（一九〇八）年に病没するまでの経歴を並べてみると、政府の閣僚や民間の公益組織の長として日本の近代化に尽した榎本像が浮かんでくる。


明治二十一（一八八八）年　黒田内閣の農商務大臣兼任。日本家禽（かきん）協会会長に就任。

農商務大臣解任。

明治二十二（一八八九）年　逓信大臣解任。

文部大臣就任。

明治二十三（一八九〇）年　文部大臣解任。

枢密顧問官任命。

明治二十四（一八九一）年　徳川育英黌農業科（現在の東京農業大学）を設立。

明治二十四（一八九一）年　第一次松方内閣の外務大臣就任。

明治二十五（一八九二）年　外務大臣解任。

日本気象学会会頭。

明治二十六（一八九三）年　議定官就任。

殖民協会を設立し会頭となる。

明治二十七（一八九四）年　農商務大臣就任。第四回内国博覧会副総裁。

明治三十（一八九七）年　足尾鉱毒事件の責任を負い農商務大臣を辞任。政界を引退する。


あらためてこの時期の榎本の活動を振り返ってみると、「最後の切り札」として榎本が登用され、榎本はその使命を果たすだけでなく、プラスアルファとして新たな足跡を残していることがわかる。

盟友ともいえる黒田が内閣を組閣すると、殖産興業を推進する要である農商務大臣に就く。日本家禽協会の設立はこのときの副産物だろう。文部大臣に就任したのは文部大臣の森有礼が暗殺され、事態収拾のため起用された。その後の徳川育英黌（後の東京農業大学）の設立も、このときの副産物だ。さらに、外務大臣に起用されたのは、来日したロシアのニコラス皇太子が警備の警察官に襲撃された大津事件を受けて、日露関係の悪化を恐れた日本政府の要請によるもので、メキシコへの殖民を進めた殖民協会の設立も、外相に就いたときの副産物といえる。

官職から退いた榎本は明治三十一（一八九八）年に隕石より作った刀「流星刀」を皇太子の丁年式のお祝いとして献上する。**この時、隕石の歴史と、隕石から刀剣を作成する技術をまとめた『流星刀記事』を執筆する。**これは隕石の鉄分の定量分析表を作成するなど、隕石に関するわが国最初の科学的論文となった。

明治三十四（一九〇一）年、**福沢諭吉の「瘠我慢の説」が時事新聞に発表される。これ**

は福沢が二十四（一八九一）年に書き、勝海舟と榎本武揚に送ったものである。

福沢は、勝に対して、幕府瓦解の際、雄藩を相手に、城を枕に討死することが瘠我慢の本領であるのに、戦わずして敵と和を講じ、哀れみを乞い、しかも新政府においては高位、高官を得るに至っては武士の風上にも置かれぬ、と批判した。これに対し、勝は「毀誉は他人にある、行は我に有り」と返事を出している。即ち、批評は人のすることであり、行は自分でするものである、というのだ。

一方、榎本に対しては、次のように記している。

榎本氏の挙（箱館戦争）は、所謂武士の意気地、即ち瘠せ我慢にして、其方寸の中には竊に必敗を期しながらも、武士道の爲めにて一戦を試みたることなれば、幕臣又諸藩士中の佐幕党は、氏を総督として之に随従し、都て其命令に従いて進退を共にし、北海の水戦、箱館の籠城、その決死苦戦の忠勇は天晴の振舞いにして、日本魂の風教上より論じて、之を勝氏の始末に比すれば年を同うして語る可らず

幕臣として最後まで戦ったのは、勝に比べれば武士道を貫いている。福沢はそうほめたうえで、敵に降伏したうえで敵に仕えることは古今よくあることで、そのことを非難することもないと、二君に仕えたこと自体には寛容の姿勢を示す。しかし、大臣にまで出世するとなれば、榎本を首領として従い戦死した人々はどう思うだろうか。

死者もし霊あれば、必ず地下に大不平を鳴らすことならん

これでは武士道の精神である「瘠我慢」が足りないというわけだ。

榎本はこれに対して多忙中につき、後で返事をすると回答したが、ついに返事は出さなかった。古い制度や慣習からの脱却を求めたはずの福沢が武士道に殉じろと説くのは矛盾しているようにも思える。降伏したのちに栄達を極めるのは死者に顔向けができないという福沢の心情は理解できても、当時の国益を考えて福沢が得意の合理的な判断をすれば、その結論はまた違うものになったのではないか。

榎本の死んだ直後に出版された歴史家、一戸隆次郎の『榎本武揚子』は次のように書いている。

国家の不幸は賢才の草莽に伏在して、国家の大用を爲さゞるに在り、もし瑣々たる情のため、身を隠處に置いて、世用を爲さゞるもの多からんには国家の不幸といはざるべからず、福翁論じて、情に殉するをのみ武士道といふは未だ足らざる所、大義を根底としたるを真武士道といふべし、榎本子の大命に因って明治政府に鞠躬したるは大義を行ひたるものといふべし

明治以降、榎本の行動は、自らの栄達を望んで事に当たることはなく、自分の能力が生かされるのであれば、何時でも何処でも役立ちたいという想いに貫かれていた。その意味では、榎本は常に自分が導いた箱館戦争の死者たちの視線を意識しながら明治を生きたといえる。

晩年は、向島において花鳥風月を愛で、悠々自適の生涯を過ごした。

明治四十一（一九〇八）年一〇月二七日、七十三歳で死去。駒込吉祥寺に葬られた。

（了）

〔附〕榎本武揚年譜（一八三六—一九〇八）

作成＝中山昇一

＊年齢は数え年

榎本武揚関連事項

一八三六（天保七）　一歳
八月二五日、旗本榎本円兵衛武規の次男として江戸下谷御徒町の柳川横町俗に云う三味線堀（現在の浅草柳原町の辺り）の組屋敷に生まれる。幼名は釜次郎。

一八四一（天保十二）　六歳
この頃儒学者田辺石庵について儒学を、友野雄介に漢学を学ぶ。

一八五〇（嘉永三）　十五歳
十一月二三日、昌平坂学問所受験し入寮許可。

一八五一（嘉永四）　十六歳
十二月六日、昌平坂学問所入寮。

世界と日本の動き

一八三六
五月、徳川斉昭常陸ノ国助川に砲台築工。

一八三九
アヘン戦争。

一八四〇
「科学者（scientist）」という呼称が誕生する。

一八四一
五月、高島秋帆、江戸郊外徳丸ケ原にて洋式砲術の演習を行う。
英、機械工学者協会誕生。

一八四七
アームストロング砲製造工場の前身の工場創立。クルップ、鋳鋼製銃砲。

一八五二

一八五三（嘉永六） 十八歳
一月二五日、昌平坂学問所、卒業試験。

一八五四（安政元） 十九歳
三月、箱館奉行堀織部正利熙の個人的な小姓として、蝦夷、北蝦夷の巡視に随行する。

一八五五（安政二） 二十歳
一月十八日、昌平坂学問所再入学願許可。
一〇月二二日、長崎海軍伝習所開所式。
矢田堀景蔵の内侍として長崎海軍伝習所第一期の員外聴講生になる。
（赤松則良述『赤松則良半生談』、藤井哲博『長崎海軍伝習所』に準拠）

一八五六年（安政三） 二十一歳
七月十日、昌平坂学問所退寮願。
七月十三日、昌平坂学問所退学許可。

一八五七（安政四） 二十二歳
一月一日、長崎海軍伝習所第二期幕府伝習生になる。
八月五日、オランダより購入したヤッパン号（咸臨丸）が長崎に到着。
九月一五日、伝習所の教官がペルスライケン中佐からカッテンディーケ少佐やハルデスへ引き継がれる。武揚は専攻の機関学や航海術、兵術の他オランダの医官ポンペより舎密学（化学）を学ぶ。

一八五八（安政五） 二十三歳
五月一一日、長崎海軍伝習所第二期の教育訓練が終了する。
六月、幕府に初登用され築地海軍操練所教授に任命される。この後一時長崎へ戻り伝習を続ける。
この頃から翌年にかけ中浜塾で英語を学び始めたと推定される。

一八五三
ナポレオン三世、仏皇帝に。
露─トルコ戦争。
六月三日、ペリー浦賀に来航。七月、プチャーチン（露）、長崎に来航。

一八五四
クリミア戦争（軍用に蒸気自動車、電信を用いる）。

一八五五
函館、正式開港。八月、オランダ海軍中佐ペルスライケンを班長に長崎海軍伝習所開設。

一八五六
二月一一日、蕃書調所設立。四月二五日、講武所開設。八月五日、米国総領事ハリス着任。八月吉田松陰、松下村塾を開く。
英、中国侵略。

一八五七
四月、講武所内に軍艦教授所を設置。五月二六日、下田条約調印。六月一七日、老中阿部正弘死去。一〇月、長崎伝習所第三期生二六名が入所。
最初の世界経済恐慌。

一八五八
四月二三日、井伊直弼大老就任。六月一九日、日米通商修好条約。
英、インド制圧。イェランソン、ベッセマー鋼完成。

（本書小美濃清明氏論文による。一四一頁）

一八五九（安政六）二十四歳

九月〜一二月、中浜塾で大島圭介と知り合う。

四月、長崎海軍伝習所閉鎖され江戸に帰り築地海軍操練所に勤務。

一八六〇（万延元）二十五歳

八月八日、父円兵衛武規死去。

一八六一（文久元）二十六歳

一一月、米への留学生に選ばれる。

一八六二（文久二）二十七歳

三月一三日、米南北戦争が原因で留学先をオランダとする命を受ける（三月オランダに軍艦発注）。

六月一八日、咸臨丸で品川出帆。

八月二日、下田出帆（武揚ら四人が麻疹療養のため下田港に碇泊）。

八月二三日、長崎着。

九月一一日、オランダ商船カリプス号に乗船長崎出帆。

一〇月六日、ジャワの北東海上で暴風のため難破。

一〇月十八日、近くの島民に救出されバンカ島などを経てバタビア着。

一八六三（文久三）二十八歳

二月八日、セントヘレナ島寄港三日間碇泊。ナポレオン寓居訪問。

四月一八日、オランダのロッテルダムに到着。

ライデン、ハーグに移り研究活動にはげむ。

一八六四（元治元）二十九歳

一月二〇日（一八六四年二月二七日）、オランダ人士官二名、赤松大三郎

一八五九

ダーウィン『種の起源』。英、巨船グレートイースタン号完成。仏、装甲艦ラ・グロワール完成。

一八六〇

一月一三日、咸臨丸米国に向け出港。三月、井伊大老櫻田門外にて暗殺さる。

北京条約で沿海州が露領へ。英仏通商条約。ベッセマー転炉特許成立。

一八六一

二月露軍艦対馬占領を図る。

英、初めて全製鉄軍艦完成。露で農奴解放。米、奴隷制廃止、南北戦争始まる。

一八六二

一月一五日、坂下門の変。二月一一日、将軍家茂と皇女和宮の御婚儀。三月、米、南北戦争勃発。四月二三日、寺田屋事件。八月二一日、生麦事件。閏八月一日、松平容保、京都守護職に就任。一二月一二日、高杉晋作ら品川御殿山の英国公使館を襲撃。

一八六三

三月四日、家茂入京。五月一〇日、長州藩下関で米艦を砲撃。七月二日、薩英戦争開始。

ロンドンに世界初の地下鉄開通（蒸気機関）。

一八六四

七月一九日、禁門の変。

と共にプロシア、オーストリア連合軍とデンマークとの戦争に観戦武官として従軍。

九月一七日、内田、赤松らと英へ視察に出発（約一カ月間）。

一八六五（慶応元） 三十歳
フレデリクスのオランダ語訳の手書き草稿により仏国際法学者オルトランの「海の国際法規と外交」（いわゆる海律全書）を学ぶ。
下宿に電信設備を設置し、モールス信号による電信の研究をする。
九月一四日、（西暦一一月二日）開陽丸進水。

一八六六（慶応二） 三十一歳
七月一七日、開陽丸竣工。

一〇月二五日、開陽丸でオランダのフレッシング港を出帆（江戸横浜間の電信に必要な設備一式、モータの原型品、ビールなども積込む）。

一一月二六日、（西暦一八六七年一月一日）艦は洋上で新年を迎え、シャンパンを抜いて互に新年の祝賀を述べ合う。

一二月一六日、（九時五〇分）リオデジャネイロに入港。

（武揚は開陽丸建造の顧問ホイヘンス大佐に艦の優秀性を報告し併せて航海の無事を告げた手紙を出している。その結びのことばに「海のかなたの、生徒であり、友である榎本釜次郎」としたためられている）。

一八六七（慶応三） 三十二歳
二月二四日、（西暦三月二九日）オランダ領インドのアンボアナ着。

三月六日、アンボアナ出帆。

三月二六日、一〇時三十分横浜港着（オランダのフレッシング港出帆以来一五一日目）。

五月二〇日、開陽丸、オランダ政府から徳川幕府に引き渡される。

五月一二日、軍艦役となり、開陽丸乗組頭取を命ぜらる。

七月八日、軍艦頭並に昇進。

六月頃　林研海の妹多津と結婚。

九月一九日、軍艦頭並から軍艦頭に昇進。


ロンドンに第一インターナショナル設置。独―デンマーク戦争。国際赤十字社創立。

一八六五
閏五月一六日英公使パークス着任。九月一六日英、米、仏、蘭の四国軍艦、条約勅許兵庫開港要求のため兵庫に集結。一〇月五日、条約勅許出る。開港不許可。

一八六六
大西洋海底電線完成。メンデル、遺伝の法則。
一月二一日、薩長同盟成立。六月七日、第二次長州征伐開始。七月二〇日、将軍家茂死去。一二月五日、一橋慶喜将軍となる。
ノーベル、ダイナマイト発明。オーストリア―プロシア戦争。

一八六七
一月九日、陸仁親王践祚。二月二五日、幕府、樺太仮規則五箇条に調印。一〇月一四日、慶喜大政奉還の上表を朝廷に提出。一二月九日、王政復古を宣言。小御所会議開かる。
マルクス『資本論』の出版が始まる。カナダ連邦成立。

一八六八（明治元）　三十三歳

一月二三日、海軍奉行並勝安房守が陸軍総裁に、軍艦奉行矢田堀讃岐守が海軍総裁に、軍艦頭榎本和泉守が海軍副総裁に御役替。

四月一一日、榎本艦隊館山へ移動。

四月一六日、勝海舟、館山にて榎本を説得する。

四月一七日、榎本艦隊、品川帰港。

八月一九日、開陽、回天、蟠竜、千代田の軍艦と咸臨、長鯨、神速、美賀保の運送船計八隻の徳川艦隊を率いて品川沖より脱走。

脱走の目的を天下に公表するための檄文をつくり勝海舟に「徳川家臣大挙告文」をそえた書を送る。

（奥羽越列藩同盟から招職を受けていた仏軍人ブリューネとカズヌーブの開陽丸便乗を許可）。

八月二七日、仙台領寒風沢に到着。

一〇月九日、奥羽鎮将四条隆謌に蝦夷地行きが朝廷に反対するためではなく開拓によって徳川旧家臣の生活を助け、北方の防備に当るためのものであることを書面で通知する。

一〇月一二日、折の浜を全艦出港。

一〇月一九日、蝦夷地鷲の木に回天到着。

箱館府知事清水谷公考を経て朝廷への歎願書提出のため人見勝太郎、本多幸七郎に兵若干をつけて箱館に派遣する。

一〇月二二日、川汲峠下に宿営中の人見、本多の先鋒隊官軍の夜襲を受けて応戦（箱館戦争始まる）。

一〇月二五日、清水谷知事、津軽に逃れる。五稜郭及び箱館を占領。

一一月一四日、江差進攻軍（土方歳三指揮）を海上より援助するため開陽にて江差へ向う。

一一月一五日、開陽、風浪のため開陽江差沖で座礁、沈没。

一二月二日、政府宛歎願書を英、仏艦長に託し公使を通じて官軍への陳情を依頼。

一二月一五日、蝦夷地平定の祝宴を各国領事を招き開催。

一八六八

一月三日、鳥羽、伏見の戦（戊辰戦争）。一月六日、慶喜大阪城脱出。一月七日、朝廷、慶喜追討令を出す。七月一一日、神戸事件（岡山藩兵外人と衝突）。七月一九日、仏公使ロッシュ慶喜に再挙を促すが慶喜拒絶。七月二五日、英、仏、米、蘭、伊、普、局外中立を布告。二月九日、有栖川宮熾仁親王、東征大総督に。二月一二日、慶喜上野寛永寺大慈院に謹慎、恭順、謝罪書を提出。勝海舟を終戦処理責任者とする。二月三〇日、英公使パークス襲撃さる。三月一三日〜一四日、勝海舟と西郷隆盛が会談し江戸城開城の諒解なる。三月一四日、五ヶ条の御誓文出る。三月二八日、神仏混清を禁止、各地に廃仏毀釈運動起る。四月一一日、征討軍江戸城へ入る。慶喜水戸に退去。四月二七日、箱館知事清水谷公考、旧幕府より箱館を接収。四月二九日、徳川家相続は田安亀之助に決定。五月三日、奥羽越列藩同盟成立。五月一五日、彰義隊敗れる。五月二四日、徳川家達を駿府七〇万石に移封。八月二三日、会津戦争始まる。九月八日、明治と改元、一世一元制を定める。九月二二日、会津藩降伏。十月一三日、天皇東京（七月一七日、江戸を東京と改称）着、江戸城を東京城と改称し皇居と定める。十二月二八日、各国局外中立を解除。キューバ、スペインからの独立戦争始まる。

政府樹立に着手、士官以上の者の選挙により総裁榎本、副総裁松平、海軍奉行荒井、陸軍奉行大鳥、箱館奉行永井尚志、開拓奉行沢等がきまる。

一八六九（明治二） 三十四歳

二月一九日、プロシアの貿易商ガルトネルと開墾条約を結び七重村とその近辺の土地三〇〇万坪の九九年の租借権を与える（明治政府は翌年、解約）。

三月二〇日、宮古湾に甲鉄艦奪取の計画を強行。

四月一二日、木古内の大鳥圭介部隊、二股口の土方歳三部隊頑強に抵抗。

四月二九日、戦況不利で退路を断たれる恐れありとして二股口の土方部隊五稜郭及び箱館に退却。

五月一日、ブリユーネら仏軍人、箱館に入港した仏軍艦に乗船、横浜を経て本国に送還される。

五月一一日、官軍総攻撃を開始。土方歳三戦死。

五月一二日、黒田清隆、箱館病院長の高松凌雲、小野権之丞に恭順勧告を榎本へ伝達するよう依頼。

五月一四日、黒田の使者田島圭蔵が榎本に降伏を勧めるが榎本は拒絶。「海律全書」を黒田に贈る。

五月一六日、千代ケ岱台場陥落、同日。

黒田より「海律全書」の返礼として清酒五樽を贈る。

夜榎本は降伏を決意切腹しようとするが止められて自刃を果たせず。

五月一七日、榎本、松平、大鳥、荒井、五稜郭を出て亀田村で黒田と会見、謝罪降伏の意志を表明。

五月一八日、五稜郭開城。

五月二一日、榎本ら細川藩兵の護衛で青森に送られる。

六月三〇日、東京に護送され辰の口牢に投獄される。

牢内で学問と実験を再開する。

九月二三日、武揚の母の歎願書（福沢諭吉作）提出。

一八六九

一月二〇日、薩、長、土、肥、版籍奉還を上表。

二月三日、政府、米国より甲鉄艦の購入を決定。

三月九日、政府艦隊品川を出帆。三月二八日、天皇東京に到着（東京遷都）。四月一六日、官軍参謀黒田清隆作戦の立て直しをはかる。四月一七日、官軍福山城を占領。

五月一八日、戊辰戦争終了。六月、大北電信会社設立。六月四日、蝦夷開拓督務に旧肥前藩主鍋島直正を任命。六月一七日、版籍奉還。七月八日、官制改革、蝦夷地に開拓使を設置（初代長官鍋島直正）。八月一五日、蝦夷地を北海道と改称。九月四日、大村益次郎襲撃さる（十一月五日、没）。九月二八日、慶喜の謹慎解ける。一二月、東京—横浜間に電信開通、箱館を函館と改める。

メンデレーエフの周期律表。スエズ運河開通。

米大陸横断鉄道完成。

一八七〇

二月一三日、樺太開拓使設置。
仏—プロシア戦争。仏共和国宣言。伊統一。ジー

一八七一（明治四）　三十六歳

八月二六日、母こと死去。

一八七二（明治五）　三十七歳

一月六日、黒田清隆らの尽力で出牢、親類宅に謹慎。

三月六日、放免。

三月八日、開拓使四等出仕、北海道鉱山検査および物産取調べのための巡回を拝命。

一八七三（明治六）　三十八歳

一月一七日、開拓使中判官に任ぜられる。

三月、ケプロンとの対立が表面化する。

八月末～一二月、イクシベツ、空知川沿岸の石炭調査。

九月二六日、対雁で日本で初めてと思われる爆薬開墾を実験する。

十月五日、前年六月四日開拓使布達により対雁の土地十万坪の地代金を納入し仮地券を得る。

一〇月七日、札幌を発ち道東調査。

一二月二二日、帰京願を提出。

一八七四（明治七）　三十九歳

一月一四日、海軍中将拝命。

一月一八日、対露領土問題処理のため特命全権公使を命ぜられる。

三月一〇日、横浜出帆。

六月一〇日、ペテルブルグに着任する。

六月二二日、国土交換の第一回交渉に入る。交渉のかたわらシベリア、千島の歴史、地理、物産の調査や種々の実験を行い、日本へ情報やアイデア、種子、物産などを送付する。

一八七五（明治八）　四十歳

四月一七日、交渉は樺太島境界から千島と樺太の交換交渉に入り日本政府

一八七一

メンス、電気製鋼炉。

七月一四日、廃藩置県。

独帝国成立。英、電信工学者協会設立。

一八七二

二月二八日、陸軍省、海軍省を設置。七月一日、マリア・ルス号事件。八月三日、学制制定。九月一三日、新橋横浜間に鉄道開通。一一月九日、太陽暦採用を布告。

オーストリア―インド間海底電線開通。

一八七三

一月一〇日、徴兵令布告。四月三〇日、日清修好条規批准。一〇月二四日、征韓論に敗れ西郷隆盛辞職。

一八七四

一月一七日、板垣退助ら民選議院設立建白書を提出。二月四日、佐賀の乱。六月二三日、北海道屯田兵制を設ける。一〇月三一日、清国と台湾問題の条約調印。

一八七五

台湾出兵。四月一四日、漸次立憲政体樹立の詔

は交換に同意する。

五月七日、樺太・千島交換条約を榎本公使とロシア外務大臣ゴルチャコフの間で調印する。

八月〜九月、欧州各国各地を視察旅行。

一二月三一日、花房書記官、ポンペ医師と『朝鮮事情』の翻訳を開始する。

一八七六（明治九）　四十一歳

この年ペテルブルグにて大陸政策を構想する。

千島関係開発について調査する。

一月一五日、『朝鮮事情』の翻訳が完了する。

一八七七（明治十）　四十二歳

露土戦争のため帰国延期（海軍のために露の水雷火の雛形を内々に手に入れる）。

一二月、電話機を買って試す。「テレホン」一式を自宅へ、他の一式を電信局へ送るつもりであると、妻多津へ手紙を送る。

一八七八（明治十一）　四十三歳

七月二六日、シベリア経由で帰国のためペテルブルグ出発。

モスクワ、ニジニノブゴロド、カザン、ウラル山中のニジニソヤイタンスキー、チューメン、トムスク、クラスノヤルスク、イルクーツク、バイカル湖、チタ、ブラゴヴェシチェンスク、ハバロフスク、ウラジオストックで調査する。

シベリア横断の間、その土地の人情風俗、地勢、地質、地味、鉱業など軍隊の数に至るまでの民族、政治経済、軍事などあらゆることを調査したことを記した『シベリア日記』を残し、後年発見され、発刊される。

一〇月四日、黒田によってウラジオストックへ差し廻された箱館丸にて小樽着。

一〇月二一日、函館を経て横浜着。


出る。六月讒謗（ざんぼう）律、新聞紙条例を定める。九月二〇日、江華島事件。

一八七六

二月二六日、日鮮修好条規調印。三月二八日、廃刀令出る。一二月大久保利通「行政改革建言書」。

マックス・フォン・ブラント、独帝国公使として北京に着任。

一八七七

二月一五日〜九月二四日、西南戦争、政府は野戦電信一〇〇キロメートル、仮設電信局五三箇所設置。

露・トルコ戦争。ベル電話会社設立。エジソンの蓄音機。

一八七八

三月一二日、東京商法会議所の設立計画。五月一四日、大久保利通暗殺さる。八月二三日、竹橋事件。
オスマン帝国―露間でサン・ステファノ条約締結、ベルリン会議開催。

一八七九（明治十二）　四十四歳

二月一二日、不平等条約改正のため条約改正取調御用掛となる。

九月一〇日、外務省二等出仕を兼任。

一一月六日、外務大輔に任ぜらる。

一一月一八日、議定官を兼任。

地学協会の創立を唱え副社長に就任する。

一八八〇（明治十三）　四十五歳

二月二八日、海軍卿を兼任。

二月、興亜会が設立され入会する。

一八八一（明治十四）　四十六歳

四月七日、海軍卿を免ぜらる。

五月七日、宮内庁御用掛（皇居造営御用掛）を命ぜられ一等官となる。

一八八二（明治十五）　四十七歳

五月二七日、皇居造営事務副総裁に就任する。

八月一二日、皇居造営事務副総裁を免ぜられ駐清国特命全権公使を拝命する。

九月二二日、家族と共に北京に赴任する。

一八八三（明治十六）　四十八歳

年末、大沽にて李鴻章と会談。以後李鴻章との深い相互信頼と尊敬にみちた交友関係が続く。

一二月九日、妻を北京に残し一時帰国が決定する。

一八八四（明治十七）　四十九歳

一月二八日、東京に帰る。

一八七九

四月四日、沖縄県設置。

チリー・ペルー、ボリビアの太平洋戦争。

一八八〇

大隈重信「経済政策ノ変更ニ就テ」を建議（官業払下げが始まる）。

一八八一

七月、北海道開拓使官有物払下げ問題紛糾。十月、大隈重信免官（明治十四年の政変）。沖冴太郎、愛宕山の古物商で武揚が持ち帰った電信機一台を発見。

パナマ運河工事着工。英、ロンドンで火力電燈事業を開始する。

一八八二

二月八日、北海道開拓使廃止。七月二三日、朝鮮で壬午事変起る。

三月三日、朝鮮政府と海底電線設置条約を調印。

世界恐慌。英、エジプト占領、スエズ支配。独、オーストリア、伊三国同盟、ダイムラー社設立。

一八八三

二月釜山に在外日本電信局開設。七月二〇日、岩倉具視死去。一〇月三一日、秩父事件。

一八八四

清仏戦争。英、蒸気タービン発明。一二月四日、二月、妻を東京に呼び戻す。
七月三〇日、清国、仏と交戦状態となり、急ぎ清国へ戻るため東京を出発(北京に向う)。

一八八五(明治十八) 五十歳
四月三日、条約締結までの間、李鴻章と度々会談、伊藤博文を補佐して甲申事変の紛争解決に努力、天津条約締結の陰の力となる。
一〇月一一日、清国駐在を免ぜられ帰京。
一二月二二日、第一次伊藤内閣の初代逓信大臣に就任する。

一八八六(明治十九) 五十一歳
度々、志田林三郎の隅田川などでの水面の導体を媒体にした無線の実験に立会う。

一八八七(明治二十) 五十二歳
五月二四日、勲功により子爵の位を授与。

一八八八(明治二十一) 五十三歳
函館海底電線の工事が難工事を理由に大北電信へ外注することに反対し、若手技術者らに自ら工事するように鼓舞、指示する。
四月三〇日、黒田内閣成立、臨時に農商務大臣兼任。
五月、電気学会が創立され、初代会長に就任する。
七月二五日、臨時農商務大臣の兼任を解かれる。
日本家禽協会会長に就任。

一八八九(明治二十二) 五十四歳
三月二二日、逓信大臣を免ぜられ文部大臣に就任する。
一二月、山縣内閣に留任。

一八九〇(明治二十三) 五十五歳
五月一七日、文部大臣を辞任。枢密顧問官に任命さる。

朝鮮で甲申事変起る。

一八八五
四月一八日、天津条約調印。一二月二二日、太政官制廃止、内閣制度発足。初代総理大臣に伊藤博文就任。

一八八六
ベルヌ条約調印。

一八八七
三月志田林三郎逓信省電信局部長就任。一二月二六日、保安条例施行。
パリーブリュッセル間に最初の国際電話。

一八八八
四月二五日、市制、町村制公布。一一月三〇日、メキシコと対等の通商条約を締結。一二月一八日、特許・意匠・商標の三法の条例が策定される。
ダンロップの空気タイヤ。

一八八九
二月一一日、大日本帝国憲法発布。新聞『日本』創刊。
エッフェル塔完成。

一八九〇
チェーホフ、シベリアを横断しカラフトを旅行。独、ビスマルク失脚。英で最初の電気式地下鉄。

一八九一（明治二十四）　五十六歳

三月六日、東京麹町に徳川育英黌農業科（現在の東京農業大学）を設立、黌主となる。

五月、大津事件の謝罪特使として特派大使有栖川宮威仁親王の特別随行を懇望される。再三辞退したが天皇、皇后両陛下から依頼の御証が下り随行を決意する。

五月一五日、威仁親王に特別随行を命ぜらる。

五月二一日、ロシア政府の謝罪使派遣に及ばずとの諒解が得られ特使派遣中止となり特別随行を解かれる。

五月二一日、第一次松方内閣の外務大臣に就任する。

八月四日、在メキシコ府領事館開設。

八月八日、外務省官房移民課設置。

一八九二（明治二十五）　五十七歳

工学会副会長。

三月一八日、メキシコ移住適地調査団、出発。

四月一二日、条約改正案調査委員。

八月二日、妻多津死去。

八月八日、第一次松方内閣総辞職に伴ない外務大臣を辞任し、枢密顧問官となる。

九月、日本気象学会会頭に就任。

この頃から鉄鋼事業実現に向け、自宅にて野呂景義、今泉嘉一郎、金子増燿（ますてる）と実現へ向けた議論を繰り返し、実現への決意を述べる。

一八九三（明治二十六）　五十八歳

三月一一日、殖民協会発会式。会頭として、演説で協会が政府の補助を頼らない独立協会であることと「国利民福」の重要性を訴える。

一一月一一日、補議定官に就任する。

一八九四（明治二十七）　五十九歳

一一月二六日、在メキシコ総領事館に昇格。

マッキンリー関税法成立。

一八九一

シベリア鉄道起工。米、ナイアガラの滝で水力発電開始、自動電話交換機発明。

五月六日、第一次、松方内閣成立。五月一一日、大津事件。一二月一八日、足尾銅山鉱毒事件に関する質問を衆議院に提出（鉱毒公害問題が初めて議会で取り上げられる）。

一八九二

一月二八日、予戒令公布。四月一三日、第一回条約改正案調査委員会。八月八日、第二次伊藤内閣誕生。一〇月三〇日、教育勅語発布。一月九日、内村鑑三勅語拝礼拒否事件。一月二〇日、国会焼失（政府は漏電を主張するが電燈会社は否定し対立）。

一八九三

一二月三〇日、衆議院解散（条約励行建議案が原因となり条約改正問題が紛糾）。

仏露同盟成立。エジソン、映画を発明。

一八九四

一月二二日、農商務大臣に就任。

ついで第二次黒田、第二次松方の二代の内閣に引きつづき農商務大臣に留任、閣僚として三年余り在職する。

四月、臨時博覧会事務総裁となる。

一八九五（明治二十八）六十歳

一二月二九日、第九回帝国議会で『製鉄所設立意見』を表明し、製鉄所設立予算が可決（協賛）される。

同方會会長となる。

一八九六（明治二十九）六一歳

一〇月、第一回農商工高等会議が開催され、平和の維持と商工業の発展の必要を演説する。

一八九七（明治三十）六十二歳

三月三日、農商務大臣としては初めて足尾銅山の被害民代表と面会する。

三月二三日、農商務大臣としては初めて足尾銅山を現地視察し、帰京後直ちに対応する。

三月二四日、政府の鉱毒調査委員会を初めて設置する。

榎本メキシコ殖民、出発する。

三月二五日、第一回足尾鉱毒事件調査委員会が開催され、各種専門家による公害への対応が開始。

第十議会で農商務省関連法案がすべて成立し、大臣就任当初の目的が果たせたとし、金子堅太郎に辞意を伝えたところ、金子堅太郎も同感共にし辞

七月一六日、日英通商航海条約調印（領事裁判権廃止）。七月二三日、朝鮮王宮を武力占領。八月一日、日清戦争始まる。一一月、野呂は釜石製鉄所で難航していたコークス高炉法による銑鉄技術を完成。

甲午農民戦争（東学党の乱）。

一八九五

四月二三日、三国干渉。一〇月八日、閔妃暗殺事件。

X線発見。ポポフ、マルコーニ、無線通信法の発明。フォード、自動車生産開始。

一八九六

三月二九日、製鉄所官制を発布。一二月、武揚が北沢正誠（せいせい）らと高岳法親王の遺跡捜索を山本鉦介に依頼、山本はインドシナ半島へ向かう岩本千綱に同行し、捜索を開始。マハン『海上権力史論』邦訳本を東邦協会から出版。

第一回近代オリンピック開催。独―エチオピア戦争、ベクレルの放射線発見。

一八九七

J・J・トムソン、陰極線の粒子性証明。蒸気タービン船完成。独、ディーゼル機関の生産開始、ブラウン管発明。米、モノタイプ印刷完成。

表を提出する。
三月二九日、農商務大臣辞職が認められる。
四月二日、安藤太郎、農商務省商工局長辞任。
四月一〇日、金子堅太郎、農商務次官辞任（武揚が金子に男爵授与を関係者に内申し一部了解を得たが、この時は実現せず）。

一八九八（明治三十一）　六十三歳

三月、工業化学会が創立され、初代会長に就任する。
一〇月、大日本窯業協会（窯工会）会長。
一二月、隕石に関する歴史と隕石を以て刀剣を作らせ皇太子に献上する。（隕石の刀剣作成の技術をまとめた論文『流星刀記事』を執筆）。
工業化学会が創立され、初代会長に就任する。

一九〇二（明治三十五）　六十七歳

九月、日露の交誼と情報収集を目的として日露協会が設立され、初代会長に推挙される。
一一月、渋沢栄一が日露協会の顧問になる。後に、病気静養のため辞任する。

一八九八
義和団事件。
独、清の青島租借。露、旅順と大連を占領。米、ハワイを併合。英、九龍半島と威海衛租借。スペイン—米戦争（キューバなど）。キュリー夫妻放射線発見。

一八九九
英、南アフリカ戦争。

一九〇〇
ツェッペリン、最初の飛行船製作。露軍、黒竜江省、吉林省、瀋陽占領。露、李鴻章との協定で満州の独占的権益を得る。

一九〇一
シベリア鉄道、ハバロフスクまで全線開通。マルコーニ、大西洋横断無線電信開始。義和団事件最終議定書調印。

一九〇二
一月三〇日、日英同盟協約。
英—清、通商条約調印。アンゴラで原住民がポルトガルに対し大反乱を起こす。米、フィリピン法可決。

一九〇三
ウスリー鉄道全線開通（ハバロフスク—ウラジオストック）。ライト兄弟、初の飛行に成功。

一九〇八（明治四十一） 七十三歳
一月一三日、電気学会にて最後となる演説を行う。欧米技術のコピーに甘んじず、日本人自らのオリジナリティーが求められている、もっと発明しなければいけないと訴える。
七月一三日、発病。
一〇月二七日、逝去、海軍葬駒込吉祥寺に葬られる。会葬者は官民上下一般及び消防隊百数十名が参列する。

一九一一（明治四十四）
一月、電気学会は「故榎本電気学会会長紀念図書館設立資金募集」を始める。

一九一七（大正六）
長男・武憲が対雁の土地を小作人と協議し円満に小作人の共有地として譲渡する。

一九二二（大正十一）
一二月、『電気学会榎本図書館』がオープンする。

一九〇四
日露戦争。
フレミング、二極管を発明。

一九〇五
ポーツマス条約締結。
アインシュタイン、特殊相対性理論を発表。

一九〇七
日露協約。日仏協約。
英露協商。

一九〇九
伊藤博文暗殺。

一九一〇
日韓併合。メキシコ革命始まる。

榎本家系図

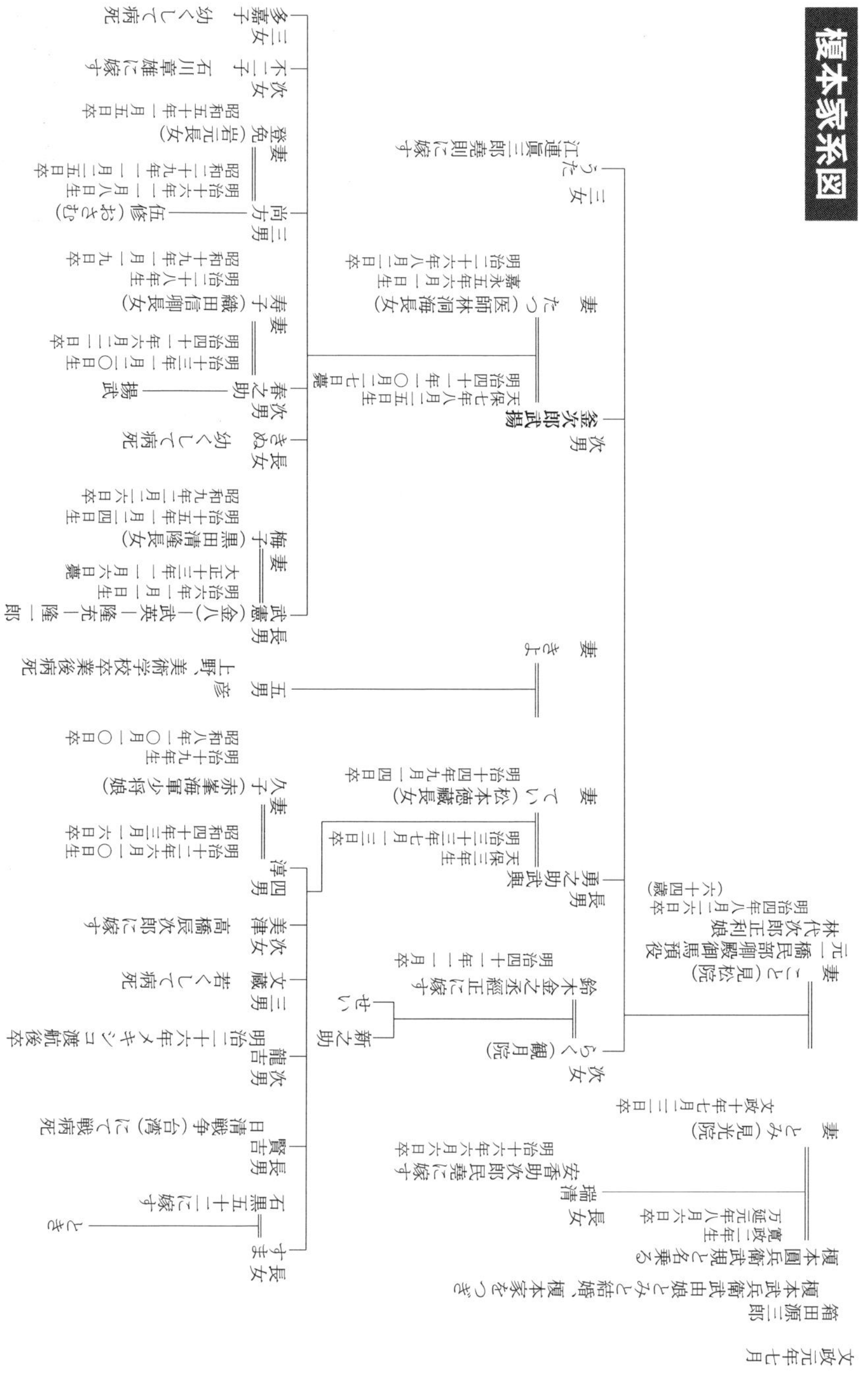

文政元年七月
箱田源三郎
榎本武兵衛武由娘とみと結婚、榎本家をつぐ
榎本圓兵衛武規と名乗る
寛政二年生
万延元年八月六日卒
妻
とみ（見光院）
文政十年七月三日卒
元妻
一橋民部卿殿御馬預役
林代次郎正利娘
こと（見松院）
明治四年八月二六日卒
（六十四歳）
長女
瑞清
安香助次郎民堯に嫁す
明治十六年六月六日卒
次女
らく（観月院）
鈴木金之丞経正に嫁す
明治四十一年一月卒
せい
新之助
長男
勇之助
武典
天保三年生
明治三十三年七月一三日卒
妻
てい（松本徳藏長女）
明治十四年九月一四日卒
妻
きよ
次男
釜次郎
武揚
天保七年八月二五日生
明治四十一年一〇月二七日薨
妻
たつ（医師林洞海長女）
嘉永五年六月一日生
明治二十六年八月二日卒
三女
うた
江連眞三郎堯則に嫁す
長女
すま
石黒五十二に嫁す
とき
長男
賢吉
日清戦争（台湾）にて戦病死
次男
龍吉
明治二十六年メキシコ渡航後卒
三男
文蔵
若くして病死
次女
美津
高橋辰次郎に嫁す
四男
淳
明治十二年六月一〇日生
昭和四十年三月一六日卒
妻
久子（赤峯海軍少将娘）
明治十九年生
昭和八年一〇月一〇日卒
五男
彦
上野、美術学校卒業後病死
長男
武憲
明治六年八月一一日生
大正十三年一一月六日薨
金八（一武英一武充一隆一郎）
妻
梅子（黒田清隆長女）
明治十五年一二月二四日生
昭和九年一二月一六日卒
長女
きぬ
幼くして病死
次男
春之助
明治十三年一二月二〇日生
明治四十一年六月一二日卒
揚武
妻
寿子（織田信卿長女）
明治二十八年生
昭和十九年一月一九日卒
三男
尚方
明治十六年一一月八日生
昭和二十九年一二月一五日卒
伍修（おさむ）
妻
登免（岩元長女）
昭和五十年一月五日卒
次女
不二子
石川章雄に嫁す
三女
多嘉子
幼くして病死

佐藤家系図

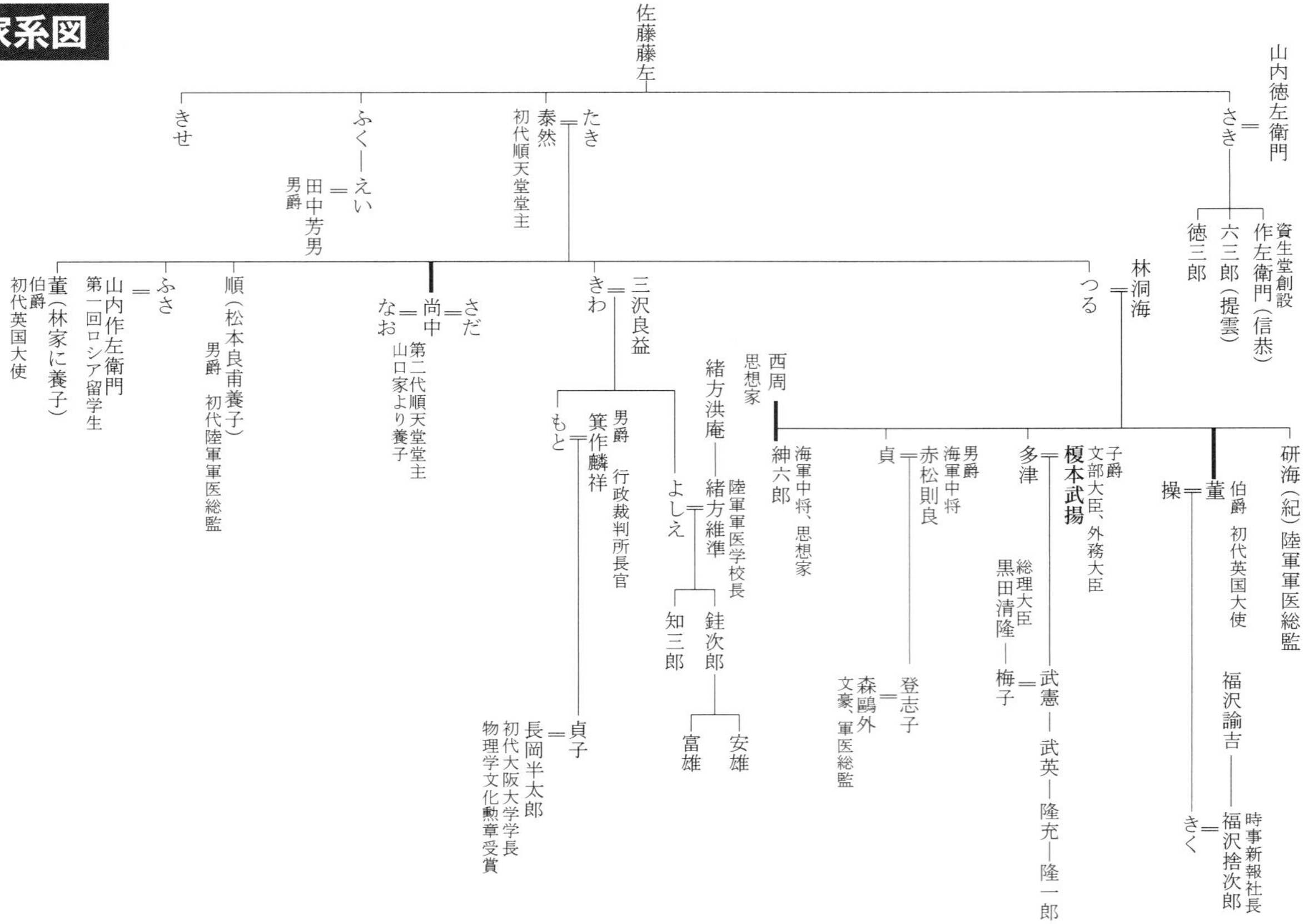

＊太線は養子関係を示す。

榎本公使帰国の旅要図

明治11年（1878）7月－9月

松村正義『国際交流史――近現代の日本』地人館、1996年。

安藤哲『大久保利通と民業奨励』御茶の水書房、1999年。

石原藤夫『国際通信の日本史――植民地化解消への苦闘の九十九年』東海大出版会、1999年。

高瀬暢彦編『金子堅太郎研究　第一集』日本大学精神文化研究所、2001年。

吉岡学、本間久英「榎本武揚の日本地質学史上に占める位置――その一 科学者としての出発」『東京学芸大学紀要　第4部門　数学・自然科学』53、2001年。

高瀬暢彦編『金子堅太郎研究　第二集』日本大学精神文化研究所、2002年。

福沢諭吉著、戸沢行夫編『福沢諭吉著作集』(全12巻）慶應義塾大学出版会、2002-2003年。

飯島伸子『環境社会学のすすめ』丸善、2003年。

高瀬暢彦編『金子堅太郎自叙伝　第二集』日本大学精神文化研究所、2003年。

広瀬玲子『国粋主義者の国際認識と国家構想――福本日南を中心として』芙蓉書房出版、2004年。

『名城を歩く23　五稜郭　蝦夷共和国の夢を結んだ北の巨星』ＰＨＰ研究所、2004年。

臼井隆一郎『榎本武揚から世界史が見える』ＰＨＰ研究所、2005年。

琴秉洞『日本人の朝鮮観――その光と影』明石書店、2006年。

佐々木譲『幕臣たちと技術立国――江川英龍・中島三郎助・榎本武揚が迫った夢』集英社、2006年。

斯文会、橋本昭彦編『昌平坂学問所日記 三』斯文会、2006年。

中岡哲郎『日本近代技術の形成〈伝統〉と〈近代〉のダイナミクス』朝日新聞社、2006年。

加茂儀一著、三枝博音記念論集編集委員会編「榎本武揚と明治の産業界」『世界史における日本の文化』第一法規出版、1965年。

井上勲著、石上英一ほか編「徳川の遺臣」『日本の時代史　20』吉川弘文館、2004年。

黒木彬文「興亜会のアジア主義」『法政研究　71（4)』九州大学法政学会、2005年。

4　小説

安部公房『榎本武揚』中央公論社、1965年（改版）1990年。

子母沢寛『勝海舟』新潮社、1964年（改版）1973年。

赤木俊介『榎本武揚』成美堂出版、1980年。

木暮正夫他『榎本武揚』、さ・え・ら書房、1982年。

星亮一『箱館戦争　榎本艦隊北へ』角川書店、1988年。

童門冬二『小説榎本武揚――二君に仕えた奇跡の人材』祥伝社、1997年。

佐々木譲『武揚伝　上・下』中央公論新社、2001年。

北海道むかし話研究会、北海道学校図書館協会編著「榎本武揚をだました白ギツネ」『読みがたり北海道のむかし話』日本標準、2005年。

5　雑誌

『気象集誌』日本気象学会。

『興亜会・亜細亜協会報告』(復刻版）不二出版、1993年。

『工業化学雑誌』工業化学会（現日本化学会)。

『電気学会雑誌』電気学会。

『同方会報告』同方会、1896-1900年。

戸川安宅編『舊幕府』旧幕府雑誌社他、1897-1901年。

『新しい道史』(通巻第10巻、37、38号）北海道総務部文書課、1965年。

榎本隆充「榎本武揚の流星刀製作と『流星刀記事』／シベリア横断旅行と『シベリア日記』」『地学雑誌』112（3）東京地学協会、2003年。

西川治「榎本武揚と開陽丸のルネサンス」『地学雑誌』112（3）東京地学協会、2003年。

山本明夫「化学、隕石、北海道――榎本武揚とウイリアム・クラークを結ぶ糸」『化学と工業』第58巻第1号2005年。

天野尚樹「極東における帝立ロシア地理学協会」『研究報告集　ロシアの中のアジア／アジアの中のロシア（Ⅲ)』北海道大学スラブ研究センター、2004年。

平場徳太郎編『工学会々員名簿』工学会、1892年。

出版、2002年。

榎本隆充「榎本武揚」『近現代日本人物史料情報辞典　第2巻』、吉川弘文館、2005年。

中村喜和「ロシア公使時代の榎本武揚の宅状」『ロシアの木霊』風行社、2006年。

好川之範、近江幸雄編著「榎本武揚――夢まぼろしの蝦夷共和国」『箱館戦争銘々伝 上』新人物往来社、2007年。

3　榎本武揚関連参考資料

岩本千綱『暹羅国探検実記』鹿島長次郎、1893年。

林董述『後は昔の記』時事新報社、1910年。

山崎有信『大鳥圭介伝』北文館、1915年。

村上一郎『蘭医佐藤泰然――その生涯とその一族門流』房総郷土研究会、1941年。

今泉博士傳記刊行会編『工学博士今泉嘉一郎傳』今泉博士傳記刊行会、1943年。

三宅雪嶺『同時代史　第1巻』岩波書店、1949年。

三宅雪嶺『同時代史　第3巻』岩波書店、1950年。

国立国会図書館一般考査部編『幕末和蘭留学生関係資料目録』国立国会図書館一般考査部、1953年。

中井励作『鉄と私――半世紀の回想』鉄鋼と金属社、1956年。

三枝博音、飯田賢一編『日本近代製鉄技術発達史――八幡製鉄所の確立過程』東洋経済新報社、1957年。

徳富猪一郎（蘇峰）『近世日本国民史　第76巻』近世日本国民史刊行会、1963年。

カッテンディーケ著、水田信利訳『長崎海軍伝習所の日々』東洋文庫二六、平凡社、1964年。

加藤忠義『函館外史――郷土じまん物語』大森稲荷神社社務所、1967年。

日本電信電話公社海底線施設事務所編『海底線百年の歩み』電気通信協会、1971年。

大久保利謙『岩倉具視』中央公論社、1973年。

勝海舟『勝海舟全集』勁草書房、1973年。

赤松則良述、赤松範一編注『赤松則良半生談――幕末オランダ留学の記録』平凡社、1977年。

井黒弥太郎『黒田清隆』吉川弘文館、1977年。

共同通信社編集『よみがえる幕末の軍艦開陽丸展――海底に探る日本史』北海道江差町教育委員会、1978年。

飯田賢一『日本鉄鋼技術史』東洋経済新報社、1979年。

順天堂編『順天堂史　上』順天堂、1980年。

富田正文、土橋俊一編『福沢諭吉選集　全14巻』岩波書店、1980-1981年。

日蘭学会、大久保利謙編『日蘭学会学術叢書第3　幕末和蘭留学関係史料集成』雄松堂書店、1982年。

原奎一郎著、山本四郎編『原敬をめぐる人びと　続』日本放送出版協会、1982年。

勝海舟述、巌本善治編、勝部真長校注『新訂　海舟座談』岩波文庫、1983年。

通信史研究所編著『逓信大臣列伝　上』逓信研究所、1983年。

石井孝『戊辰戦争論』吉川弘文館、1984年。

日蘭学会編、大久保利謙編著『日蘭学会学術叢書第4　幕末和蘭留学関係史料集成　続』雄松堂出版、1984年。

北海道立文書館編『北海道の歴史と文書――北海道立文書館開館記念誌』北海道立文書館、1985年。

井黒弥太郎『異形の人――厚司判官松本十郎伝』北海道新聞社、1988年。

電気学会創立100周年記念出版委員会編『電気学会100年史』電気学会、1988年。

ＮＨＫ歴史誕生取材班編『歴史誕生　全15巻』角川書店、1989-92年。

柏倉清『軍艦開陽丸　江差への航跡』教育書籍、1990年。

宮永孝『幕末オランダ留学生の研究』日本経済評論社、1990年。

藤井哲博『長崎海軍伝習所――十九世紀東西文化の接点』中央公論社、1991年。

黒木彬文、鱒沢彰夫解説『興亜会報告・亜細亜協会報告　第1巻　復刻版』不二出版、1993年。

佐江衆一著『岩波ジュニア新書　田中正造』岩波書店、1993年。

函館日米協会編『箱館開化と米国領事』北海道新聞社、1994年。

石橋藤雄『開陽丸ノート・百十一話』石橋藤雄、1996年。

榎本武揚関連文献一覧

1　榎本武揚著・訳

榎本武揚著、広瀬彦太編『西比利亜日記　附渡蘭日記』東兆書院、1943年。

榎本武揚著、加茂儀一編集・解説『榎本武揚　資料』新人物往来社、1969年。

（日記編――渡蘭日記、北海道巡廻日記、シベリア日記　書翰編――慶応3年10月25日―明治28年4月30日、流星刀記事などを含む）。

榎本武揚著、榎本隆充編『榎本武揚未公開書簡集』新人物往来社、2003年。

シャーレル・ダレー著、榎本武揚重訳『朝鮮事情　原名・高麗史略』集成館、1882年。

A・S・ポロンスキー著、榎本武揚他訳『北方未公開古文書集　第7巻　千島誌』叢文社、1979年。

。


〈演説関係〉


榎本武揚著『北海道物産取調書稿』（稿本）、1868年。

榎本武揚著、土居光華編「蝦夷地ヲ乞ヒ徳川家旧臣ヲ撫育センコトヲ乞ノ書」土居光華編『今体名家文抄　続』小林新造等、1877年。

榎本武揚著「大日本園芸会第一総会に於て」『国民演説　第四号』鶴鳴館、1890年。

榎本武揚著、辻岡文助編「殖民協会に於て」『時事問題名士演説　第2集』金松堂、1893年。

榎本武揚訳「西洋軍艦蒸気船製造方伝習書装鉄船略記」『海事史料叢書　第9巻』成山堂書店、1969年。

2　榎本武揚に関する著作

枢密院文書『履歴書』国立公文書館デジタルアーカイブ・システム、1894（明治27）年。

一戸隆次郎『榎本武揚子』嵩山堂、1909年。

田中惣五郎『勝海舟・榎本武揚伝――幕末海軍の創始者』日本海軍図書、1944年。

加茂儀一『榎本武揚――明治日本の隠れたる礎石』中央公論社、1960年。

加茂儀一『資料　榎本武揚』新人物往来社、1969年。

北海道総務部行政資料室編『開拓の群像　中』北海道、1969年。

井黒弥太郎『榎本武揚伝』みやま書房、1968年。

小山正栄著『えれきてる物語　日本電気研究者列伝』九州電力、1970年。

角川書店編『日本史探訪　第9集』角川書店、1973年。

井黒弥太郎『榎本武揚』新人物往来社、1975年。

旺文社編『現代視点　戦国幕末の群像　榎本武揚』旺文社、1983年。

綱淵謙錠『航（こう）――榎本武揚と軍艦開陽丸の生涯』新潮社、1986年。

角山幸洋『榎本武揚とメキシコ殖民移住』同文館出版、1986年。

綱淵謙錠『ＮＨＫドキュメント4　メキシコに五稜郭の夢を見た』日本放送出版協会、1987年。

栗岩英雄、中村太郎監修『歴史人物なぜなぜ事典――ぎょうせい学参まんが　20　西郷隆盛・木戸孝允・榎本武揚』ぎょうせい、1990年。

上野久『メキシコ榎本殖民――榎本武揚の理想と現実』中央公論社、1994年。

山本厚子『榎本武揚――時代を疾走した国際人――ラテンアメリカ移住の道を拓く』信山社出版、1997年。

松田藤四郎『シリーズ・実学の森　榎本武揚と東京農大』東京農大出版会、2001年。

秋岡伸彦『シリーズ・実学の森　ドキュメント榎本武揚――明治の「読売」記事で検証』東京農業大学出版会、2003年。

『週刊『日本の100人』――歴史をつくった先人たち　73号　榎本武揚』デアゴスティーニ・ジャパン、2007年。

南条範夫著、読売新聞社編「榎本武揚」『人物再発見　続』人物往来社、1965年。

赤木駿介「牢名主榎本武揚」『独眼竜の涙』福武書店、1994年。

佐々木克著、佐々木克編「榎本武揚――幕臣の戊辰戦争」『それぞれの明治維新　変革期の生き方』吉川弘文館、2000年。

ＳＴＶラジオ編「榎本武揚」『ほっかいどう百年物語　北海道の歴史を刻んだ人々』中西

執筆者紹介

（執筆順）

加藤　寛（かとう・ひろし）→一五頁参照。

山本明夫（やまもと・あきお）→一九頁参照。

速水　融（はやみ・あきら）→二三頁参照。

佐藤　優（さとう・まさる）→二七頁参照。

高成田享（たかなりた・とおる）→三三頁、奥付参照。

臼井隆一郎（うすい・りゅういちろう）→三五頁参照。

中山昇一（なかやま・しょういち）→三九頁参照。

榎本隆充（えのもと・たかみつ）→四一頁、奥付参照。

童門冬二（どうもん・ふゆじ）→六三頁参照。

稲木静恵（いなぎ・しずえ）中学校教諭を経て石油会社勤務。東京農業大学榎本・横井研究会会員。

吉岡学（よしおか・まなぶ）一九七六年生。理学修士。地学史、近世・近代史。論稿に「榎本武揚は日本地質学史上に如何なる位置を占めるや」「榎本武揚の流星刀と『流星刀記事』に関する一考察」等。

下斗米伸夫（しもとまい・のぶお）一九四八年生。法政大学法学部教授。ロシア政治・ロシアソ連史。著書に『モスクワと金日成』（岩波書店）『ロシア現代政治』（東京大学出版会）等。

木村汎（きむら・ひろし）一九三六年生。北海道大学・国際日本文化研究センター名誉教授、拓殖大学客員教授。政治学。著書に『ソ連式交渉術』（講談社）『総決算ゴルバチョフの外交』（弘文堂）『遠い隣国』（世界思想社）『日露国境交渉史』（角川書店）『プーチンのエネルギー戦略』（北星堂）等。

小美濃清明（おみの・きよはる）一九四三年生。幕末史研究家。幕末史研究会主宰。著書に『坂本龍馬と刀剣』『坂本龍馬・青春時代』（新人物往来社）等。

山本厚子（やまもと・あつこ）東京都生。ノンフィクション作家。東京農業大学・早稲田大学講師。ラテンアメリカの政治・経済・文学。著書に『時代を疾走した国際人榎本武揚』（信山社）『野口英世は眠らない』（集英社）等。

松田藤四郎（まつだ・とうしろう）一九三一年生。学校法人東京農業大学理事長、東京農業大学名誉教授。農業経済学。著書に『緑化樹木の生産と流通』（明文書房）、『グリーンビジネス』（日本経済新聞社）等。

佐藤智雄（さとう・のりお）一九五九年生。市立函館博物館学芸員、歴史・民俗担当。考古学。著書に『高松凌雲』（箱館戦争銘々伝　下）（新人物往来社）『士道』『幕臣達の明治維新』『箱館戦記』『箱館海戦記』（市立函館博物館）等。

森山行輝（もりやま・ゆきてる）一九四七年生。石巻市議会議員。

中村喜和（なかむら・よしかず）一九三二年生。一橋大学名誉教授。ロシア文化史。著書に『聖なるロシアを求めて』（平凡社）『おろしや盆踊唄考』（現代企画室）等。

岩下哲典（いわした・てつのり）一九六二年生。明海大学教授。日本史。著書に『江戸のナポレオン伝説』（中央公論新社）『幕末日本の情報活動』（雄山閣出版）等。

近江幸雄（おうみ・ゆきお）一九三六年生。北海道史研究協議会渡島地区幹事。著書に『箱館戦争銘々伝』（新人物往来社）『函館ふるさと紀行』（私家版）等。

田口英爾（たぐち・えいじ）一九三一年生。梅蔭寺次郎長資料室代表。著書に『最後の箱館奉行の日記』（新潮社）『清水次郎長と明治維新』（新人物往来社）など。

進藤咲子（しんどう・さきこ）一九二四年生。東京女子大学名誉教授。日本語史（近代語）。著書に『明治時代語の研究——語彙と文章』（明治書院）『學問ノススメ　本文と索引』（笠間書院）『「文明論之概略」草稿の考察』（福沢諭吉協会）。

栗田尚弥（くりた・ひさや）一九五四年生。國學院大學講師。日本政治外交史。著書に『上海東亜同文書院』（新人物往来社）『地域と占領』（編著、日本経済評論社）『帝都と軍隊』（共著、日本経済評論社）『相模湾上陸作戦』（共著、有隣堂）等。

小泉仰（こいずみ・たかし）一九二七年生。慶應義塾大学名誉教授。倫理学。著書に『西周と欧米思想との出会い』（三嶺書房）『J・S・ミル』（研究社）『福澤諭吉の宗教観』（慶應義塾大学出版会）等。

芝哲夫（しば・てつお）一九二四年生。大阪大学名誉教授。生物有機化学、日本化学史。著書に『ポンペ化学書』『化学物語二五講』（化学同人）『オランダ人の見た幕末明治の日本』（菜根出版）『適塾の謎』（大阪大学出版会）『生命の化学』（ブレーンセンター）等。

酒井シヅ（さかい・しづ）一九三五年生。順天堂大学名誉教授・特任教授。医史学。著書に『日本の医療史』（東京書籍）『順天堂史』（順天堂大学）『現代語訳解体新書』（講談社学術文庫）等。

福本龍（ふくもと・りゅう）一九三三年生。神戸ハーバーランド・福本クリニック理事長。著書に『われ徒死せず――明治を生きた大鳥圭介』『大鳥圭介の英・米産業視察日記』（国書刊行会）。大鳥圭介の妹於勝の曾孫。

寺崎修（てらさき・おさむ）一九四五年生。武蔵野大学学長、慶應義塾大学名誉教授。日本政治史。著書に『明治自由党の研究　上・下』『福沢諭吉の思想と近代化構想』『自由民権運動の研究』（慶應義塾大学出版会）『福沢諭吉の手紙』（共編、岩波文庫）。

関口昭平（せきぐち・しょうへい）一九二九年生。医師。内科学。日本ユネスコ協会連盟理事。函館日仏協会会長。

合田一道（ごうだ・いちどう）一九三四年生。ノンフィクション作家。著書に『日本史の現場検証』（扶桑社）『日本人の死に際』（小学館）等。

釣洋一（つり・よういち）一九三四年生。著述業。著書に『新撰組再掘記』『江戸刑事人名事典』『和洋暦換算事典』『四谷怪談三六〇年目の真実』（新人物往来社）。

＊二六五頁（西周）、二七九頁（福沢諭吉）、カバー（榎本武揚）の写真は、国立国会図書館「近代日本人の肖像」のホームページより転載。
＊二六九頁（ポンペ）の写真は、長崎大学附属図書館医学分館所蔵のものを使用。

編者紹介

榎本隆充（えのもと・たかみつ）

1935年生。東京農業大学客員教授、武蔵野大学特別講師、梁川会会長、開陽丸子孫の会会長、株式会社榎本光学研究所代表取締役。榎本武揚曾孫。編著『榎本武揚未公開書簡集』『北海道の不思議事典』『榎本武揚の妻榎本多津』（新人物往来社）他著書多数。

高成田享（たかなりた・とおる）

1948年生。ジャーナリスト。前橋国際大学客員教授。71年東京大学経済学部卒。朝日新聞経済部員、アメリカ総局員、ウィークエンド経済副編集長、経済部次長を経て、論説委員。96〜97年テレビ朝日ニュースステーション・キャスターを兼任。98〜02年アメリカ総局長（ワシントン）。帰国後は論説委員としてアメリカ、国際経済を担当した。現在は石巻支局長。著書に『ワシントン特派員の小さな冒険』『アメリカの風』など。

近代日本の万能人・榎本武揚 1836-1908

2008年4月30日　初版第1刷発行©

編　者　榎本隆充
　　　　高成田享

発行者　藤原良雄

発行所　株式会社 藤原書店

〒162-0041　東京都新宿区早稲田鶴巻町523
電　話　03（5272）0301
FAX　03（5272）0450
振　替　00160-4-17013

印刷・製本　中央精版印刷

落丁本・乱丁本はお取替えいたします
定価はカバーに表示してあります

Printed in Japan
ISBN978-4-89434-623-9

後藤新平生誕 150 周年記念大企画

後藤新平の全仕事

編集委員　**青山佾／粕谷一希／御厨貴**　内容見本呈

■百年先を見通し、時代を切り拓いた男の全体像が、いま蘇る。■医療・交通・通信・都市計画等の内政から、対ユーラシア及び新大陸の世界政策まで、百年先を見据えた先駆的な構想を次々に打ち出し、同時代人の度肝を抜いた男、後藤新平（1857-1929）。その知られざる業績の全貌を、今はじめて明らかにする。

後藤新平（1857-1929）

21 世紀を迎えた今、日本で最も求められているのは、真に創造的なリーダーシップのあり方である。（中略）そして戦後 60 年の“繁栄”を育んだ制度や組織が化石化し“疲労”の限度をこえ、音をたてて崩壊しようとしている現在、人は肩書きや地位では生きられないと薄々感じ始めている。あるいは明治維新以来近代 140 年のものさしが通用しなくなりつつあると気づいている。

肩書き、地位、既存のものさしが重視された社会から、今や器量、実力、自己責任が問われる社会へ、日本は大きく変わろうとしている。こうした自覚を持つ時、我々は過去のとばりの中から覚醒しうごめき始めた一人の人物に注目したい。果たしてそれは誰か。その名を誰しもが一度は聞いたであろう、“後藤新平”に他ならない。

（『時代の先覚者・後藤新平』「序」より）

〈後藤新平の全仕事〉を推す

下河辺淳氏（元国土事務次官）「異能の政治家後藤新平は医学を通じて人間そのものの本質を学び、すべての仕事は一貫して人間の本質にふれるものでありました。日本の二十一世紀への新しい展開を考える人にとっては、必読の図書であります。」

三谷太一郎氏（東京大学名誉教授）「後藤は、職業政治家であるよりは、国家経営者であった。もし今日、職業政治家と区別される国家経営者が求められているとすれば、その一つのモデルは後藤にある。」

森繁久彌氏（俳優）「混沌とした今の日本国に後藤新平の様な人物がいたらと思うのは私だけだろうか……。」

李登輝氏（台湾前総統）「今日の台湾は、後藤新平が築いた礎の上にある。今日の台湾に生きる我々は、後藤新平の業績を思うのである。」

名著の誉れ高い長英評伝の決定版

評伝 高野長英 1804–50

鶴見俊輔

江戸後期、シーボルトに医学・蘭学を学ぶも、幕府の弾圧を受け身を隠していた高野長英。彼は、鎖国に安住する日本において、開国の世界史的必然性を看破した先覚者であった。文書、聞き書き、現地調査を駆使し、実証と伝承の境界線上に新しい高野長英像を描いた、第一級の評伝。

口絵四頁

四六上製　四二四頁　**三三〇〇円**
（二〇〇七年一一月刊）
◇978-4-89434-600-0

総理にも動じなかった日本一の豪傑知事

安場保和伝 1835–99
〈豪傑・無私の政治家〉

安場保吉編

「横井小楠の唯一の弟子」（勝海舟）として、鉄道・治水・産業育成など、近代国家としての国内基盤の整備に尽力、後藤新平の才能を見出した安場保和。気鋭の近代史研究者たちが各地の資料から、明治国家を足元から支えた知られざる傑物の全体像に初めて迫る画期作！

四六上製　四六四頁　**五六〇〇円**
（二〇〇六年四月刊）
◇978-4-89434-510-2

外務省〈極秘文書〉全文収録

吉田茂の自問
〈敗戦、そして報告書「日本外交の過誤」〉

小倉和夫

戦後間もなく、講和条約を前にした首相吉田茂の指示により作成された外務省極秘文書「日本外交の過誤」。十五年戦争における日本外交は間違っていたのかと問うその歴史資料を通して、戦後の「平和外交」を問う。

四六上製　三〇四頁　**二四〇〇円**
（二〇〇三年九月刊）
◇978-4-89434-352-8

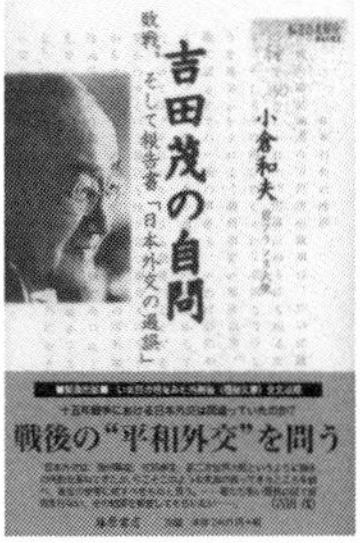

日本近代史上の最重要事件

二・二六事件とは何だったのか
〈同時代の視点と現代からの視点〉

藤原書店編集部編

伊藤隆／篠田正浩／保阪正康／御厨貴／渡辺京二／新保祐司 ほか

当時の国内外メディア、同時代人はいかに捉えたのか？　今日の我々にとって、この事件は何を意味するのか？　日本国家の核心を顕わにした事件の含意を問う！

四六上製　三一二頁　**三〇〇〇円**
（二〇〇七年一月刊）
◇978-4-89434-555-3

「満洲」をトータルに捉える、初の試み

新装版
満洲とは何だったのか

藤原書店編集部編
三輪公忠／中見立夫／山本有造／和田春樹／安冨歩／別役実 ほか

「満洲国」前史、二十世紀初頭の国際情勢、周辺国の利害、近代の夢想、「満洲」に渡った人々……。東アジアの国際関係の底に現在も横たわる「満洲」の歴史的意味を初めて真っ向から問うた決定版！

四六上製　五二〇頁　**三六〇〇円**
（二〇〇四年七月刊／二〇〇六年一一月刊）
◇978-4-89434-547-8

その全活動と歴史的意味

満鉄調査部の軌跡
〔1907-1945〕

小林英夫

日本の満洲経営を「知」で支え、戦後「日本株式会社」の官僚支配システムをも準備した伝説の組織、満鉄調査部。後藤新平による創設以降、ロシア革命、満洲事変、日中全面戦争へと展開する東アジア史のなかで数奇な光芒を放ったその活動の全歴史を辿りなおす。

満鉄創立百年記念出版
Ａ５上製　三六〇頁　**四六〇〇円**
（二〇〇六年一一月刊）
◇978-4-89434-544-7

〝満洲〟をめぐる歴史と記憶

満洲――交錯する歴史

玉野井麻利子編　山本武利監訳

日本人、漢人、朝鮮人、ユダヤ人、ポーランド人、ロシア人、日系米国人など、様々な民族と国籍の人びとによって経験された〝満洲〟とは何だったのか。近代国家への希求と帝国主義の欲望が混沌のなかで激突する、多言語的、前＝国家的、そして超＝国家的空間としての〝満洲〟に迫る！

四六上製　三五二頁　**三三〇〇円**
（二〇〇八年二月刊）
◇978-4-89434-612-3

CROSSED HISTORIES
Mariko ASANO TAMANOI

満洲ハルビンでの楽しい日々

ハルビンの詩がきこえる

加藤淑子
加藤登紀子編

一九三五年、結婚を機に満洲・ハルビンに渡った、歌手加藤登紀子の母・淑子。ロシア正教の大聖堂サボール、太陽島のダーチャ（別荘）、大河スンガリー――十一年間のハルビンでの美しき日々を、つぶさに語りつくす。

［推薦・なかにし礼］
Ａ５変上製　二六四頁　**口絵八頁**
二四〇〇円
（二〇〇六年八月刊）
◇978-4-89434-530-0

一九九五年二月二七日第三種郵便物認可　二〇〇八年四月一五日発行（毎月一回一五日発行）

月刊
機
2008
4
No. 194

発行所　株式会社 藤原書店 ©
〒一六二―〇〇四一　東京都新宿区早稲田鶴巻町五二三
電話　〇三・五二七二・〇三〇一（代）
FAX　〇三・五二七二・〇四五〇
◎本冊子表示の価格は消費税込の価格です。

編集兼発行人
藤原良雄
頒価 100 円

近代日本の近代化に多大な功績をあげた、榎本武揚。没後百年記念出版！

近代日本の万能人、榎本武揚

幕臣として箱館戦争を率い、出獄後は世界に通用する稀有な官僚として、外交・内政両面で日本の近代化に尽くした榎本武揚。しかし、近代日本が生んだこの万能人と呼ぶべき人物は、その際立った功績にもかかわらず、いまだ正当に評価されているとは言い難い。

榎本を貫いていた、西欧列強に触発された強烈な「国益意識」、そして北進の時代にあって「南進」を発想させるその地球規模のリアリズムとプラグマティズムは、没後百年経った今、新たな日本の生き方を示唆している。　**編集部**

● 四月号目次 ●

旧幕臣の榎本武揚、没百年記念出版！
近代日本の万能人、榎本武揚　1

『環』誌に本格的書評欄の登場、第一弾！
批評と学問　**高橋英夫＋粕谷一希**　6

『環』33号〈特集・世界史のなかの68年〉
六八年の赤い糸　**加藤登紀子**　8
揺れる電気傘と「三億円」　**窪島誠一郎**　9
目覚め、そして屈折　**宮迫千鶴**　10

社会科学と詩の共鳴『対話 言葉と科学と音楽と』
解説という名の広告　**天野祐吉**　12
二つの軌跡　**竹内敏晴**　14

NHKとともに七〇年　**長澤泰治**　16
リレー連載・今、なぜ後藤新平か 32
後藤新平の心を次世代に　**及川正昭**　18
リレー連載・いま「アジア」を観る 64
東アジアとは何か　**中嶋嶺雄**　21
〈新連載〉女性雑誌を読む 1
『女性改造』　**尾形明子**　20

〈連載〉風が吹く3「とびきりの風雪――遠藤周作氏」（山崎陽子）22　生きる言葉13「軽薄と荘重」（粕谷一希）23　『ル・モンド』紙から世界を読む62「書かれたものの力」（加藤晴久）24　帰林閑話161『父べえ』のこと（一海知義）25／3・5月刊案内／読者の声・書評日誌／刊行案内・書店様へ／告知・出版随想

二〇〇八年が幕末から明治にかけて活躍した榎本武揚の没百年ということで、その業績を改めて検証しながら榎本の再評価をしてみたいというのがこの座談会のテーマです。世間一般の榎本武揚に対する認識が五稜郭での箱館戦争の領袖というところで終わっていて、晩年に福沢諭吉の『瘠我慢の説』で徳川と明治の二君に仕えたことを批判されたこともあって、榎本の全体的な業績や持っている視野の広さへの評価は低いのではないかということで、より正当な評価をすべきだと考えたわけです。

『瘠我慢の説』は批判ではない

加藤寛　私は榎本武揚というのは『瘠我慢の説』でしか知らなかったものですから福沢諭吉的な見方が中心でした。しかし実際にはどうも私は理解が不十分だったようで『瘠我慢の説』でどうして福沢諭吉があんなに厳しく言ったのかというのが、前からよくわからなかったんです。これは福沢諭吉の文章の読み方が浅かったからだということを後になって痛切に感じております。

▲加藤寛氏

福沢諭吉は批判をしているのではなくて、むしろ非常に彼のことを褒めているんですね。私が福沢諭吉の榎本武揚論を理解していなかったことがはっきりしてくるのは、彼は箱館戦争に最後まで参加した榎本武揚を実に見事な武将であったと言って評価している。しかし、次に彼が軍門に下ったときには、何かいかにも腰砕けになって、もうかなわんから負けちゃえという感じになって降伏したと言うんです。ですが、これはやはり大きな間違いでして、そのとき榎本武揚は全員の命を助けるために、自分が切腹をしておわびをして、軍門に下ることを決心しているんです。そのことはいろいろな話に出てくるんですが、福沢諭吉はどういうわけかそんな榎本武揚の心がけがまだぴんとこなかった。というよりは、ぴんときていたけれどもそれだけでは罪滅ぼしにはならんよということをあえて言いたかった。これは恐らく福沢諭吉と榎本武揚が、義理の義理ですけれども、親戚関係にあったということが大きな一つの原因なのではないかと思います。

一徹な技術者魂

山本明夫　私は榎本武揚の生涯のう

ち、特に五稜郭で降伏してからの彼の生き方に非常に興味を持っています。

　箱館戦争で結局降伏して二年半、辰の口の牢で過ごしたわけですが、その間の榎本の生き方は、普通だったらこの先もう首を切られてしまうかどうなるかわからないと。狭い、暗い牢屋の中で過ごしながら、非常に前向きに将来日本の産業を興すということを一生懸命考えていたと思います。

　それで、牢の中に洋書を差し入れてもらって、それを読んで『開成雑俎』という著作も著していますし、また兄の勇之助という人に、生計の足しにするようにと油だとか石けんだとかロウソク、焼酎の製法などを教える。それから将来の日本の産業を興すような形のことを考えて、こよりなんかを使って模型まで制作しているというのは非常に驚くべきことではないかと思います。獄中から彼の出した手紙に、もしも放免されたら「日本中に種々の製造場をつくりたきこと、山のようにこれあり候」と、技術者としての抱負を語っております。日本の将来のために自分の持っている科学知識をぜひ役立てたいという彼の熱意には、驚くべきものがあったのではないかと思います。日本に英雄豪傑はいろいろいますが、このように科学知識で国の役に立ちたいと願い、それをまたその後実践したというような人物はほとんどいないのではないでしょうか。

▲山本明夫氏

地政と知性を押さえた人物

速水融　幕末明治期の日本の地図を思い浮かべますと、日本の領土だというのは本州、四国、九州だけかといいますと実はそうではなく、その属島、そのほかに北海道に関しては松前藩というのがあります。函館付近は日本の領土だと言ってもいいかもしれません。しかし北海道の残りの部分、それから千島・樺太――西蝦夷地といわれていましたけれども――それから琉球、小笠原ですね。これらは潜在的には日本の主権はあったけれども、領土とは言いがたい。
　榎本は、その北方にどうもかかわりがあるんですね。実際に榎本の父親、まだ榎本姓になる前の箱田という姓のころに箱田は北方の探検、測量に行っています。そこまではわかっていませんけれども間宮海峡を発見した間宮林蔵とか、盛んに北方探検が行われた。これは、もちろんロシアを意識しているんですね。ロシアはもうシベリアをどんどん東へ来て、そしてウラジオストク、それからひょっとしたら北海道に来ていたかもしれない。けれども幸か不幸かロシアはもう少し北の方を通って、ベーリング海峡を渡ってアラスカに行ってカリフォルニアのサンフランシスコ近くまで行ったわけです。

▲速水融氏

　維新の背景として、地政と知性、両方を押さえる必要があるのではないかと常々思っています。榎本は、親子で考えると両方にかかわっているわけですね。父親は北方の探検をやって地図をつくった。少なくとも榎本は父親からそういうことを聞いていると思います。それから同時に榎本は、今度は新しい学問を打ち立て、日本の学会に寄与した。そういうことを考えますと、一体全体明治維新とは何だったんだと、明治維新自体も考え直す必要があるのではないでしょうか。

空理空論を好まない榎本

佐藤優　モスクワの、移転する前の日本大使館の長い廊下に、歴代大使の写真が並んでいるわけですが、その一番端が榎本武揚です。だから我々は榎本武揚を、日本の外交官としてここに勤めている者の一番の先輩だという感覚ではいました。五稜郭の話も知っていますがそれ以上のものを読んだのは私も今回が初めてで、読んでみて非常に驚きました。まず榎本の目は基本的に、万能人であることは間違いないですけれども、同時に文化人類学者の目ではないかなと思いました。榎本がとっているのは参与観察の手法です。それと同時に、考察があまり深くない。あえて深くしていないのだと思います。つまり哲学や形而上学、宗教に関する関心がほとんどない。これは、彼が万能人であって官僚として優れていたということと恐らくどこかで関係するのではないかと思います。

　恐らくこれは学校で受けた教育だけでなくて彼の元々の性格と関係していると思うんですが、こういう、空理空論を好まないというところが変革の時代にとって非常に重要だった。佐幕派であったにもかかわらず明治政府が登用していくというのは、榎本のそういった一種のプラグマティズムにあると思います。これは本当に使えると明治維新政府の連中も思ったのではないかと思うんです。（後略）

（構成・編集部）

（かとう・ひろし／嘉悦大学学長、慶應義塾大学名誉教授、千葉商科大学名誉学長）
（やまもと・あきお／東京工業大学名誉教授）
（はやみ・あきら／慶應義塾大学名誉教授）
（さとう・まさる／起訴休職外務事務次官、作家）

▲佐藤優氏

五〇頁を超える、本格的書評欄が『環』に登場、いよいよ第一弾！

批評と学問

高橋英夫
粕谷一希

『ホモ・ルーデンス』から始まった

高橋　粕谷君とは同じ（東京府立）五中（現・小石川高校）の同学年で、知的なこと、人文的なことに関心のある人間同士として何か親しみと、お互い何を書いているんだろうという関心とで話し合ったり刺激を受けたりした。そういう前史を持ったお互いとして最初に僕のやることになった仕事が、中央公論社でまだ若手のバリバリだった粕谷君がどこかから見つけて見せてくれた**ホイジンガ**の『**ホモ・ルーデンス**』の英訳本です。

そのときに粕谷君が言ったことは「これは戦後の日本人のものの考え方、人間観をぐっと一八〇度転換するような画期的な内容の本だ」と。戦後日本で、あるいは明治以来と言ってもいいですが、人間観の中心をなして幅をきかせ、日本を推進し形づくり拡大してきたのは「ホモ・ファーベル（つくる人間）」というものだった。特に戦後は左翼思想の専制時代ですので、労働の神聖というようなことと関係づけて、労働する人間が最高であるという人間観が何となくわっと広まっていた。それを逆転するような、「人間の本質は遊びにあるのだ」と言っているのが『ホモ・ルーデンス』なんです。

▲高橋英夫氏

ドイツ文学をやり小林秀雄と河上徹太郎を読んでいた人間が、粕谷君を通じて『ホモ・ルーデンス』という二十世紀的な新しい知の展開を知り、かつその仕事を通じて林達夫さんの知遇も得て、翻訳のゲラ刷りを前に置きながらいろいろ教えをいただいた。これは一口に何とも言えませんが、二十世紀的な広がりのある知の世界というようなものでしたね。つまり、ドイツ文学と文芸評論と知の世界と、三つぐらいの世界を、その仕事を通じて自分の出発点でどうやら引き寄せることができたかなと思います。

独特の読書範囲からの発想

粕谷　私の方からホイジンガのことにまで話を及ばせると、京都学派の「世界史的立場と日本」という大座談会（出席者＝高坂正顕、西谷啓治、高山岩男、鈴木成高。『中央公論』昭和十七年一月号、四月号、昭和十八年一月号）があって、これをどう評価したらいいのかということに、僕は非常にこだわったんですよね。

▲粕谷一希氏

　戦後その四人の参加者は皆パージにあってしまった。ただ、その座談会が最初に出たときに、池島信平（元・文藝春秋社長）が社内刷りを見て「いや、『中央公論』はいいな」と思ったそうです。非常にリベラルに見えた、と。ちょうど昭和十六年十二月、戦争の始まる直前なんだけれども、一方で「世界史的立場と日本」、一方で島崎藤村の「東方の門」を載せるという編集が、この段階で可能だったというのは、本当にリベラルに見えたと思う。

　この座談会には、哲学者ではなく歴史家が一人参加していて、それは鈴木成高さんです。鈴木さんは非常な秀才で、三十代で『ランケと世界史学』を弘文堂教養文庫で書いている。ランケの最大の命題は「それぞれの時代は直接神につながらなくてはいけない」といって、それはマルクス主義に対する最大の批判なわけです。発展段階説に対する最大の異論が、このランケの命題です。だから僕は十代のころから、マルクス主義よりはランケとかブルクハルトとかをずっと読んでいて、そういう中にホイジンガの話が出てくるわけです。

高橋　とにかく粕谷さんは、非常に成熟している、大人っぽい、読書範囲がちょっと我々と違うなということを最初から思っていました。どこからこういうことを知っているんだろうと非常に不思議で、すごい人だなと思っていましたね。（後略）

（構成・編集部）

（たかはし・ひでお／評論家）
（かすや・かずき／評論家）

私にとっての68年

六八年の赤い糸

加藤登紀子

よりによって卒業が一九六八年だったことが、すべての偶然を決定付けた。

六二年に東大に入学し、六五年に歌手デビューした私は、二年の留年期間を経て六年目でやっと卒業。

その卒業式が学生によってボイコットされると知ったのは、卒業式の前日だった。

一晩悩みぬいた挙句、私はジーンズ姿でボイコットのデモ隊の中に入る決心をし、当日のデモ姿をマスコミは一斉に報道することになった。

▲加藤登紀子氏（左）
藤本敏夫氏（右）

そして三月の末、その記事を見た藤本敏夫（当時全学連副委員長）と出逢うことになる。

この世界のあちこちで若者を燃え上がらせた「六八年」を遠い花火としてではなく、我が身のこととして受け止めることになった、それが運命のはじまり。

その年の藤本は、私と出逢った後、三度の拘置所生活を送る。

パリ五月革命を受けた六月、御茶ノ水駅周辺を学生が埋めつくした神田カルチェラタンで、二十三日拘留。七月に出所し、三派全学連委員長となった藤本は八月にはアスパック闘争で逮捕され、その後、十月二十一日国際反戦デーで防衛庁に突入した指導者として、十一月七日から翌年の六月十六日まで八ヶ月、獄中の人となった。

ベトナム反戦で一気に盛り上がった学生のうねりは、街頭デモから大学封鎖へと高まり、政治的な力としてよりも、時代の空気として過熱した。

翌一九六九年一月に安田講堂に籠城した学生が敗北した時、風船がしぼむように、その空気は沈静化し、藤本が出所した六月には、学生運動は、惨めな内ゲバ時代を迎えていた。

生命がけの修復を試みながらも不可能と判断した彼は七月六日を最後に学生運動と決別する。

リーダーとしての無力を胸に、東京を離れた彼は、「地球に土下座して、ゼロからやりなおす」というエコロジストとしての方向を打ち出した。

以後、二〇〇二年に他界するまで、これが彼の生涯の、そして私と彼との共通の想いでありつづけた。

六八年から四十年、あの花火は一体、どこへ向かったのかを見つめる時、様々な地球曼荼羅が見えてくる。（後略）

私にとっての68年

揺れる電気傘と「三億円」

窪島誠一郎

はて、一九六八年の私は何をしていただろう。

眼のふちに茶筒型をしたマンダラ模様の電気傘がユラリユラリと揺れている。傘はたしか秋葉原の「ヤマギワ」から買ってきたもので、私の店の三メートル弱ほどのカウンターには三つぶらさがっていた。そのマンダラ模様の傘が、ふいにおそってきた震度二か三の地震でかすかに揺れたのだ。カウンターにすわっていた森田が「マスター、ラジオ入れて」というので、私がそばにあったやはり秋葉原から買ってきた中古品のゲルマニウムラジオのスイッチを入れると、意外にもラジオから流れてきたのは地震のニュースではなく、府中刑務所のそばで起った現金輸送車の襲撃事件のことだった。「三億円盗(と)られたんだって」。私が森田にいうと、森田は丸い眼鏡の奥の眸(め)を一瞬キョトンとさせたあと、「ヒエーッ」と大仰な声をあげておどけた。

▲窪島誠一郎氏

私が甲州街道の明治大学和泉校舎前にスナック「塔」を開業したのは、五年前の一九六三年の十一月十五日だった。高校をでてしばらく渋谷の服地店につとめていた私は、二十二歳になる五日前に未経験のスナックのマスターになった。それまで親子三人が暮していた三畳一間のバラック借家を思いきって改築し、シロウト大工で三カ月かけてマッチ箱みたいなオンボロ酒場をつくったのだが、この店が予想外に当ったのだ。明治大学の校門前という地の利もあったが、一九六四年十月にひらかれた東京オリンピックをはさんで、日本じゅうが高度経済成長の予感に酔いしれていた頃だった。朝八時から「パン付きコーヒー」のモーニングサービスで店をあけ、夜は明け方の三時近くまでビールや焼きウドンを売る間口二間の酒場に、明大生だけでなく近所のアパートに住むサラリーマンやタクシーの運転手も列をつくった。

「三億円強奪事件」があった日、私の店には森田や嶋田や山内さんがあつまって『ＡＴＴＡＣＫ（攻撃）』の再刊を打ち合わせることになっていた。『ＡＴＴＡＣＫ』は高校時代の何人かの文芸仲間たちとつくっていた同人誌で、当時演劇出版社の編集者だった最年長の山内昇さんが編集長をつとめ、森田茂や私が小説を書き山内さんや嶋田晋吾が時事評論を書く、いくらか「左」寄りのコロタイプ誌だった。（後略）

私にとっての68年

目覚め、そして屈折

宮迫千鶴

一九六八年、わたしは広島の女子大の鬱屈した三年生だった。鬱屈の理由は、そのころはまだ言語化できなかったが、中学・高校と六年間のカトリック教育を受けて形成された（今の言葉でいえば洗脳されたといったほうが適切か）カトリックの神学やカトリック的世界観の抑圧だった。

二十数年のちに、あることがきっかけで、一九六二年から一九六五年にかけておこなわれた第二バチカン公会議で、わたしたちが受けた教育の基本姿勢は、大きく転換されたと知った。神の愛は、「厳父」から「慈母」へと転換されたというのだからたまらない。わたしはそのさなかに旧弊で支配的な「厳父」教育を受けたわけだ。

そういうカトリックの観念と孤独に闘っていたので、あることが起きる前までは、わたしは団塊の世代にもかかわらず、政治意識の低い学生だった。

あることというのは、佐藤栄作首相のベトナム行きを阻止する羽田闘争で、京大生の山崎博昭君が、機動隊の警備車両にひき殺された事件。わたしにとってそれは、社会性の羊水が破られた感じだった。数日後、広島でも追悼デモが行われ、わたしははじめて学生デモに飛び込んだ。

しかし、その前に予兆のようなこともあった。同じく一九六八年のはじめ、核空母エンタープライズの寄港を阻止しようとする反対闘争が佐世保であった。女子大では、とりわけわたしの学んでいた国文学科の学生はノンポリが多かったから、さしたることもなく授業がおこなわれていた。そのまま何事もなかったら、わたしは眠り続けていただろう。

だが、中国文学の教授が、講義の最初になかば冗談めかして言ったひとことが、なぜかわたしの思考を突いた。

「だれも佐世保に行ってないでしょうな。佐世保なんかに行くと、嫁の貰い手が減りますぞ」

誰も笑わなかった。わたしも笑わなかった。そういう保守性を笑うためには、もっと明確で男女平等的な女性観を持っていないと笑えなかったし、わたしが受けたカトリック教育における女性観では、それ自体が保守的なものだったから、どうにもならなかった。

しかし、その日の教授の言葉は、わたしの未開発な部分に扇動的に作用した。この言葉は女性を支配している。しかもそれに無自覚な文脈だ。こういう考え方が社会の中心ならば、わたしは居心地が悪い。（後略）

（全文は『環』33号に掲載）

一見異質な二人が二人とも、「広告」の本質を深くとらえようとした対話。

解説という名の広告

天野祐吉

広告の本質をとらえる

谷川さんをお連れして、鷹番の内田さんのお宅にうかがったのは、一九八一年の四月だった。広告の社会的な影響力が、年々強大になっていくにつれ、当然、広告に対する批判もまた大きくなる。不必要な欲望をかきたて浪費を誘発する悪者として、広告はしばしば批判の対象になっていた。

お二人の話にも、そういった広告への批判が出てくるかと思っていたのだが、そうしたものはまったく出てこない。そういうことよりも、広告の本質を深いところでとらえようとする対話に終始したのが、ちょっと意外でもあったし、刺激的でもあった。

広告は人間の本能と不可分

「その時代の社会の自己表出、みたいな面が広告にはあって、それは、作り手の名前を必要としない、つまり無名性という性格を持ったフォークアートのジャンルに属するようなものではないか」と、谷川さん。たとえば、金魚売りは金魚と一緒に夏の風物詩を運んでくるのだといった例を引きながら、谷川さんは「表示」ではなく「表現」にこそ広告の本質があると見る。

「しかし現実は、そういう夢を創る働きが、大企業や政府に独占されていて、それを作る人たちというのも、優秀であればあるほど、結局それに組みこまれていく」と、谷川さんの言う「アート」の働きに同意しながらも、内田さんはその危うさに言及する。が、その内田さんも、広告をけしからんと言って批判しているだけでは本当の批判にはならないと言う。広告の持つ不思議な魅力をしっかり本質でとらえ、そこから出発して現代の広告を批判するのでなければ、本当の批判にはならないと語る。

そして、「広告する」という行為が、単に経済に付属した活動ではなく、人間の中にある本能的な欲求に結びついた活動ではないかという話になっていくのだ。

資本主義以前からあった広告

内田さんは、自分を広告したがるのは人間の性であり、それを否定することは人間の存在を否定することになると言う。その性を認めるところからはじめなければ、広告論も広告批判も、しょせんは皮相的なものになってしまうのではないかというのが、内田さんが強調されたことだったと言っていい。

▲内田義彦(1913-89)

そう考えると、広告は近代の資本主義と不可分のものとは言えなくなる。げんに、江戸時代の日本には、世界でも例を見ないような広告文化の花が咲いた。谷川さんが言っているように、文化現象としての広告は、資本主義以前の昔からちゃんと広告に内在していたのである。考え方によれば、それは人類が社会を形成した時から、人類とともにあったと言ってもいいかもしれない。

その広告を資本主義の大波が飲みこんだことから広告の退廃が生まれ、広告への批判も高まることになってくるわけだが、この対話が行われたころに広告をとりまいていた環境は、四半世紀を過ぎた今大きく変わろうとしている。

ひとことで言えば、それはマスメディア社会からウェブ社会への確実な移行であり、それにともなう広告の場の変容である。現に、インターネットをメディアとする人びとの動きが、いまや大きな波になってマスメディアを飲みこもうとしているのは、誰もが認めるところになった。

「人間は広告する動物である」

広告とその周辺では、広告の未来を危ぶむ声が、いろいろ生まれている。だが、変わるのは広告のメディア環境であって、広告そのものではない。時代のフォークアートとしての広告は、そして、人間の性としての広告は、これからも変わることなく生きつづけるに違いない。

「人間は広告する動物である」というのが、この対話を聞いて以降、ぼくの「人間」の定義になった。

(あまの・ゆうきち/コラムニスト)

詩人と思想家の二人が共鳴した、日本語という「ことば」との格闘。

二つの軌跡

竹内敏晴

「定義すること」の大切さ

谷川さんが、日本人はほぼ単一民族単一言語のせいか、以心伝心とか、腹芸的なもので人間の交わりを進めていこうという傾向があって、「一つの言葉を定義してから使うということが非常に少い」と指摘する。

と内田さんは「やはり日本社会は、お互いに定義しなくても済む、そういう人びとが集まっていますし（略）お互いに定義しなければならないような関係に身を置くことを避ける」と応じる。ことばの問題は人間関係の問題なのだ。

むしろ定義し切れないようなあいまいさにこそ日本語の美しさがある、という主張が、現在の海外向けの日本語教育にまで持ち込まれていることを知って驚いたことがある。わたしのようなことばの障害を持つものにとってはアイマイさはかたきなのだ。一つのことばがなにを示しているのかがはっきりしなければ聞こえてもとまどうばかりだし、そのことばを発語することはできない。

谷川さんが対談の中でふれている「参加」ということばについての内田さんの指摘が心に残る。これは著書『社会認識の歩み』に出てくる話だ。

例の「勝つことではなくて参加することが重要だ」というオリンピックで有名になった言葉がありますね。（略）私は Not to win, but to take part という言葉が電光板に写ったときハッと思いました。take part といえば一人一人がその分担を決断と責任をもって行為することだが、「参加する」という日本語になると「ともかく顔を出しておけばいいんだろう（略）というはなはだ無責任な言葉に化けます。」「会議なんかでも『賛成、異議なし』というようなこと」に流れ易い。「しかし一人一人が責任をもって問題を立て結論を出すという共同の作業に参加することになると、事実を、断片的に流れてくる情報をもとにして正確

▲内田義彦氏(左)と谷川俊太郎氏(右)

に捉えることが自分の問題になりましょう」。これは「参加」ということばが、その原語と比較することによって定義し直されて新しいことばになったということだ。

にほん語が「言葉になる」ために

この対談は一九八〇年に行われた。当時は戦後の日本資本主義の高度成長が絶頂期に近づき、消費社会の出現、一億総中流の呼び声のあがっていた頃で、ひとりひとりの市民の自立、というイメージが手探りされ出していた、と言ってよい。日本語に関していえば、戦後のいわゆる国語改革に対する反動として、漢字文化の再評価、方言の生活感重視より標準語の正統性尊重などが主張され始めた頃である。

それから三〇年近く経った。新聞で今、戦中戦後の新聞の、権力の言論弾圧に対しての応援の実態が連載されている。言論を担うものの責任を改めて自己点検する動きは、言論統制の圧力がふたたび迫ってきていることを嗅ぎつけたカナリアの叫びなのだろうか。

教育の現場をはじめ多くの職場において、今、議論は、内田さんの指摘した伝統的な「非・議論」を超えて、もはや、上からの結論のみありきの「無議論」の圧しつけになりつつある。

内田・谷川お二人の「にほん語」が「言葉になる」ための提言は、しぶとく生き続けなければなるまい。内田さんのリテラチャーへの努力が結晶した名著『資本論の世界』の文体に対して森有正氏は「流れるように入ってきました」といい、続いて「日本語に変貌しつつあるドイツ語という感じを受けました」という。道のりは遙かだ。

(たけうち・としはる/演出家)

今、問われるNHKの姿勢に、卒寿を過ぎて回顧する、NHKの秘話の数々

NHKとともに七〇年——雑草人生を歩んで

長澤泰治

体験した歴史を書き残す

ＮＨＫ入局は、一九二五年の放送開始から一二年目の一九三六年、二・二六事件の年。世情騒然とした時代の足音は若い私の血を沸き立たせた。以来、技術とアナウンサーを除けば、ほとんどすべての部門を経験した。経理部門にはじまり、戦中は報道部門の陸軍宣伝班員としてシンガポール攻略戦に従軍した。この時、山下奉文と英軍パーシバルの会見（いわゆるイエス・ノー会見）に立ち会っている。日独伊三国同盟を結んで帰国直後の松岡洋右外務大臣のインタビューをとったこともある。警備は厳重なはずであったが、幸運にも私は難なく到着したばかりの飛行機のタラップを駆け上り、機内の松岡にマイクを向けることができた。鹿児島県知覧の特攻隊基地を取材したこと、終戦の玉音放送の護衛を務めたことも忘れ得ない。

戦後は実況課長として「街頭録音」「尋ね人」など視聴者参加番組のさきがけを作った。テレビ放送が始まる一九五三年からは社会部長として「時の動き」「国会中継」「放送討論会」などを手がけ、メルボルン・オリンピック放送団長を務めた。編成局編成総務を経て芸能局長になると、従来テレビに出ることのなかった大物映画スターを口説き、家族皆で楽しめる番組として大河ドラマを創設、第一回「花の生涯」を作った。審査委員長を務めた紅白歌合戦では、最高視聴率八一・四％の記録を残している。

その後、営業局長として受信料収納に銀行口座自動振替システムを導入、役員を拝命後は、理事、専務理事として人事労務や長期計画を担当した。一九七一年にＮＨＫ退任後、ＮＨＫ交響楽団の理事長、ＮＨＫサービスセンターの理事長を務めた後、一九八五年に恩賜財団済生会理事長として総裁の高松宮殿下・妃殿下に仕えた。

こうして雑草人生を振り返ってみると、「人生幾山河」の感慨を禁じえない。

▲志村正順アナ（右）、松内則三アナ（左）と筆者（中央）（1955年頃）

九十歳を越えた今、遅ればせながら何か書き残す責任のようなものもあるように思えてくる。長澤泰治という一人の人間が見、体験した、歴史の一コマを書き残したいと思う。

公共放送の信頼回復のために

入局した時の岩原謙三初代会長以降、現在の十九代福地茂雄会長まで、三分の二は謦咳に接している。代々の会長を見てきて、トップたるものは才と識と徳が必要だが、中でも一番大事なのは徳だと思う。

ＮＨＫは今きびしい状況にある。新会長は公共放送のリーダーとして、八〇年かけて築き上げた放送界の無形の財産を吸収し、対外的にももっと積極的に発言するべきである。

また、ＮＨＫに対する国家権力を強めるような動きに対しては断固抵抗して欲しい。ＮＨＫの最高意思決定機関として経営委員会が改めて位置付けされたが、人事面を含めてあまりに政府寄りに運営されようとしているのが心配である。政治との距離、介入の疑いを指摘されてきたＮＨＫの運営の、根本が政府寄りの構造なら介入以前の問題ではないのか。

ＮＨＫ自らが己の姿を描かずして誰が描くのか。内部から湧き上がるような新たなメッセージが欲しい。ＮＨＫが持っている大きな人的な力を十分活用し、公共放送として本来の信頼を回復する日を心から願っている。

（ながさわ・たいじ／元ＮＨＫ専務理事）

リレー連載　今、なぜ後藤新平か　32

後藤新平の心を次世代に

後藤新平記念館館長　**及川正昭**

後藤新平の心が生きている

二〇〇七年度は、後藤新平生誕一五〇年で、係わりのあった地で、或いは、強い関心を持たれた方々に様々な形でシンポジューム、講演、出版等をなさっていただいた。

そうしたイヴェントを見るだけで、後藤新平の広さと深さと現代への繋がりを強く感じさせられた。

出生の地、奥州市では実行委員会を結成し、市長を先頭に「生誕祭」「特別展示」「シンポジューム」「後藤新平と少年像」移転（羽黒山という山の中から新幹線水沢江刺駅前へ）が行われたのであります。その活動はエネルギッシュで力強さを感じさせ、すごさを感じました。でも、本当のすごさは、市民が自らの組織・力で誰に言われたでもなく水沢公園にある後藤新平像二基の周辺の早朝除草・清掃作業をし、別の人たちは後藤新平記念館・後藤伯記念公民館の清掃作業等を実施していたことである。

「後藤新平と少年像」が羽黒山にあった頃、少なくなったボーイスカウト水沢第三団（羽田地区）の子供たちは山に登り除草・洗浄草花の植栽をしていた。

そうした活動は、後藤新平を敬愛してやまないということもあろうが、「後藤新平の心が生きている」と実感するのである。後藤新平の死ぬことのない命が市民の中に生きているのである。

次世代の子供の育成

「心の受け継ぎ」は大変なことである。

教育現場にいた時分、校長が「水沢の三偉人（高野長英・後藤新平・斎藤實）」についての子供たちへの継承の状況調査をしたことがあった。継承の度合いは極めて低かったが二〇％弱はあったように記憶している。あれから三十年程経過している現在、継承の度合いは更に低下しているのではないかと推測されるが、継承していく素地はまだ残っていることを感じさせられたのである。

記念館としても手を拱いているわけではない。「子供と記念館」という事業を始

▲後藤新平と少年像の除幕式（胆江日日新聞社提供）

めてから三年になる。「子供と記念館」事業とは、記念館から「後藤新平に関する問題」を出し、子供たちに答えてもらうもので、完全正答の子には「後藤新平記念館賞」というメダルを授与している。最初の年は参加校も参加者も少なかったが次第に増加し二〇〇七年は一八小学校・五五七名（完全正答二八名）であった。

　当方としては、メダル代は大変であるが、先生方が正答に近いヒントを出し「後藤新平記念館賞」と刻まれたメダルを子供首にかけ褒めてやって欲しいものであると思っている。

　学校で渡された「後藤新平問題」を持ち、母親や祖母と共に記念館に来て問題を解く子供。祖父母と共に早朝の清掃活動に参加する子供。そうして育った子供たちが、次代に後藤新平を語り継ぐのではないだろうか。

　早朝清掃だけではなく、後藤新平生誕一五〇年の桃太郎旗を立てる活動、ステッカーを貼る活動、ポスター等を各施設等に送付する活動等々には、奥州・水沢に生まれ育ち、無償で黙々と下支えする姿があった。

　これ等こそ後藤新平の心を受け継いでいる姿なのではないかと感じさせられた。

（おいかわ・まさあき）

新連載

女性雑誌を読む 1

『女性改造』

尾形明子

明治末から大正・昭和に発刊された雑誌をよく読む。バックナンバーをそろえ、紙魚（しみ）のついた頁を、片っ端から繰っていくことは、仕事を通り越して楽しい。

歴史の授業や歴史書から学んだ各時代の概念やイメージが消えて、それぞれの時代に生きた人間の多様なドラマが、ざわめきながら立ち昇ってくる。

ここしばらく『青鞜』『女人芸術』『輝ク』を通して、明治から昭和の時代と女性文学を検証してきた。女性の手により企画・編集され、女性読者を対象とした雑誌である。多くても三千部くらいの小さな雑誌なのだが、『青鞜』には平塚らいてうの、『女人芸術』『輝ク』には長谷川時雨の、時代と女性に対する強烈なメッセージがこめられている。

近代国家成立の中で、制度として家に封じ込められた女性たちが、「書く」という行為を通して自己を表現し、連携し、国家や社会に異議申し立てをする場としての役割をもち、だからこそ女性解放の歴史に大きな役割を果たしてきた雑誌だった。それらの雑誌から聞こえてくる女性たちの息づかいが、今、私の中でくっきりとした輪郭を描き出している。

最近、必要があって『女性改造』（不二出版復刻）を積み上げた。一九二二（大正十）年一〇月創刊から、有島武郎と波多野秋子の心中事件、関東大震災、大杉栄と伊藤野枝の虐殺事件――いくつもの大特集を組んだが、創刊から二年後突如として廃刊となった雑誌である。

山本実彦が創刊した『改造』の妹誌であり、当時の出版界を、デモクラシーの思想を掲げてリードしていた『中央公論』における『婦人公論』を意識した創刊だった。創刊号の表紙は、白地に黒文字で縦に女性改造とあり、上に〈VIRINA REKONSTRUD〉と記され、『改造』と同じ装丁となっている。

女性の知的啓蒙を促がした、ハイレベルで良質な雑誌が、なぜ理由も告げずに廃刊となったのか、『女性改造』を通して大正末期の一面が見えてくるような気がする。

おがた・あきこ　専攻は近代日本文学。現在、東京女学館大学教授。著書に『女人芸術の世界』『田山花袋というカオス』『自らを欺かず――泡鳴と清子の愛』他。

リレー連載　いま「アジア」を観る　64

東アジアとは何か

中嶋嶺雄

このところ「東アジア共同体」に関する議論が盛んである。しかし、東アジアについての定義はまだ固まっていない。

私が学長をつとめる国際教養大学は全ての授業を英語で行っているが、グローバル・スタディズ課程には北米分野とともに東アジア分野があり、「東アジア研究概論」という科目もあって、私自身が受け持っている。私たちは東アジアの領域を中華世界（台湾・香港・マカオおよび東南アジアの華人社会を含む）、韓国・北朝鮮、モンゴル、極東ロシアと定めていて、それぞれの言語も習得できるようになっている。

一方、概ね肯定的意見が多いマスメディアや学界などの「東アジア共同体」の論議を眺めていると、東アジアの現実から大きく乖離した楽観論や待望論、もしくは日本の過去を断続する裏返しとしてのアジア礼賛の見方が主調になっていて、承服できないものが多い。

東アジアの現実を地政学的にとらえれば、中国という大陸国家の「大陸性（Continentality）」と韓国という半島国家の「半島性（Peninsularity）」、そして日本という海洋国家の「島嶼性（Insularity）」とでもいうことができようが、そこには容易には一致し得ない文化的・文明的違和が存在する。

東アジアを日・韓・中三国に限ってみてみると、航空路ではわずか二、三時間でカヴァーできてしまう程の近さであり、また欧米人から見れば、これら三国の国民を外見から見分けるのは困難なほど似通っている。

そのような至近距離にあるにもかかわらず、これら三カ国の言語は、それぞれに全く異なった外国語である。これに国民性を加味し、さらに食文化を比べれば、同じく「箸の文化」の枠内にありながらも、そこには大きな違いがあることが歴然とする。

今回の「中国毒入りギョーザ」事件は、東アジアにおいて、食文化の歴史的違いを無視して外食に、それも中国食に頼ることがいかに危険であるかを教えたのであった。

（なかじま・みねお／国際教養大学学長）

連載　風が吹く　3

とびきりの風雪
——遠藤周作氏

山崎陽子

遠藤周作氏との出会いは、一九七五年の春だった。

熱烈な遠藤ファンの友人から遠藤さんとの食事に誘われ、ホテルのロビーに佇んでいると、いきなり後ろから声をかけられた。狐狸庵シリーズ等の挿絵のせいか、ずんぐりした体型の方だとばかり思いこんでいたので、のっぽの私が見上げるほどの長身と、モスグリーンのスーツをスマートに着こなした男振りに目を瞠った。

ところが、その紳士の第一声は、

「お会いできて嬉しいのですが、残念ながら、来週アフリカに行きます。で、万一カバに食われたりしたら、直ちに、カバのウンコをお送りするよう手配しました。私の形見として大事にして頂ければ嬉しいのですが」

長きにわたる愛読者ゆえ、どのような会話を好むか、およその見当はついていた筈なのに、すっかり動顛してしまった私は、思わず口走っていた。「どうぞ……カバが、お腹をこわしていませんように」

とたんに『沈黙』の作者の目は、パッと輝いて、「なるほど！　下痢していないヤツを選んで食われましょう」

あっけにとられている友人の前でクックッと声を合わせて笑ったときから、世にも珍妙な——遠藤さんによると『〃非ピリン系風邪薬のように無害な男〃と暢気で粗忽な〃精神安定剤みたいな女〃との交友関係』が成立したのであった。

「ところで貴女のような苦労知らずは、風雪に曝された美しさを知らない。及ばずながら私が、キミの風雪になりましょう」

「ケッコウです。私は晴天が好きです」

「いかん！　厳しさに欠けるキミの人生に深みを与える為には、断じて雨、風、嵐、雪、霰が必要です」

爾来二十一年余、様々に形を変え、私の人生に光と彩りを与えて下さった〃遠藤流風雪〃の何と温かく、可笑しさに満ちていたことだろう。万華鏡のように目まぐるしく変化する会話、突飛で卓越した発想、含羞に裏打ちされた気配り、仕事に対する厳しい眼差し……それは私のみならず周囲の誰の心にも安らぎと幸せを運ぶ薫風であり、穢れや欠点をそっと覆う優しい粉雪だったのである。

（やまざき・ようこ／童話作家）

■連載・生きる言葉　13

軽薄と壮重

粕谷一希

> ある時から、私は軽薄なことしか語るまい、と決心した。
>
> 吉行淳之介

この言葉だけでは真意は掴みにくい。しかし、学生反乱の季節（一九七〇年前後）が終り、連合赤軍、浅間山荘事件、赤軍リンチ事件と異常な事件を眼前にして、世相は白々しい空しさが全体を蔽った。そのころ、新世代の矢崎泰久などが『面白半分』という雑誌をつくった。それを全面的に支援した吉行淳之介が吐いた言葉である。

大仰なイデオロギーに基づく大言壮語が続いたあとで、結末があまりに無残だった状況のなかで、吉行の言葉は妙な迫力をもった。吉行淳之介は安岡章太郎と共に、第三の新人の中でも、もっともトリビアルな事実に拘わって生きた。安岡章太郎の「陰気な愉しみ」「悪い仲間」は傑作であるが、吉行淳之介の「原色の街」「娼婦の部屋」など、赤線地帯を描いた初期短篇も腰を据えて凝視する者のみが獲得した極微の世界である。

吉行淳之介が「軽薄なことしか語るまい」と決心したことは、大仰な態度に対する反語的精神として、当時の状況のなかで輝きを増した。やがて、その第三の新人も年長世代となり、〝文壇〟を統治する立場となったが、吉行淳之介の態度はもっとも淡白で虚飾がなく私がなかった。三島由紀夫やいいだもも派手なジェスチャーに、もっとも反撥したのが吉行であった。

文学的精神とはこうした心の持ち方を指している。あるとき、小出版社の編集者が数人やってきて、在り金七千円を並べて銀座で呑ましてもらえないかと頭を下げた。「よし」と受け負った吉行は、銀座のバーを一軒一軒、尋ね歩き、マダムを呼び出して交渉した。その中でSという店のマダムだけが、「いいわよ」と胸を叩いた。マダム七千円、吉行七千円を足して三方一両損で、編集者たちは望みを達することができた。これは私が吉行さんから聞いた直話である。

（かすや・かずき／評論家）

Le Monde

■連載・『ル・モンド』紙から世界を読む　62

書かれたものの力

加藤晴久

一般に欧米の新聞や週刊誌の書評文化は質量ともに充実している。日本のそれとは比較にならない。「西洋かぶれ」「外国崇拝」と言われそうだが、事実を事実として認めないのは精神分析で言う「否定」dénégation。心奥に抑圧された劣等感の裏返しである。

金曜日発行の『ル・モンド』には一〇ないし一二ページの書評別冊が付いている。これも日本とちがって、広告がほとんど載ってないから読みでがある、というか、読むのがたいへんである。

二月二二日付別冊の第一面は車輪や砲身を担いで狭い橋を渡る一群の兵士の「一九三八年の日本」という大きな写真に重ねて Shôhei Ôoka Le Japonais qui a défait la guerre「大岡昇平　戦争を解体した（に打ち勝った）日本人」という見出し。さらに「日本の大作家の名高い抑留記ようやく仏訳」とある。予告された三ページ目を開くと、紙面三分の二をついやして『俘虜記』を論評している。

『武蔵野夫人』『野火』『花影』はすでに仏訳されているが、イタリア文学、日本文学に詳しい作家ルネ・ド・セカティが「戦争の悲惨に対する、また原爆による破滅にいたる盲進に対する激しい批判精神を抱く洗練された知識人」兵士が「その知性と寛容と誠実と観察力を堕落と憎悪に抵抗する武器として生き抜いた証言」を、ときにはステファン・クレイン（『赤い勇猛記章』）やヴェルコール（『海の沈黙』）を想起させると述べつつ、ひとつの「古典」と位置づけている。

『俘虜記』が雑誌に掲載されたのは一九四八～五一年。六〇年前のことである。それが時間と空間を越えて異国の読者の心の琴線に触れる。書かれたものの持つ力の不思議を痛感する。

と同時に、「広島市民とても私と同じく身から出た錆で死ぬのである」、（捕虜の日本兵が敗戦を知った）「八月一一日から一四日まで四日間に、無意味に死んだ人達の霊にかけても、天皇の存在は有害である」という、雄勁な知性が収容所で抱いた感想が胸に重く迫ってくる。

（かとう・はるひさ／東京大学名誉教授）

連載

帰林閑話　161

「父べえ」のこと

一海知義

山田洋次監督・吉永小百合主演の映画『母べえ』を観た。

私と同世代の戦争体験者である山田監督、その深い思いが、しみじみと伝わって来る映画だった。

映画館で買ったパンフレットで、監督は次のように語っている。

「間もなく太平洋戦争が始まろうとする、あの絶望的な時代を懸命に生きた人々の、愛に溢れた笑い声や悲しい涙を、そっとスクリーンに写し取りたい、そしてあの戦争で悲しい思いをした人びと、さらには今もなお戦禍に苦しむ人たちすべてに想いを馳せながらこの作品を作り上げたい、と念じます」

ところで、「母べえ」の夫である「父べえ」（戦時中、治安維持法違反容疑で逮捕投獄されるドイツ文学者）は、映画の中では獄死する。しかし実在の「父べえ」（モデルは新島繁）は、二年後に釈放されて、敗戦を迎える。そして戦後は、「民科」や「国民救援会」の創立に東奔西走し、杉並区長、東京都議会議員などに立候補した。

一方、詩人・文芸評論家としての新島繁は、少なからぬ作品や評論を書いた。それらの多くは活字になったが、一九五七年、五十六歳で亡くなったこともあって、未刊の原稿がかなりのこされている。

私はかつて「詩人新島繁のこと」と題する文章を書き（一九七八年八月六日付『兵庫民報』、のち八七年新評論刊『読書人漫語』所収）、その中で次のように言っている。

「新島繁の文芸活動の軌跡について、まだまとまった仕事は出ていない。未刊の草稿も、宮本百合子論（九十二枚）などかなりあると聞く。……戦前のプロレタリア文学、戦後の民主主義文学の、新しい発掘がすすめられれば、と思う」。

新島繁の没後、その蔵書や原稿等は、彼の晩年の勤務先であった神戸大学の図書館に架蔵され、最近その詳細な目録も作成された。『母べえ』上映を機に「父べえ」が甦ることを、私は期待している。

（いっかい・ともよし／神戸大学名誉教授）

三月新刊

「環境学」から「新・環境学」へ

新・環境学（全3巻）　発刊！

現代の科学技術批判

I　生物の進化と適応の過程を忘れた科学技術

市川定夫

環境問題を初めて総合的に捉えた名著『環境学』の著者が、もはや生物が対応できない速度で環境を変化させる、科学技術の異常な発展に警鐘を鳴らす。初版から一五年間の最新成果を盛り込み、二十一世紀の環境問題を考えるために世に問う新シリーズ第一弾！

四六並製　二〇〇頁　一八九〇円

ゴルバチョフの評価を決定づけた一冊

ゴルバチョフ・ファクター

A・ブラウン　木村汎＝解説
小泉直美・角田安正訳

ロシアの「今」に真に貢献したのは、ゴルバチョフかエリツィンか？　ソ連崩壊時のエリツィンの派手なパフォーマンスの陰で忘却されたゴルバチョフの「意味」を説き起こし、英国学術界の権威ある賞をダブル受賞した、現代ロシア理解に必須の書。

A5上製　七六八頁　七一四〇円

アメリカで誕生した「環境文学」とは

「場所」の詩学

環境文学とは何か

生田省悟・村上清敏・結城正美編
高銀／ゲーリー・スナイダー／森崎和江／加藤幸子／内山節ほか

特定の〝場所〟においてこそ自然―人間の関係がある。〝環境文学〟とは、それぞれの〝場所〟ごとに固有の自然を感情のゆらめきとともに語る／想像するまなざしから始まる、自然―人間の新しい関係である――未来へ向けた、新しい視座。

四六上製　三〇四頁　二九四〇円

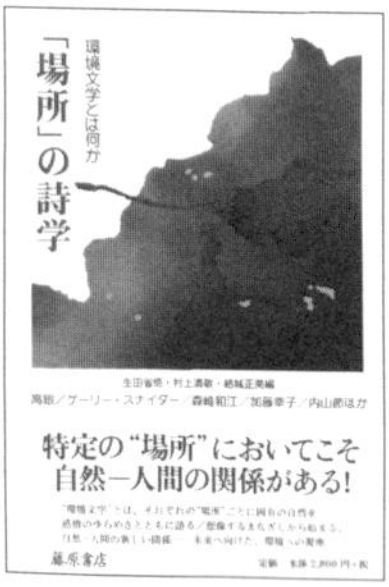

東アジアの農業に未来はあるか

グローバリゼーション下の東アジアの農業と農村

日・中・韓・台の比較

原剛・早稲田大学台湾研究所編

国際的市場原理によって危機にさらされる東アジアの農業と農村。WTO体制下における各国の農業政策を検証し、地域レベルでの「内発的発展」の実例を紹介する。日・中・韓・台の農業問題の第一人者が一同に会し徹底討議した共同研究の最新成果！

四六上製　三七六頁　三四六五円

読者の声

満洲——交錯する歴史■

▼ひさしぶりに充実した気持で読破した！

（大阪　富岡賢行　65歳）

魂との出会い■

▼写真集は高価なので手が出ず図書館で見せてもらうことが多いのですが、『沖縄　若夏の記憶』は記憶に新しいです。対談を読ませて「目」についての発言が印象的でした。私自身も写真を趣味にしていますが、もっぱら花や風景を相手にし、最近になって人物も撮りたいと思いつつおりました。また、私達に流れるアニミズムのことも共感を覚えました。ステキな対談、エネルギッシュな対談でした。

（福島　長井公一　60歳）

結婚戦略■

▼貴重な翻訳書を出版してくださりありがとうございます。

（東京　大学院生　相澤伸依　28歳）

評伝　高野長英■

▼鶴見俊輔先生の執筆。安心して読める。

（長崎　会社社長　田川文夫　27歳）

蘆花の妻、愛子■

▼初めて蘆花の生涯が判りました。壮絶な生き方に唯々驚いています。

（東京　元会社役員　吉野正　71歳）

戦後占領期短篇小説コレクション■

▼井上光晴「一九四五年三月」は後に「双頭の鷲」と改題され井上光晴作品集（勁草書房）に収録されています。私は角川文庫版作品集「乾草の車」を昭和四十六年七月二〇日発行当時新刊で買いました。

（群馬　小林誠　56歳）

歌集　山姥■

▼何も知らずに、たまたま上京の折、東京駅に近い丸善で、手にとって立ち読みし、ぐんぐんひかれて、買って帰りました。出版記念の催しにも間にあいましたので名古屋の友人とさそいあわせて出席します。のんべんと生きてきてしまいましたが、わたしも六十歳すぎて歌人辺見じゅんさんのもとで歌を作りはじめて一年すぎ、この本をよんで若いころ六〇年七〇年代マルクスにひかれ社会科学のすそ野をうろうろしましたので、いろいろのものが鶴見和子さんという一人の深く大きい人格をとおし、歌をとおし、ピュンと音たてるいきおいでつながりました。ほんとにびっくりした一冊の歌集との出あいでした。

（福島　アパート経営　小林宣子　64歳）

草の上の舞踏■

▼友人の最新刊、他の友が知らせて来たので購入しました。大体もってます。前回の貴社の『愛することは待つことよ』も読みました。

（東京　佐藤弘子　80歳）

イスタンブール■

▼ローマ帝国からオスマン・トルコまで一五〇〇年にわたる首都の座を失ったイスタンブールの深い憂愁を、著者の自伝と数多くのモノクロ写真を組み合わせることで見事に再現している。小説ともエッセイとも伝記とも違う新たな文学ジャンルを創造したことも、パムクの功績ではないだろうか。

（東京　会社員　阿部陽一　47歳）

父のトランク■

▼父に対する思い、作家というものに対する姿勢の真摯さを感じた。

（広島　伊藤高司　34歳）

▼昨夏読んだ一冊で、その後も時々

手にしています。小型ながら、考えさせられるテーマが多く含まれていると思います。この作家に関心を持ったのはノーベル賞がらみのいくつかの記事でした。秋から冬にかけてまず『イスタンブール』、『雪』、『私の名は紅』のそれぞれ英語版を入手するという幸に恵まれて今も『紅』を別のものと並行して少しずつ読んでいます。冬は雪に閉ざされ、（もっとも今年は少なかったですが）高校を出ると若い人たちが流出するというローカルな土地にいるととても身近に感じる表現もよくありました。また、日本自体、欧米の中にまざって国際会議に出ていますが、いろいろな制度も含めて全くちがう文化圏なので、トルコはとても他人事ではないように思いました。（富山　福田）

いのち愛づる姫■

▼中村桂子様はラジオで知ってからの大ファンで、一度お会いしたい方です。学問を極めるとはこんなに素晴しいことと、改めて考えさせられました。堀文子様の楽しい絵は、素人が私も描きたいと思わせて下さる絵で、お二人のコラボレーションの本は大切な一冊となりました。四歳の孫のためにも嬉しい本です。

（東京　専業主婦　**鈴木愛子**　67歳）

遺言■

▼巷にあふれる新刊書の山のなかで、キラリ輝く数少ない良書。志、生きる意味をしみじみと考えさせられました。（愛知　**北村迪夫**　78歳）

強毒性新型インフルエンザの脅威■

▼興味深く読ませていただき、生命の発生とウイルスの出現、免疫や耐性等について多くの示唆と教示を得ました事に、感謝いたします。

（岡山　**上島祈一**）

中世の身体■

▼中世のダイナミズムを、身体的なものとの関わりから読み解いてゆく手法に興奮しました。アナール学派の著作は初めてなのでとても面白く読んでいます。

（千葉　家事手伝い　**高須佳美**　34歳）

〈決定版〉正伝　後藤新平⑦■

▼本編では、大調査機関案、東京市長、対露交渉が主題であり、通して感じることは、この手の人物を何故に日本の組織は使いこなせないかという疑問であり、これは現代日本の閉塞感に相通じる。

（東京　会社員　**鈴木仙太郎**　47歳）

雪■

▼赤道直下のバリで、パムクの作品を満喫致しております。日本を出るとき、何万冊という本を捨ててきましたが、なぜかパムクの本を二冊もってきました。今後、パムクの全作品を和久井先生にお願いして、そちらから出していただきたい。バリは自然のエネルギーが凄いところです。これに負けない、強さと豊かさと、気品と奥深さと面白さが、パムクの文章にはあります。文学の存在とは、こういうところにあるのだと、遅まきながら気付いております。パムクが日本の芸術からも少なからず影響をうけていると知って、日本文学にも今後、又、力強い、豊かな作家が出現する可能性があるのではないでしょうか。異国に来て、日本語の豊かさを感じる毎日です。

（インドネシア　画家・ダンサー　**増田卓爾**　61歳）

ハンナ・アーレント入門■

▼アーレントの業績をコンパクトにまとめてあり、しかも分りやすい。

（神奈川　**和田努**　71歳）

思い出の人々と■

▼本書により、宮本先生の一連のご著作『社会資本論』から『環境経済学』への道程が、多少なりとも理解可能となりました。「ひるむな足もと深く掘れば泉」は研究のあり方への

大いなる教示で感銘を受けました。
（埼玉　税理士　**高橋勇**　63歳）

政治という虚構■

▼「ラクー・ラバルト　自己を語る」を読んで更に再読の度を重ねる事で、本書の深みの広がりと可能性を感じた。
（岡山　**有元浩司**）

機■

▼『機』毎号楽しく拝見しています。その記事を通して触発され、次は何を読もうかと思案するのも楽しいひとときです。
（千葉　**加瀬忠一**）

▼藤原書店は少数の良心派向けの本を出してくださる書店と認識しています。もうけ主義に走らない貴重な書店だと思います。エールを送ります。
（静岡　**春木イツ子**）

※みなさまのご感想・お便りをお待ちしています。お気軽に小社「読者の声」係まで、お送り下さい。掲載の方には粗品を進呈いたします。

書評日誌（二・二四〜三・一三）

㊢ 書評　㊩ 紹介　㊟ 関連記事　Ⓣ 紹介、インタビュー

二・二四　㊢ 読売新聞「地中海の記憶」（「本よみうり堂」／「世界とのなれそめ語る」／本村凌二）
㊩ 東京新聞「結婚戦略」（「新刊」）
㊩ 中日新聞「結婚戦略」（「新刊」）
二・二六　㊩ 赤旗「竹内浩三集」（「本の虫」／「戦時下の反戦詩」）
㊩ 朝日新聞（夕刊）「吉田茂の自問」（「ニッポン人脈記」／「戦争の傷から逃げるな」／「アジア民衆の胎動　見落とした」／早野透）
二・二九　㊢ 週刊朝日「結婚戦略」（「Book Browsing」／長山靖生）
二月号　㊩ クレヨンハウス通信 Vol. 325「魂との出会い」（「Woman's EYE」／「本のつくり手による新刊紹介 Vol. 一六二」／刈屋琢）
㊢ 短歌研究「山姥」（「書評」／「自由とは孤独を生きぬく決意」／三枝昻之）
㊢ 日本歴史「満鉄調査部の軌跡」（老川慶喜）
三・二　㊩ 毎日新聞「〈決定版〉正伝　後藤新平」（「この人・この三冊」／森まゆみ）
㊢ 北海道新聞「魂との出会い」（「真摯に時代と向き合う」／長倉洋海）
三・五　㊩ 読売新聞（夕刊）「子守唄よ、甦れ」（「よみうり寸評」）
三・七　㊢ 週刊ポスト「魂との出会い」（「Post Book Review」／「戦災に遭った婦女子の『目』に注目し、『死』の尊厳を説く」／小中陽太郎）
三・一〇　㊩ 朝日新聞（夕刊）「歌占」（「ニッポン人脈記」／「妻は『い・の・ち・づ・な』」／「二度死んだ身　リハビリ闘争」／生井久美子）
㊩ 朝日新聞（夕刊）「石牟礼道子全集・不知火」（「人生の贈りもの」／「水俣病と『苦海浄土』」／「作家　石牟礼道子」／田中啓介）
三・一二　㊩ SAPIO「帝国以後」（「思想史」／「冷戦から九・一一を経てイラク戦争、世界同時不況——国家論のトレンドはこんなに変わった」／「『歴史の終わり』から『帝国以後』へ　ベストセラー『国家論』が示唆する世界は『ネイションとの再会』を切望している」／黒宮一太）
三・一二　㊩ 毎日新聞（夕刊）「〈決定版〉正伝　後藤新平」（「戦前の教養の型を知る」／滝沢岩雄）
三・一三　㊩ 日本経済新聞「未完のロシア」

五月新刊

＊タイトルは仮題

五十年にわたる著作群から著者自選

一海知義著作集

（全11巻・別巻一）　発刊　内容見本呈

〈推薦〉鶴見俊輔・杉原四郎・半藤一利・興膳宏・筧久美子　題字　榊莫山

2 陶淵明を語る

中国古典文学の第一人者・一海知義の、五十年にわたる仕事の集大成。第一回配本は、全作品を和訳した著者ならではの陶淵明論を、単行本未収録作品を網羅して収録。寡作の詩人・陶淵明の全体像に迫る。

〔月報〕加藤周一・興膳宏・林香奈・彭佳紅

四六上製カバー装・布クロス箔押

歴史からトルコの魅力を探る

別冊『環』⑭　O・パムク氏来日記念

トルコとは何か

〈座談会〉トルコとは何か　三木亘＋澁澤幸子＋永田雄三（司会）岡田明憲

I　トルコの歴史と文化

鈴木董「伝統と近代の間で――トルコ史六百年を往還する」／内藤正典「トルコ共和国の根幹――絶対不可侵と世俗主義の将来」／坂本勉／設樂國廣／新井政美／三沢伸生／長場紘／山下王世／ヤマンラール水野美奈子／横田吉昭／高橋忠久／三杉隆敏／細川直子／浜名優美

II　オルハン・パムクの世界

岡田明憲／勝田茂／和久井路子／河津聖恵

III　コラム　私にとってのトルコ

安達智英子／庄野真代／陣内秀信／三宅理一／牟田口義郎

■年表／地図

ジョルジュ・サンド最高傑作。本邦初訳

ジョルジュ・サンド　セレクション

歌姫コンシュエロ（上）

持田明子・大野一道監訳

貧しいながらも、天性のすばらしい声をもつ少女コンシュエロが、十八世紀のヨーロッパ各地を冒険、愛を獲得してゆく音楽物語。ショパンとの生活の中で結実したサンド最高傑作。

歌姫コンシュエロ（下）　六月刊

今日の「ヒューマニズム」「民主主義」は善か?

世紀

アラン・バディウ

長原豊・馬場智一・松本潤一郎訳

人間を超え出る政治的意欲が、結局非人間的な戦争と暴力を生んだ二十世紀。現代フランス最高の哲学者が、「野蛮な神」（宗教・テロリズム）への敵対を堂々と是認する「民主主義諸国」の「ヒューマニズム」をめぐって徹底思索する労作。

"光州事件"とは何だったのか。初の小説化

五月の微笑（ほほえみ）

宋基淑（ソンギスク）　金松伊（キムソンイ）訳

一九八〇年五月に起きた現代韓国の惨劇、光州民主化抗争（光州事件）。凄惨な現場を身を以て体験し、抗争後も七百名に上る証言をもとに、韓国を代表する作家が、事件後二〇年を経て、渾身の力で描いた長編小説。

文明社会が逢着した危機!　第二弾!!

新・環境学

現代の科学技術批判

II　地球環境／第一次産業／バイオテクノロジー

市川定夫

「環境学」の提唱者が文明社会に警鐘を鳴らす画期的シリーズ。第II巻は、今問題になっている地球温暖化や、食の工業化ともいわれるバイオや、"食"をめぐる諸問題をとりあげる。

4月の新刊

タイトルは仮題、定価は予価。

学芸総合誌・季刊
『環 歴史・環境・文明』㉝ 08・春号 ＊
〈特集・世界史のなかの68年〉
菊大判 三六〇頁 三三六〇円

歴史と記憶
場所・身体・時間
赤坂憲雄＋玉野井麻利子＋三砂ちづる
四六上製 二〇八頁 二一〇〇円

近代日本の万能人・榎本武揚 ＊
1836-1908
榎本隆充・高成田享編
A5判 三三六頁 三四六五円

対話 **言葉と科学と音楽と** ＊
谷川俊太郎・内田義彦
解説＝天野祐吉・竹内敏晴
B6変上製 二五六頁 二三一〇円

運命じゃない！
「シーティング」で変わる障害児の未来
山崎泰広
四六判 二五六頁 一五七五円

NHKと共に七〇年 ＊
わが回想の九〇年
長澤泰治
四六上製 二九六頁 二一〇〇円

5月刊

別冊『環』⑭
トルコとは何か ＊

一海知義著作集（全11巻・別巻1） 発刊
② 陶淵明を語る ＊

世紀 ＊
A・バディウ
長原豊・馬場智一・松本潤一郎訳

ジョルジュ・サンド セレクション
歌姫コンシュエロ ㊤ ＊
愛と冒険の旅
持田明子・大野一道監訳

五月の微笑（ほほえみ） ＊
宋基淑 金松伊訳

新・環境学（全3巻） ＊
現代の科学技術批判
II 地球環境／第一次産業／バイオテクノロジー
市川定夫

好評既刊書

ゴルバチョフ・ファクター ＊
A・ブラウン 木村汎解説
小泉直美・角田安正訳
A5上製 七六八頁 七一四〇円

「場所」の詩学 ＊
環境文学とは何か
生田省悟・村上清敏・結城正美編
四六上製 三〇四頁 二九四〇円

新・環境学（全3巻） ＊
現代の科学技術批判
I 生物の進化と適応の過程を忘れた科学技術 発刊
市川定夫
四六判 二〇〇頁 一八九〇円

グローバリゼーション下の
東アジアの農業と農村 ＊
日・中・韓・台の比較
原剛・早稲田大学台湾研究所編
四六上製 三七六頁 三四六五円

文明の接近
「イスラームvs西洋」の虚構
E・トッド＋Y・クルバージュ
石崎晴己訳・解説
四六上製 三〇四頁 二九四〇円

未完のロシア 十世紀から今日まで
H・カレール＝ダンコース 谷口侑訳
四六上製 三〇四頁 三三六〇円

満洲──交錯する歴史
玉野井麻利子編 山本武利監訳
四六上製 三五二頁 三四六五円

＊の商品は今号に紹介記事を掲載しております。併せてご覧戴ければ幸いです。

書店様へ

▼来月中旬、ノーベル賞作家オルハン・パムク氏、遂に来日決定。来日時、大江健三郎氏や辻井喬氏、石牟礼道子氏との対談や講演を予定。▼刊行直後より好調な動きを見せておりました二月刊の内、3／23（日）に**E・トッド『文明の接近』**、3／30（日）には**浅利誠『日本語と日本思想』**と、二週続いて『朝日』書評で紹介され、注文殺到し忽ち重版。トッド前作**『帝国以後』**（**9刷**）も併せて絶好調。それぞれ更に大きくご展開下さい。▼読者の方々に長らくお待たせいたしました**バルザック幻の名著『風俗研究』**を、この度お求めいただきやすい新版としてお届けいたします！『**バルザック「人間喜劇」セレクション**』（全13巻・別巻二）と共に、是非棚に揃えてご展開下さい。▼**巨匠ジャック・リヴェット最新作『ランジェ公爵夫人』**（4／5から東京・岩波ホールを皮切りに全国で上映予定）の原作はバルザック！『**十三人組物語**』の中の第二話。この機に「**バルザック・フェア**」を是非。（**営業部**）

『いのち愛づる姫』も上演

〈朗読ミュージカル〉

山崎陽子の世界

一台のピアノ以外装置も小道具もない舞台で、本を片手に歌い、演じる「朗読ミュージカル」。山崎陽子さんの作品は一度観たら虜になるといわれ、上演作は五〇を超えています。

［作・演出］**山崎陽子**
［出演］**森田克子／大野惠美／沢里尊子**（ピアノ）［司会］**中條秀子**

I部
朗読ミュージカル　**「いのち愛づる姫」**
II部
ミニファンタジー　**「ある娘の話」**
朗読ミュージカル　**「おぼろ月夜」**
朗読ミュージカル　**「ひとりも愉し」**

【日時】二〇〇八年　四月二五日（金）
　昼の部　一四時～（開場一三時半）
　夜の部　一八時半～（開場一八時）
【場所】三越劇場（日本橋三越本店六階）
【入場料】五〇〇〇円（全席指定）
【定員】各四八〇名（先着順）**【主催】**藤原書店
専用フリーコールＦＡＸ（チケット予約）
0120–945–954

第16回「野間宏の会」開催

第16回「野間宏の会」

「野間宏の会」は、一九九三年五月に有志が集い、故野間宏氏の仕事を若い世代に継承し、新たな創造を志すことを目的に作られました。毎年五月にシンポジウムや講演会を開き、これまで詩人、作家、各分野の研究者等さまざまな領域で活躍の方々を講師に招いてきました。今年も気鋭の文学研究者、作家をお招きしています。

［講演］**亀山郁夫**（ロシア文学）
モブ・ノリオ（作家）
リービ英雄（作家）ほか

【日時】二〇〇八年　五月三一日（土）
　午後一時開会
【場所】日本教育会館
【定員】一〇〇名（先着順）
【会費】二〇〇〇円
※お申込・お問合せは藤原書店内「野間宏の会」事務局まで。

出版随想

▼新しい年度を迎えて気分も一新する候となった。この時期、官公庁も年度が新しくなり、新予算の下に新事業が進められる。

▼ところが、今年はその時期に〝暫定税率〟という言葉が世間を騒がしくさせている。道路特定財源は、一九五四年に誕生した。揮発油税などガソリン税に上乗せされた道路特定財源の暫定税率の上乗せは七四年から始まる。その暫定税率がこの三月末で失効する。その失効前に、その金額を一般財源化する、との首相発言で火が付いたようだ。

▼識者によれば、この道路特定財源制度は、九〇年代初め頃から制度疲労を起しているといわれてきた。ただ、長年公共事業政治を推進し、既得権益を得てきた政・官・財は、〝聖域〟として大事にしてきたもののようだ。だからこの暫定税率の上乗せは、彼らにとっては死活問題で非常に重要な稼ぎ所である。

▼それを現首相が一般財源化といったものだから〝怒り〟に火が付いた。確かに従来の既得権者優先の政治を行っていたのでは、決して世の中がよくなるわけはない。こんな状況の時に「政治を動かすのは国民だ」といった現首相の勇気にエールを送りたい。しかし、問題はこれからだ。今一度、「万機公論に決すべし」を掲げた「五箇条の御誓文」の冒頭の言葉を噛みしめたい。　（亮）